Recht und Politik in der transnationalen Konstellation

D1923210

Staatlichkeit im Wandel

Herausgegeben von Philipp Genschel, Stephan Leibfried, Karin Gottschall und Frank Nullmeier für den Sonderforschungsbereich »Staatlichkeit im Wandel« der Deutschen Forschungsgemeinschaft in Bremen.

Band 22

Claudio Franzius, Dr. iur., ist Privatdozent an der Juristischen Fakultät der Humboldt Universität zu Berlin und vertritt den Lehrstuhl für Öffentliches Recht an der Ruhr-Universität Bochum.

Claudio Franzius

Recht und Politik in der transnationalen Konstellation

Campus Verlag
Frankfurt/New York

Bibliografische Information der Deutschen Nationalbibliothek
Die Deutsche Nationalbibliothek verzeichnet diese Publikation in der Deutschen Nationalbibliografie; detaillierte bibliografische Daten sind im Internet über http://dnb.d-nb.de abrufbar.
ISBN 978-3-593-50202-1

Das Werk einschließlich aller seiner Teile ist urheberrechtlich geschützt. Jede Verwertung ist ohne Zustimmung des Verlags unzulässig. Das gilt insbesondere für Vervielfältigungen, Übersetzungen, Mikroverfilmungen und die Einspeicherung und Verarbeitung in elektronischen Systemen.
Copyright © 2014 Campus Verlag GmbH, Frankfurt am Main
Umschlaggestaltung: Campus Verlag GmbH, Frankfurt am Main
Druck und Bindung: CPI buchbücher.de, Birkach
Gedruckt auf Papier aus zertifizierten Rohstoffen (FSC/PEFC).
Printed in Germany

Dieses Buch ist auch als E-Book erschienen.
www.campus.de

Inhalt

A. Transnationale Konstellation*

Vorliegendes Buch geht davon aus, dass sich Recht und Politik in der transnationalen Konstellation grundlegend wandeln. Das soll nicht am Beispiel der Herausbildung einer neuen Rechtsschicht »jenseits« der europäischen oder internationalen Rechtsordnung dargestellt, sondern an der These eines Funktionswandels von Verfassung und Verwaltung illustriert werden, der das nationale Recht einbezieht, für dieses aber nicht folgenlos bleibt. Erforderlich wird die Herausarbeitung von Mechanismen politischer und rechtlicher Konfliktverarbeitung. Das wirft Fragen auf, die als bedeutsam identifiziert, wenngleich nicht abschließend beantwortet werden können: Wie lässt sich transnationale Demokratie denken? Welche Bausteine transnationaler Rechtsstaatlichkeit können ausgemacht werden? Worauf stützt sich ein transnationales Verwaltungsrecht?

Transnationalisierungsprozesse lassen sich aus unterschiedlichen Perspektiven beobachten (Calliess 2013). Für das Privatrecht stehen häufig die Wirtschaftsbeziehungen »jenseits des Staates« im Vordergrund. Unter der Prämisse eines gesellschaftlichen Konstitutionalismus geht es nicht nur um Recht und Politik, sondern um die »trianguläre Konstellation« von Recht, Politik und gesellschaftlichem Teilsystem (Teubner 2012: 75), das von »Übergriffen« anderer Teilsysteme verschont bleiben soll. Dieser Ansatz eignet sich zur Beschreibung neuerer Rechtsentwicklungen, die sich in der Tat durch autokonstitutionelle, dem jeweiligen Sachbereich angepasste Beiträge auszeichnen, wie es auch im Topos der Wirtschaftsverfassung zum Ausdruck kommt. Eine Re-Integration in übergreifende Ordnungszu-

---

* Diese Studie ist in wesentlichen Teilen während meines Aufenthalts am Sonderforschungsbereich 597 »Staatlichkeit im Wandel« an der Universität Bremen entstanden. Eine gekürzte Fassung ist im Archiv des öffentlichen Rechts, Bd. 138 (2013), S. 204–288 erschienen. Ferner wird auf den Beitrag »Transnationalisierung des Europarechts« im von Gralf-Peter Calliess herausgegebenen Band »Transnationalisierung des Rechts« bei Mohr Siebeck verwiesen.

sammenhänge macht dann keinen rechten Sinn und wird konzeptionell zurückgestellt. Zur positiven Beschreibung der Herausforderungen für die bestehenden Rechtsordnungen wie das Verfassungsrecht, das Verwaltungsrecht oder auch das »Europarecht« eignet sich diese Perspektive weniger gut. Damit ist keinem Primat des Rechts das Wort geredet. Ebensowenig liegt dieser Studie ein pauschaler Primat der Politik zugrunde. Leitend ist vielmehr die Differenz und das »Aufeinanderbezogensein« von Recht und Politik, wie es staatliche Rechtsordnungen auszeichnet, mit der herkömmlichen Fokussierung auf den Staat aber »vernebelt« wird. Löst man sich von dieser »Fusion« im Staat und hinterfragt die dem Staatsbegriff zugeschriebene Einheits- und Grenzfunktion, dann treten seine Elemente, nämlich Recht und Politik als aufeinander zu beziehende »Welten« in der jeweils eigenen Rationalität deutlicher hervor. Sie bilden den Ausgangspunkt für das Verständnis von Verfassung und Verwaltung in der hier »transnational« genannten Konstellation.[1]

Um den Wandel von Verfassung und Verwaltung vor dem Hintergrund des »Verhältnisses« von Recht und Politik erfassen zu können, ist zunächst zu klären, wie Recht und Politik zueinander in Beziehung gesetzt sind (unten B.). Darüber lässt sich der Wandel des Staates beschreiben, der in der transnationalen Konstellation grundlegenden Grenzverschiebungen ausgesetzt ist. Diese Grenzverschiebungen werden für die »Verfassung« und die »Verwaltung« einzuordnen versucht (unten C.), bevor auf Mechanismen der Konfliktverarbeitung am Beispiel der Europäischen Union näher eingegangen wird (unten D.). Dabei werden Unterschiede und Gemeinsamkeiten im Zugang des Verfassungs- und des Verwaltungsrechts auf transnationale Phänomene deutlich, was unter den Aspekten des konstitutionellen Pluralismus und des transnationalen Vertrauens am Ende zusammengefasst wird (unten E.).

Der Gang der Untersuchung sei in den Grundzügen knapp skizziert: Den Ausgangspunkt bilden drei Grenzverschiebungen, die für die transnationale Konstellation kennzeichnend sind. Eine erste Grenze, die sich verschoben hat, ist die Grenze zwischen öffentlich und privat. Das Öffentliche wird privat und das private öffentlich, also politisch. Heute rücke vieles, was früher als Frage des Lebenstils behandelt worden sei, aus dem Bereich des Privaten heraus und in die politische Arena hinein. Das hat

1 Zum regelmäßig enger gefassten »transnationalen Recht« Viellechner (2012b: 157 ff.) mit einem Überblick zu den unterschiedlichen Auffassungen und zur Frage, ob es sich dabei überhaupt um Recht handelt.

Konsequenzen, wird man die öffentliche Ordnung doch nicht mehr abgeschirmt von den privaten Akteuren bestimmen können. Die für das Staatsrecht des 19. Jahrhunderts konstitutive Grenzziehung zwischen dem Öffentlichen und Pivaten verschwimmt. Transnationalität meint dieses Verschwimmen und Neuzuordnen unter Einbeziehung privater und zivilgesellschaftlicher Akteure.

Die zweite Grenzverschiebung betrifft das Aufbrechen der Innen-Außen-Grenze. Von neuen Grenzproblemen ist die Rede, welche »die Unterschiede zwischen inneren und äußeren Angelegenheiten, internen politischen Problemen und externen Fragen, souveränen Angelegenheiten des Nationalstaates und internationalen Faktoren« in Frage stellen. Sei ein politischer Raum »für die Entwicklung von und das Streben nach effektiver Regierung und Verantwortlichkeit von politischer Macht nicht länger gleichbedeutend mit einem abgegrenzten politischen Territorium«, werde es schwierig, das »eigentliche ›Zuhause‹ von Politik und Demokratie« zu bestimmen (Held 2002: 111 f.). Das wirft neue Fragen nach der Zukunft der Verfassung auf. Früher war das Verfassungsrecht das Innenrecht eines Staates, dem das Völkerrecht als Außenrecht gegenübergestellt wurde. Diese Rechtssphären wurden weitgehend unabhängig voneinander verstanden, waren aber durch die Vorstellung souveräner Staatlichkeit nach innen und außen miteinander verbunden. Ist der Staat nicht mehr alleinige Rechtsquelle auf seinem Territorium und löst sich die mit Souveränität umschriebene Identität von öffentlicher Gewalt und Staatsgewalt auf, dann kann die Staatsverfassung nicht mehr sämtliche Herrschaft erfassen und wandelt sich zu einer Teilverfassung, die durch konstitutionelle Schichten des europäischen Primärrechts ergänzt, aber nicht ersetzt wird (Grimm 2011: 390 ff.). Auch die »Euro-Rettung« macht für das Unionsrecht auf Grenzprobleme aufmerksam: Die klare Grenze zwischen »Innen« (Gesetzgebung) und »Außen« (Vertragsänderung) verwischt.[2]

2 Vgl. Grimm (2012: 289). Das europäische Sekundärrecht der Euro-Rettung bewegt sich an der Grenze des primärrechtlich zulässigen, doch ist zu bedenken, dass Änderungen des Primärrechts unter dem doppelten Einstimmigkeitsvorbehalt der Zustimmung und Ratifikation aller Mitgliedstaaten stehen (Art. 48 EUV). Ausdruck der Schwierigkeiten, das im Bereich der Wirtschafts- und Währungsunion detaillierte Primärrecht anzupassen, ist der als völkerrechtlicher Vertrag geschlossene Fiskalvertrag. An die Stelle der vertikalen Steuerung vorrangigen Unionsrechts tritt die horizontale Koordination der Mitgliedstaaten untereinander, was aus der Sicht des Grundgesetzes leichter gerechtfertigt zu werden scheint als die Übertragung weiterer haushaltspolitischer Kompetenzen auf die Union.

Eine dritte Grenzverschiebung betrifft das Wechselspiel von territorialen und funktionalen Grenzen. Die Verknüpfungen der unterschiedlichen Rechtsordnungen, wie sie für die transnationale Konstellation kennzeichnend sind, folgen keiner allein territorialen Logik. Über die alten Differenzen des raumbezogenen Staats- und Völkerrechts, aber auch des explizit einen »Raum« vermessenden Europarechts hat sich eine funktionale Logik der Regulierung und Sicherung unterschiedlicher Sektoren, Interessen, Güter und Werte gelegt. Die Entterritorialisierung des Rechts, wie insgesamt die Infragestellung der engen Verknüpfung von Staat und Recht führen das Öffentliche Recht zum Pluralismus. War Ausdruck des einheitlichen Geltungsanspruchs des Rechts die Rechtshierarchie und die Idee, dass es für einen Rechtskonflikt nur eine einzig richtige Lösung gibt, so erodieren diese Annahmen unter dem (neuen) Rechtspluralismus.[3] Normative Ordnungen wurzeln in ihren Geltungsgrundlagen nicht (mehr) ausschließlich in staatlicher Territorialität, sondern in der rechtlichen Praxis transnationaler Akteure, die soziale Felder besetzen und gestalten.[4] Sie handeln in rechtlichen Räumen, die durch nationales Recht strukturiert werden, in denen aber auch internationale, supranationale und transnationale Mächte rechtliche Ordnungsansprüche zur Geltung bringen. Die »transnationale« Konstellation meint deshalb kein Recht »jenseits« des Staates, sondern eine Zwischenform, in der überkommene Grenzen von nationalem, europäischem und internationalem Recht transzendiert werden.

Die nachfolgenden Ausführungen gehen von der auf den ersten Blick trivial anmutenden These eines Funktionswandels der Verfassung und der Verwaltung in der transnationalen Konstellation aus. Allerdings ist schon die Frage, was eine Verfassung ist und wie sich die Verwaltung verstehen lässt, nicht so klar. Deshalb sollen die Verfassung und die Verwaltung auf der Grundlage des Verhältnisses von Recht und Politik zunächst einmal ohne Attribute des Staatlichen beschrieben werden, bevor auf die Veränderungen in der transnationalen Konstellation, verstanden als das Ineinandergreifen unterschiedlicher Ordnungen, eingegangen wird (C.). Die Rekonstruktion von Verfassung und Verwaltung unter dem Wechselspiel von Recht und Politik verspricht Gewinn, weil es darüber gelingt, Verlustdiag-

3 Näher: Günther (2001); Halberstam (2009: 326); Krisch (2010: 69 ff., 225 ff.) Zu einem »responsiven Rechtspluralismus« in der westlichen Rechtstradition Viellechner (2012c).

4 Zur Erosion der Territorialität Handl/Zekoll/Zumbansen (2012) und zur vergeblichen Suche kultureller Territorialgrenzen für Europa Oeter (2013).

nosen zu entgehen, die in der Staatsrechtslehre verbreitet sind und das Öffentliche Recht in eine defensive Rolle drängen, die auf Abwehr transnationaler »Zumutungen« gerichtet ist. Auf der anderen Seite erlaubt es diese Folie, das Recht nicht losgelöst von seinen politischen Erzeugungsbedingungen zu betrachten, was für die Frage nach der demokratischen Legitimation des »überstaatlichen« Rechts nicht folgenlos bleibt. Kurz: Weder der Staat noch die Gesellschaft ist das zentrale Paradigma zur Ordnung der transnationalen Konstellation, sondern nach der hier gewählten Perspektive die Differenz von Recht und Politik in der Verfassung oder in der Verwaltung, für die ungeachtet aller verbleibenden Zweifelsfragen im Detail die »Staatlichkeit« keine konstituierende Bedeutung hat, das Politische aber nicht ausgeblendet werden darf.

Die vorliegende Untersuchung liefert eine Bestandsaufnahme der Angebote und Konzepte zur Ordnung der transnationalen Konstellation und will damit einen Beitrag zur Fortentwicklung des Öffentlichen Rechts leisten. Wie Recht und Politik jenseits des Staates »zusammenfinden« können, ist schon für die Europäische Union nicht leicht zu beantworten (Franzius/Mayer/Neyer 2010) und bereitet in der Weltgesellschaft, der keine politische Einheit korrespondiert, erhebliche Probleme. Unmöglich ist das Zusammendenken von Verrechtlichung und Politisierung aber nicht, löst man sich zugunsten der Begriffe von »Verfassung« und »Verwaltung« von der Vorstellung eines kollektiven Makrosubjekts wie der Nation oder des Volkes, das immer nur einen Teil der transnationalen Konstellation in den Blick zu bekommen erlaubt. Die Verfassung, einst empfunden als »Plan der Nation im Streben nach Glück« (Emer de Vattel), wandelt sich zur Teilverfassung eines Ausschnitts der Lebenswirklichkeit, wenn nicht sogar zur Eigenverfassung des jeweiligen Sozialbereichs (Teubner 2012). Und das unter deutschen Juristen so beliebte Paradigma der Konstitutionalisierung weckt neben der Frage, ob es differenzierungslos für alle Rechtsordnungen plausibel ist, zunehmend Zweifel, ob die Fokussierung auf den »legal constitutionalism« angemessen ist. Ähnlich verhält es sich mit der Verwaltung, die traditionell als rechtsstaatlich gebunden dargestellt wird, aber politische Gestaltungsfunktionen erhält und unter der Governance-Perspektive in der Differenz von Recht und Nicht-Recht gesehen werden kann. Leitfragen dieser Untersuchung sind, inwieweit die Konstitutionalisierungsthese in der transnationalen Konstellation sinnvoll bleibt[5] und welche Konsequenzen die zu beobachtende De-Territorialisierung des Verwaltungshandelns für das Verwaltungsrecht hat (C.III.).

Dies kann nicht in enzyklopädischer Breite behandelt werden. Worum es geht, ist nach passenden Ordnungsmustern zu suchen, die sich für die Erfassung der transnationalen Konstellation als tauglich erweisen könnten. Ich schlage vor, von einem »konstitutionellen Pluralismus« auszugehen, wie er gegenwärtig für die Europäische Union diskutiert wird (Avbelj/Komárek 2012). Die beklagte Unschärfe dieses Konzepts mit seinen Anleihen am neuen Rechtspluralismus, wie er zur Erfassung postkolonialer Gesellschaften entwickelt worden ist, lässt sich wohl nicht ganz vermeiden, darf aber auch nicht darüber hinwegtäuschen, dass es selbst in »entwickelten« Rechtsordnungen wie der Unionsrechtsordnung ratsam sein kann, die Grenzen des (europäischen) Rechts intensiver zu thematisieren (Franzius/Mayer/Neyer 2013). Das soll am Beispiel der »Euro-Rettung« verdeutlicht werden (C.III.1.c).

Anders verhält es sich mit der Verwaltung und dem Verwaltungsrecht, das eine neue Autonomie in der Thematisierung völkerrechtlicher Fragen erhält, wenngleich ein globales Verwaltungsrecht mit der Einrahmung privater Rechtserzeugungen auf Abstützungen in den nationalen Verwaltungsrechtsordnungen angewiesen bleibt (Ladeur 2012b). Was das europäische Verwaltungsrecht betrifft, gehe ich unter Bezugnahme auf Vorarbeiten (Franzius 2010b) von der Variable eines »transnationalen Vertrauens« aus, das in politischen Verfahren herzustellen und zu sichern wäre. Dass insoweit Grenzen bestehen, versteht sich von selbst. Für die Frage, welches Maß an Vertrauen von den Rechtsunterworfenen erwartet werden darf, bleiben die Grundrechte, gegebenenfalls aus dem Mitgliedstaat, in dem transnationales Verwaltungshandeln seine Wirkungen entfaltet, maßgeblich. Am Beispiel unabhängiger Regulierungsbehörden, die aus den nationalen Steuerungs- und Legitimationszusammenhängen teilweise herausgenommen sind, werden Grenzen der (nationalen) Politik aufzuzeigen sein (C.III.2.c).

An dieser Stelle sei nochmals betont, dass es in diesem Buch nicht um eine eigene Schicht transnationalen Rechts geht. Es geht vielmehr um Vorgänge der Transnationalisierung, die sich in den bestehenen Rechtsord-

5 Schon für die Anwendung der Konstitutionalisierungsthese auf die Europäische Union stellen sich Übersetzungsfragen (Avbelj 2012: 395 ff.). So wird man die politische Einheit im europäischen Kontext nur als pluralisiert annehmen können.

nungen beobachten lassen, darunter auch im Europarecht, das keinem geringeren Wandel als das nationale Recht ausgesetzt ist und in seiner traditionellen »Integrationslogik« auf Kritik stößt. Ob das europäische Primärrecht »konstitutionell« und zugleich »pluralistisch« gedacht werden kann, ist nicht zweifelsfrei (Avbelj 2012: 404), wird vorliegend aber bejaht und gegenüber der Verbundbegrifflichkeit eines »multi level constitutionalism« (Mayer/Wendel 2012) bevorzugt. Der konstitutionelle Pluralismus kommt ohne jene starke Einheitsfolie aus, wie sie der von der deutschen Europarechtswissenschaft präferierten Ordnungsidee des Verbundes zugrundeliegt. Abzugrenzen ist die hier gewählte Perspektive von dem weitergehenden Konzept eines gesellschaftlichen oder kollisionsrechtlichen Konstitutionalismus, der von einem stärkeren Misstrauen in die politische Rechtserzeugung geprägt ist (C.III.3.). Insoweit wäre einiges gewonnen, löste man sich von der überkommenen Dichotomie von Selbst- und Fremdkonstitutionalisierung zugunsten eines Politikbegriffs, der nicht statisch zu verstehen oder auf die Politik der Staaten zu verkürzen ist. Denn das Politische hat seinen exklusiven Ort im Staat verloren, aber mit Skandalisierungsprozessen unter der Annahme einer weltgesellschaftlichen *colère publique*, die in der »normativen Erwartung« bereits die Rechtsbegründung zu erkennen meint, ist es allein nicht getan. Dass die Verfassung nicht zwingend an den Staat gebunden ist, bedeutet nach der hier gewählten Perspektive nicht, sie als Verfassung der Gesellschaft verstehen zu müssen. Ein dualistisches Verfassungsverständnis, wonach die Verfassung als externe Grenze des politischen Systems begriffen wird, droht die Herrschaft ermöglichenden Funktionen der Verfassung aus dem Blick zu verlieren. Deshalb darf die Verfassung weder auf den Staat verkürzt noch auf die Gesellschaft erstreckt, sondern muss als interner Bestandteil des politischen Systems verstanden werden.[6] Verfassungen verkoppeln Recht und Politik unter ihrer jeweiligen Eigenlogik (Oeter 2010: 67; Möllers 2011a: 311).

Der Vorteil des kollisionsrechtlichen Ansatzes liegt darin, den Eigenwert des jeweiligen Rechtsregimes oder der »eigenen« Rechtsordnung im

6 Vgl. Thornhill (2011: 212 ff.) mit dem Hinweis auf die Verwandtschaft der Konzeptionen, die zwischen der Verfassung des Staates (Dieter Grimm) und der Verfassung der Gesellschaft (Gunther Teubner) liegen. Danach verschließen sich beide Positionen der Einsicht in die Funktion der Verfassung als internem Bestandteil des politischen Systems, der Variabilität politischer Begriffe und – als ein Kennzeichen jeder Verfassung (Dellavalle 2013) – der Ermöglichung einer adäquaten Politisierung der Gesellschaft.

Sinne der *unitas in pluralitate* anzukennen. Insoweit verbindet sich mit der Skepsis gegenüber den »Omnipotenzphantasien der Politik« der Versuch, das Politische (auch) in den jeweiligen Gesellschaftsbereichen zu verorten (Teubner 2012: 104, 175 ff.). Ob dies eine Teilordnungen übergreifende Politisierung zurückstellen kann, erscheint aber zweifelhaft. Zwar mögen über ein reflexives Verständnis der Grundrechte transnationale Privat-Regime an gesellschaftliche Konflikte zurückgebunden werden können.[7] Über die Institutionalisierung »kontestatorischer« Legitimation und den Erhalt beziehungsweise die Eröffnung von Opposition, Reversibilität und Alternativität ließe sich auch das Völkerrecht seiner funktionalistischen Logik entziehen, politisierbar machen und dadurch einer Demokratisierung zuführen.[8] Zur Legitimation transnationaler Rechtserzeugung kann aber nicht einfach auf die Grundrechte der Adressaten in der spontanen Herausbildung von Gegenmacht gesetzt werden. Es sind vielmehr politische Ausdrucksformen zu schaffen, worüber die gesellschaftlichen Konflikte demokratischer Thematisierbarkeit und Bearbeitung zugeführt werden (D.I.3.).

Anders als das Völkerrecht stellt sich das Europarecht als politisierbare Erzählung dar, mag es auch den *einen* Gesetzgeber oder *die* Regierung nicht geben. Die im Verfassungsstaat herausgebildete und diesen kennzeichnende Allgemeinheit der politischen Form, in der sich der gesellschaftliche Pluralismus und die organisatorische Vielfalt des *einen* Verbands im Rahmen *einer* verfassungsrechtlichen Ordnung verarbeiten lässt – eben diese demokratische Allgemeinheit als Widerlager des funktionell Besonderen ist auch der Europäischen Union unter einem einheitlichen institutionellen Rahmen mit erheblichen Binnendifferenzierungen zueigen. Anders als das Völkerrecht, dem ein »konstitutives Außerhalb« fehlt, lässt sich die Europäische Union deshalb als politische Ordnung begreifen, die sich nicht

---

7 Fischer-Lescano/Möller (2009: 366) sehen darin eine »Re-Politisierung des Rechts und die Ausdehnung der demokratischen Partizipation in den Rechtsprozess« hinein. Kotzur (2013) spricht von »moments of contestation« und sieht in Menschenrechtsregimen »kontestierte Ordnungen« im Widerstreit um Inhalte und Verfahren.

8 Vgl. Krisch (2010: 271 ff.); Ley (2012, 209 ff.). Der Vorteil institutionalisierter Kontestabilität liegt darin, für öffentliche Willensbildungsprozesse auf die Konstruktion eines einheitlichen Legitimationssubjekts zur Rechtfertigung pluralisierter Herrschaftsausübung verzichten zu können. Das umfasst private Machtbildungsprozesse, deren grundrechtliche Abstützung sie vor demokratischen Legitimationsanforderungen bewahren mag, jedoch öffentlicher Kritik, politischer Thematisierung und hoheitlicher Regulierung nicht entziehen kann.

bloß »nach innen« gegenüber den Mitgliedstaaten, sondern auch »nach außen« gegenüber dem Völkerrecht abgrenzt und damit als prinzipiell demokratisierbar darstellt.[9] Die Rückbindung an gesellschaftliche Konflikte kann und muss daher demokratisch organisiert werden.

Ungeachtet der Skepsis, ob Demokratie »jenseits« des Staates möglich ist, trägt ein transnationales Verständnis des »überstaatlichen« Rechts zur Schärfung seiner demokratischen Erzeugungsbedingungen bei. Transnationale Demokratie, so wird zu argumentieren sein, verlangt die Politisierung funktionalistischer Ordnungen, schafft aber eine Distanz zur Vorstellung einer supranationalen Einheit, von der aus solche Prozesse organisiert werden könnten. In der transnationalen Konstellation, so lautet die nachfolgend auszuarbeitende These, gehen die nationalen Rechtsordnungen nicht in der europäischen Ordnung auf, können andererseits die Legitimationslast der Rechtserzeugung durch eine Vielzahl öffentlicher und privater Akteure aber nicht allein schultern. Deshalb macht es keinen Sinn, eine demokratische Vorrang- oder Präferenzregel zugunsten des Staates anzunehmen. Umgekehrt ist der formale Status privater Akteure kein Grund, deren Handeln von demokratischen Anforderungen jeder Art freizustellen. Die Grenze, wie sie für die Geltung des grundgesetzlichen Demokratieprinzips gegenüber öffentlichen Akteuren in der Ausübung deutscher Staatsgewalt gezogen wird, ist anderen Rechtsordnungen und wohl auch dem Unionsrecht in der nebulösen Formulierung des Art. 2 S. 2 EUV nicht in derselben Schärfe bekannt. Weil die Legitimation eines überstaatlichen Gemeinwesens nur pluralistisch zu haben sein dürfte, muss die Vielzahl von Legitimationssubjekten, gegenüber denen politische Entscheidungen zu rechtfertigen sind, erhalten bleiben. Mit der eigenen Transnationalisierung bekräftigt die Union ihre Struktur als Verbundordnung, die auf eine Kompatibilität, nicht aber Konvergenz der Demokratien in den jeweiligen Ausgestaltungen setzt.

Konflikte bleiben deshalb nicht aus. Worum es in der transnationalen Konstellation geht, ist nach geeigneten Mechanismen der Konfliktverarbeitung zu suchen. Die vorliegende Untersuchung unterscheidet zwischen

---

9 Zwar mag das Völker- vom Europarecht in Fragen des institutionellen und konzeptionellen Designs »transnationaler« Demokratie lernen können (v. Bogdandy (2012: 315). Doch es fehlt im Völkerrecht an einer abgrenzbaren politischen Entität, die für die Allgemeinheit und Änderungsoffenheit des Rechts stehen könnte. Das Völkerrecht wird funktionalistisch gerechtfertigt, trotz seiner nicht länger allein staatenvermittelten Wirkungen aber nicht demokratisch.

demokratischen, rechtsstaatlichen und verwaltungsrechtlichen Mechanismen (D.). Während die Transnationalisierung der Demokratie zu kollektivistischen Deutungen des Legitimationssubjekts in eine Distanz tritt, auf das Offenhalten von politischen Lösungen drängt und eine Institutionalisierung von Revisibilität, Alternativität und Kontestabilität erfordert, lassen sich als Bausteine transnationaler Rechtsstaatlichkeit in der Europäischen Union die Prinzipien der Reponsivität und Permeabilität ausmachen, mit denen sich die Figur des konstitutionellen Pluralismus verfassungsrechtlich schärfen lässt. In der Europäischen Union, die mit ihren Besonderheiten gegenüber der nationalen und der internationalen Ordnung beispielhaft herangezogen wird, tritt als politischer Modus das transnationale Vertrauen hinzu, was für die Konstruktion des politischen Legitimationssubjekts als einem »Wir der Anderen« relevant wird, aber auch im europäischen Verwaltungsrecht mit der Anerkennung »fremder« Verwaltungsentscheidungen an Bedeutung gewonnen hat.

Aus der Unmöglichkeit, die europäische Demokratie als Herrschaft des Volkes zu deuten, folgt nicht zwingend die Notwendigkeit, allein auf die individuelle, gegebenenfalls grundrechtliche Selbstbestimmung des Einzelnen abzustellen (D.I.1.). Zwar setzt die Union, wiewohl von Staaten geschaffen, auf die Individuen. Aber das rechtfertigt nach der hier gewählten Perspektive noch keine Zuwendung zum individualistischen Ansatz. Es mag sinnvoll sein, das Legitimationssubjekt einheitlich im Bürger zu sehen (v. Bogdandy 2009: 64; krit. Franzius/Preuß 2012: 72 ff.). Der verschränkte Raum politischer Herrschaft könnte die Zusammenlegung der Rollen des Einzelnen als Staats- und als Unionsbürger in einer europäischen Bürgerschaft nahelegen. Wurzelnd im einheitlich verstandenen Individuum würde dieses auf unterschiedliche Weise seinen Willen zum Ausdruck bringen. Die Sicht, die Einzelne auf Europa haben, hängt dann davon ab, ob sie von den politischen Organen als Staatsangehörige oder als Unionsbürger angesprochen werden. Wahlen zum nationalen Parlament haben eine thematisch und personell andere Bedeutung als Wahlen zum Europäischen Parlament, mögen diese ihrerseits auch als Denkzettel für die nationale Regierung »missbraucht« werden können. Beide Stränge vermitteln Legitimation, wobei sich der europäische und der innerstaatliche demokratische Prozess wechselseitig ergänzen und bedingen.[10] So wenig

10 Aber nicht gegenseitig ersetzen können, wie vielfach angenommen (Peuker 2011: 154 ff.) wird. Gegen diese Kompensationsthese, wonach der durch den Rat repräsentierte

der Rat aus der Legitimationsfrage ausgeblendet werden darf, so wenig erscheint es angezeigt, staatsbürgerliche Rechte zu vernachlässigen. Auch insoweit dürfen die Sphären und Ebenen in keinem statischen Gegensatz zueinander gesehen werden. Die Unionsbürgerschaft tritt nicht einfach neben die Staatsangehörigkeit, sondern transzendiert letztere, indem sie die nationalen Demokratien in europäische Demokratien verwandelt.

Das erlaubt Anforderungen aus der Perspektive des Einzelnen. Gerade in Gebilden, in denen sich mehrere demokratische Prozesse überlagern, erscheint die Ausrichtung an der Partizipationschance des Einzelnen verlockend, die Engführungen des kollektivistischen Modells zu überwinden und entstandene Inkongruenzen zwischen Betroffenheit und Autorenschaft zu verringern (Franzius/Preuß 2012: 98 ff.). Aus der Perspektive des Individuums stellt sich Demokratie nicht als Selbstbestimmung eines Volkes dar, sondern als Rechtsstatus gleicher Teilhabe an einem politischen Legitimationssubjekt. Voraussetzung dafür ist, dass sich ein Legitimationssubjekt mit verselbständigten Formen der Rechtserzeugung und eigenen politischen Legitimationsmechanismen konstituiert hat. Erst dann lässt sich eine »Ebene« als Teil einer Mehrebenenordnung beschreiben (Möllers 2011b: 760 f.). Mit dem Staat zu argumentieren führt an dieser Stelle nicht weiter. Denn aus der Perspektive der Bürger kann ihnen nicht vorgegeben werden, welche Mitgliedschaft oder politische Identität für sie am wichtigsten ist. Und die föderale Erfahrung setzt ein Fragezeichen hinter die Annahme, eine Demokratisierung von Mehrebenenordnungen erfordere, dass sich die Bürger für eine politische Entität zu Lasten einer anderen politischen Entität entscheiden müssten. Aus der Perspektive der gewaltunterworfenenen Bürger mag für die eine Frage die eine Ebene, für andere Fragen aber andere Ebenen letztverantwortlich sein. In bündisch verfassten Gemeinwesen wie der Europäischen Union bleibt die Souveränitätsfrage unbeantwortet (D.I.2.).

Der Vorteil dieser Perspektive ist das Offenhalten politischer Lösungen. Einen legitimationstheoretischen Vorrang der einen Ebene gegenüber der anderen Ebene gibt es nicht und es obliegt den Bürgern in ihrer Doppelrolle als Angehörige eines Staatsvolkes und als Unionsbürger auf eine institutionelle Ausgestaltung zu drängen, die dieser Rolle gerecht wird. Das mag eine konsequente Gleichberechtigung von Rat und Europäischem Parlament in der Gesetzgebung erfordern (Habermas 2011: 62 ff.), sagt

---

Legitimationsbeitrag umso niedriger ausfallen könne, je mehr das Europäische Parlament eingebunden ist und umgekehrt: v. Achenbach (2012: 213 ff.).

aber noch nichts darüber aus, nach welchem Verfahren eine stärkere Rückbindung der Exekutive an Wahlentscheidungen der Unionsbürger erfolgen sollte, zumal eine legitimatorische Stärkung des Kommissionspräsidenten mit guten Gründen zugunsten des Erhalts mitgliedstaatlicher Legitimationsstränge hinterfragt werden kann. Welche Gemeinschaft die Bürger wählen, hängt von Traditionen und Identifikationsangeboten, aber auch davon ab, ob sie als Staatsangehörige oder Unionsbürger adressiert werden und wie diese Struktur im »institutionellen setting« gespiegelt und in Legitimationsmechanismen aufgeteilt wird.

Wie sieht es mit transnationaler Rechtsstaatlichkeit aus? Welche Rolle spielen die Gerichte im Aufbau transnationaler Ordnungen? Transnationale Rechtsstaatlichkeit, so wird zu argumentieren sein, entfaltet sich durch Mechanismen der Konfliktverarbeitung in »überlappenden« Rechtsordnungen (D.II.). Rechtsprechungskonflikte sollten nicht überhöht werden, spiegeln aber häufig Rechtsordnungskonflikte und liefern Aufschlüsse über die wechselseitige Anschlussfähigkeit der Argumentationsmuster mit den in konfligierenden Rechtsordnungen tradierten Grundüberzeugungen. Zu den ebenenverkoppelnden Konfliktverarbeitungsmechanismen gehören neben der Kompetenzscheidung und den Vorrangregeln insbesondere die »Vertrauensvorschüsse« der Solange-Vorbehalte und der Konformauslegung, womit die Verpflichtungen der nationalen Gerichte zur unionsrechtskonformen Auslegung, nach Art. 4 Abs. 2 EUV aber auch die Verpflichtung der Unionsgerichte zur nationalverfassungskonformen Auslegung erfasst werden. Kommt eine Konformauslegung nicht in Betracht und fehlt eine subsidiäre Vorrangregel, schält sich als eigene Kollisionsregel die Figur der Berücksichtigungspflicht als ein »Mechanismus loser Kopplung« heraus. Härtere Konfliktverarbeitungsmechanismen stellen die *ultra vires*- und die Identitätskontrolle dar, wobei vieles dafür spricht, die Sorge um die Verfassungsidentität nicht den Gerichten zu überlassen, sondern in die Hände der politischen Organe zu legen. Letzte Worte kann es im konstitutionellen Pluralismus nicht geben. Auch das Vorlageverfahren (Art. 267 AEUV) sollte als prozessualer Mechanismus der Konfliktverarbeitung nicht unterschätzt werden. Auf dem Erfolg dieses Verfahrens beruhen zu einem guten Teil der Stand und die Singularität des europäischen Unionsrechts.

Hiervon ausgehend wird nach den Prinzipien konstitutioneller Pluralität gefragt (D.II.3). Ein Prinzipiendenken, wie es nationalem Verfassungsrecht geläufig ist, wird in der transnationalen Konstellation nur mit Vorsicht eingefordert werden können. Dass sich gemeinsame Prinzipien finden lassen, bedeutet nicht, dass sie unabhängig von der Rechtsordnung, in der sie zur Anwendung gelangen, dasselbe bedeuten. Auch geht es nicht darum, die Identifizierung von Prinzipien zur Einheits- und Systembildung zu nutzen. Was einst die Souveränität für das Staats- und das Völkerrecht ausmachte – und als Argument in der Hand der Staaten bedeutsam bleiben mag – weicht einem Prinzipienpluralismus. So wenig es eine Meta-Autorität in transnationalen Regelungsarragments gibt, so wenig Sinn macht es, nach Meta-Prinzipien zu suchen, die sich wie die Rule of Law als abstraktes Bekenntnis zur rechtlichen Durchdringung der Regelungsfelder eignen mag, aber nur wenig zur konkreten Konfliktbewältigung beitragen können. Auf einer mittleren Abstraktionsebene lassen sich aber Prinzipien benennen, um deren Konturierung es in der transnationalen Konstellation gehen müsste. Dazu gehören neben der Verhältnismäßigkeit und der Subsidiarität die neuen Prinzipien der Responsivität und Permeabilität. Darüber erhält der konstitutionelle Pluralismus einen Mehrwert gegenüber anderen Deutungen der europäischen Verbundordnung.

Die Idee des responsiven Pluralismus[11] beschreibt die wechselseitige Verknüpfung verschiedener Rechtsordnungen und Regelungsarrangements, zwischen denen ein Spannungsverhältnis von Independenz und Interdependenz besteht. Die herausgearbeiteten Mechanismen des Vorrangs, der »berühmten« Solange-Vorbehalte und der Berücksichtigungspflicht sind ebenso wie die Anerkennung von Beurteilungsspielräumen keine Spezifika der einen Rechtsordnung, sondern als Bausteine eines Prinzips der Responsivität verallgemeinerungsfähig. Das gilt auch für das traditionell als supranational, aber nicht transnational gedachte Europarecht, das insbesondere für die Sicherung eines hinreichenden Grundrechtsschutzes auf die Ergänzung durch die staatliche Rechtsordnung angewiesen bleibt.

Das verweist auf das Prinzip der Permeabilität (Wendel 2011: 14 ff.). In der Europäischen Union bestehen formell voneinander getrennte Teilrechtsordnungen, die gleichzeitig einfordern, jeweils auf einem autonomen

---

11 Ein solcher Pluralismus tritt an die Stelle einer Harmonisierung transnationaler Normenvielfalt im Sinne des konstitutionellen Ideals der Einheit und Konsistenz. Wird der Pluralismus jedoch als Alternative zur konstitutionellen Struktur verstanden, wie es Krisch (2010) oder Avbelj (2012) vorschlagen, bliebe unklar, wie dann überhaupt noch die rechtliche Hegung von Macht- und Herrschaftspositionen möglich sein soll (Baer 2011: 116 f.).

Geltungsgrund im Sinne rechtlicher Unabgeleitetheit zu beruhen. Das mag von den Mitgliedstaaten als Verfügungsgewalt über die eigene Rechtsordnung verstanden werden, lässt mit Blick auf das Verhältnis zur Unionsrechtsordnung aber eine wechselseitige Permeabilität erkennen, die als Ausdruck der Reflexivität miteinander verflochtener Rechtsordnungen den angesprochenen Gegensatz von Innen und Außen teilweise aufhebt. Als ein Prinzip konstitutioneller Pluralität basiert die Möglichkeit normativer Permeabilität auf der verbleibenden »Souveränität« der Mitgliedstaaten, die in den Integrationsermächtigungen die potentielle Allzuständigkeit staatlicher Hoheitsgewalt zurücknehmen, dadurch aber keine Geltungsanordnung des Unionsrechts bestimmen. Diese Rücknahme vermeidet Kollisionen, löst sie aber nicht. Der Vorteil dieses Prinzips liegt darin, einerseits die mit der Öffnung mitschwingende Durchbrechung nationalstaatlicher Souveränität nicht erst konzeptionell überwinden zu müssen. Andererseits erlaubt die Permeabiliät der Rechtsordnungen die Aufnahme von staatlichem Verfassungsrecht in die Unionsrechtsordnung. Das Europarecht ist in seiner Durchlässigkeit für das nationale Recht nicht auf ein einheitliches, sondern auf ein plurales Einbindungsobjekt ausgerichtet. Permeabilität ist danach ein Mechanismus rechtsnormativer Verflechtung mit der Aufgabe, die mitgliedstaatlichen Verfassungsordnungen als Reservoir für die Interaktion untereinander sowie mit dem Unionsrecht zu vergleichen, nicht aber unter dem Dach des Europarechts einzuebnen.[12]

Worauf stützt sich nun aber die Transnationalisierung des Verwaltungsrechts? Auch hier geht es nicht um die Folgen für eine Rechtsordnung, sondern um die Ordnung des Zusammenspiels unterschiedlicher Rechtsordnungen (D.III.). So besteht ein Spezifikum der transnationalen Schichten des europäischen Verwaltungsrechts im abverlangten Vertrauen in die Verwaltungsstrukturen der jeweils »anderen« Rechtsordnung. Wo die Mit-

12 Zur Verdeutlichung: EuGH Rs. C-36/02 Omega, Slg. 2004, I-9609. Es ging um die Frage, inwieweit die Garantie der Menschenwürde nach dem Grundgesetz der Anwendung der Grundfreiheiten im Einzelfall entgegensteht. Der EuGH stützte sich auf den Rechtfertigungsgrund der öffentlichen Ordnung gemäß Art. 52 AEUV, in dessen Rahmen die Erwägungen der Behörde auf der Basis von Art. 1 Abs. 1 GG berücksichtigt werden konnten. Hier schlägt die nationale Verfassungsidentität im Rahmen eines unionsrechtlich eingeräumten Beurteilungsspielraums durch. Es findet keine Abwägung zwischen nationaler Menschenwürde und europäischer Dienstleistungsfreiheit statt. Der EuGH akzeptiert vielmehr die besondere, weil abwägungsfeste Ausgestaltung der Menschenwürde, wie es das BVerwG im Vorlagebeschluss vorgetragen hatte. Die Menschenwürde des Grundgesetzes bleibt unangetastet, die Achtung der nationalen Verfassungsidentität lässt Unionsrecht zurücktreten.

gliedstaaten nicht bereit sind, weitere Hoheitsrechte auf die Union zu übertragen, nimmt der Druck einer horizontalen Koordinierung der Rechtsordnungen zu. Das betrifft nicht nur »klassische« Politikfelder des Binnenmarkts, wo der Erlass von Rechtsakten in einem Mitgliedstaat transnationale Rechtswirkungen in anderen Mitgliedstaaten erzielen soll. Der Grundsatz gegenseitigen Vertrauens hat längst »souveränitätssensible« Bereiche wie das Migrationsrecht oder die justizielle Zusammenarbeit erreicht, wo selbst der bislang geltende *ordre-public*-Vorbehalt im Vollstreckungsstaat teilweise wegfällt. Das wirft Fragen nach dem Grundrechtsschutz auf und lässt Grenzen der realen Belastbarkeit transnationalen Vertrauens erkennen.

In einer akephalen Ordnung wie der Europäischen Union mit prinzipiell dezentralen Verwaltungsstrukturen ersetzt Vertrauen das Fehlen von Hierarchie (D.III.2.). In dem Maße, wie auf Vertrauen gesetzt werden kann, ist eine zentrale Harmonisierung entbehrlich. So gesehen stabilisiert Vertrauen die transnationale Verwaltung. Vertrauen ist zwar keine Geltungs- und auch keine Wirksamkeitsbedingung des Rechts, sollen dem Recht keine vorrechtliche Gelingensvoraussetzungen untergeschoben werden (anders Kaufhold 2012: 418). Vertrauen ist in erster Linie ein soziologischer Topos, dem Recht aber eine förmliche Kontrafaktizität zueigen. Nicht ohne Grund hatte Niklas Luhmann (1968: 36) formuliert, das moderne Recht »entwachse« Vertrauenstatbeständen. Dennoch können dem Recht die sozialen Grundlagen seiner Wirksamkeit in legitimationstheoretischer Hinsicht nicht gleichgültig sein. Vertrauen und Recht werden in komplementären Funktionsweisen wirksam (Schmidt-Aßmann/Dimitropoulos 2011: 149). Vertrauen kann vom Recht nicht angeordnet oder einfach erwartet werden. Es handelt sich um die soziale Basis »integrationistischen« Rechts und stellt die fragile Grundlage einer auf der sozialen Anerkennung der handelnden Akteure beruhenden Regelungsstruktur dar, die, fällt sie weg, auch den Verzicht auf zentrale Steuerung fragwürdig werden ließe.

Es geht in diesem Zusammenhang nicht um ein abstraktes Vertrauen in die Marktkräfte und die Selbstregulierungsfähigkeit privater Akteure, nicht um die Akzeptanz der »Anmaßungen staatlichen Wissens« und nicht um ein Vertrauen in die »unsichtbare Hand« menschlicher Ordnungsbildung. Aber es wäre eine verkürzte Perspektive, das horizontale Vertrauen im Nationalstaat zu konservieren und als »Vertrauen in die eigene Rechtsordnung« (BVerfGE 113, 273/294) zu überhöhen. Das nationale Verwaltungsrecht bleibt unverzichtbar, akzeptiert aber die Internalisierung »fremder« Entscheidungen als »eigene« Entscheidungen, soweit einer entsprechenden Anordnung oder Pflicht ein praktisch belastbares Vertrauen in die Wahrung der geteilten Grundannahmen des Verwaltens im europäischen Rechtsraum erwartet werden darf. In dem Maße, wie das wechselseitige Vertrauen verfahrens- und organisationsrechtlich abgesichert wird, lässt sich eine transnationale Vollzugsstruktur auf Dauer stellen und der formal einfachere, die soziale Legitimation »of the people« aber vernachlässigende Weg einer Zentralisierung von Vollzugskompetenzen vermeiden (Franzius 2009b).

Im europäischen Verwaltungsrecht wird dem Vertrauen eine strukturelle Legitimationsfunktion zugesprochen, ohne die sich der Raum der Freiheit, der Sicherheit und des Rechts kaum realisieren ließe. Die sozialen und rechtlichen Beziehungen in der Europäischen Union weisen trotz beklagter Vertrauenskrisen eine »Verdichtung« auf, die im internationalen Verwaltungsrecht (Ruffert 2007) kaum erwartet werden kann. Allerdings stößt das europäische Vertrauen an Grenzen. Insbesondere fragt sich, inwieweit der Topos des Vertrauens auf grundrechtssensible Politikfelder wie die justizielle Zusammenarbeit erstreckt werden kann. Die Europarechtswissenschaft tut sich schwer, die sozialen Voraussetzungen für die Projektion der Binnenmarktlogik auf andere Politikfelder in den Blick zu bekommen. Verantwortlich sind dafür aber auch die Unionsorgane, soweit sie auf die Normierung von Anerkennungsvorbehalten verzichten und den Vollzug »ausländischer« Entscheidungen im horizontalen Verhältnis zwischen den Mitgliedstaaten selbst einer *ordre-public*-Kontrolle entziehen.

Vertrauen ist ein gradueller Begriff, der eine Prüfung von Grundrechtsverletzungen durch das staatliche Gericht am Maßstab der nationalen Grundrechte nicht mit dem Verweis auf die vertikale Solange-Doktrin auszuschließen vermag (Britz 2013: 109 f.). Da Zweifel an der Belastbarkeit eines horizontalen Vertrauens in der justiziellen Zusammenarbeit gewachsen sind und der Verzicht auf die Kontrolle der Entscheidungen anderer Mitgliedstaaten an Grenzen stößt, stellt sich die Frage nach den Bedingungen einer gezielten Föderung und Stärkung des Vertrauens, wozu eine »horizontale Solange-Prüfung« durch nationale Gerichte am Maßstab der Unionsgrundrechte mit der Folge gehören könnte, im Fall von systematischen Verletzungen wesentlicher Grundrechtsgarantien europäisches Sekundärrecht unangewendet zu lassen (Canor 2013: 264 ff. im Anschluss an EuGH Rs. C-411/10 und C-493/10 N.S./Secretary of State for Home

Departement). Insoweit hat das horizontale Vertrauen eine föderale Dimension, aber auch einen demokratischen Wert und wird zum Bestandteil europäischer Legitimitätspolitik, die nach der hier eingenommenen Perspektive von den Gerichten kaum geleistet, jedenfalls nicht ersetzt werden kann.

So kann ein Ertrag dieser Untersuchung darin gesehen werden, auf notwendige Schärfungen des konstitutionellen Pluralismus und des transnationalen Vertrauens hinzuweisen (E.). Beide Figuren weisen nur eine schwache Trennschärfe auf und doch macht es Sinn, auf der Grundlage dieser Leitbilder die transnationale Konstellation zu beschreiben und rechtswissenschaftlich zu ordnen. Weil es »jenseits des Staates« nicht nur die Europäische Union gibt, dürfen wir uns nicht einfach mit staatsanalogen Konstruktionen begnügen, die schon für die Union wenig Überzeugungskraft aufweisen. Es gilt nach Formen der Kontestation zu suchen, um die Ausübung überstaatlicher Hoheitsgewalt von der Legitimationszufuhr durch die beteiligten Regierungen, so wichtig deren Rückbindung an die nationalen Öffentlichkeiten und Arenen auch bleibt, zu entlasten. Konstitutionelle Argumente bleiben in der Ordnung, die hier transnationale Konstellation genannt wird, bedeutsam, sind aber einer Pluralisierung unterworfen, die von der Vorstellung eines einheitlichen Legitimationssubjekts ebenso abstrahiert wie von einer einheitlich verfassten Hoheitsgewalt, die es schon in föderalen Ordnungen, jedenfalls aber in der transnationalen Konstellation schlecht geben kann. Das gilt auch für das Vertrauen, das einzufordern sich als ambivalent erweist (Frevert 2009) und einen effektiven Grundrechtsschutz nicht auszuhebeln vermag. Gegenüber dem Begriff der Solidarität erscheint der Begriff des transnationalen Vertrauens aber vorzugswürdig, soweit es die soziale Grundlage einer Rechtsordnung bildet, die sich – wie die Europäische Union in Abgrenzung zur internationalen Ordnung – als politische Ordnung und deshalb nach eigenen Regeln (Weiler 2003) als prinzipiell demokratisierbar (Franzius 2013c) erweist, also nicht auf rechtsstaatliche Sicherungen unter der Obhut der Gerichte beschränkt bleiben muss.

B. Grenzverschiebungen: Recht und Politik

I. Versuch einer Verhältnisbestimmung

Das Verhältnis von Recht und Politik ist verwickelt. Das Recht kann als autonome Rechtsordnung in eine Distanz zum Politischen gebracht werden: Recht ist Recht, wobei das politische Argument nicht zählt. Diese Sichtweise prägt das Denken unterschiedlicher Autoren wie Hans Kelsen und Herbert Hart, aber auch das von Niklas Luhmann, demzufolge Recht nur in Gestalt rechtlicher Kommunikationen denkbar ist und tautologisch bestimmt wird: Recht ist, was Recht ist (Luhmann 1993: 168). Allerdings ist diese Perspektive nicht zwingend. Mit guten Gründen kann Recht als in eine politische Ordnung »eingebettet« betrachtet werden. In der Tradition der Critical Legal Studies bedeutet das ebenso einfach wie provozierend: Recht ist Politik. Diese Gegenpole überwindend können Recht und Politik – drittens – jedoch auch in einem wechselseitigen Verweisungszusammenhang gedacht werden. Sie entstammen unterschiedlichen Sphären, sind aber miteinander verbunden. Danach sind Recht und Politik soziale Phänomene, die miteinander interagieren (Zamboni 2008: 19 ff.).

Ungeachtet der unterschiedlichen Verhältnisbestimmung werden diese Konzepte auf einen gemeinsamen Kern zurückgeführt: Dem spezifischen Charakter des Rechts im modernen Staat mit seiner wachsenden Inanspruchnahme durch die politischen Akteure auf der einen Seite und zur gleichen Zeit einer zunehmenden Spezialisierung der Rechtswelt auf der anderen Seite, die ihre eigene Logik, ihr eigenes Wertesystem und ihre eigene Rationalität entwickelt (Zamboni 2008: 125 ff.). Einerlei, ob in der Tradition Kelsens oder Luhmanns ein autonomes Modell vertreten wird, ein stärker instrumentalistisches Modell von Recht in der Hand politischer Akteure behauptet oder auf eine mehr oder weniger enge Interaktion von Recht und Politik abgestellt wird: Der moderne Verfassungsstaat betrachtet die *ratio* des Rechts als Ausdruck des politischen Willens und macht es reflexiv (Teubner 1982). Recht wird an die Politik geführt, indem es weniger von politischen Akteuren »verwaltet« als vielmehr – in der Tradition Max Webers – dem Monopol von spezialisierten Rechtsakteuren überantwortet wird. So gesehen, haben wir es mit einer Politisierung und Spezialisierung des zeitgenössischen Rechts zu tun. Der demokratische Rechtsstaat zwingt in paradoxer Weise dazu, das Recht in die politische Welt zu führen und zugleich von ihr weg, indem es eine formale Eigenständigkeit bewahrt. Das verlangt,

»to identify and explain the mechanisms through which not only legal categories and concepts are created as instrumental to value-environments, but also why, after so many attempts to reduce one phenomenon to the other, the debate is still open as between two (to greater or lesser extent) different phenomena, namenly law and politics« (Zamboni 2008: 142).

Recht und Politik sind zu unterscheiden, können aber nicht voneinander geschieden werden. Hilfreich ist eine Unterscheidung, die Robert Post (2010) eingeführt hat. Danach ist Recht eine soziale Praxis, die Übereinstimmung voraussetzt, während Politik eine Praxis der Nichtübereinstimmung sei.

»We invoke law when we believe that we have reached agreement – or when we wish to act as if we had reached agreement – and when we wish to implement and entrench our putative agreement. Law, we might say, is a practice that presumes agreement, in contrast to politics, which presumes disagreement« (Post 2010: 1340).

Und weiter heißt es bei ihm:

»The social practice of adjudication differs from that of politics. The space of political argumentation and participation is not narrowly professionalized, but is open to all. Although professional politicians exist, they must draw support from ordinary citizens who have become politically mobilized through social movements or other provocations. The domain of politics is as motley and as confused as the persons who are moved to participate in politics. Political discourse is as plural and as united as the polity within which it takes place. Because politics must sustain disagreement, it does not contain a single, hierarchically enforced structure of authority, but is typically loosely jointed, with disarticulated and nodal points of authority. Power in law speaks through a single professional discourse; power in politics assumes a myriad of forms. Political actors can deploy the language of values, but they can also employ arts as disparate as mobilization, compromise, compulsion, fidelity, secrecy, and betrayal« (Post 2010: 1341 f.).

Um die Beziehung zwischen Recht und Politik richtig zu erfassen

»we must recognize that agreement and disagreement are social facts that persist regardless of whether we engage in either politics or law. Politics is a social practice that presumes disagreement, yet politics nevertheless depends upon and seeks to expand the social fact of agreement. Law is a social practice that presumes agreement, yet law nevertheless must find ways to tame, channel, and resolve ongoing, persistent disagreement [...]. Politics and law are thus two distinct ways of managing the inevitable social facts of agreement and disagreement. As social practices, politics and law are both independent and interdependent. They are independent in the sense that they are incompatible. To submit a political controversy to legal resolution is to remove it from the political domain; to submit a legal controversy to political resolution is to undermine the law. Yet they are interdependent in the sense that law requires politics to produce the shared norms that law enforces, whereas politics requires law to stabilize and entrench the shared values that politics strives to achieve [...]. Law and politics should thus be conceived as distinct phases of a larger and more inclusive process of social integration by which modern heterogeneous societies produce solidarity and control. Modern societies require a healthy inter-relationship between the social forms of law and politics« (Post 2010: 1343).

Wenn die Beziehung zwischen Recht und Politik in dieser dynamischen und dialektischen Weise verstanden werde, dann sei jede genaue Grenzziehung notwendig umstritten:

»From the perspective of politics, it is always disputable whether present disagreements should be ceded to the expert grammar of the law, or whether extant legal decisions ought to be reclaimed as subjects of political dispute. From the perspective of law, it is always disputable whether contemporary political disagreements are ripe for legal intervention, or whether existing legal judgements can sustain sufficient social support to resist falling back into the vortex of politics. It is intrinsically uncertain whether ongoing conflicts over particular values will be addressed within legal practice, within political practice, or within both simultaneously. There is nothing inherent in the nature of law or politics that can settle this question.«

Diese »Verhältnisbestimmung« macht Sinn. Sie ist hinreichend offen und erlaubt es, die Wechselbezüglichkeit von Recht und Politik in den Blick zu nehmen. So ist Politik im demokratischen Rechtsstaat nicht bloß ein Gegenbegriff zum Recht, sondern das Ergebnis einer in Rechtsform ausgestalteten Verfahrens- und Entscheidungsstruktur (Möllers 2013: 4). Aber noch aus einem anderen Grund ist die vorgestellte Perspektive interessant. Denn sie gestattet es, das Verhältnis von Recht und Politik ohne Rückgriff auf den Begriff des Staates zu bestimmen. Es dürfte kein Zufall sein, dass in Rechtsordnungen, die ohne einen starken Staatsbegriff auskommen, die wechselseitige Verwiesenheit von Recht und Politik sehr viel intensiver diskutiert wird.[13] Unter dem Staatsbegriff stellt sich die Frage nach dem Verhältnis von Recht und Politik nicht in derselben Schärfe. Denn im Staat finden Recht und Politik idealtypisch zusammen. Als Einheits- und Fusionsbegriff hat der Staatsbegriff jedoch an Überzeugungskraft eingebüßt. Deshalb wird für das Verfassungsrecht bezweifelt, ob es heute noch einer Staatstheorie bedarf.[14]

Staat und Verfassung wird die Aufgabe zugesprochen, zwischen Recht und Politik zu vermitteln und die unterschiedlichen Rationalitäten zusammenzuführen. In Deutschland galt der Staat stets besonders viel.[15] Zu den Traditionsbeständen hiesigen Verfassungsdenkens gehört, dass der Staat verfasst werde, nicht aber die Verfassung eine Organisation zum Staat erkläre (Hofmann (1999: 1065). Es gebe einen unverfassten Primat des Politischen, der jeder verfassungsrechtlichen Hegung politischer Macht vorausliege. Noch heute verbinden sich in dieser Kontroverse die großen Theoretiker des Politischen. Den einen Pol markiert das Werk Carl Schmitts, auf der anderen Seite stehen die brillianten Analysen Hannah Arendts. Während Schmitt von einer allenfalls »gehegten Feindschaft« als Kern des Politischen ausgeht, sieht Arendt in der »verfassten Gegnerschaft« den politischen Raum. Während das antagonistische Modell des Politischen auf eine exklusive Einheit ausgelegt ist, zielt das agonale Konzept einer Streitkultur, die die Vorstellung des Anderen als differentem Gleichen umfasst, auf Expression und Inklusion (Frankenberg 2003: 15 ff.) In diesem republikanisch-demokratischen Modell wird Politik im »Zusammen- und Miteinandersein der Verschiedenen« gesehen (Arendt 2003: 9) und die Idee der politischen Gemeinschaft nicht mehr ausschließlich auf die Selbstbestimmung gegenüber dem Fremden, sondern auf die Einbezie-

13 Wo es einen »starken« Staatsbegriff gibt, ist noch nicht gesagt, dass die Verfassung primär »juristisch« verstanden und von der Verfassungsrechtswissenschaft gepflegt wird. In Frankreich beansprucht die Politikwissenschaft zu einem guten Teil die »Deutungshoheit« für sich: Heuschling (2008: 21 ff.).

14 Lepsius (2004: 375 ff.). Das BVerfG »hat« seinem Präsidenten zufolge keine Staatstheorie (Voßkuhle 2013). Es »dürfe« aber auch keine haben (Lerche 2002: 651).

15 Der Wert einer allgemeinen Staatslehre wird heute bestritten (Schönberger 1999; Möllers 2006: 2320 f.); abgeschwächter Gusy (2007: 43 ff.) Bei Loughlin (2009: 16 f.) findet sich eine Verteidigung der Staatslehre Hermann Hellers als »juristic logic of droit publique, which serves the function of sustaining the public sphere as an autonomous way of viewing the world«.

hung der Anderen gerichtet (Habermas 1996). Insoweit dienen Verfassungen wie das Grundgesetz nicht bloß der Verrechtlichung von Politik, sondern etablieren eine soziale Praxis mit dem Ziel, eine reflexive Ordnung des Politischen auf Dauer zu stellen.[16] Kurz: Recht ist nicht – wie es teilweise die Politikwissenschaft annimmt – auf ein Werkzeug der Politik zu verkürzen, die Politik aber umgekehrt auch nicht – wie mitunter in der Rechtswissenschaft angenommen wird – eine durch Recht zu bändigende Ordnung.

Denn Recht begrenzt nicht nur, es ermöglicht auch Politik. Hinter das überlieferte Systemdenken, das als solches gegen den politischen Willen in Stellung gebracht werden kann, tritt die Prozessdimension: Recht erscheint als *geformte* Politik, wobei das Verfassungsrecht zeigt, dass politische Akteure stets mit Rechtsbindungen umzugehen haben und politische Argumente in einem durch die Verfassung abgesteckten Rahmen ausgetauscht werden.

Der zweite Grund, warum Recht und Politik nicht gegeneinander ausgespielt werden können, liegt in der vom Öffentlichen Recht zu thematisierenden Frage nach den handelnen Akteuren. Recht wird *gemacht*. Deshalb wird der Gesetzgeber als politisches Organ verstanden, der mehr oder weniger dichten und mitunter gerichtlich sanktionierbaren Verfassungsbindungen unterworfen ist. Doch auch diese Bindungen sind interpretierbar und veränderungsfähig. Nicht selten wird der stabilen Rationalität des Rechts die flüchtige Irrationalität der Politik gegenübergestellt. So geht in Deutschland die besondere Wertschätzung der Rechtsstaatlichkeit, aus der das BVerfG besondere Rationalitätsanforderungen an den Gesetzgeber[17] ableitet, mit einer Beschränkung politischer Räume demokratischer Rechtserzeugung einher.[18]

16 Eine Renaissance agonistischer Theorien in der politischen Philosophie sieht Poscher (2013: 5). Er will die agonale Struktur des Konflikts in die Sphäre rechtlicher Argumentation übertragen, denn: »Verstehen wir unsere juristischen Auseinandersetzungen in schwierigen Fällen als agonal, können wir an unserer Praxis festhalten, ohne dafür zu steilen theoretischen Annahmen wie einzig richtigen Antworten […] oder diskursiven Idealen Zuflucht nehmen zu müssen.«

17 Zum Beispiel das Gebot der Folgerichtigkeit, vgl. BVerfGE 122, 210 Pendler-Pauschale. Zum Problem Dann (2011: 631 ff.); Möllers (2011a: 398 f.); Grzeszick (2012: 55 ff.).

18 Zur Legitimitätskrise majoritärer politischer Institutionen, der eine beachtliche Wertschätzung nicht-majoritärer Institutionen – wie der Zentralbanken und Verfassungsgerichte – entspricht: Zürn (2011b: 611 ff.).

Wie stark die Vorbehalte sind, lässt gerade die transnationale Konstellation erkennen. Hier wird die Vorstellung staatlicher Rechtserzeugung relativiert, wenn auch nicht aufgegeben. Das mag als bedrohlich empfunden werden. Mit dem Staat, so formuliert es Udo Di Fabio (2011: 8) gerate auch das Recht ins Rutschen. Verliere der Verfassungsstaat seine Bedeutung, so schwinde auch jene Überzeugung des 19. Jahrhunderts, dass politische Macht nur rechtsförmlich ausgeübt werden dürfe.[19] Für diese »Einstellung« wird auf Karl Heinz Bohrer mit seiner Formulierung verwiesen, wonach

»die eigentliche Crux des provinziellen, sich nicht verantwortlich fühlenden Bewusstseins [in der] irrige[n] Auffassung von einem Recht [beruhe], das über der Politik schwebt, die entpolitisierte Interpretation des Völkerrechts. Es ist darüber hinaus aber eine spezifisch deutsche Tradition, das Recht als quasi metaphysisch begründete Instanz, als eine der Realität entfremdete, ›innerlich‹ gefasste, absolute Norm zu verstehen und nicht als das, was das Recht in demokratieerfahrenen westlichen Zivilisationen immer schon war: eine politisch fassbare und funktionierende relative Größe, wohlgemerkt in Ländern mit einer langen politischen Rechtsordnung.«

Dass der Staat nicht einfach verschwindet, hat gute Gründe. In der Retrospektive handelt es sich um eine große Erzählung, deren Wirkungsmächtigkeit der dem Verfassungsstaat eingeschriebenen Erinnerung an die Überwindung von Unterdrückung, an blutige Kämpfe und an die revolutionäre Idee der Neubegründung von Herrschaft geschuldet ist. Im Verfassungsstaat werden Recht und Politik verkoppelt, institutionell verbürgt durch die Verfassungsgerichtsbarkeit. Verfassungsgerichte sind rechtliche und politische Akteure zugleich. Die in Deutschland verbreitete Vorstellung, hier zählen nur rechtliche Argumente, mutet naiv an (Grimm 2011b: 30).

So verdeckt der Staatsbegriff den in der Verhältnisbestimmung von Recht und Politik stets mit verhandelten Rationalitätenkonflikt. Recht und Politik wurden auf den Staat bezogen, der sich als wandlungsfähig erwiesen hat (II.). In der transnationalen Konstellation lassen sich jedoch drei zentrale Grenzverschiebungen beobachten (III.). Sie setzen hinter staatszentrierte Begriffe, Konzepte und Methoden ein Fragezeichen und erfor-

---

19 Vgl. Isensee (1987: 29) »Der Staat findet im Recht seine Ordnung, das Recht im Staat die Macht, die es sanktioniert. In der Bindung der Staatsgewalt an das Recht, die in erheblichem Maße Selbstbindung ist, zeigt sich das Eigentliche des Verfassungsrechts als Rechtsstaat.«

dern – so die These dieses Buchs – ein transnationales Verständnis von Verfassung und Verwaltung (unten C.). Das wirft die Frage nach passenden Konfliktverarbeitungsmechanismen auf, die nach dem vorliegend gewählten *public law approach*[20] eine gewaltenorientierte Rekonstruktion nahelegen (unten D.).

II. Wandel des Staates

Der Staat in der Form, die er durch den »Rechtsstaat« erhalten hat, ist zunächst einmal ein Produkt der Staatsrechtswissenschaft. Das gilt in besonderem Maße für Deutschland, wo der Staat als Seinskategorie häufig romantisch verklärt wurde. Die Wirkungsmächtigkeit des Staates als Idealbild der politischen Ordnung blieb unter dem Grundgesetz erhalten, was sich gerade in Gemeinsamkeiten der stilprägenden Schmitt- und Smend-Schule (Günther 2004: 34 ff.) unter der Fortschreibung einer Über- oder Untertreibung von Staatlichkeit in der Vernachlässigung demokratischer Anforderungen zeigte (Möllers 2008b: 40 f.). Die Gleichsetzung des Staates mit der Exekutive erschwerte die proklamierte Demokratisierung des Rechts in den 70er Jahren. Heute wird die »staatliche« Demokratie zur Abwehr überstaatlicher Zumutungen eingesetzt, aber kaum auf föderale Phänomene und nur punktuell auf institutionelle Besonderheiten wie die Stellung und Legitimation des BVerfG bezogen (Möllers 2008b: 87 ff., 106 ff.). Demokratie müsste ihrerseits vom Staatsbezug gelöst werden, um nicht unter umgekehrten Vorzeichen in einen Etatismus zurückzufallen. So fragt sich, ob an die Stelle des Staatsbegriffs ohne nähere Problematisierung die für sankrosankt erklärten Begriffe und Konzepte von Verfassung und Demokratie treten können.[21]

Der Staatsrechtslehre wird seit langer Zeit ihre Staatsfixierung vorgeworfen. Mit dem Zentralbegriff des Rechtsstaates zielte der staatsrechtliche Positivismus im 19. Jahrhundert auf eine Trennung von Recht und Politik und die Umleitung des im voluntaristischen Souveränitätsbegriff der frühen Neuzeit angelegten Willkürmoments in ein systemabhängiges Staats-

20 Zu Entstehung und Wandel dieses – nicht auf Deutschland beschränkten, aber hier gegenüber dem Privatrecht abgegrenzten – wissenschaftlichen Ansatzes Grimm (2012b: 5 ff.). Für England Loughlin (2010).

21 Mit dieser Kritik lässt sich Viellechner (2012b) lesen.

recht. »Dank des Souveränitätsprinzips bildet der Staat mit seiner Rechtsordnung ein normatives Universum« (v. Bogdandy 2013: 6) und als erklärter Gegenbegriff zum Machtstaat realisierte sich der Rechtsstaat in der Herrschaft des Gesetzes, der Gesetzmäßigkeit der Verwaltung und dem individuellen Rechtsschutz durch unabhängige Gerichte. Das um diese Grundkategorien kreisende und mit dem Anspruch auf Einheit und Autonomie auftretende Öffentliche Recht entwickelte sich vor dem Hintergrund der unhinterfragten Fixierung auf den sich herausbildenden Nationalstaat, der »als Chiffre einer politischen Instrumentierung des Rechts« fungierte. In dieser Einheit von politisch-räumlicher Ordnung und Rechtsordnung liegt eine, wie Thomas Vesting (2004: 47) hervorhebt, bis heute nicht aufgelöste Paradoxie:

»Die Selbstbegründung des Staatswillens als Komponente eines *rechtlichen* Kommunikationszusammenhangs wurde mit einer *politisch-staatlichen* Fremdbegründung kurzgeschlossen« (Hervorhebung im Original).

Der Rechtsstaat, als Orientierungsformel entwickelt, wurde zur Einheitsformel, vor der sich die Herausbildung »neuer« Rechtsordnungen wie das Europarecht, aber auch das Völkerrecht in der Emanzipation von seiner staatsrechtlichen Konzeption zur Regelung allein zwischenstaatlicher Beziehungen zu rechtfertigen habe. Für »überstaatliche« Vorgänge der Transnationalisierung bleibt der Staat auch in der Negation die Folie, was in der Kennzeichnung, Problematisierung und Infragestellung »nichtstaatlichen« Rechts zum Ausdruck kommt.[22]

Mag der Staatsbegriff eine »argumentative« Funktion auch für das – in Deutschland stets besonders hervorgehobene – Verhältnis von Staat und Gesellschaft haben, so ist doch unter dem Grundgesetz zu konstatieren, dass für das »operative Geschäft« an die Stelle des Staats- der Verfassungsbegriff getreten ist (Möllers 2008b: 53 ff.). Die Staatstheorie verlagert sich auf die Bereiche, wo der Staat in europäischen und internationalen Regelungszusammenhängen zu erodieren scheint (Grimm 2012a) und als Ordnungsidee (Anter 2003: 35 ff.) verblasst.[23] »Weimars lange Schatten«

22 Vgl. Poscher (2007: 160 ff.). Karl-Heinz Ladeur und Lars Viellechner (2008: 44) vermuten, dass »die Bauformen des staatlichen Rechts [...] partiell ebenso nach außen gewendet werden können wie umgekehrt das staatliche Recht nach innen für die Phänomene der Globalisierung durchlässig werden muss, wenngleich das Recht dadurch nicht staatenlos« werde.

23 Kurz und bündig resümiert Hofmann (1999: 1065): »Der Begriff des Staates hat seine systembildende Kraft weithin eingebüßt«. Lepsius (2004: 372) diagnostiziert: »In einem

(Christoph Gusy) mit dem bis heute unklaren Verhältnis von Theorie, Methode und Dogmatik erschweren die Erfassung und Verarbeitung der Einbindung des Staates in überstaatliche Ordnungszusammenhänge, wie es das Grundgesetz mit der Öffnung des Staates vorsieht (Sauer 2011b: 244 ff.). Die das Selbstverständnis der Staatsrechtslehre und die Identität des Öffentlichen Rechts (Grimm 2012b) prägende Kopplung von Staat und Recht verstellt den Blick auf ein angemessenes Verständnis der sich abzeichnenden neuen Beziehung von Recht und Politik (Halfmann 2008: 280, 283 f.). Was als Forschungsstrategie an seine Stelle treten könnte, ist alles andere als ausgemacht (Stolleis 2004). Für unsere Zwecke reicht der Hinweis, dass der Staat nicht länger als unhinterfragte Selbstverständlichkeit der wissenschaftlichen Beschreibung politischer Ordnungen zugrunde gelegt werden kann.[24]

Denn was mit dem Begriff des Staates gemeint ist, bleibt notorisch unsicher.[25] Begriffsgeschichtlich konkurrieren drei Auffassungen: Versteht man den Staat als Obergriff oder Synonym für eine organisatorisch, zeitlich und sozial verfestigte politische Ordnung, dann kann darunter nicht nur die antike Polis, sondern auch ein Herrschaftsverband wie die Europäische Union (Mancini 1998) und vielleicht auch die internationale Ordnung (Höffe 2002: 22 ff.; Tönnies 2002) rubriziert werden. Sehr viel verbreiteter ist jedoch ein engerer Staatsbegriff, der mit dem Staat eine neuzeitliche Entwicklung im Anschluss an die Souveränitätslehre Bodins benennt. Radikalisiert wird diese Perspektive im Staat als künstlicher Körper oder juristische Person, die durch Recht konstituiert wird und – wie Hans Kelsen annahm – letztlich in diesem Normbestand aufgeht. Aber es gibt auch noch eine dritte Perspektive: Nach der wirkungsmächtigen Säkularisierungsthese sei der moderne Staat als Folge der konfessionellen Bürgerkriege entstanden (Böckenförde 1967). In dem Maße, wie dies in Frage gestellt (Möllers 2009b: 55 f.) und als epochale Zäsur für die Positivierung und Rationalisierung des Rechts in Zweifel gezogen wird, rückt die Frage in den Vordergrund, inwieweit ein maßgeblicher Entstehungsgrund des

---

Konzert aus Recht, Geschichte, Gesellschaft, Politik und Ökonomie bleibt der Staat gegenständlich und methodisch diffus«.

24 Vgl. aus unterschiedlichen Perspektiven, die im Staat nach wie vor eine begrenzte, aber sinnvolle Beschreibungskategorie erkennen: Schuppert (2011); Kadelbach/Günther (2011); Jestaedt (2012).

25 Lepsius (2013b: 40 ff.) unterscheidet für die Rechtswissenschaft zwischen dem Staat des Begründungsdiskurses »im Recht« und dem Staat des Relationsdiskurses »über Recht«. Beide Staatsverständnisse sind, wollen sie etwas zum Recht sagen, angreifbar.

Staates in der Wohlfahrtsmaximierung gesehen werden muss (Süßmann 2007). Ganz neu ist das für das Öffentliche Recht nicht. Zwar ist dem Staat eine enge Verbindung zur Verfassung und Souveränität diese schaffender Gewalt eingeschrieben. Auf der anderen Seite weist der Staat jedoch eine Verbindung zur Verwaltung auf, namentlich zur Polizei und dem Für- oder Vorsorgegedanken, dem in der Gegenwart sogar eine Leitbildfunktion für den Staat zugesprochen wird. Jedenfalls sind für das Öffentliche Recht die Verfassung und die Verwaltung jene Begriffe, mit denen der Staat erfasst und sein Wandel beschrieben wird (Franzius 2009a: 24 ff.). Der Staat als konstitutive Hintergrundannahme des öffentlichen Rechts verblasst (Stolleis 2012: 663 ff.).

Kritik am Staatsbegriff, die nicht deckungsgleich mit der Kritik an der sozialen Tatsache des Staates ist, kommt aus ganz unterschiedlichen Richtungen, wobei methodische und theoretische Stränge zu unterscheiden sind. Ungeachtet aller Entgrenzungen und Vernetzungen, die aus Einrichtungen wie der Europäischen Union keinen »Staat« machen, gewinnt eine paradoxe Beobachtung an Schärfe: In dem Maße, wie durch das Völkerrecht und das Europarecht staatszentrierte Konzepte in Frage gestellt werden (Wahl 2005), gewinnen die mitgliedstaatlichen Ordnungen (wieder) an Bedeutung.[26] Es sind die Staaten, die »überstaatliche« Gewalt einrichten und sie sind es, die internationale Rechtsetzungsakte in den »eigenen« Rechtsordnungen zu beachten haben. Nicht der Staat als solcher wird verabschiedet, sondern die mit ihm verbundene Sichtweise auf Recht und Politik müsse erweitert und ergänzt werden (Zumbansen 2001: 34 f., 37). Zu verabschieden sei der methodologische Etatismus (Zürn 1998: 68). Das gilt indes auch für den Begriff der Gesellschaft, der in Deutschland stets Gefahr läuft, ein »entpolitisiertes Reich der Freiheit« befördern zu wollen. Ohne Historisierung des Staatsbegriffs droht ein Popanz aufgebaut zu werden, an dem das »Neue« abgearbeitet wird (Calliess/Mahlmann 2002: 11 ff.).

Kann es Recht und Politik ohne Staat geben? Das wird mit großer Leidenschaft diskutiert (Teubner 1997; Somek 2005; Kadelbach/Günther 2011). Alle Entzauberungen und Entmystifizierungen der als »Container-Staat« nur eine Episode von Staatlichkeit darstellenden politischen Gemeinschaft machen die Frage nach einem Recht ohne Staat nicht entbehrlich. Denn der Abkoppelung des Öffentlichen Rechts vom Staat

26 Zur »Kränkung nationalstaatlichen Selbstbewusstseins« durch die Globalisierung und zum Staat als »rechtskontextliefernde Instanz« Möllers (2001: 42, 51).

nach Maßgabe des auch auf andere Organisationen erstreckten Verfassungsbegriffs ist keine Neuverkoppelung mit der Politik gefolgt. Mag es Recht und Politik ohne Staat geben, bleibt doch nach der Klammer zu fragen, nach der die Auflösung der Identität von politischer, territorial radizierter Raumordnung und rechtlicher, stärker funktional differenzierter Ordnung zu verarbeiten wäre.[27] Die notwendig gewordene Zurückstellung des Staates als Prämisse der überkommenen Konzeptionen von politischen Gemeinschaften oder der geforderte Abschied vom methodologischen Nationalismus bedeute nicht, den Staat als politischen Akteur »in den Nischen der Weltgesellschaft« (Wolfgang Streeck) als Unterbrecher globaler Interdependenzen aufzugeben. Im Völkerrecht weisen Staaten ohnehin eine charakteristische Ambivalenz auf. Sie sind Erzeuger und Adressaten des Völkerrechts, sie bedrohen die Menschenrechte und garantieren sie zugleich (Preuß 2004).

Führen die beiden großen, für den Wandel von Staatlichkeit grundlegenden und viel beschriebenen Trends der Privatisierung und Internationalisierung (Leibfried/Zürn 2006) zu einer Entrechtlichung? Setzt die Geltung von Recht nicht eine souveräne Zwangsgewalt voraus? Kann die Rechtserzeugung von der Volkssouveränität – und sei es nur als normativer Fiktion[28] – abgelöst werden? Auch diese Fragen bleiben umstritten. Souveränität ist ein schwieriger Begriff geworden, der seinen Gegenstand nur unter erheblichen Anpassungen zu erfassen vermag (Chayes/Chayes 1995: 123 ff.; Grimm 2009a; Kalmo/Skinner 2010; Habermas 2011; v. Bogdandy 2013). Wer Souveränität mit Thomas Hobbes und Baruch Spinoza in einem Atemzug nennt und mit Paul Laband als unteilbar versteht, wird dem Konzept mit einer Verengung auf den »nur sich selbst liebenden Staat« (Haltern 2003: 555) kaum gerecht. In der Souveränität, verstanden als Schnittpunkt des Politischen im Juristischen, der Entschei-

27 Vesting (2004: 61 ff.) nennt als Suchbewegungen das Konzept des *offenen Staates*, der trotz seiner Offenheit nach außen nicht aufgehört habe, Staat zu sein; den *Konstitutionalismus* mit der »Höherlegung« des politischen Niveaus auf die europäische, internationale und transnationale Ebene, indem Recht und Politik im vom Staatsbegriff abgelösten Verfassungsbegriff zum Thema gemacht werden sowie – mit Kritik an einer Überdehnung der Konstitutionalisierungsidee – das Konzept des *Rechtspluralismus*.

28 Durch die Formel der Volkssouveränität, so fasst Thornhill (2011: 208) das Konzept zusammen, gelang es dem Staat, sich »gleichzeitig inklusiv demokratisch zu legitimieren und gegenüber nicht kontrollierter Inklusion des Volkes zu verschließen. Von Anfang an diente der Begriff der Volkssouveränität nicht als Formulierung einer faktischen normativen Verpflichtung, sondern als internes Mittel zur politischen Inklusion und als Mittel zur politischen Exklusion des Volkes.«

dung mit der Norm, der Macht mit den Rechten, mag das dialektische Verhältnis von Recht und Politik eine Synthese erreichen (Steiger 1966: 26) oder heute auch ein Demokratieschutz gesehen werden können (Grimm 2009a: 123). Dagegen sah Hans Kelsen (1920: 2 f.) einen »Methodenanarchismus« am Werk, aus dem politisch Gewollten werde das rechtlich Gesollte. Er stellte der dualistischen Konzeption von (vorausliegendem) Staat und (begrenzendem) Recht die Identität von Staat und Recht entgegen (Oeter 2008: 285 ff.), was Hermann Heller zornig von einer »Staatslehre ohne Staat« sprechen ließ. Die Souveränität des Staates, zu der auch Kelsen sich bekennt, sei mit der Positivität des Rechts identisch. Der Staat sei keine soziale Tatsache, sondern ein Normensystem und gehe darin auf.[29] Der Staat sei ein Konstrukt des Rechts, das auch andere politische Organisationen herausbilden könne. In der transnationalen Konstellation gibt es neben staatlichem auch »nichtstaatliches« Recht, das aus dem viel zitierten »Schatten des Leviathan« heraustritt, aber dennoch, etwa was seine Heranziehung durch staatliche Organe – zum Beispiel staatliche Gerichte – betrifft, darauf bezogen bleibt.

Wie sieht es mit Politik ohne Staat aus? Auch diese Frage ist falsch gestellt. Es geht nicht um die Verabschiedung des Staates, sondern darum, ob das Politische durch den Staat definiert wird. Diese Frage ist zu verneinen, mag der Staat auch als Akteur in nichtstaatlicher Politik eine Rolle spielen. Als einheitsstiftender Begriff eignet sich der Staat aber nicht für Grenzziehungen (Nettesheim 2012c: 319) und der Nationalstaat ist nicht die einzige politische Gemeinschaft, die vom Recht geschaffen wird und der sich der Einzelne zugehörig »fühlen« kann (Graser 2008: 33 ff., 137 ff.). Trotz der Distanz, die in der Staatsrechtslehre gegenüber dem Politischen gepflegt wird, ist das Politische im Rechtskonflikt doch stets präsent. Das Staatsrecht hört hier auf, so hieß es im preußischen Budget- und Verfassungskonflikt, wo der Exekutive unter Berufung auf eine »Lücke« in der Reichsverfassung der Vorrang gegenüber dem Parlament[30] eingeräumt wurde (Meyer/Anschütz 1919: 906). Heute verbietet das BVerfG die »Freigabe« des Staates und formuliert gegenüber seinen »Entgrenzungen« bestimmte Grenzen, deren Überschreitung die änderungsfeste Verfassungsidentität (Art. 79 Abs. 3 GG) betreffen. Doch auch diese Grenze ist eine relative,

29 Für Kelsen ist der Staat eine personifikative Fiktion mit erheblichen Gefahren für das juristische Denken. Zum »Staat als Fiktion« auch Koschorke u.a. (2007). Anders die Betrachtung des Staates als gewachsene soziale Institution, grundlegend Elias (1976).

30 Die »Lückentheorie« für die Euro-Krise aufgreifend Schorkopf (2012: 206).

die, wie das Gericht im Lissabon-Urteil zur europäischen Integration unterstreicht, durch die Anrufung der verfassunggebenden Gewalt des Volkes (Art. 146 GG) überwunden werden könne (BVerfGE 123, 267/332, 364). Bemerkenswert an dieser Rechtsprechung ist nicht nur, dass wir von einem Gericht den Weg in die Revolution gewiesen bekommen und weitergehende Integrationsschritte an die Schaffung eines europäischen Bundesstaates geknüpft werden, das Bild des Staates also nur verlängert und auf die Union projiziert wird, sondern auch, dass eine vom Gericht entwickelte Demokratietheorie – mit den gleichen Konsequenzen – an die Stelle des Staates tritt und das »Dazwischen« eigentümlich leer bleibt.

Dass die Staaten weiterhin eine wichtige Rolle spielen, ist kein Grund, den europäischen oder internationalen Raum mit Attributen von Staatlichkeit zu belegen (Hettlage/Deger 2007: 307). Auch der »gefurchte« globale Raum gliedert sich in viele Orte, an denen Machtverhältnisse in jeweils besonderen Konfigurationen artikuliert werden (Massey 2005). Fragen nach einer EU-Staatlichkeit (Börzel 2013) oder Weltstaatlichkeit (Albert/Stichweh 2007) verdecken eher die entscheidenden Fragen nach einer Rekonstruktion von Recht und Politik in einer Welt, die sich auch in der Negation von Staatlichkeit nicht länger staatszentriert denken lässt. Recht und Politik gibt es jenseits des Staates, mögen es auch die Staaten sein, die internationale Organisationen einrichten und mit Macht ausstatten. Selbst innerhalb der Europäischen Union bleiben die Staaten »lebendige Gestalten« einer existierenden Gerechtigkeit, wie es bei Jürgen Habermas (2011: 72) im Anschluss an Hegel heißt. Danach haben die Bürger Europas gute Gründe dafür, dass

> »der jeweils eigene Nationalstaat in der Rolle eines Mitgliedstaates weiterhin die konstitutionelle Rolle eines Garanten von Recht und Freiheit«

spielt. Seine Exklusivität für Recht und Politik hat der von Mystik befreite[31] Staatsbegriff jedoch verloren. Dessen Funktionen hat trotz verbleibender Unsicherheiten der Verfassungsbegriff übernommen. Aber auch die Verwaltung, lange mit dem Staat identifiziert, lässt sich in der Differenz von Recht und Politik beschreiben. Insgesamt, so lautet die vorliegende These, können darüber Veränderungen in der transnationalen Konstella-

31 Mehr proklamierend als einlösend: BVerfGE 123, 267/346 Lissabon: »Der Staat ist weder Mythos noch Selbstzweck, sondern die historisch gewachsene, global anerkannte Organisationsform einer handlungsfähigen politischen Gemeinschaft.«

tion besser erfasst werden. Hier trägt die scharfe Alternative »staatliches oder nichtstaatliches Recht« nicht mehr.[32]

Um einem Missverständnis vorzubeugen: Es soll nicht die Existenz des Staates in Abrede gestellt werden (Reisman 1997; Deitelhoff/Steffek 2009). Das gilt in empirischer, aber auch in normativer Hinsicht.[33] Dass auf den Staat nicht verzichtet werden kann, zeigt das Völkerrecht. Traditionell beruht es auf dem Konsens der Staaten. Auch das Europarecht ist trotz seiner Emanzipation vom Völkerrecht von »intakten« Mitgliedstaaten abhängig. Darüber wird das Politische jedoch nur unzureichend erfasst. So kann der Staatsbegriff die Funktion eines »Platzhalters« für das Politische nicht mehr unhinterfragt übernehmen (Preuß 2013). Herrschaft wird nicht nur von Staaten, sondern auch von internationalen Organisationen ausgeübt. Daraus ergeben sich Konsequenzen, die auf das innerstaatliche Verständnis der wechselseitigen Verwiesenheit von Recht und Politik zurückwirken: Das Politische hat seine Exklusivität im »Staat« verloren, mögen es auch weiterhin die Staaten sein, die überstaatliche Gewalt einrichten. Ihre Ausübung ist jedoch die Inanspruchnahme *eigener*, nicht notwendig staatlich mediatisierter öffentlicher Gewalt.[34] Gibt es danach keinen privilegierten Ort des Politischen, so können sich politische Kollektive nicht länger durch ihre Staatlichkeit definieren.

Es muss deshalb anders argumentiert werden: Das Völkerrecht hat eine besondere Nähe zur Politik. Völkerrecht ist politisch, was seine prekäre Normativität in der Rechtspraxis erklären mag.[35] Auch die das Europarecht tragende Vorstellung der Rechtsgemeinschaft (Mayer 2005a) war und ist eine politische Idee, um nationalistische Überhöhungen des Politischen zu

32 Statt von »transnationalem Recht« sollte besser von transnationalen Ordnungen gesprochen werden. In diesem Sinne suchen Forst/Günther (2010: 18 f.) »neue Narrative des Transnationalen.« Vorliegend soll es nicht um die Gegenüberstellung von öffentlichem Recht und transnationalem Recht (Senn 2013), sondern um die »Transnationalisierung des öffentlichen Rechts« gehen.

33 Siehe den knappen Hinweis bei Di Fabio (2004: 72 f.). Zu Dimensionen des Weltstaates im System der Weltpolitik Stichweh (2007: 25). Wie eine kosmopolitische Ordnung aussehen kann, wird heute unterschiedlich modelliert (Zürn 2011a: 85 ff.).

34 Grundlegung: v. Bogdandy u.a. (2010); ders./Dann/Goldmann (2010: 23). Schon Hans Kelsen (1934: 150) wollte den Staat von der Völkerrechtsordnung her bestimmmen. Sein »Totalitätsanspruch« werde durch den Vorbehalt des Völkerrechts eingeschränkt.

35 Grundlegend Koskenniemi (2002: 494 ff.) mit der Verteidigung einer Kultur des Formalismus. Zum Topos der »Völkerrechtspolitik« Fischer-Lescano/Liste (2005: 209 ff.). Fragen formulieren v. Bogdandy/Venzke (2010: 6 ff.). Zum Erfordernis politischer Legitimation Zürn (2011b: 618 ff.); Ley (2012b).

überwinden (Franzius/Preuß 2012a: 13 ff.). Deshalb bleibt das sich »überstaatlichem« Recht öffnende und in dieses zugleich eingebundene »Staatsrecht« von der Entdeckung der politischen Dimensionen nicht unbeeinflusst. In dem Maße, wie die dem Staatsbegriff zugeschriebene Einheits- und Grenzfunktion hinterfragt wird, treten seine Elemente, nämlich Recht und Politik als aufeinander zu beziehende »Welten« in der jeweils eigenen Rationalität deutlicher hervor. Sie bilden den Ausgangspunkt für ein neues Verständnis von Verfassung und Verwaltung in der hier transnational genannten Konstellation.[36]

III. Grenzverschiebungen

Seit einigen Jahren ist von Transnationalisierung die Rede.[37] Was verändert sich in der transnationalen Konstellation und wie ist diese zu verstehen? Einerseits soll vorliegend nicht einfach von einem eigenständigen Typ »transnationalen Rechts« gesprochen werden. Es geht eher um transnationale Rechtsprozesse und Rechtssstrukturen, die sich mit Folke Schuppert (2011: 383 ff.) durch eine Entterritorialisierung des Rechts, die Auflösung der Grenzen zwischen »binding« und »non-binding norms« sowie stärker *bottom-up*-Prozessen der Rechtserzeugung auszeichnen, aber keine »Verabschiedung« staatlichen Rechts bedeuten. Andererseits werden die für bedeutsam gehaltenen Grenzverwischungen – als Grenzverschiebungen – nicht losgelöst vom Völker- und Europarecht betrachtet werden können und wirken auf diese Rechtsordnungen zurück. Das Spektrum der »Transnationalisierungsvorgänge« ist breit (Calliess 2013) und nach dem hier zugrunde gelegten Verständnis erfasst die transnationale Konstellation das Wechsel- und Zusammenspiel unterschiedlicher Akteure in unterschiedlichen Rechtsordnungen.

---

36 Zum hiervon zu unterscheidenden – regelmäßig enger gefassten – transnationalen Recht Viellechner (2012b: 157 ff.) mit einem Überblick zu den unterschiedlichen Auffassungen und zur Frage, ob es sich dabei überhaupt um Recht handelt. Diese Frage lässt sich in der Prozessorientierung leichter bejahen als in der geltungs- und rechtsquellenbezogenen Perspektive (Calliess/Zumbansen 2010: 11 ff.).

37 Grundlegend Jessup (1956); Chayes u.a. (1968); Koh (1996; 2005); Friedman (1996: 65); aus jüngerer Zeit auch Möllers (2005b: 351); Kreide/Niederberger (2008); Hanschmann (2009: 381 ff.); Scott (2009: 859); Franzius (2009a: 458–484); Calliess/Steffek (2010); Viellechner (2012b: 172 ff.).

Die Welt ist kein Universum, sondern ein Pluriversum unterschiedlicher Grenzen.[38] In seiner Europarechtssprechung bemüht sich zum Beispiel das BVerfG um die Festlegung von Grenzen der Mitwirkung an der europäischen Integration. Jedoch wird sich ein substantieller Endpunkt kaum überzeugend darlegen können. Weder das »vor« noch das »hinter« der Grenze ist einigermaßen verlässlich zu bestimmen.[39] Hier liegt ein Kennzeichen der transnationalen Konstellation, die tradierte Grenzziehungen, wie die zwischen staatlichem und nichtstaatlichem Recht verschwimmen lässt (Schuppert 2011: 373 ff.; Renner 2011: 215 ff.; Bumke/Röthel 2012: 16). Auch die Grenze zwischen Politik und Moral wird brüchig. Wenn heute beispielsweise von Menschenrechten gesprochen wird, ist immer auch eine (mögliche) Differenz zwischen Moral und Recht mit im Spiel (Wellmer 1998: 282). Universelle Menschenrechte sind eine Herausforderung, ja ein Rechtsproblem in politischen Gesellschaften, für die ein partikularer Selbstbezug in der Abgrenzung nach außen konstitutiv ist (Haller 2012). Insoweit zeichnet sich die transnationale Konstellation durch drei fundamentale Grenzverschiebungen aus:

1. Öffentlich und privat

Die erste Grenze, die sich verschiebt, ist die Grenze zwischen öffentlich und privat. Das Öffentliche wird privat und das Private wird öffentlich, also politisch. Früher habe man die private Sphäre verlassen müssen, um politisch zu werden. Heute rücke alles, was früher als Frage des Lebensstils als Privatsache behandet worden sei, aus dem Bereich des Privaten heraus

38 Von der »Post-Sovereign Constellation« sprechen Menéndez/Fossum (2008). Eine »neue Konstellation« sieht auch v. Bogdandy (2013: 32) mit dem Vorschlag, sich zur Erfassung der »Gesamtkonstellation« an der *Ausübung öffentlicher Gewalt* zu orientieren, worüber die Fokussierung auf die souveränitätsfixierte Staatsgewalt überwunden und die Gestaltungsmacht diesseits rechtlicher Verbindlichkeit erfasst, aber an der Trennung zu privatem Handeln festgehalten wird. Nicht nur terminologisch anders Grimm (2012b: 57 ff.) mit der Umstellung der Perspektive auf die Ausübung von *Herrschaft*. Stärker verwaltungsrechtlich inspiriert sind die Vorschläge, sich an der *Erfüllung öffentlicher Aufgaben* zu orientieren (Ruffert 2007: 402). Dass Aufgaben nur politisch bestimmt werden können, scheint hier aus dem Blick zu geraten.

39 Von Grenzziehungen mit Blick auf die Frage, wo das Grundgesetz endet, spricht Nettesheim (2012c: 317 ff., 336 ff.) mit dem Bild des »vor« und »nach« der Grenze.

und in die politische Arena hinein.[40] Der Individualismus, so heißt es hoffnungsvoll, lasse die Ankunft einer kosmopolitischen Ordnung[41] erwarten und es sei nicht einzusehen, warum die Prinzipien und Regeln der Demokratie an den Grenzen einer politischen Gemeinschaft haltmachen sollen. Die Beobachtung von Grenzverschiebungen zwischen öffentlich und privat ließ sich bereits im Wohlfahrtstaat der zweiten Hälfte des 20. Jahrhunderts machen und für Dieter Grimm (1991) war dies der Anlass, nach der Zukunft der Verfassung zu fragen. Inwieweit sich der Verfassungsbegriff auf die gesellschaftliche oder die überstaatliche Ebene erstrecken lässt, blieb jedoch unsicher.

Transnationalität meint dieses Verschwimmen und Neuzuordnen, ist aber nicht auf die konstitutionelle Matrix beschränkt. Mit der Internationalisierung des Verwaltungshandelns werden nicht nur die territorialen Staatsgrenzen destabilisiert, sondern zugleich die für das liberale Staatsrecht des 19. Jahrhunderts konstitutive Grenzziehung zwischen dem Öffentlichen und dem Privaten unterlaufen (Vesting 2004: 57 f.; zurückhaltender Grimm 2012b: 28 ff.). Transnationale Netzwerke (Raustiala 2002) bilden sich nicht entlang der Staatsgrenzen aus und ein demokratischer Transnationalismus setzt weniger auf Staatsvölker als auf Aktivitäten einer globalen Zivilgesellschaft (Falk/Strauss 2000: 36 ff.; Schmidt 2008: 540 f.). Am Ende dieser Entwicklung mögen Organisationen wie die Internet Corporation for Assigned Names and Numbers (ICANN) und die so genannte Internet-Regulierung stehen, die auf »technische« Lösungen ohne Staat, aber auch ohne Recht zu setzen scheint, es sei denn, man entschließt sich, diesen hybriden Konstruktionen die Fähigkeit zur Schaffung von transnationalem Recht zuzusprechen (Viellechner 2012b: 99 ff.).

2. Aufbrechen der Innen-Außen-Grenze

Die zweite Grenzverschiebung ist jüngeren Datums und betrifft das paradigmatische Aufbrechen der »Innen-Außen«-Grenze. David Held (2002:

---

40 Zur umgekehrten Entwicklung im Sinne einer »Privatisierung der Demokratie« aber Volkmann (2010: 9).

41 Zürn (2011a: 82 ff.) unterscheidet vier Modelle: Dem intergouvernementalen Modell globaler Ordnung, basierend auf demokratischen Staaten, werden der kosmopolitische Pluralismus, der stärker institutionell argumentierende kosmopolitische Föderalismus und – mit Überschneidungen zu letzterem – die kosmopolitische Demokratie gegenüber gestellt.

111 f.) spricht von neuen Grenzproblemen, welche »die Unterschiede zwischen inneren und äußeren Angelegenheiten, internen politischen Problemen und externen Fragen, souveränen Angelegenheiten des Nationalstaates und internationalen Faktoren« in Frage stellen. Sei »ein politischer Raum […] für die Entwicklung von und das Streben nach effektiver Regierung und Verantwortlichkeit von politischer Macht nicht länger gleichbedeutend mit einem abgegrenzten politischen Territorium«, werde es schwierig, das »eigentliche ›Zuhause‹ von Politik und Demokratie« zu bestimmen.

Das wirft neue Fragen nach der Zukunft der Verfassung auf.[42] Früher war das Verfassungsrecht das Innenrecht eines Staates, dem das Völkerrecht als Außenrecht gegenübergestellt wurde.[43] Diese Rechtssphären wurden weitgehend unabhängig voneinander verstanden, waren aber durch die Vorstellung souveräner Staatlichkeit nach innen und außen miteinander verbunden.[44] Ist der Staat nicht mehr alleinige Rechtsquelle auf seinem Territorium und löst sich die ursprünglich mit Souveränität umschriebene Identität von öffentlicher Gewalt und Staatsgewalt auf, dann kann die Verfassung nicht mehr sämtliche Herrschaft er- und verfassen (Grimm 2011c: 334). Die Fragmentierung der öffentlichen Gewalt relativiert die Bedeutung der Staatsverfassung. Diese wandelt sich zu einer Teilverfassung. Kann nicht länger von der Konzentration, sondern muss von einer Diffusion öffentlicher Gewalt ausgegangen werden, stellen sich aber auch Fragen nach den Grenzen der Demokratie und dem sich wandelnden Gegenstand des Öffentlichen Rechts, das sich auf die Veränderungen der

42 Vor allem Dieter Grimm hat sich mit dem Problem der Grenzen beschäftigt: In »Zukunft der Verfassung« (1991) mit der Durchlässigkeit der Grenze zwischen öffentlich und privat, in »Zukunft der Verfassung II« (2012a) mit der hinzutretenden Erosion der Innen-Außen-Grenze.

43 Zum Aufbrechen der »Innen-Außen«-Grenze Grimm (2012a: 329 ff.) mit dem Hinweis auf Walker (1992). Der Grenze lagen unterschiedliche Repräsentationsbegriffe zugrunde. Während Innenrecht auf parlamentarische Repräsentation angewiesen war, wurde zur Vertretung des Staates nach außen die Regierung für zuständig erklärt. Der innerstaatlichen Verpflichtungsform des Gesetzes korrepondiert im Außenrecht der völkerrechtliche Vertrag, dazu und zu weiteren Unterscheidungen Ley (2012b: 20 ff.).

44 Die Frage, wie eine »Aufspaltung der Souveränität in eine plural-innerstaatliche und eine singulär-außerstaatliche Sphäre« möglich wurde, stellte sich nicht. Pluralität wurde in die vom Staat getrennte bürgerliche Gesellschaft verschoben und über die Einführung des unitarischen Begriffs der Nation beziehungsweise des Volkes auch die parlamentarische Repräsentation singulär gedacht. Auf dem Kontinent ist bis heute umstritten, ob das Volk als Einheits- oder Vielheitsbegriff zu verstehen ist (Ley 2012b: 95 f.).

Ausübung von Herrschaft (Grimm 2012b: 57 ff.) beziehungsweise öffentlicher Gewalt (v. Bogdandy/Dann/Goldmann 2010: 30 ff.) einzustellen hat.

Diese Frage betrifft zunächst das sich wandelnde Verhältnis von Völkerrecht und nationalem Recht. Völkerrecht ist heute nicht mehr allein zwischenstaatliches Recht. Zwar bleibt der Staat ein zentrales Völkerrechtssubjekt. Doch daneben tritt das Individuum als ein von den Verträgen adressiertes Völkerrechtssubjekt (Peters 2006: 579 ff.), möglicherweise aber auch die Weltstaatengemeinschaft als internationale Gemeinschaft (Tomuschat 1999: 25 ff.; Paulus 2001; Kleinlein 2012: 5 ff.). Letztere kann zwar nicht als Rechtssubjekt verstanden werden (Walter 2004: 58), aber der Bedeutungszuwachs internationaler Regime (Proelß 2005: 94 ff.) hat zu erheblichen Veränderungen des Völkerrechts (Weiler 2004: 547) geführt, das, so ließe sich sagen, nach einer passenden Sprache für Phänomene globaler Governance sucht (v. Bogdandy/Dann/Goldmann 2010).

Mit der Veränderung des Inhalts völkerrechtlicher Verträge kommt es vermehrt zur transnationalen Zusammenarbeit zwischenstaatlicher Einrichtungen unter Einbeziehung privater Regulierungsakteure (Walter 2004: 46 ff.). Die traditionelle völkerrechtliche Rechtssetzung verliert an Bedeutung zugunsten einer informalen Zusammenarbeit zwischen Regierungsstellen, deren Handeln nicht in ein völkerrechtliches Vertragsregime eingebunden ist (Slaughter 2004). Soweit öffentliche Stellen handeln, mag deren demokratische Rückbindung auf der nationalen Ebene grundsätzlich möglich und gegenüber der internationalen Bürokratie vorteilhaft sein.[45] Jedenfalls bewirkt die Behördenkooperation eine Dezentralisierung des Völkerrechts und eine Parzellierung von Staatlichkeit, in der sich die bislang vorhandene Konzentration öffentlicher Gewalt im Staat auflöst. Das wirft die Frage auf, ob der Verfassungsbegriff das Auseinanderdriften aufhalten kann oder selbst in den Strudel der Fragmentierung und aufgabenbezogener Sektoralisierung gerät (Paulus 2013). Während das nationale Recht »internationalisiert« wird, übernimmt das internationale Recht zunehmend Funktionen, die bislang dem nationalen Recht vorbehalten waren. Die Grenzen zwischen nationalem und internationalem Recht werden porös (Nijman/Nollkaemper 2007; Ley 2012b: 37 ff.).

45 Hier ist der Gedanke, dass die Notwendigkeit der Kooperation (von Behörden) einen Kontrollmechanismus darstellt, der die auf nationaler Ebene bestehende Autonomie reduziert ohne ihre Funktion zu berühren. Dann müsste aber diese Kontrolle aus der Sicht der handelnden nationalen Behörde legitim sein (Walter 2004: 47 f.).

Nicht weniger offensichtlich sind Grenzverschiebungen innerhalb des europäischen Unionsrechts. Die klare Grenze zwischen »Innen« (Gesetzgebung) und »Außen« (Vertragsänderung) verwischt, wird aber nicht aufgegeben (Grimm 2011a: 289). Sie hat zu erheblichen Problemen geführt, angemessene Antworten auf die Staatsschuldenkrise und die Bereitstellung effektiver Instrumente einer *economic governance* zu finden. Das von der Union gesetzte Sekundärrecht bewegt sich an der Grenze des primärrechtlich zulässigen, doch gilt es zu bedenken, dass Änderungen des Primärrechts die Zustimmung und Ratifikation aller Mitgliedstaaten voraussetzen (Art. 48 EUV). Ausdruck der gewachsenen Schwierigkeiten, das im Bereich der Wirtschafts- und Währungsunion relativ detaillierte Primärrecht den Euro-Rettungsmaßnahmen anzupassen, ist der als völkerrechtlicher Vertrag geschlossene Fiskalvertrag (Craig 2012). An die Stelle der vertikalen Steuerung durch mit Vorrang versehenem Unionsrecht tritt die horizontale Koordination der Mitgliedstaaten untereinander, die aus Sicht des nationalen Verfassungsrechts leichter zu rechtfertigen scheint als die Übertragung weiterer Kompetenzen auf die Union, um dieser eine effektivere haushaltspolitische Überwachung durch die Kommission zu ermöglichen. Die Emanzipation des Unionsrechts vom Völkerrecht, seit dem Urteil des EuGH in der Rechtssache van Gend & Loos ein konstitutionelles Grundmuster der als eigenständig proklamierten Rechtsordnung, ist allem Anschein nach nicht grenzenlos. Das gilt aber auch für die »Souveränitätsbekundungen« der Mitgliedstaaten, soweit sich diese durch eine Flucht in völkerrechtliche Nebenregime den unionsrechtlichen Vorgaben entziehen.[46]

Liegt in der Internationalisierung und Europäisierung des Rechts ein Abschied von der Territorialität? Diese Frage erscheint vielen beunruhigend, wird doch in der De-Territorialisierung einer »Welt ohne Grenzen« zugleich eine Entpolitisierung und Gefährdung der Demokratie gesehen (Mouffe 2005: 168). Auch zurückhaltende Beobachtungen (Stolleis 2004: 17, 23; Proelß 2005: 89) sehen die Notwendigkeit, die herkömmliche staatliche Begriffswelt mit der Fokussierung auf die territorial geprägte Rechts-

46 Das gilt für den Fiskalvertrag, der als völkerrechtlicher Vertrag außerhalb der europäischen Verträge geschlossen wurde, aber eingeschränkt auch für den Europäischen Stabilisierungsmechanismus (ESM) auf der Grundlage des vereinfachten Vertragsänderungsverfahrens nach Art. 48 Abs. 6 EUV, vgl. den Vorlagebeschluss des Irischen Supreme Court vom 31.7.2012 mit der vom EuGH (Urt. v. 27.11.2012, Rs. C-370/12 Pringle) bejahten Frage, ob der ESM-Vertrag mit den EU-Verträgen vereinbar ist.

ordnung zu ergänzen.[47] Liberale Demokratien begründen territoriale Grenzen unter Berufung auf das Ideal nationaler Einheit. Grenzen haben danach nicht nur eine rechtliche Bedeutung, indem sie den Geltungsbereich der Rechtsordnung umschließen, sondern sie definieren zugleich eine Gesamtheit von Staatsbürgern als politische Gemeinschaft. Grenzen liberaler Demokratien grenzen nicht nur die Geltungsbereiche unterschiedlicher Rechtsordnungen ab, sondern auch besondere – nationale – politische Gemeinschaften (Kymlicka 2006: 556, 563), die als solche aus unterschiedlichen Gründen für schutzwürdig gehalten werden. So reagieren rechtspluralistische Arbeiten zum Teil ganz dezidiert auf den globalisierungsbedingten Wegfall von Grenzen mit der Forderung nach einem räumlichen Rechtspluralismus (Merry 2008: 159 ff.; Tamanaha 2008: 1; Zumbansen 2010: 141).

Liberal-individualistischen Ansätzen wird vorgeworfen, in der Zurückstellung kollektiver Identitäten mit der Zuwendung zum Individuum als letztem Bezugspunkt das Politische mit der Grenze zwischem einem »wir« und dem »anderen« in Frage zu stellen (Mouffe 2005: 17 ff.). Das Politische setze aber ein »konstitutives Außerhalb« und Politik die Ziehung einer Grenzlinie zwischen dem »Wir« und »Sie« voraus, anderenfalls Politik durch Moral erkauft werde. Chantal Mouffe (2005: 96 ff.) zufolge konstruieren kosmopolitische Visionen die für die Politik konstitutive Wir-Sie-Opposition nicht in politischen Begriffen, sondern in Anlehnung an den moralischen Code von gut und böse. Politik werde dann aber im moralischen Register unter Verwendung des Vokabulars der Moral ausgetragen, die Antagonismen können keine agonistische Gestalt annehmen und aus dem politischen Gegner werde der Feind.

Politische Gemeinschaften definieren sich durch die Trennung von öffentlich und privat, durch Territorialität und durch Recht. Sobald die Einheitlichkeit des Rechtsbegriffs dahin ist, schwindet auch die Hoffnung, durch den Rekurs hierauf eine trennscharfe Bestimmung des Begriffs der politischen Gemeinschaft zu erreichen. Eignen sich deshalb Souveränität und Einheit, gegebenenfalls mit einem performativen Potential, als ein Denkmalschutz für das Gebäude des Staates, so fragt Alexander Graser (2008: 55 ff.). Ob sich die verlorene Ordnung durch Überwindung der partikularischen Grenzen (v. Bogdandy/Dellavalle 2009) in einer kosmopolitischen Ordnung (Habermas 2005) wiederfinden lässt, erscheint kei-

47 Von »Grenzen des staatlichen Rechtsparadigmas« spricht Viellechner (2012b: 99).

neswegs sicher (Zürn 2011a). In der transnationalen Konstellation verschwimmt auch diese Grenze. Alexander Graser (2008: 161 ff.) beschreibt den Vorgang als Dekonzentration und knüpft daran die Frage nach der Legitimation. Was einst über die Konzentration von Angehörigkeitsverhältnissen zur Legitimation des Staates beitrug, weiche einer Dekonzentration und Delegitimierung des Staates. Diese Sorge mag die Zurückhaltung des BVerfG gegenüber den überschießenden Inhalten der Unionsbürgerschaft erklären. Denn wenn dieser Status zur Entstehung einer neuen politischen Gemeinschaft beitragen sollte, dann würde das die Bedeutung der staatlichen Ordnung relativieren (Graser 2008: 285 f., 294 f.), aber auch Fragen nach der Abgrenzung gegenüber Drittstaatsangehörigen aufwerfen (Graser 2008: 254, 260 f.). Hier ist der Konflikt angelegt, die Union entweder als eine partikularistische Gemeinschaft oder universalistisch als Projekt der Menschenrechte zu deuten. Muss die Öffnung, Entgrenzung und Dekonzentration von Zugehörigkeiten nicht zum Verlust eines Zentrums mit der Folge desintegrativer Wirkungen des Rechts und Legitimationseinbußen des Staates führen? Diagnostiziert werden »Grenzauflösungen« von außen und von innen, aber die nationalstaatliche Gemeinschaft wird für die Miturheberin jener Entgrenzungen gehalten, die sie von außen erfährt.[48]

3. Territoriale und funktionale Grenzen

Die Verknüpfungen der unterschiedlichen Rechtsordnungen folgen keiner allein territorialen Logik.[49] Über die alten Differenzen des raumbezogenen Staats- und Völkerrechts, aber auch des explizit den »Raum« vermessenden Europarechts hat sich eine funktionale Logik der Regulierung und Sicherung unterschiedlicher Sektoren, Interessen, Güter und Werte gelegt. Das wird heute auch Fragmentierung genannt und erscheint nicht selten als Ver- oder Zerfall des Staates beziehungsweise der auf seiner Prämisse beruhenden Einheit des (öffentlichen) Rechts. Thomas Vesting (2004: 59 ff.) hat herausgearbeitet, dass die zu beobachtende Entterritorialisierung des Rechts nicht als Verfallsgeschichte erzählt werden muss. Danach war für das Staatsrecht die geometrische Fläche kein Teil der Substanz des

48 Graser (2008: 286 ff.). Zur Rechtfertigung von territorialen Grenzen als Rahmen für die Verwirklichung von Freiheit, Gerechtigkeit und Demokratie Kymlicka (2006: 566–570).

49 Renner (2011: 242) spricht sich für eine »Neuverkoppelung von funktionaler Ausdifferenzierung und territorialer Binnensegmentierung« aus.

Rechts, sondern eine Voraussetzung seiner raumbezogenen Geltung. Gebe man die Staatszentrierung auf und stelle auf raumindifferente normative Strukturen um, sei das kein Bruch mit der liberalen Tradition, sondern ihre konsequente Weiterentwicklung. Die historische Verbindung von Territorium, Staatsgewalt und Öffentlichem Recht sei keine logische Abhängigkeit. Ähnliches wird man für den Föderalismus annehmen können, der als Idee nicht auf den Staat beschränkt ist und deshalb in Europa auch nicht die Formationen herausbilden muss, auf die er im 19. Jahrhundert mit der Fokussierung auf den Bundesstaat bezogen war.

Die Entterritorialisierung des Rechts, wie insgesamt die Infragestellung der engen Verknüpfung von Staat und Recht haben die Staatsrechtslehre zum Rechtspluralismus geführt (Kadelbach/Günther 2011: 9 ff.). Ausdruck des einheitlichen Geltungsanspruchs des Rechts war die Rechtshierarchie und die Idee, dass es für einen Rechtskonflikt nur eine einzig richtige Lösung gibt. Alle drei Annahmen erodieren unter dem Rechtspluralismus.[50] Zwar mag das nationale Recht weiterhin in einer einzigen Quelle der Rechtsbegründung, also im *pouvoir constituant* des Volkes wurzelnd angesehen werden. Doch ob das Bild der Rechtsquelle zur Erfassung der unterschiedlichen Verschränkungen angemessen ist, wird bezweifelt (Tietje 2003). Transnationales Recht löst sich von der Einheit des Staates und der Einheit der Rechtsordnung, wie es als axiomatische Figur dem Leitbild des »Container-Staates« zugrunde liegt.[51]

Es ist inzwischen klar, dass in der postnationalen Konstellation das Phänomen des Rechtspluralismus notwendigerweise einen trans- und internationalen Bezug hat (Teubner 1996; Twining 2009). Gesprochen wird von normativen Ordnungen, deren Geltungsgrundlagen nicht (mehr) ausschließlich in staatlicher Territorialität wurzeln, sondern in der rechtlichen Praxis transnationaler Akteure, die spezifische, nicht länger staatlich eingegrenzte soziale Felder besetzen und gestalten.[52] Sie handeln in rechtlichen

50 So Preuß (2011). Zum (neuen) Rechtspluralismus Günther (2001: 539); Halberstam (2008: 23); v. Bogdandy (2008: 397); Krisch (2010: 3–26, 69–105, 225–307); Fischer-Lescano/Viellechner (2010: 20 ff.). Zu einem »responsiven Rechtspluralismus« in der westlichen Rechtstradition Viellechner (2012b: 265 ff.) unter der (missverständlichen) Überschrift eines »horizontalen Verfassungsrechts«.

51 Berühmt geworden ist die Formulierung von Neil Walker (2002: 355), wonach in der »plural configuration, unlike the one-dimensional Westphalian configuration, the ›units‹ are no longer isolated, constitutionally self-sufficient monads.« Zu Ansätzen für die Bestimmung transnationalen Rechts: Cotterrell (2008: 8 ff.).

52 Zur Idee normativer Ordnung als »Rechtfertigungsnarrativ« Forst/Günther (2010: 7 ff.).

Räumen, die zwar zum Teil auch durch nationales Recht strukturiert werden, in denen aber auch internationale, supranationale und transnationale private Mächte rechtliche Ordnungsansprüche zur Geltung bringen (Preuß 2011). Die »transnationale« Konstellation meint deshalb kein Recht ohne Staat und auch kein Recht jenseits des Staates, sondern eine Zwischenform zwischen national und international: Ein Recht, dass als eine »bricolage« die Unterscheidung von nationalem und internationalem Recht transzendiert.[53] Dabei meint »Konstellation« kein Tertium, sondern eine Verschleifung der Normordnungen (Renner 2011: 220). Die Transnationalisierung bringt Regime hervor, die zwischen staatlicher Einheit und völkerrechtlicher Fragmentierung und zwischen öffentlich und privat liegen.[54] Mit der »Privatisierung des Völkerrechts« (Dörr 2005; anders v. Bogdandy/Goldmann/Dann 2010: 30 ff.) und der Publifizierung von privaten Governance-Regimen entstehen hybride Regelungsstrukturen, die auch die Grenze zwischen öffentlichem und privatem Recht unscharf werden lassen (Schuppert 2011: 373 ff.; Bumke/Röthel 2012) und – zur Vermeidung einer Marginalisierung des Rechts (Preuß 2011) – die Frage nach passenden Formen des Konfliktmanagements in der transnationalen Konstellation aufwerfen.

Recht in der transnationalen Konstellation löst sich von der überkommenen Rechtsquellenlehre der staatlichen Rechtsordnungen und des Völkerrechts, findet aber gerade nicht in einer einheitlichen Ordnung zusammen (Renner 2011: 293; Kreide/Niederberger 2008). Intern fragmentiert entstehe ein solches Recht im Kontext partikularer Regime. Danach erscheine auch die transnationale Wirtschaftsverfassung als fragmentiert, als ein Netz von Teilverfassungen, in dem die strukturellen Kopplungen von Recht, Wirtschaft und Politik unterschiedliche Formen annehmen. Ein regimeübergreifendes Grundproblem transnationalen Rechts besteht jedoch darin, dass »dessen Gehalt nicht als Rekonstruktion einer homogenen politischen Werteordnung gedeutet werden« könne. Das Politische jenseits des Staates sei seinerseits nur als eine fragmentarische Struktur beschreibbar. Globale funktionale Ordnungsmuster sind »gleichzeitig« mit fortbe-

53 Zum Problem zu einfacher »von-zu«-Formeln Wahl (2002: 75).

54 Das öffentliche Recht begreift Privatrecht als staatliches Recht, das Privatrecht sieht dagegen auch Recht ohne Staat. Befreien könnte man sich aus dieser Dichotomie durch die Anerkennung »privaten Rechts« (Bumke/Röthel 2012).

stehenden nationalstaatlichen Strukturen wirksam, überlagern diese zunehmend (Schwöbel 2010), ersetzen sie aber zumeist nicht.[55]

Vorliegend wird die Einschätzung von Renner (2011: 300) geteilt, wonach der Begriff der transnationalen Konstellation darauf hinweist, dass »transnationales Recht« erst vor dem Hintergrund einer bestimmten Rechtsanwendungspraxis »Wirklichkeit« gewinnt, geht aber in eine Distanz zum Versuch, den Verfassungsbegriff nicht nur vom Staat, sondern auch von der Politik zu lösen und auf die strukturelle Kopplung von Recht und Wirtschaft zu erstrecken. Mag das Wirtschaftsrecht der transnationalen Konstellation, wie es sich vor allem in der Praxis der Schiedsgerichtsbarkeit herausbildet, auch nicht einfach der neoliberalen Logik geschuldet sein, so ist die damit verbundene Entpolitisierung des Weltrechts doch ein Problem, insbesondere ein Demokratieproblem, dem nicht dadurch begegnet werden kann, dass über die Entwicklung von zwingenden Normen als neuer Rechtsschicht (»ordre public transnational«) eine Verbindung von wirtschaftlicher und politischer Rationalität im Medium des transnationalen Rechts herzustellen versucht wird, um öffentliche Belange in der Anwendung zwingenden Rechts berücksichtigen zu können. Auch die Einbeziehung staatlicher Gerichte zur Kontrolle schiedsgerichtlicher Entscheidungen ändert daran nichts.Vor allem schiebt sich zwischen nationales und internationales Recht das Europarecht als eigene Rechtsordnung, die ihrerseits einen transnationalen Anstrich erhält. Dieser »Vorgang« soll vorliegend im Vordergrund stehen.

Es geht hier nicht um die (Rekonstruktion einer) transnationale(n) Wirtschaftsverfassung im Zusammenspiel von Recht, Wirtschaft und Politik, sondern um den Funktionswandel von Verfassung und Verwaltung in der Differenz von Recht und Politik. Die Abkehr von einem dreigliedrigen Modell, das neben Recht und Politik auch das Sozialregime in den Blick nimmt, bedeutet keine Distanz zu einem gesellschaftstheoretischen Zugriff auf das verwickelte Verhältnis von Recht und Politik, die stets an die Sozialbereiche zurückgebunden sind. Recht wird deshalb nicht als externe Grenze der Politik rekonstruiert, sondern danach gefragt, wie ein

55 Die Differenz von öffentlicher und privater Rechtssphäre, wie sie einst auch der Unterscheidung von Staat und Gesellschaft zugrundelag, wiederholt sich im Privatrecht selbst, formuliert als Gegensatz von Privatautonomie und zwingendem Recht (Renner 2011: 19). Sei es möglich, solche zwingenden Normen auf überstaatlicher Ebene ausfindig zu machen oder entwickeln zu lassen, so bestehe die Hoffnung, das Privatrecht weniger als »Wiederkehr der bürgerlichen Gesellschaft und ihres Rechts« (Mestmäcker) zu begreifen, sondern zur Wahrung politisch definierter Gemeinwohlinteressen in der Lage zu sehen.

transnationales Verfassungs- und Verwaltungsverständnis mit der Grenze zwischen Recht und Politik umgeht (für die Verfassung Thornhill 2011; für die Verwaltung Möllers 2013). Das Problem der Grenzen stellt sich für das Recht wie für die Politik. Recht erscheint, wie es Hans Lindahl (2011: 73, 93 ff.) formuliert,

»as a normative order bounded in space, time, content and subjecitivity […] Boundaries are not an ancillary or contingent feature of legal orders; they are a constitutive feature of law as normative order. Spatial boundary is not a territorial border.«

Notwendig ist ein neues Verständnis von De-Territorialisierung, denn zumeist wird die Innen-Außen-Grenze der Grenze zwischen eigenem und fremdem Territorium gleichgestellt. Recht ist aber nicht in gleicher Weise an territoriale Grenzen gebunden und in diesen Grenzen zu denken wie der Nationalstaat.

»A global polity would have no outside in the form of a foreign territory. But to the extent that a global polity, if it is to be a legal order, must in some way organise the face of the earth as a distribution of ought-places that is deemed to be common, any of the boundaries that marks off a single ought-place form other ought-places in the global polity also appears, when contested by a-legal behaviour, as making off the whole distribution of ought-places as inside vis-à-vis a strange outside. All forms of legal order are spatially bounded or so I argued: in the absence of the distinction between familar inside and a strange outside no space can be a legal space« (Lindahl 2011: 96).

Auch in der Politik stellt sich das »boundary problem of the demos« in besonderer Schärfe. In diesem Zusammenhang spricht David Owen (2012: 143 ff.) dem »all-affected principle« (Betroffenheitsprinzip) die Aufgabe zu, den »scope of the duty of justification« zu ermitteln. Von hier aus ist es zwar noch ein weiter Weg, eine dogmatisch überzeugende »konstitutionelle« Interpretation des in unterschiedlichen Rechtsordnungen wurzelnden Demokratieprinzips zu erarbeiten. Europa erleichtert uns aber diese Aufgabe. Hier geht es nicht abstrakt darum, in die Interpretation des nationalen Demokratieprinzips die Rücksichtnahme auf die Wertungen des demokratischen Prinzips einer anderen nationalen Rechtsordnung – etwa der französischen oder der griechischen – einfließen zu lassen. Die Interpretation des Art. 20 Abs. 2 GG wird über Art. 23 Abs. 1 GG an die Wertungen des Unionsverfassungsrechts angeschlossen, das in Art. 2 EUV noch relativ abstrakt, aber in Art. 10 EUV schon sehr viel konkreter die deutschen Staatsorgane zwingt, in der Interpretation der »eigenen« Demokratie eine »Durchlässigkeit« der Grenzen des nationalen demos für das Unionsrecht in Rechnung stellen zu müssen. Das gilt ungeachtet aller ernstzunehmenden Gefahren, die in »starken« oder »schwachen« Verrechtlichungen von Politik gesehen werden (Troper 2003; Waldron 2006). Hier liegt der Unterschied zum Völkerrecht, das mit Blick auf den normativen Gehalt der europarechtlichen »Verschränkungslogik« deutlich schwächer bleibt und es möglich werden lässt, dem unionalen Demokratieprinzip eine schwache Version des »all subjected persons«-Prinzips (Owen 2012: 148) zugrundezulegen.

Wird Demokratie auf selbstbestimmte Freiheit zurückgeführt und als »handelnder Neuanfang« im Herstellen eines öffentlichen Raums der Verständigung über die gemeinsamen Angelegenheiten verstanden, für die Verantwortung übernommen werden muss, dann liegt darin eine Abkehr von der funktionalistischen Logik einer als unpolitisch verstandenen Ordnung. Recht wird zu einem Beziehungs- und Ermöglichungsbegriff von – teleologischem Denken entzogener – Politik (Ley 2012b: 129).

Ich fasse zusammen: Die transnationale Konstellation, so lautet die These, verändert das Verhältnis von Recht und Politik grundlegend. Das betrifft schon die Frage an sich, die sich unter dem wandlungsfähigen, aber Kontinuität verbürgenden Staatsbegriff nicht in der hier herausgestellten Schärfe stellt (Viellechner 2012b: 9 ff.). Spätestens im Zuge der Internationalisierung und Europäisierung der Rechtsordnung ist die Einheits- und Grenzfunktion des Staatsbegriffs auch hierzulande verblasst. Seine Elemente, nämlich Recht und Politik als wechselseitig aufeinander zu beziehende Welten treten in ihrer jeweils eigenen Rationalität hervor und bilden den Ausgangspunkt für die Frage nach Veränderungen in der transnationalen Konstellation. Mit der transnationalen Perspektive, so ist den nachfolgenden Ausführungen voranzustellen, verbindet sich ein Beschreibungsgewinn, der den jeweiligen Rechtsordnungen einschließlich der Grenzfragen besser entgegenkommen dürfte als eine *jenseits*-Semantik, der ein problematisches – und hier nicht geteiltes – Überwindungsmoment innewohnt.

Warum erscheint die transnationale Konstellation als neue Ära? Dies hat mit epochalen Grenzverschiebungen zu tun. Die transnationale Konstellation ist dadurch gekennzeichnet, dass weder die für Verfassungen wichtige Grenze zwischen *öffentlich und privat* noch die kaum weniger wichtige, weil Territorialität und damit nach bisherigem Verständnis Demokratie verbürgende Grenze zwischen *innen und außen* seine Funktion behält.

Ein transnationaler Konstitutionalismus (Teubner 2012) scheint ohne diese Grenzen zu operieren, macht aber deutlich, dass sich politische Ordnungen nicht bloß nach oben oder unten, sondern auch zur Seite öffnen, akzentuiert also die horizontale Dimension sich vernetzender Gewalten in der funktionalen Grenzperspektive. Insoweit handelt es sich um einen deskriptiven Begriff, der es dem Öffentlichen Recht aufgibt, nach normativen Antworten auf Grenzverschiebungen in der transnationalen Konstellation zu suchen.

Das soll nicht als realistisch missverstanden werden. Jede Rechtsverwirklichung in ihren Anteilen an Rechtserzeugung und Rechtsbindung beruht auf einer sozialen Praxis. Es ist gerade diese Praxis, die es gestattet, von der transnationalen Konstellation zu sprechen.[56] Ihre Beschreibung verhält sich gegenüber den Geltungsbegründungen des Völkerrechts neutral. Auch enthält sie keine Präferenz zugunsten eines universalistischen oder partikularistischen Paradigmas für die öffentliche Ordnung.[57] Wohl aber lassen sich Vorsichtsgebote formulieren, die mit dem Erfordernis demokratischer Verrechtlichung der Politik einen Raum belassen.

Ich verstehe die transnationale Dimension nicht als neben die bestehenden Rechtsordnungen tretende Rechtsschicht privater Regelbildung in einem mehr oder weniger nichtstaatlichen Raum, sondern als Vorgang, der das Verständnis des Völkerrechts anreichert, das Europarecht verändert und damit auf das nationale Recht zurückwirkt.[58] Darin liegt eine Unschärfe und zugleich – das sei zugegeben – eine Sprengkraft. Um es gleich klarzustellen: Der Transnationalismus beinhaltet keine Rückkehr zur intergouvernementalen Politik, die ungeachtet aller Restriktionen und Handlungszwänge die Europäische Union in der Staatsschuldenkrise an den Abgrund gebracht hat.[59] Es soll auch keine Aufforderung enthalten, sich den nicht-rechtlichen Integrationsvoraussetzungen des europäischen Projekts zuzuwenden. Wohl aber bedeutet es, sich der in den nationalen Verfassungsordnungen wurzelnden Öffnungs- und Beharrungstendenzen zu vergewissern, um Konflikte in Mehrebenenordnungen nicht hinter Ein-

56 Cotterrell (2008: 15) mit der Bemerkung, dass Recht keine »all-or-nothing matter« sei.

57 Zu den Ursprüngen »partikularistisch-holistischen Denkens« v. Bogdandy/Dellavalle (2008b: 847 ff.)

58 Zurückhaltender Viellechner (2012b: 159 ff.).

59 Klaus Hänsch, Mehr Europa, aber wie?, FAZ v. 10.12.2012, S. 7 zählt zu den Gangarten der europäischen Einigung auch die »Seitwärtsbewegung« mit dem Ziel, zum einen die Instrumente für die Eurozone zu schärfen und zu vervollständigen, zum anderen die volle Anwendung und politische Belebung des geltenden EU-Vertrags sicherzustellen.

heitsfiktionen zu verstecken, sondern rechtlich und politisch verarbeitungsfähig zu machen. Erst eine die Konflikte schärfer fassende Perspektive erlaubt es, die Leistungsfähigkeit von verbreiteten Konzepten wie *multi level constitutionalism* oder *multi level governance* auf die Bereitstellung von geeigneten Konfliktverarbeitungsmechanismen zu befragen.

C. Funktionswandel von Verfassung und Verwaltung

Das setzt voraus, den Funktionswandel von Verfassung und Verwaltung in der transnationalen Konstellation zu verstehen. Wie begreifen Verfassungen das komplexe und auf die jeweilige Rechtsordnung bezogene Zusammenspiel von Recht und Politik (I.)? Wie gehen die Verwaltungen – als handelnde Akteure – mit rechtlichen Bindungen und politischen Herausforderungen um (II.)? Und was verändert sich in der transnationalen Konstellation (III.)?

I. Verfassung: Kopplung von Recht und Politik

Verfassungen verkoppeln Recht und Politik. Unabhängig davon, ob der Verfassungsbegriff den Staat als vorausliegende Größe voraussetzt oder die politische, nicht notwendig staatliche Ordnung von der Verfassung erst konstituiert wird, ist der Bedeutungszuwachs des Verfassungsbegriffs nach 1945 in vielerlei Hinsicht bemerkenswert.[60]

Das gilt insbesondere für Deutschland. Allerdings hat die materielle Aufladung des Verfassungsbegriffs seinen Preis. Nachdem zunächst *innere* Erosionen diagnostiziert wurden, sind es heute vor allem *äußere* Herausforderungen, die es im Zuge der Europäisierung und Internationalisierung erschweren, die normative Wirkungsweise der Verfassung in der Erzeugung politischer Einheit zu sehen (Hofmann 2002: 4 ff.). Einheit, so heißt es, werde nur noch symbolisch hergestellt (Vesting 2011: 77 ff.; krit. Grimm 2011a: 390 ff.). Ob wir es lediglich mit funktionalen, nach einzelnen Politik- oder Aufgabenfeldern differenzierten und ihrer jeweils eigenen

60 Vgl. Volkmann (2011: 24 ff.); relativierend Schönberger (2011c: 9 ff.). Zu den Grundlagen des staatlichen Verfassungsrechts in Deutschland knappe Übersichten bei Dreier (2007) und Heun (2012).

Logik geschuldeten Teilrechtsordnungen zu tun haben, bleibt unsicher. Als vergleichsweise sicher kann demgegenüber gelten, dass sich mit der Erweiterung des Verfassungsbegriffs auf die überstaatliche Ebene die staatliche Verfassung zu einer territorialen Teilverfassung wandelt (Walter 2004: 56 f.). Damit bleibt sie bedeutsamer als es bisweilen den Anschein haben mag (Grimm 2009b; Wahl 2011). Aber als Teilverfassung kann auch das Grundgesetz den Anspruch der Verkopplung von Recht und Politik[61] nicht mehr einfach unterstellen, geschweige denn einlösen.

Dadurch scheint die Zielrichtung der Verfassung als politischer Gerechtigkeitsordnung (Volkmann 2007: 71 ff.) in Frage gestellt. Die Verfassung ist mehr als eine Spielregel oder Rationalitäts- und Vernünftigkeitsforderung. Der moderne Verfassungsbegriff zeichnet sich durch die Selbstkonstitution der politischen Gemeinschaft oder als soziale Grundstruktur der Gesellschaft aus. Insoweit sind Verfassungen nicht notwendig an eine spezifische Vorstellung von Staatlichkeit gebunden, wenngleich damit noch nicht gesagt ist, inwieweit »überstaatliches« Recht sinnvoll als Verfassung bezeichnet werden kann. Der europäische Verfassungskern, so formuliert es Alexander Somek (2009: 28 f.), trage zur Umkehrung der Stoßrichtung moderner Verfassungen bei, indem eine »Absorption der öffentlichen durch die private Autonomie« stattfinde. Ist die Verfassung nicht zwingend an den Staat gebunden, so ist damit noch nicht gesagt, dass die Verfassung als Verfassung der Gesellschaft verstanden werden müsse. Ein dualistisches Verfassungsverständnis, wonach die Verfassung als externe Grenze des politischen System begriffen wird, droht die machtbildenden Funktionen der Verfassung aus dem Blick zu verlieren. Deshalb dürfe die Verfassung weder auf den Staat verkürzt noch auf die Gesellschaft erstreckt, sondern müsse als interner Bestandteil des politischen Systems verstanden werden (Thornhill 2011: 212 ff.). Verfassungen sind nicht nur die rechtliche, sondern auch die politische Grundordnung, sie verkoppeln Recht und Politik. Darin sind sich so unterschiedliche Autoren wie Hans Kelsen, Jürgen Habermas oder Niklas Luhmann weitgehend einig (Möllers 2004; 2009; 2011a), einerlei, ob dabei der Nationalstaat als paradigmatische Form der Imagination von Recht und Politik in der Moderne zugrundegelegt wird, eine paradoxe Beziehung der Zusammenfüh-

61 Grundlegend Luhmann (1990: 204) mit dem Bild von Billiardkugeln: »Das Verhältnis von politischem System und Rechtssystem ist nicht das von siamesischen Zwillingen, die sich nur zusammen bewegen können, sondern eher das von Billiardkugeln, die einander zwar häufig gezielt anstoßen, aber eben deshalb dann getrennte Wege rollen.«

rung wie Trennung von Recht und Politik angenommen oder mit einem Verfassungsmythos gearbeitet wird, durch den sich Recht und politische Gemeinschaft permanent selbst gründet (Buchanan 2008: 21 ff.).

Verfassungen, so ist seit Niklas Luhmann bekannt, verkoppeln Recht und Politik.[62] Verfassungen strukturieren das Verhältnis von Recht und Politik. Sie politisieren die Erzeugung von Recht, indem sie das Rechtssystem an die politische Willensbildung anschließen, und sie verrechtlichen den politischen Prozess durch dessen Bindung an hochrangige Regeln. Es handelt sich um einen wechselseitigen Verweisungszusammenhang, der die institutionellen Differenzen zwischen Recht und Politik bewahrt und in einer legitimatorischen Spannung hält. Das Funktionieren einer Verfassung erweist sich mit Christoph Möllers (2011a: 311)

> »darin, unterschiedlichen Entscheidungsstrukturen *Raum* zu geben, um diese sowohl für sich als auch in Hinsicht auf die jeweils andere in ihrem Legitimationsanspruch zu bewahren. Eine Verfassung soll Recht und Politik also nicht integrieren, sondern in einer Form verkoppeln, die beide voneinander distanziert«.

Damit ist über den Ort der Verkoppelung noch nichts gesagt. Er kann wie in England im Parlament, aber auch, wie in Deutschland, im Verfassungsgericht liegen. So wird der Erfolg des Grundgesetzes zu einem guten Teil dem BVerfG zugeschrieben.[63] Ob die Politik aber in der Sprache des Rechts einen angemessenen Raum findet, wo die Orte des Politischen im Recht auszumachen und gegebenenfalls explizit zu machen sind, das bleibt eine in der deutschen Rechtswissenschaft vernachlässigte, weil beunruhigende Frage. Ihren international beachtlichen Erfolg scheint die deutsche Verfassungsrechtswissenschaft gerade der Aussonderung des Politischen zu verdanken. Und von einem *bringing Politics back* ist das BVerfG (Jestaedt 2011: 329; ders./Lepsius/Möllers/Schönberger 2011) in den eigenen Pfadabhängigkeiten, die zu einem guten Teil in Leitentscheidungen der 1950er Jahren wurzeln, weit entfernt, mögen sich auch in der jüngeren Europa-

62 Luhmann (1973; 1990). Zur Kopplungsthese und deren Erweiterung Renner (2011: 232 ff.).

63 Auch ist fraglich, wem der Erfolg zu verdanken ist. Verfassungen sind nicht auf Verfassungsrecht zu verkürzen. In den Blick zu nehmen sind die Kontextbedingungen (Wahl 2011), unter denen die Verfassung erfolgreich war und erfolgreich bleiben kann. Das betrifft den politischen Umgang mit Verfassungsbindungen in der Ausfüllung der Handlungsräume, die durch Verfassungen gewährt werden. Zum anderen tritt die spezifische Rolle der Verfassungsgerichtsbarkeit in der institutionellen Verkoppelung von Recht und Politik hervor (Jestaedt 2011).

rechtsprechung des Zweiten Senats gegenläufige Tendenzen beobachten lassen (unten III.1.c).

Begrifflichkeiten und Mechanismen der Verkopplung variieren in den europäischen Verfassungsordnungen beträchtlich. Das kann nicht verwundern, liegen ihnen doch unterschiedlichen Traditionsschichten zugrunde, die sich idealtypisch danach unterscheiden lassen, ob die Verfassung wie in Frankreich als revolutionäre Neubegründung von Herrschaft verstanden wird oder wie in Deutschland in der Tradition der evolutionären Verrechtlichung bestehender Herrschaft wurzelt.[64] Die Frage, welches Maß an Politisierung des Rechts sich eine Gesellschaft zutraut, ist zu einem guten Teil nur historisch erklärbar und muss die jeweils eigenen, kulturell begründeten Pfadabhängigkeiten in Rechnung stellen. Weder gibt es einen allgemeinen, auf Konvergenz zielenden universellen Maßstab noch folgt allein aus dem Umstand, dass die Konstitutionalisierung nicht an den Staat gebunden ist, dass die Idee auf der überstaatlichen Ebene tragfähig ist. In kosmopolitischen Varianten (Zürn 2011a: 85 ff.) bleibt zudem unterbelichtet, wer die maßgeblichen Akteure sein sollen und inwieweit sich aus den unterschiedlichen Ausprägungen eines stärker rechtlichen oder politischen Konstitutionalismus ein Konzept entwerfen lässt, das mit den unterschiedlichen Traditionsbeständen in den jeweiligen Rechtskulturen behutsam umgeht.[65] Kurz: Der Konstitutionalismus hat viele Gesichter, abhängig von der Rechtsordnung, auf die er bezogen wird.

Konstitutionalisiert werden Teilverfassungen.[66] Mehr als eine Teilverfassung des Politischen ist auch das Grundgesetz nicht mehr. Das gilt jedenfalls für die Verarbeitung der europäischen Herausforderungen.[67] Begreife man die Verfassung als Rahmen für Politik, dann geht es nicht um

---

64 In dieser Zuspitzung Möllers (2009a: 229 ff). Für Dieter Grimm (2005: 10) sind die Verfassungstypen nicht gleichwertig. Der nur herrschaftsbegrenzende Verfassungstyp sei im Vergleich zum Rechtsstaatlichkeit und Demokratie vereinenden Verfassungstyp der Herrschaftsbegründung »kein aliud, sondern ein Minus.«

65 Zur mangelhaften Kopplung in der ›peripheren Moderne‹ Neves (2007: 382 ff.). Zur Kopplung von Recht und Politik in der Europäischen Union Oeter (2010: 67). Post (2010: 1344 f.) will die Dialektik in einem »demokratischen Konstitutionalismus« verarbeiten.

66 Zur Gegenüberstellung von Konstitutionalismus und Konstitutionalisierung Loughlin (2010: 47 ff.); Viellechner (2012b: 49 ff.).

67 Die Annahme nationaler Teilrechtsordnungen bedeutet nicht, dass sie als Teil eines europäischen Ganzen darin aufgehen. Sie konstituieren vielmehr zusammen mit dem Unionsrecht den pluralen, föderal strukturierten europäischen Rechtsraum (Wahl 2012: 868 f.).

die »Kollision« von Verfassungsrecht, sondern um die Bearbeitung von Spannungslagen, die sich durch das Aufeinandertreffen und die Durchdringung unterschiedlich verfasster politischer Kräfte in ihrem je unterschiedlichem Rechtsrahmen ergeben (Nettesheim 2012c: 329). Dass das europäische Primärrecht die Funktionen einer Verfassung erfüllt, macht aus den Verträgen noch keine Verfassung, verstanden als die Ordnung des Politischen. Und aus dem Europäischen Gerichtshof kein Verfassungsgericht nach staatlichem Vorbild. Der EuGH ist Fach- und Verfassungsgericht zugleich (Manthey/Unseld 2011: 323). Die Kooperation mit den nationalen Fachgerichten kann zu Spannungen mit nationalen Verfassungsgerichten führen, die der EuGH relativ sensibel auszuräumen sucht.[68]

Einerseits sind die nationalen Verfassungen nur noch Teilverfassungen, andererseits wird diese Relativierung territorialen Zuhöchstseins überstaatlich nicht ausgeglichen. Die Verfassung ist nicht mehr die umfassende Rahmenordnung für die Ausübung öffentlicher Gewalt, sondern mutiert zur Teilverfassung in einer internationalen Netzwerkstruktur (Walter 2004: 57). Ähnlich »verfasst« auch das Völkerrecht nur jeweils ein sachbezogen zuständiges Regime. Auf der einen Seite begrenzen die Law Making treaties, transnationale Behördennetzwerke und die private Rechtsetzung die Reichweite des nationalen Verfassungsrechts, das seinen Anspruch zurückstellen muss, territorial begrenzt die Ausübung öffentlicher Gewalt umfassend zu regeln. Andererseits erfasst die Konstitutionalisierung des Völkerrechts (Kleinlein 2012) immer nur bestimmte Verfassungsfunktionen, nicht aber deren Bündelung. Der Herausbildung gemeinsamer Wertvorstellungen korrespondiere nicht die Entstehung institutioneller Strukturen ihrer Durchsetzung. Deshalb ist die Beobachtung von Christian Walter (2004: 57 ff.) zutreffend, dass wir es eher mit einer Dezentralisierung, Sektoralisierung oder Pluralisierung als mit einer »Subjektwerdung« der internationalen Gemeinschaft zu tun haben. Ihr mag eine Integrationsfunktion zukommen und insoweit mag von einer »Konstitutionalisierung verbundener Rechtsentwicklung« gesprochen werden. Mit Blick auf die Organisationsfunktion von Verfassungen fehlen der internationalen Gemeinschaft aber wesentli-

68 Vgl. EuGH Rs. C-188/10 Melki, Slg 2010, I-5667 Rn. 57. So im Falle Frankreichs, wo es mit der »question prioritaire de constitutionalité« nach Art. 61–1 CF inzwischen eine verfassungsgerichtliche Normenkontrolle gibt. Ob sich damit die knappe Begründungskultur des Conseil constitutionnel ändern wird, ist offen. Sie als defizitär zu bezeichnen, ist nicht zwingend (Baranger 2012), zumal der Begründungsstil des Bundesverfassungsgerichts, der es zu einem der erfolgreichsten Verfassungsgerichte gemacht hat (Robertson 2010: 29), nicht unbesehen zum globalen Maßstab erklärt werden kann.

che Konstitutionalisierungselemente. Die Konstitutionalisierungsprozesse erfolgen innerhalb verschiedener sektoral zuständiger Regime, aber sie erreichen nicht die internationale Gemeinschaft *insgesamt.* Organisation und Integration korrelieren in internationalen Zusammenhängen nicht. Dieses Auseinanderfallen von Integrationsprozess und defizitärer Organisation erklärt das Demokratiedefizit, denn eine Einheit, die der Institutionalisierung Legitimation verleihen könnte, fehlt bislang. Unter den gegenwärtigen Bedingungen fehle *international governance*, was der Nationalstaat bereitstellte: Eine enge Verbindung zwischen rechtlichem Rahmen und politischer Organisation.

Dennoch kann es Sinn machen, von Konstitutionalisierung zu sprechen, soweit die unterschiedlichen Bedeutungsebenen auseinandergehalten werden. Konstitutionalisierung im Europarecht (Walker 2006: 15 ff.) ist nicht deckungsgleich mit der Konstitutionalisierung des Völkerrechts (Ley 2009). Auch gilt es stets hinter die Texte zu schauen: So wird es wichtig, die Leitbilder im Verfassungsrecht (Volkmann 2009) oder regulative Grundideen im Völkerrecht (Oeter 2007c: 675, 685 f.) zu identifizieren.[69] Nationales Verfassungsrecht bleibt für das Völker- und Europarecht wichtig, denn »je enger die wechseitigen Verflechtungen und Abhängigkeiten zwischen Völkerrecht und nationalem Recht werden, desto heikler wird der Teil- oder Totalausfall staatlicher Institutionen- und Regelsysteme für das Völkerrecht (Oeter 2007c: 679) mit seinen Regeln für ein capacity building oder die Intervention der Staatengemeinschaft. In der Europäischen Union stellen sich schon geringe Gefährdungen der mitgliedstaatlichen Demokratien als ein Verfassungsproblem der Union dar (Franzius/Preuß 2012a: 67 ff.; v. Bogdandy u.a. 2012).

Verfassungen geht es um eine Ordnung der wechselseitigen Prozesse der Politisierung von Recht und der Verrechtlichung von Politik.[70] In der Redeweise vom »demokratischen Rechtsstaat« wird das eher verdeckt als erhellt. Für Europa und die Welt jenseits des Staates liefern die unterschiedlichen Traditionsschichten des Verfassungsbegriffs drei elementare

---

69 Auch Europa lebt von Bildern (Leibfried/Gaines/Frisina 2009). Was der Frontispiz des Hobbes'schen Leviathan für den Staat und einen Teil der Staatsrechtslehrer darstellt, könnte in der politischen Ikonographie Europas schon deshalb das Bild des Schiffes sein, weil hier die Dynamik des europäischen Integrationsprozesses angelegt ist.

70 Für Rainer Wahl (2011: 355 ff.) ist der Erfolg der Verfassung ein Erfolg der Politik, weniger des Rechts.

Einsichten, die eine kritische Folie für die »Konstitutionalisierungsthese« bereitstellen:

- Aus der revolutionären Tradition des Verfassungsbegriffs stammt die Figur freier und gleicher Bürger als Legitimationssubjekte einer Verfassung als politischer Grundordnung. Sie geht gegenüber der Erstreckung des Verfassungsbegriffs auf die »überstaatliche« Ebene auf Distanz, was den negativen Ausgang des französischen Referendums über den Verfassungsvertrag erklären könnte.
- Demgegenüber folgt aus der evolutionären Verfassungstradition die Orientierung am Recht und an Rechten unter dem Schutz von Gerichten. Diese »positive side of a lack of democratic commitment« (Möllers 2004: 137) macht den rechtlichen Konstitutionalismus für die europäische Idee attraktiv. Nicht ohne Grund wurde hinter dem europäischen Verfassungsprojekt ein deutsches Anliegen vermutet.
- Beide Traditionsschichten des Verfassungsbegriffs setzten hinter den Europäischen Rat ein konstitutionelles Fragezeichen (v. Bogdandy 2003a: 169), denn unter dieser Figur kann sich der Vorrang der Verfassung (zurückhaltend Schönberger 2011a) schlecht durchsetzen, wie am Beispiel der Euro-Rettungsmaßnahmen noch deutlich zu machen sein wird (unten III.1.c). In Europa kann es, sollen auch hier Recht und Politik zusammenkommen (Franzius/Mayer/Neyer 2010: 13), nicht nur das Recht geben. Eine Verrechtlichung ohne demokratische Prozeduren unter der Privilegierung einer bestimmten »Konstitutionalisierungsschicht« vermag nicht zu überzeugen.

Für die Wissenschaft vom Öffentlichen Recht stellt sich deshalb die Frage, ob die Schwächen der traditionellen Staatszentrierung (oben B.II.), aber auch die wachsenden Zweifel an der rezenten Verfassungszentrierung nicht zum Anlass genommen werden müssten, eine stärkere Ausrichtung an der Demokratie zu fordern, um einerseits die Erzeugungsbedingungen von Recht schärfer in den Blick zu bekommen und andererseits der Politik jene Gestaltungsfreiräume zu sichern, derer sie zur Bewältigung der Zukunftsaufgaben bedarf (Lepsius 2013a: 166 ff., 177 ff.).

1. Rechtsstaat und Demokratie als lose Enden

Rechtsstaat und Demokratie sind keine Antipoden, aber in ein Spannungsverhältnis gestellt. Werden rechtsstaatliche Rationalitätsanforderungen an den Gesetzgeber formuliert, drohen Räume politischer Gestaltung beschränkt und das Demokratieprinzip vernachlässigt zu werden. Die deutsche Verfassungspraxis kennt eine latende Bevorzugung des Rechtsstaatsgegenüber dem Demokratieprinzip (Grimm 2012c: 85). Hier mag ein Grund liegen, warum in Deutschland eine internationale Ordnung für möglich gehalten wird. Die Rule of Law ist universalisierbar, nicht aber die Demokratie, einerlei, ob sie kollektiv oder vom Einzelnen aus betrachtet wird.[71]

Rechtstaat und Demokratie akzentuieren eine jeweils andere Rationalität, finden aber einen gemeinsamen Grund im Gedanken der Selbstbestimmung. Es handelt sich um unterschiedliche Legitimationsmechanismen: Während der Rechtsstaat mit den Grundrechten auf die individuelle Selbstbestimmung zielt, ist die Demokratie eine Form der kollektiven Selbstbestimmung (Möllers 2005a: 27 ff.; Grzeszick 2012: 63 f.). Letztere folgt einer anderen Rationalität, indem eine direkte Kopplung an politische Rationalitäten bewirkt wird. Zieht der Rechtsstaat demokratischer Mehrheitsherrschaft rechtliche Grenzen, so bewirkt die Demokratie eine Öffnung gegenüber politischen Prozessen. Hier liegt ein Grund, warum sich demokratische Legitimationsdefizite nicht einfach durch rechtsstaatliche beziehungsweise grundrechtliche Argumente »kompensieren« lassen (Grzeszick 2012: 64 f., 70 ff.; Heinig 2012: 88 f.). Die Verfassung kann die inhaltliche Kontrolle des Gesetzgebers ganz bewusst der politischen Ebene zuweisen und in eine Distanz zur Intensivierung rechtsstaatlicher Bindungen »in der Hand von Gerichten« gehen (Franzius 2008: 940).

Die Zuordnung zum rechtsstaatlichen oder demokratischen Legitimationsmodus hängt von den Verfahren und Institutionen ab, die von der Verfassung für die Entscheidungsfindung zur Verfügung gestellt werden (Grzeszick 2012: 68 f.) Während der rechtsstaatlich-grundrechtliche Legitimationsmodus in – einen bestimmten Einzelfall betreffenden – Verfahren zur Anwendung gelangt, wodurch der Kreis der Beteiligten eingegrenzt

71 Zu den Schwierigkeiten, aus dem demokratischen Prinzip rechtliche Verpflichtungen für die demokratische Verfasstheit der Staaten oder Vorgaben für die Strukturen überstaatlicher oder internationaler Organisationen herzuleiten, knapp v. Bogdandy (2013: 26, 28 f.)

und eine eher retrospektive Problemwahrnehmung durch die Gerichte akzentuiert wird, geht es im Modus demokratischer Legitimation um richtige Politik und Verfahren, die regelmäßig größere Themenfelder betreffen und viele Beteiligte repräsentieren. Die Rechtserzeugung ist weniger konkret und individualisiert, sondern allgemeiner und auf prospektive Gestaltung durch den parlamentarischen Gesetzgeber ausgerichtet. Im Vordergrund steht hier weniger die Ermittlung inhaltlicher Richtigkeit, sondern der Kampf um politische Mehrheiten. Das mag eine idealtypische Beschreibung sein und doch ist die Einschätzung Bernd Grzeszicks (2012: 69) richtig, wenn er schreibt:

»Entscheidungen, deren Inhalt rechtlich intensiv determiniert ist, die einen erheblichen Einzelfallbezug aufweisen, einen individualisierten Personenkreis intensiver betreffen und die eine eher retrospektive Wahrnehmung nahelegen, sind tendenziell der rechtsstaatlichen Rationalität zuzuordnen, wogegen Entscheidungen, deren Inhalt rechtlich schwach determiniert ist, die ein erhebliches Verallgemeinerungspotential aufweisen, eine Vielzahl von Personen betreffen und die eher eine prospektive Perspektive mit sich bringen, tendenziell der demokratischen Rationalität zuzuordnen sind.«

Inwieweit diese Matrix auf Regelungszusammenhänge angewendet werden kann, wo eine Rücksichtnahme auf den zu wahrenden Entscheidungsspielraums des Gesetzgebers deshalb ausscheidet, weil es ihn so, wie er sich im Nationalstaat idealtypisch beschreiben lässt, nicht gibt (Vesting 2004: 63; Viellechner 2012b: 213, 220; Franzius 2009b: 646; zum »Tod des Gesetzgebers« Renner 2011: 285), erscheint zweifelhaft. Schon innerhalb der Europäischen Union unterscheidet sich die Rolle der Parlamente erheblich. Zwar mag es auch hier zu Ein- und Übergriffen der Rechtsprechung[72] in den politischen Prozess kommen, die eine Zurückhaltung gegenüber einer »kompetenzgefährdenden Kohärenzprüfung« (Grzeszick 2012: 75 f.) des EuGH nahelegen. Aber die Kontrastierung mit dem *einen*, die politischen Prozesse bündelnden Parlament fällt schwer. In der Europäischen Union tritt »der« Gesetzgeber in pluralisierter Form auf: Nicht nur, dass die gesetzgeberischen Funktionen auf den Rat und das Europäische Parlament verteilt werden. Auch die nationalen Parlamente werden in den Rechtssetzungsprozess einbezogen, die Rede ist vom Parlamentsverbund.[73] Noch

72 Der EuGH orientiert sich an funktionalen Erfordernissen einer transnationalen Rechtsordnung, nicht aber an einem supranationalen Willen (Vesting 2004: 50).

73 Vorgeschlagen wird, die bislang weitgehend wirkungslose Konferenz der Ausschüsse für Gemeinschafts- und Europa-Angelegenheiten der Parlamente der Europäischen Union

weniger passt die Matrix auf die internationale Rechtserzeugung, wo es an einem Parlament auf Weltebene gänzlich fehlt. Dennoch spielt auch im »überstaatlichen« Kontext die Zuordnung zur rechtsstaatlichen oder demokratischen Rationalität eine Rolle. Es muss deshalb für eine Rekonstruktion des Zusammenspiels weiter ausgeholt werden:

Im Kern geht es um die Frage nach dem Verhältnis von negativer und positiver Freiheit (Isaiah Berlin) oder um private und öffentliche Autonomie (Jürgen Habermas), das durch die Europäisierung und Internationalisierung herausgefordert wird. Private und öffentliche Autonomie sind nicht deckungsgleich, wenngleich sich ein Vorrang der einen gegenüber der anderen Autonomie nur schwer begründen lässt (Maus 2011: 44 ff. u. passim). Das liberale Modell sieht einen Vorrang der privaten Autonomie, garantiert durch die Menschenrechte und die Herrschaft der Gesetze, demzufolge sich die Legitimität politischer Macht durch den Schutz individueller Freiheit ergibt. Demgegenüber akzentuiert das republikanische Modell[74] die politische Autonomie durch demokratische Selbstgesetzgebung und die Erzeugung von Legitimität durch die Volkssouveränität. Habermas (1994; 2009) hebt den Zusammenhang von Rechtsstaat und Demokratie hervor. Ihm zufolge müssen private und öffentliche Autonomie so vermittelt werden, dass die eine Autonomie die andere nicht beeinträchtigt. Subjektive Handlungsfreiheiten des Privatrechtssubjekts und die öffentliche Autonomie der Staatsbürger ermöglichen sich wechselseitig.[75] Die Legitimationsfrage werde vom Vernunftrecht entweder mit dem Hinweis auf die Volkssouveränität oder unter Bezugnahme auf die durch die Menschenrechte garantierte Herrschaft der Gesetze beantwortet. Erstes

(COSAC) zu einer Interparlamentarischen Versammlung auszubauen, die als »transmission belt between member state citizens and the European level« handeln könnte (Neyer 2011b: 3, 17 f.).

74 Freiheit werde erst durch politische Institutionen und diese umlagernde Öffentlichkeiten konstituiert. Erst Institutionen erlauben die Relationierung der Menschen zueinander, sie errichten den Raum, in dem Freiheit ermöglicht wird. Zu einer institutionalistischen Lesart des republikanischen Freiheitsbegriffs Hannah Arendts aus jüngerer Zeit Thiel (2011: 170 ff.). Zu Recht und Politik als aufeinander bezogene Elemente eines »Raums öffentlicher Freiheit« im Anschluss an Hannah Arendt und Claude Lefort jetzt auch die Arbeit von Ley (2012b: 119 ff.).

75 Dem liegt der Kantianische Freiheitsbegriff zugrunde, demzufolge sich individuelle und kollektive Freiheit gegenseitig bedingen. Die Freiheitssphäre des Einzelnen könne erst durch das allgemeine Gesetz bestimmt werden, erfordere aber gerade deshalb die Teihabe aller an der Gesetzgebung, so Kant in der Metaphysik der Sitten (1797: 161 ff.).

betont der Republikanismus, letzteres der Liberalismus. Damit werde aber die Gleichursprünglichkeit verfehlt, die sie auf den Begriff bringen wollten.

»Die Idee der Menschenrechte, die sich im Recht auf gleiche subjektive Handlungsfreiheiten ausspricht, darf weder dem souveränen Gesetzgeber als äußere Schranke bloß auferlegt noch als funktionales Requisit für dessen Zwecke instrumentalisiert werden« (Habermas 1996: 299).

Hier fragt sich, ob die Spannung nicht zu stark eingeebnet wird, was mit der moralischen Selbstbeschränkung von Rechten, die gegen die demokratische Mehrheit in Stellung gebracht wird, zu tun haben mag. Die These von der Gleichursprünglichkeit von privater (menschenrechtlicher) und öffentlicher (demokratischer) Autonomie ist nicht unwidersprochen geblieben (Böckenförde 1998: 238; Hofmann 2001: 7 f.; Herbst 2012: 898). Albrecht Wellmer (1998: 270, 277, 280) spricht von einem unvermeidlichen Zirkel einer Doppelbeziehung bei der Anerkennung von Grundrechten als Voraussetzung *und* Resultat des demokratischen Diskurses, der durch die Entscheidung beendet wird, aber durch die Öffentlichkeit immer wieder neu in Frage gestellt werden kann. Die Diskussion über Menschenrechte finde nicht auf neutralem Gebiet statt. Es gehe darum, Raum für eine Pluralität legitimer Interpretationen zu schaffen (Mouffe 2005: 166). Und so umstritten der Zusammenhang der Freiheiten auch sein mag, institutionell findet er eine Entsprechung in einer gewaltenspezifischen Zuordnung (Möllers 2005a: 25 ff.). Während die individuelle – rechtebasierte – Legitimation negativer Freiheit durch die Gerichte gesichert werde, verlangt die kollektive – auf positive Freiheit zielende – Legitimation öffentlicher Gewalt gesetzgeberische Entscheidungen.

In der Kontroverse über die Begründung von Menschenrechten und dem Verhältnis zur Volkssouveränität (Haller 2011) spiegeln sich die Auseinandersetzungen über die Spur, den die internationale Ordnung zwischen Universalismus und Partikularismus (v. Bogdandy/Dellavalle 2008a) einschlagen soll. Werden Menschenrechte als bereits vorgegebene Rechte gesehen, die in Texten lediglich anerkannt werden, ist es sekundär, durch wen sie »durchgesetzt« werden. Lokalisiert man dagegen die Herkunft der Rechte in der Selbstbestimmung der Berechtigten, entstehen die Rechte im demokratischen Prozess und die Rechtsträger sind nicht nur Adressaten, sondern auch Autoren dieser Rechte. Sie sind dann insofern horizontal konzipiert als sie keiner höheren Autorität bedürfen. Daran anschließend stellt sich die Frage nach dem Verhältnis zur Volkssouveränität und die Frage nach der Kompetenz zu ihrer Positivierung. Leitet man die Genese der Rechte aus der Selbstbestimmung der Berechtigten her, dann spielt die politische Öffentlichkeit eine größere Rolle als im Falle unverhandelbar vorgegebener Rechte. Auch die Individualisierung der Menschenrechte kann danach bewertet werden, inwieweit die Rechte des einen mit den Rechten des anderen erst kompatibel zu machen sind. Wird das den Gerichten überlassen, drückt sich darin ein Misstrauen gegenüber den politischen Institutionen aus.[76] Schwierig ist auch das Verhältnis zur demokratischen Legitimation, die nach 1789 nur auf der Ebene des entstehenden Nationalstaates möglich war: Demokratische Legitimation war letztlich nur auf Kosten der Universalität zu erreichen. Durch die Positivierung der Menschenrechte im Rahmen der UNO und des Europarates nach 1945 wurde dieser Preis teilweise wieder zurückerstattet (Haller 2011: 33). Den Bürgerrechten wurden nicht nur universal gültige, sondern auch universal positivierte Menschenrechte zur Seite gestellt, dies nun aber wiederum unter teilweiser Preisgabe der demokratischen Legitimation, die auf der Ebene des Völkerrechts mangels entscheidungsbefugter demokratisch gewählter Institutionen nicht (unmittelbar) angestrebt werden konnte. Universalität war letztlich nur auf Kosten der demokratischen Legitimation zu erreichen.[77]

Die historisch gewachsene Paradoxie zwischen der Universalität einerseits und der Volkssouveränität andererseits sollte, so formuliert es Gret Haller (2011: 32 ff.), nicht länger verschwiegen werden. Die europäische Menschenrechtskultur erwarte, dass der vorauseilenden »Vergerichtlichung« die demokratische Legitimation nachziehe. Normativ dürfe der Anspruch nicht aufgegeben werden, das Spannungsverhältnis zwischen der Universalität der Menschenrechte und deren demokratischer Legitimation zu überwinden. So verweist eine Demokratisierung der Menschenrechte dort, wo sie wirksam werden sollen, auf eine Transformation staatlicher

76 Grundlegend Ely (1980). Vertrauen und Misstrauen bedingen sich wechselseitig, werden aber auf unterschiedliche Institutionen bezogen. Dem Vertrauen in »unabhängige« Gerichte scheint ein Misstrauen gegenüber den politischen – und vom Wählerwillen abhängigen – Akteuren zu korrespondieren.

77 Groß (2011a: 138 f.) weist darauf hin, dass es für die Reichweite der Menschenrechte darauf ankomme, welchen Schranken sie unterliegen. Diese werden aber nicht durch die Verfassung vorgegeben, sondern sind dem demokratischen Prozess mit dem Zugriff des Gesetzgebers überlassen. Folglich müssten die Inhaber der Menschenrechte ein originäres Interesse daran haben, an der Gestaltung dieser Gesetze mitzuwirken, aus denen sich die Schranken ihrer Rechte ergeben.

Demokratien.[78] Dieser Weg scheint mehr Realisierungschancen aufzuweisen als eine Demokratisierung an den Orten, wo die Menschenrechte herkommen. Eine Demokratisierung der internationalen Gemeinschaft stößt auf beträchtliche Schwierigkeiten, aber in der Europäischen Union handelt es sich um kein hoffnungsloses Unterfangen. Als politischer Entität ist der Union eine normative Tendenz zur Demokratisierung inhärent (Habermas 2011). Deshalb müsste das Europäische Parlament mehr Kompetenzen zur Positivierung der fundamentalen Rechte erhalten (Haller 2011: 37).

Es gibt gute Gründe, der demokratischen Selbstregierung die Menschenrechte als moralische Prinzipien vorzugeben. Von hier aus ist der Weg nicht mehr weit, zur Durchsetzung dieser Rechte eine politische Instanz zu fordern, die den sich selbst regierenden Völkern übergeordnet sein müsse. Kritik der Demokratie in der Sprache und im Namen der Menschenrechte kann eine liberale sein. Denn jede Mehrheitsherrschaft stellt eine Bedrohung der Rechte des Einzelnen dar. Aber auch der konservativen Lesart der menschenrechtlichen Kritik an der Demokratie liegt die Annahme zugrunde, es handele sich um zwei voneinander unabhängige Prinzipien der Politik. Von der These einer normativen Selbständigkeit von Menschenrechten und Demokratie aus gesehen ist es konsequent, eine unaufgebbare Spannung zwischen beiden anzunehmen (Benhabib 2008). Relativ einfach kann dann im Gegenzug eine demokratietheoretische Kritik an den Menschenrechten formuliert werden. Will man vermeiden, die eine Seite gegen die andere Seite auszuspielen, müsste gefragt werden, wie der Zusammenhang von Menschenrechten und Demokratie zu denken ist (Menke/Pollmann 2007: 170 ff.). Menschenrechte nehmen Demokratie als Recht auf, sind also politische Rechte auf Teilhabe. Demokratie kann – schon problematischer – auch als ein Instrument der Menschenrechte verstanden werden. Unverändert sehr umstritten ist, inwieweit Demokratie als Grund der Menschenrechte fungiert. Denn nach 1948 sind die Menschenrechte eher Kritik an Formen demokratischer Herrschaft, die sie in der rechtsstaatlichen Tradition begrenzen, nicht aber begründen.

Lässt man die moralische Begründung eines inneren Zusammenhangs von Menschenrechten und Demokratie weg, so handelt es sich um zwei Aspekte des Politischen, die sich wechselseitig erläutern (Menke/Pollmann 2007: 177). An die Stelle der menschenrechtlichen Begrenzung der Demo-

78 Das Erfordernis demokratischer Rückkoppelung transnationaler Regelungsstrukturen kann nicht einfach durch die Implementierung von Menschenrechten kompensiert werden. Von »Ausfallerscheinungen« spricht Reinhardt (2012: 304 f.).

kratie trete die demokratische Begründung der Menschenrechte. Ihre schroffe Entgegensetzung sei von der Unfähigkeit gekennzeichnet, zwischen Totalitarismus und Demokratie nicht mehr richtig unterscheiden zu können (Lefort 1990: 246). Es sei, wie es das rechtsstaatliche Denken in Deutschland generell auszeichnet, von der »Verweigerung, das Politische zu denken« geprägt. Wolle man den Gegensatz von Demokratie und Menschenrechten auflösen, so müsse gezeigt werden, dass zur Demokratie auch die Anerkennung von Rechten des Einzelnen gehört. Ferner müsste dargelegt werden können, dass diese Anerkennung nicht nur die Rechte der Mitglieder des jeweiligen politischen Gemeinwesens, sondern die Rechte aller Menschen umfasst. Das ist früher klarer gewesen, insbesondere mit der Unterscheidung des Volkes, das als Urheber der politischen Ordnung angesehen wird und »wir alle zusammen« umfasst und dem Volk, das der politischen Ordnung unterworfen ist und »jeden Einzelnen von uns« umfasst. In dieser Differenz niste die Gewalt: »Wir alle zusammen können uns als Einzelnen Unrecht zufügen« (Menke/Pollmann 2007: 181).

Die Unterdrückung Einzelner »durch uns alle zusammen« könne nicht dadurch verhindert werden, dass dem sich selbst regierenden Volk ›moralische‹ Vorschriften gemacht werden. Diese Unterdrückung könne vielmehr nur dadurch verhindert werden, dass der Prozess der demokratischen Selbstregierung anders verstanden werde: Nicht so, dass ein Wir als homogene Einheit zum Ausdruck kommt, sondern dass darin tatsächlich jeder Einzelne als Einzelner eine Stimme hat. Der demokratische Souverän ist nicht die geschlossene Einheit des Volkskörpers, sondern eine Vielheit unterschiedlicher Individuen. In der Demokratie gehe es nicht um die Herstellung der Einheit des Volkes, sondern um ein ›Werk der Teilung‹, in dem das Recht der vielen Einzelnen zum Ausdruck kommt, ihre Stimme zu erheben. Politische Ordnungen berauben nur dann die Einzelnen ihrer grundlegenden Rechte, wenn diese Einzelnen nicht effektiv an ihrer Hervorbringung beteiligt sind, wenn also diese politischen Ordnungen undemokratisch sind. Somit sind die Menschenrechte Voraussetzung und Ergebnis der Demokratie zugleich.

Gewichtiger ist der Einwand, dass sich ein solcher Zusammenhang von demokratischer Selbstregierung und grundlegenden Rechten nur auf die sich als Gruppe definierenden Mitglieder beziehen könne. Jede politische Gemeinschaft ist eine wesentlich begrenzte. Wenn es ihr nur um die Rechte ihrer Mitglieder gehen könne, spricht das nicht gegen Menschenrechte. Sie sind danach jedoch keine politische Kategorie, sondern können allenfalls von außen, etwa aus der Moral, in die Politik hineingetragen werden. Das ist indes ein Fehlverständnis der revolutionären Tradition, in die die Menschenrechte gestellt sind. Das »Selbst« einer nach außen sich abgrenzenden Gruppe ist nicht festgelegt, sondern beruht auf Annahmen des demokratischen Prozesses oder: Jedes »Selbst« demokratischer Selbstregierung muss sich als wesentlich »anderes« verstehen: als in sich plural und kontingent. Die Mitglieder einer sich selbst regierenden Gruppe können eben nicht voraussetzen, dass alle anderen Mitglieder, nur weil sie derselben Gruppe angehören, dieselben Eigenschaften haben, die sie von Mitgliedern anderer Gruppen unterscheiden. Bestehe der demokratischer Prozess darin, dass jeder Einzelne gleichermaßen berücksichtigt wird, dann darf dies nicht dem Anderen als Gruppenmitglied mit bestimmten vorgegebenen Eigenschaften gelten, sondern müsse abstrakt bleiben: Am demokratischen Prozess nehmen nicht die Einzelnen als so oder anders bestimmte Mitglieder, sondern die unbestimmten Mitglieder als Menschen teil (Balibar 1993). Insofern ist der Mensch eine grundlegende politische und damit eben auch demokratische Kategorie.

Damit sind die Probleme jedoch nicht ausgeräumt. Denn Menschenrechte zielen in demokratischen Gesellschaften auf die Anerkennung als Bürgerrechte.[79] Die Transformation von Menschen- in Bürgerrechte bedeute aber immer zugleich ihre Partikularisierung, denn Bürgerrechte sind, was sie sind, immer nur in Bezug auf die Rechtsgemeinschaft, in der sie als Bürgerrechte (ihrer Mitglieder) anerkannt werden. Dem Universalismus der Menschenrechte entspricht somit ein Partikularismus der Bürgerrechte, obwohl die Bürgerrechte ihrer Substanz nach eigentlich nur die Überführung von Menschenrechten in eine genuine Rechtsform darstellen. Wellmer (1998: 284) formuliert das anschaulich:

> »Solange wir von Menschenrechten überhaupt reden, besteht die einzig vorstellbare Lösung des universal gewordenen Problems der Menschenrechte darin, dass die Menschenrechte derer, die von unseren Bürgerrechten ausgeschlossen sind, in ihren Gesellschaften zu Bürgerrechten werden, das heißt in einer demokratischen Transformation ihrer Gesellschaften.«

Der Universalismus der Menschenrechte verlange eine Universalisierung demokratischer Bürgerrechte in der Weltgesellschaft, die sich als heterogen

79 Zur Spannung zwischen Bürger- und Menschenrechten Graser (2008: 86 ff.). Der »Entbündelung« des Bürgerstatus (Christian Walter) entspricht eine Vielzahl von Zugehörigkeitsgemeinschaften.

und fragmentiert darstellt, jedenfalls auf politische Konstellationen trifft, in denen von einem overlapping consensus im Sinne von Rawls nicht gesprochen werden könne.[80] Deshalb, so heißt es weiter, müsse sich eine an Menschenrechten orientierte Politik gleichsam von innen her selbst begrenzen, durch eine Politik der Differenz, die nicht nur die Andersheit des jeweils individuell Anderen, sondern auch die Andersheit der anderen Kulturen zu ihrem Recht kommen lässt (Wellmer 1998: 287 f.). Die territoriale Innen-Außen-Grenze muss deshalb funktional innerhalb einer Ordnung reformuliert und neu in Anschlag gebracht werden. Die Differenz von Innen und Außen, die Carl Schmitt im Begriff des Politischen gegen die liberale Tradition wandte, behält auch innerhalb der liberalen Kultur einer Weltbürgergesellschaft ihre Bedeutung (Wellmer 1998: 289).

Zusammengefasst: In der revolutionären Tradition der Gleichursprünglichkeit von Menschenrechten und Demokratie mag einiges dafür sprechen, Demokratie nicht auf Einzelstaaten zu beschränken, sondern in einem kosmopolitischen Hintergrund zu sehen.[81] Wie das zu geschehen hat, bleibt notwendig offen und lädt deshalb zu Missverständnissen ein. Denn es bedeutet weder die Einbeziehung aller Menschen in den Entscheidungsprozess eines demokratischen Gemeinwesens noch, dass aus allen Menschen Bürger eines Weltstaates werden müssten. Erfoderlich ist vielmehr ein abgestuftes Konzept demokratischer Politik, bezogen auf das (territoriale) Gemeinwesen oder auf die Welt. Rechte können danach eine unterschiedliche Ausgestaltung erfahren, je nachdem, ob sie als gleiche

---

80 Universalismus ist nicht gleich Universalismus. So unterscheidet Walzer (2007) zwei Arten des Universalismus: Dem allumfassenden »covering law universalism« wird ein wiederholender »reiterative universalism« mit der Betonung des prinzipiell unabgeschlossenen Prozesscharakters gegenüber gestellt, der, wie es Reinhardt (2012: 292 ff.) formuliert, reflexiv hinsichtlich der eigenen Geltungsgrundlagen […] um die Bedingtheit der eigenen Perspektive (weiß), Raum für Differenzen lässt und in wiederholenden Aneignungen auf demokratische Praktiken angelegt« ist. Dann wäre auch der (menschenrechtliche) Konstitutionalismus reiterativ zu verstehen, um »die pluralistische Binnenstruktur transnationaler Konstitutionalisierungsprozesse zu berücksichtigen, ohne bei dem Befund einer bloßen Fragmentierung stehen zu bleiben« (307). Im Sinne von Interaktionsprozessen und deren ständiger Wiederholung (mit gleichzeitiger Veränderung) durch öffentliche Auseinandersetzungen für die demokratische Herausbildung kosmopolitischer Normen auch Benhabib (2009: 34 f.). Forst/Günther (2010: 17) vermuten, dass die »gängigen Gegenüberstellungen von ›Universalität‹ und ›Partikularität‹ […] selbst höchst partikularer Natur« sind.

81 Zur kosmopolitischen Demokratie als einem Theoriestrang globaler Ordnung, deren Institutionalisierung aber »entgegenkommende Entwicklungen« verlangt, die nicht einfach unterstellt werden können: Zürn (2011a: 90 f., 104, 109 f.).

Bürgerrechte aller Mitglieder eines demokratischen Gemeinwesens verstanden werden oder als Menschenrechte beziehungsweise des »Rechts auf Rechte« (Hannah Arendt) den Anspruch eines jedes Menschen auf Mitglied- und Autorenschaft eines demokratisch sich selbst regierenden Gemeinwesen benennen. Das mag dem »Demokratieexport« eine menschenrechtliche Abstützung geben können, dürfte aber kaum »von außen« direkt gegen nichtdemokratische Staaten in Anschlag gebracht werden können. Die Durchsetzung der Menschenrechte setzt vielmehr demokratische Transformationsprozesse im Sinne der Herausbildung und des Erhalts überschaubarer demokratischer Entscheidungsstrukturen voraus (Menke/Pollmann 2007: 189). Das lässt sich gegen die menschenrechtliche Fundierung einer zwischen Weltstaat und Völkerbund einzuordnenden »politisch verfassten Weltgemeinschaft« wenden, die auch in der Beschränkung auf die Friedenssicherung und Durchsetzung elementarer Menschenrechte (Habermas 2005: 236 ff.; 2011: 82 ff.) eine Reihe offener Legitimationsfragen aufwirft, die weit über die Demokratieprobleme der institutionell real existierenden Europäischen Union hinausgehen (Franzius/Preuß 2012a). Von der zweigliedrigen Legitimationsstruktur der Union, wie sie in Art. 10 EUV über den Rat zu den nationalen Parlamenten und den Staatsvölkern sowie über das Europäische Parlament zu den Unionsbürgern angelegt ist, ist es ein weiter Weg, eine unter dem Verzicht auf moralische Argumente vergleichbare Struktur der Staaten- und Bürgerunion auf Weltebene zu installieren. Was bleibt sind (unterschiedliche) Ansätze einer Konstitutionalisierung.

2. Rechtliche oder politische Konstitutionalisierung?

Hier steht am Anfang eine Beobachtung: Während die innerstaatliche Konstitutionalisierung, also die Verfassungsprägung der Gesamtrechtsordnung (Schuppert/Bumke 2000), an Überzeugungskraft eingebüßt hat (Schönberger 2006), scheint die »überstaatliche« Konstitutionalisierung unvermindert attraktiv. Im nationalen Recht wird der »Verfassungsdurchdringung« vorgeworfen, angreifbare Rechtspositionen zu versteinern und die Offenheit des demokratischen Prozesses zu beschränken, was mit dem Plädoyer verbunden wird, wieder eine stärkere Orientierung im Gesetz zu suchen.[82] Dagegen werden im überstaatlichen Kontext neue Spielarten konstitutionellen Denkens ausgerufen. Hier weist die Konstitutionalisierungsthese einen kaum noch zu überschauenden Variantenreichtum auf. Ja, es hat den Anschein, als wäre die Konstitutionalisierung der einen Rechtsordnung erschöpft oder verbraucht, während sie dort, wo es ein Pluriversum unterschiedlicher Rechtsordnungen zu vermessen gilt, namentlich im transnationalen Kontext, die Energien zu bündeln vermag. Dekonstitutionalisierung dort, Rekonstitutionalisierung hier? So einfach ist es nicht. Die Vorgänge sind aufeinander zu beziehen.[83]

Allerdings wird mit unterschiedlichen Konstitutionalisierungsbegriffen gearbeitet (Ley 2009). Die viel beschriebene, an das ius cogens und erga omnes Pflichten anknüpfende Konstitutionalisierung des Völkerrechts mag eine Entwicklungsrichtung andeuten, die es auf dem Weg zu einem Weltbürgerrecht gegenüber allen Staaten, dem eigenem wie dem fremden, erscheinen lässt. Aus dem zwischenstaatlichen Recht wird ein Recht von Individuen, die durch die internationalen Beziehungen *hindurchgreifen*. Aus Menschenrechten werden Weltbürgerrechte mit gesteigerter Verbindlichkeit nicht nur gegenüber dem »eigenem« Staat, sondern auch gegenüber »fremden« Staaten und in der Verletzung »seiner« Rechte sind die Rechte »aller« verletzt, so dass Schutz und Hilfe nicht nur die Rechte des Verletzten, sondern die Rechte aller verteidigen. Das verlange keine weltstaatliche Organisation, wie immer wieder betont wird, wohl aber eine kosmopolitische Öffnung der Demokratie. Ein Weltbürgerrecht wäre nicht staatsanalog zu denken, sondern erweitert den einzelstaatlich begrenzten Horizont der Demokratie in der Anerkennung jedes Menschen als gleichen Weltbürger. So fordert ein demokratisches Konzept des Weltbürgerrechts nicht, dass jeder Mensch zum Bürger desselben politischen Gemeinwesens werden soll (Ley 2009: 213). Der Vorteil besteht vielmehr darin, die Rechte nicht lediglich als moralische und politisch erst noch umsetzbare Rechte zu verstehen, sondern als politische Rechte im jeweiligen, sich öffnenden demokratischen Gemeinwesen. Weltbürgerliche Gleichheit aller Menschen bedeute nicht die Transformation staatsbürgerrechtlicher Gleichheit auf Weltebene, sondern realisiere sich im Anspruch jedes Menschen auf demo-

82 Man kann auch versuchen, das richtige Maß zwischen Über- und Unterkonstitutionalisierung zu finden. Zur Verteidigung des Konstitutionalisierungsparadigmas Alexy (2002: 12 ff.).

83 Mit Blick auf den Vorrang des Unionsrechts spricht Gerhardt (2008: 745 ff.) von einer »vertikalen Teilung der Konstitutionalisierung«.

kratische Mitgliedschaft. Eingelöst werde damit das, was Hannah Arendt das Recht auf Rechte genannt hat.

Hier soll nicht das Panoptikum der Konstitutionalisierung ausgebreitet werden. Recht und Politik kehren jedoch im Begriff der Konstitutionalisierung zurück. Es kann ein rechtlicher von einem politischen Konstitutionalismus unterschieden werden. Weitgehende Einigkeit besteht inzwischen darin, dass Konstitutionalisierung nicht mit Verrechtlichung gleichgesetzt werden kann, soll nicht ein völlig entleerter Verfassungsbegriff zurückbleiben (Grimm 2011: 302 f., 317 f., 324 u. passim). Neben der rechtsstaatlichen Seite muss das demokratische Erbe berücksichtigt werden, um die Errungenschaften des Konstitutionalismus auf die überstaatliche oder gesellschaftliche Ebene transportieren zu können. Herrschaftsbegrenzende und herrschaftsbegründende Tradition des Verfassungsbegriffs mit der soeben angesprochenen Schwierigkeit, die rechtsstaatliche mit der demokratischen Bedeutung zu verbinden, verweisen auf das Problem, wie rechtlicher und politischer Konstitutionalismus zueinander finden können. Die Kritik am »legal constitutionalism« wächst (Waldron 2006: 1346 ff.), doch wird der Ausweg kaum in einem »political constitutionalism« (Bellamy 2007) liegen können (Craig 2010: 57 ff.; Goldoni 2012: 936 ff.). Insbesondere ist nicht ausgemacht, hierüber die – als solche wahrgenommene – Fragmentierung des Völkerrechts überwinden zu können.[84] Weil die traditionelle Einheits- und Bündelungsfunktion des Verfassungsbegriffs nicht passe, ließe sich die Verbindung zwischen den Perspektiven des nationalen Verfassungsrechts und des Völkerrechts eher mit dem offenen Begriff des *international governance* herstellen (Walter 2004: 35 ff.; krit. v. Bogdandy/Dann/Goldmann 2010: 29 f.).

Die Fragen nach Recht oder Politik, nach Konsens oder Dissens, nach einer konservativen oder idealistischen Perspektive (Nettesheim 2012c: 337 f.) auf eine Rechtsordnung stellen sich auch in europäischen Regelungszusammenhängen. Matthias Ruffert (2010a: 86 ff.) sieht als zentrale Herausforderung europarechtlicher Theoriebildung nicht die Frage nach dem Verfassungscharakter der Verträge und auch nicht die Frage nach der

84 Überblick zur Konstitutionalisierungs- und zur Fragmentierungsthese als zwei Grundströmungen in der Völkerrechtswissenschaft: Paulus (2007). Liest man sie nicht getrennt, sondern zusammen, liege die Zukunft des Völkerrechts in Regime-Verfassungen (Fischer-Lescano/Teubner 2006). Ein von seiner Staatszentrierung befreiter »gesellschaftlicher Konstitutionalismus« lasse neue Ordnungsmuster entstehen, die neben nationalem und internationalem Recht das transnationale Recht herausbilden.

Herrschaft im Verbund, die sich weder in der Dichotomie von Völkerrecht und Staatsrecht noch in der Verabsolutierung im »souveränen« Staat richtig beschreiben lässt, sondern in der Frage von Recht und Politik im Erhalt von demokratischer Selbstbestimmung (Ruffert 2010a: 94 f.). Die neueren Aufgaben der Union »bedürfen in anderem Maße als die Integration durch Recht […] proaktiven politischen Handelns auf supranationaler Ebene«. Das erfordere die Spezifizierung des europäischen Demokratiemodells, wie es in Art. 9 ff. EUV positiv festgelegt ist. Das wird bislang zu wenig beachtet (Franzius/Preuß 2012a: 19 ff., 107 ff.), mag das Recht auch nicht länger durchgängig durch die Fiktion eines gesetzgeberisch determinierten Sinns der Auslegung zugeführt werden können, mögen die Rationalitätsgarantien der richterlichen Gesetzesbindung mitunter versagen und Konsistenz durch die Rechtsprechung gesucht werden. Die Zurückhaltung gegenüber richterlicher Kontrolle, wie sie in den USA oder auch im Vereinigten Königreich eine verbreitete Grundstimmung darstellt, passt nicht für die Europäische Union, die sich als eigene Rechtsordnung unter einer relativ starken, in eigene Pfadabhängigkeiten gestellten Gerichtsbarkeit konstituiert hat.

Aber in Europa sind die Rechtsordnungen verschränkt. Das betrifft nicht nur die wechselseitigen Bezugnahmen von nationalem und europäischem Primärrecht, das zum Beispiel in Art. 4 Abs. 2 EUV ausdrücklich auf die Wahrung nationaler Verfassungsidentität verweist, sondern auch die Einwirkungen der Europäischen Menschenrechtskonvention (EMRK) auf die mitgliedstaatlichen Rechtsordnungen, die sich solchen Überformungen in unterschiedlicher Weise öffnen, teilweise aber auch auf Distanz gehen. Im Vereinigten Königreich scheint mit der Forderung nach einem *democratic override* von EGMR-Entscheidungen die verbreitete Sehnsucht nach einem *bringing rights back home* befriedigt zu werden (krit. Nolte 2013). Dies ist vor dem Hintergrund der langen demokratischen Geschichte nicht unverständlich, wirft aber Fragen nach den Grenzen eines politischen Konstitutionalismus und der »parlamentarischen Souveränität« auf, wonach »no other institution may disapply parliamentary legislation« (Richard Bellamy). Danach könne nur eine schwache Kontrolle durch solche Gerichte legitim sein, die einer freiwilligen Assoziation demokratischer Staaten entspringen und – wie es auch für den EuGH gefordert wird (Scharpf 2008) – unter deren Kontrolle stehen.

Hiergegen haben sich jüngst Svenja Ahlhaus und Peter Niesen (2013) mit dem Hinweis auf den vom EGMR entschiedenen Hirst-Fall (EGMR v.

6.10.2005, Nr. 74025/01) gewandt. Der rechtskräftig verurteilte Mörder Hirst war – in Übereinstimmung mit britischem Recht – vom nationalen Wahlrecht ausgeschlossen worden, hatte unter Berufung auf Art. 3 des ersten Zusatzprotokolls zur EMRK vor dem EGMR aber Erfolg. Der spektakuläre Fall des Gefangenenwahlrechts behandelt kein abwehrrechtliches Menschenrecht der ersten Generation, sondern ein Bürgerrecht, das in die souveräne Vergabe politischer Beteiligungsrechte eingreift. Der Schutz dieser politischen Rechte durch internationale Gerichte lasse sich aber demokratietheoretisch rechtfertigen. So mache der internationale *review* darauf aufmerksam, dass die Vergabe von Bürgerrechten eine reflexive Dimension hat, die für nationale Gerichte nicht immer sichtbar sein müsse. Eine vollständige Lösung der Legitimitätsproblematik müsste nicht nur die negative Frage beantworten, wieso sich Demokratien der gerichtlichen Vormundschaft beugen sollten, sondern auch positiv gewendet auf demokratietheoretische Vorteile einer externen Überprüfung nationalstaatlicher Demokratien eingehen. Ahlhaus/Niesen (2013) sehen solche Vorteile eines externen *human rights review* in der Institutionalisierung von Begründungsverpflichtungen und den Besonderheiten einer Sicherung von Aktivbürgerrechten: Der Unterschied zwischen universellen Menschen- und partikularen Aktivbürgerrechten liege darin, dass Staaten erstere allen Individuen unabhängig von ihrer Mitgliedschaft zuerkennen müssen, während letztere nur ihren Mitgliedern zugesprochen werden. Der Zusammenhang zwischen Mitgliedschaft und Aktivbürgerrechten sei dabei konstitutiv, so dass sich sagen lasse, dass nicht nur über die Zugehörigkeit zum *demos* die Extension von Aktivbürgerrechten festgelegt werde, sondern umgekehrt auch über die Verleihung von Aktivbürgerrechten die Zugehörigkeit zum *demos*. Der *demos* sei das Zurechnungssubjekt, auf das die parlamentarische Legislative die Legitimität ihrer Entscheidungen abstelle. Im Fall einer Entscheidung über das Wahlrecht habe dies zur Folge, dass gegenüber den Inkludierten die Inklusion verantwortet wird, nicht aber gegenüber den Exkludierten die Exklusion. Das ist der Kern des Arguments für die externe Kontrolle der Verleihung beziehungsweise des Entzugs von Aktivbürgerrechten.

Ein rein interner institutioneller Revisionsprozess reiche nicht aus, den Ausschluss derer, die in diesem Prozess gar nicht vertreten werden, zu legitimieren. Daraus folge – wie Ahlhaus und Niesen hervorheben – nicht, dass, da parlamentarische Repräsentation nur den Inkludierten geschuldet ist, allen Anwärtern auf Bürgerrechte diese auch verliehen werden müssten.

Aus der Kombination von *weak review* und dem Umstand, dass parlamentarische Deliberation nur gehalten ist, die Verantwortung für eine Entscheidung nach innen, also für den dieses Parlament autorisierenden *demos* zu übernehmen, folge noch keine universelle Inklusion. Es scheine vielmehr so, dass es Fälle gibt, in denen die parlamentarische Debatte es den Exkludierten schuldet, sich in ihren Rechtfertigungen auch ihrer anzunehmen. Die inhärente Begrenzung, die die parlamentarische Willensbildung unter einem *political constitutionalism* aufweist, könne nur von einem epistemischen Punkt außerhalb des *demos* aufgebrochen werden. In den grenzüberschreitend induzierten *Begründungspflichten* liege der Kern dieser Menschenrechte und zugleich die Verknüpfung mit der Demokratie.

Der *Hirst* Fall dramatisiere einen allgemeinen Konflikt zwischen demokratischer Selbstbestimmung und ihrer übergreifenden gerichtlichen Kontrolle. Der Fall zeige die Grenzen einer ausschließlich aus der staatlichen Innenperspektive argumentierenden Demokratietheorie und weise zumindest insofern schwach kosmopolitische Implikationen auf, als die Zusammensetzung der Aktivbürgerschaft in Demokratien nicht arbiträr gezogen werden könne. So formulieren Ahlhaus/Niesen (2013) in Auseinandersetzung mit dem politischen Konstitutionalismus Richard Bellamys:

> »Die starken Begründungsansprüche der Exkludierten, die der *Hirst Case* mobilisiert, lassen sich wohl nur durch die Annahme motivieren, dass sie sich einer Zugehörigkeit zu einer übergreifenden, politisch nicht irrelevanten, aber dennoch in ihrer politischen Struktur nicht-determinierten Gemeinschaft verdanken. Die Gemeinschaft der Träger von Weltbürgerrechten, dies zeigt die Einführung des Begriffs bei Immanuel Kant, muss selbst kein republikanisches Gemeinwesen im großen Maßstab darstellen oder anstreben [...]. Erforderlich ist allein, dass aus der Zugehörigkeit zur Menschheit der Anspruch abgeleitet werden kann, um die Zugehörigkeit zu politischen Gemeinwesen nachzusuchen und eine begründete, nicht allein willkürlich verfügte Antwort zu erhalten«.

Demgegenüber gelinge es Bellamy nicht, die konstitutionalistische Innenperspektive auf die Berücksichtigung Außenstehender zu erweitern. Gehe es um ihren fairen Schutz, so spielen Menschenrechtsgerichtshöfe eine andere Rolle, als wenn es um die Erhaltung der Bedingungen interner Selbstbestimmung geht. Für Ersteres müssen andere normative Ressourcen angezapft werden als die, die im politischen Konstitutionalismus zur Verfügung stehen. Das führt zu der allgemeinen Frage nach der Rolle der Gerichte in Konstitutionalisierungsprozessen.

3. Rolle der Gerichte

Im Zentrum des Rechtsdiskurses stehen die Gerichte. Wie lassen sich deren Entscheidungen legitimieren? Gerichte sind unabhängig und unterscheiden sich darin von der Verwaltung, aber auch vom politisch verantwortlichen Gesetzgeber (Möllers 2012). Wie kann es sein, dass Verfassungsgerichten die Kompetenz zugesprochen wird, ein Gesetz für nichtig zu erklären? Die Selbstverständlichkeit der deutschen »Verwerfungspraxis« ist anderen Rechtsordnungen mitunter fremd, mögen diese – wie in Frankreich – inzwischen auch eine Verfassungskontrolle von Gesetzen kennen.[85]

Robert Post (2010: 1346 f.) beschreibt das Dilemma, in dem Verfassungsgerichte als rechtliche – und notwendigerweise – zugleich politische Akteure handeln:

»If they do not act to protect essential values, the contestation of politics might spin out of control and undermine both the stability of the polity and the rule of law. Agonism might degenerate into antagonism. But if courts act too aggressively, they can suppress the very possibility of disagreement that defines politics itself. This dilemma is insoluble if it is believed, as some do, that legal judgments ›foreclose‹ the possibility of politics. But if [...] the boundary between law and politics is essentially contested, then judicial judgments engage but do not preempt politics.«

Weiter heißt es:

»In point of fact, judicial judgments typically provoke a larger, more encompassing arena of political disagreement in which legal decisions are themselves subject to affirmation, resistance, debate, and modification. Courts are, in this sense, necessarily political actors. Their decisions inspire, inform, and channel political debate and action. It follows that judicial opinions can be constructed in ways that are more or less effective in promoting political support for essential values like the stability of the polity or the rule of law. These distinct alternatives open the space that makes the practice of judicial statesmanship possible and desirable.«

---

85 Das stellt hier den Vorrang der Fachgerichte in der Verfassungsinterpretation in Frage. Interessant sind in diesem Zusammenhang hybride Formen wie das finnische Modell der Verfassungskontrolle mit einer Kombination aus theoretischer ex ante- und konkreter ex post-Prüfung. Die bisherige *ex ante* Überprüfung durch einen Parlamentsausschuss für Verfassungsrecht, der im Zweifel von der Regierung angerufen werden kann, wird durch eine gerichtliche *ex post* Kontrolle für den Fall eines »nachweislichen Konflikts« mit der Verfassung ergänzt (Art. 106 Finnische Verfassung). Damit werde ein nur schwacher Einfluss der Gerichte auf die Politik institutionalisiert (Tuori 2011: 283 ff.).

Die Rolle von Verfassungsgerichten ist schon im nationalen Kontext nur schwer zu verorten (Grimm 2010; Maus 2011; Volkmann 2013). Ein »Gerichts- oder Rechte-Skeptizismus« macht den Ausgleich der unterschiedlichen Interessen und Rechte durch Gerichte angreifbar, erfordert jedenfalls eine Rechtfertigung dichter Kontrollen. Vorbehalte des politischen Konstitutionalismus können jedoch in einem »moderaten rechtlichen Konstitutionalismus« angemessen verarbeitet werden (Craig 2010: 55 ff.). Gerichtliche Kontrollen müssen nicht zu Lasten des politischen Prozesses gehen und umkehrt.[86] So wie das Parlament eine unabhängige gerichtliche Kontrolle der Einhaltung individueller Rechte vorsehen könne, könne es zum Beispiel auch unabhängige Regulierungsbehörden schaffen. Eine andere Frage ist die nach der Reichweite der gerichtlichen Kontrolle.

Diese Frage erhält eine besondere Schärfe in der internationalen Gerichtsbarkeit. Armin von Bogdandy und Ingo Venzke (2010: 6 ff.) zufolge entspringt die Problematik internationaler Gerichte daraus, dass ihr Handeln nicht in den Kontext einer funktionstüchtigen Legislative eingebettet ist und sich das Recht so von der Politik als dem wichtigsten Mechanismus demokratischer Legitimation abkoppelt. Denn es fehle das parlamentarische Gegengewicht und unsicher sei der Kontrollumfang internationaler Gerichte. Mittelfristig wird es für kaum aussichtsreich gehalten, die Legitimitätskonflikte zwischen einzelstaatlichen Demokratien und internationalen Institutionen über eine Demokratisierung der übergeordneten Ebene zu lösen. In der transnationalen Konstellation treten Recht und Politik auseinander. Augenscheinlich wird dies bei der Schaffung internationaler Organisationen, die je nach theoretischem Standpunkt *entweder* eine stärkere Verrechtlichung – entsprechend der Friedensidee mit der Stärkung internationaler Gerichtsbarkeit im Anschluss an Kelsen – gebieten *oder* eine stärkere Politisierung unter dem Demokratieideal im Anschluss an Habermas mit der Stärkung politischer Organe bis hin zur Idee eines Weltparlaments erfordern (Groß 2011a: 143 ff.; krit. Müller 2009: 137 ff.). Für Kelsen war eine internationale Gerichtsbarkeit ohne internationalen Gesetzgeber denkbar und möglich, eine Entkoppelung – das Scheitern des Völkerbundes vor Augen – erstrebenswert. Dagegen stehen heute Rechtfertigungsprobleme internationaler Gerichte im Vordergrund.

Richterliche Entscheidungen haben stets eine rechtserzeugende Dimension. Sie sind nicht bloß Akte der Rechtserkenntnis, sondern zugleich

86 Vgl. Føllesdal (2009: 602) »Judicial Review is a review of democratic contestations, not their substitute.«

der Rechtschöpfung (Kelsen 1929; 1934: 74, 95). Deshalb sind gefundene Entscheidungen zu begründen. Doch kann die Begründung eine Entscheidung über den Einzelfall hinaus legitimieren? Die Frage erübrigt sich nicht mit dem Hinweis auf den fehlenden Zwangsapparat internationaler Institutionen. Wird Herrschaft ausgeübt, müsste diese Ausübung vor einem »entterritorialisierten« Demokratieprinzip gerechtfertigt werden. Hier könnte die EU ein Vorbild sein, soweit sie nicht – wie im Fall des Fiskalvertrags – in zwischenstaatliche Nebenverträge flüchtet, deren Einhaltung durch den EuGH nur schwer überwacht werden dürfte.[87] Selbst dann, wenn man in Art. 273 AEUV eine Grundlage für die Jurisdiktion sehen sollte, fehlt eine vergleichbare Regelung für die politische Überwachung durch die Kommission. Hier wird, soll nicht gleich der EZB ein Freibrief ausgestellt werden, mit den allgemeinen Interessen der Union argumentiert werden müssen, wozu neben dem Erhalt der Währungsunion aber auch die Einhaltung demokratischer Verfahren gehört. Sie unterscheiden sich mit Blick auf die Rolle des Bundestags erheblich, wenn es lediglich um einen völkerrechtlichen Vertrag geht, für deren Abschluss nach Art. 59 GG geringere Beteiligungsmöglichkeiten als nach Art. 23 Abs. 1 GG eingeräumt werden. So mag man sich dann auch fragen (unten, III.1.c.cc), inwieweit der intergouvernementalen »Methode« der Bundesregierung das Demokratieprinzip des Grundgesetzes entgegensteht.[88]

Dieses Beispiel soll klarstellen: Während auf Unionsebene eine Politisierung und Demokratisierung möglich und angelegt ist, fällt das auf internationaler Ebene schon aus institutionellen Gründen, insbesondere in Er-

87 Nach dem gefundenen Kompromiss in Art. 8 VSKS soll der EuGH von einem Vertragsstaat der EU 25 angerufen werden können. Art. 19 EUV bezieht sich aber auf die Union als Ganzes. Und die Einbindung der Kommission kommt nur (unter Duldung Großbritanniens und Tschechiens) über eine Organleihe in Betracht, wofür die Einhaltung der Verfahrensvorschriften (unter Beteiligung des Europäischen Parlaments) gefordert wird (Fischer-Lescano/Oberndorfer 2013).

88 Der Zweite Senat des BVerfG sieht das anders, blendet die unionsrechtliche Seite europäischer Demokratie aus und führt in manche Aporie. In der staatsrechtlichen Sicht lässt sich das wie folgt beschreiben: Die Ausübung europäischer Herrschaftsgewalt ist gerechtfertigt, weil die Union nicht als Staat demokratisch legitimiert sein müsse. Wolle die EU demokratischer werden, müsse sie ein Bundesstaat werden, was ihr das Grundgesetz mit dem Erhalt von Staatlichkeit aber verbiete. Eine Variante dieser im Maastricht-Urteil enthaltenen Lesart bietet das Lissabon-Urteil: Entweder Deutschland bleibt ein souveräner Staat, dann kann die Union im Grunde nur eine völkerrechtliche Veranstaltung sein. Will sie mehr sein, müsste sie ein Bundesstaat werden. Das aber verbiete der vom Grundgesetz und vom Unionsrecht geforderte Erhalt der deutschen Verfassungsidentität.

mangelung einer funktionstüchtigen Legislative, sehr viel schwerer.[89] Weil das Völkerrecht nicht mehr allein auf dem Staatenkonsens aufsetzt, stellt sich die Frage nach der demokratischen Legitimation internationaler Entscheidungen aber auch hier. Die parlamentarische Zustimmung zum Abschluss völkerrechtlicher Verträge reicht dafür nicht aus; sie ist keine gestaltende, sondern eine ratifizierende Mitwirkung, die den Vorsprung der Exekutive nicht einholen will, das aber auch nicht kann. Ist ein völkerrechtlicher Vertrag in Kraft, kann er, anders als ein Gesetz, nicht mit einer neuen Mehrheit korrigiert werden. Das verändert die Beziehung zwischen Recht und Politik tiefgreifend, zumal in gerichtsförmig verrechtlichten Regimen wie der EMRK das konstitutionalistische Argument nicht wirklich trägt, Recht und Politik gerade nicht durch eine Meta-Gerichtsbarkeit wie die Verfassungsgerichtsbarkeit miteinander verkoppelt werden (v. Bogdandy/Venzke 2010: 20 ff.). Denn es fehlt internationalen Gerichten nicht nur an vergleichbaren Befugnissen (Grabenwarter 2012: 512 f.), sondern auch an der Einbettung in politische Prozesse. Darin unterscheiden sie sich von Verfassungsgerichten, die anderer Kritik ausgesetzt sind als der EGMR oder der IGH, dessen Urteile das Völkerrecht in rechtsstaatlicher, aber nur eingeschränkt in der demokratischen Tradition des Verfassungsstaates fortentwickeln[90] und damit zu jenen Entkoppelungsprozessen beitragen, die im »demokratischen Rechtsstaat« überwunden werden sollten (Eberl 2011: 13).

Gerichte sind eigenartige Institutionen. Das gilt vor allem für Verfassungsgerichte, denen in Deutschland großes Vertrauen entgegen gebracht wird.[91] Internationale Gerichte sind nochmals anders aufgestellt. Gemeinsam ist Gerichten als unabhängigen Organisationen die Eigenschaft als »countermajoritarian institutions« (Alexander Bickel) mit einer anderen Rechtfertigungslogik als demokratischer Politik.[92] Das betrifft vor allem

89 Der Politisierungsbegriff ist unscharf und hat eine unterschiedliche Reichweite, vgl. v. Bogdandy/Venzke (2010: 20 ff.); Ecker-Ehrhardt/Zürn (2007: 24 ff.); Thiel (2011: 203 ff.) sowie unten, C.I.2.d).

90 Im Europarecht steht der Grundrechtediskurs in einem anderen Kontext. So hat dann auch die »Endeckung« der Menschenrechte durch den EuGH manche Irritation ausgelöst (Kingreen 2010: 226 ff.).

91 Hier kommt es zu einer »Hybridisierung« politischer und gerichtlicher Formen, die nicht zu einem Dilemma stilisiert werden sollten, mag die Legitimation eines Verfassungsgerichts auch besondere Schwierigkeiten aufweisen. Dazu und zu unterschiedlichen Legitimationsstrategien Möllers (2011a: 322 f., 328–355).

92 Es mehren sich die Stimmen, die in Verfassungsgerichten weder »Störer« des politischen Prozesses noch allein »Hüter« der Individualrechte sehen, sondern diese als Orte

Verfassungsgerichte, die sich vom individuellen Bezug gerichtlicher Entscheidungen lösen und »legitimatorische Externalitäten« zu produzieren drohen, indem »über Dinge eine Entscheidung getroffen wird, die auch Personen betrifft, die nicht am bewusst exklusiv ausgestalteten Gerichtsverfahren teilgenommen haben« und darum diesen gegenüber schwerer zu rechtfertigen ist (Möllers 2012: 403). Solche Entscheidungen haben, wenn und weil sie weniger die einzelfallbezogene, sondern die allgemeine Behandlung eines Rechtsproblems betreffen, eine Wirkung, die über den Kreis der Verfahrensbeteiligten hinausreicht und die gerichtliche Entscheidung in die Nähe einer politischen Entscheidung bringt. Möllers (2012: 407 ff.) weist darauf hin, dass eine allgemeine Theorie der Legitimation von Verfassungsgerichten nur schwer zu entwerfen ist, für den Grundrechtsschutz durch Verfassungsgerichte eine Privilegierung der Perspektive des Klägers aufgrund seiner Verletzungserfahrung aber Sinn macht, da diese Anwendungserfahrung durch den Gesetzgeber nicht einfach antizipiert werden könne oder dürfe. Die verfassungsgerichtliche Kontrolle von Gesetzen abzuschaffen, würde den Sinn von Verfassungen in der Verkoppelung von Recht und Politik unter Wahrung ihrer Unterschiede verfehlen.

»Wenn Verfassungsgerichte entlang der politischen Präferenzen ihrer Richter abstimmen, verlieren sie ihre institutionelle Legitimität. Wenn es der Meinungsbildung im Gericht nicht gelingt, sich mit einer *eigenen Argumentation* gegenüber den politischen Fronten zu verselbständigen, verliert die verfassungsgerichtliche Kontrolle ihren Eigenwert, das Gericht wird zu einem schlechteren Parlament. Umgekehrt stellt sich bei der parlamentarischen Beratung eines Gesetzes, in der nur noch verfassungsrechtliche Probleme erörtert, aber keine politischen Konflike ausgetragen werden, die Frage, warum der Entscheidungskörper überhaupt gewählt werden sollte« (Möllers 2012: 409, Hervorhebung von mir).

Internationale Gerichte sind schwerer zu rechtfertigen. Sie sind »Kreaturen gerade des politischen Prozesses, den sie überwinden sollen« (Möllers 2012: 411). Dieses Paradox tauche im staatlichen Kontext deshalb nicht in derselben Schärfe auf, weil die Gerichte hier entweder als von den Parteien eingesetzte punktuelle Problemlösungsinstanzen agieren und sich insoweit durch die Selbstbestimmung der Parteien rechtfertigen. Oder sie agieren auf der Grundlage der sie einsetzenden politischen Ordnung und werden durch

demokratischer Reflexion begreifen wollen (Volkmann 2013: 134 ff.). Ob man das auch für die ausgreifende Europarechtsprechung des BVerfG sagen kann, ist fraglich. So wird dem Zweiten Senat vorgeworfen, unter dem Deckmantel der Verfassungsinterpretation eine Form der ›Überpolitik‹ zu betreiben (Nettesheim 2012d: 51).

diese legitimiert. Das Völkerrecht dürfe beide Verständnisse nicht einfach kurzschließen. Der Verrechtlichung als solcher könne unabhängig vom politischen Verfahren, das bestimmte rechtliche Inhalte hervorbringt, keine legitimierende Kraft zukommen. Der Staatenkonsens ist weniger die Lösung als das Problem. Ob sich internationale Gerichte durch moralische Argumente selbst legitimieren können, ist zweifelhaft (Möllers 2012: 412 f.).

Gerichte sind nicht besser oder schlechter, sondern anders als andere Institutionen zur Problemlösung geeignet. Sind Rechtsordnungen als »Systeme« zu begreifen, die private und öffentliche Autonomie in einen Ausgleich bringen sollen, dann dienen Gerichte unabhängig davon, ob sie als staatliche oder als »überstaatliche« Gerichte eingerichtet werden, vornehmlich dem Schutz privater Autonomie (Möllers 2012: 414), weniger dem gestalterischen Umbau der Weltordnung. Dem wird eine individualisierende Strategie gerecht, die versucht, sich auf die Entscheidung des »Falles« zu beschränken und eine politisierende Deutung der Entscheidung zu vermeiden. Eben dies gelingt internationalen Gerichten jedoch nicht immer und auch ein Menschenrechtsgerichtshof sieht sich Abwägungsentscheidungen ausgesetzt, die zu treffen eine Rücksichtnahme auf die nationalen Politikprozesse unvermeidbar macht, damit aber vor dem Problem steht, politische Abwägungen als gerichtliche Abwägungen rekonstruieren zu müssen.[93] Gerichtliche Kontrollen funktionieren anders als der demokratische Prozess, was die Zurückhaltung von Gerichten gegenüber Aussagen zum Demokratieprinzip erklären mag. Gerichte legitimieren sich gerade dadurch, dass der politische Prozess die Möglichkeit behält, in der ihm eigenen Rationalität auf die getroffene Entscheidung reagieren zu können.

Für den internationalen Menschenrechtsschutz gegenüber demokratischen Entscheidungen bleibt ein Problem. Es ließe sich sagen und in der Rechtsprechung internationaler Gerichte auch nachweisen, dass die richterliche Interpretation von individuellen Rechten dem Mehrebenencharakter der *polity* gerecht werden muss. Fällt die Begründung eines nationalen Verfassungsgerichts in der Beurteilung gesetzlicher Regelungen mit Blick auf die demokratische Legitimation des Gesetzgebers zurückhaltend aus, muss das kein Nachteil sein und wird auch vom EGMR akzeptiert werden können (Grabenwarter 2011: 230; Bryde 2011: 67 f.). So mag eine

---

93 Skeptisch Möllers (2012: 412) mit dem Hinweis, dass die politische Selbstbestimmung nicht einfach in einem gerichtlichen Begründungszusammenhang simuliert werden könne.

Zurückhaltung gegenüber einer »starken« Normenkontrolle durch internationale Gerichte im Prinzip geboten sein. Eine nur »schwache« Kontrolle gesetzgeberischer Entscheidungen »mildert« die Probleme, die in einer latenten Unverträglichkeit von Verfassungsgerichtsbarkeit und Demokratie gesehen werden (Waldron 2006; gegenläufig Rosanvallon 2010: 190 ff.), adressiere aber, wie Ahlhaus und Niesen (2013) hervorheben, nicht die mögliche Unverträglichkeit von Demokratie und externer Gerichtsbarkeit. Verwiesen wird auf das in der Politischen Theorie als *boundary problem* verhandelte Problem, dessen Grundlage in der Bestimmung der Zugehörigkeit zum Subjekt aller Bestimmung liegt. Im Kontext des »boundary problem of the demos« mag dem Betroffenheitsprinzip die Aufgabe zugesprochen werden können, den »scope of the duty of justification« zu ermitteln (Owen 2012: 148). Es diene aber nicht dazu, legitime Zugehörigkeitsansprüche herauszufiltern, sondern zur Ermittlung von gesetzgeberischen Rechtfertigungspflichten.

Als normative Grundlage externer Rechtfertigungspflichten könne das demokratische Prinzip nur fungieren, wenn es auf schwach kosmopolitischen Hintergrundannahmen aufruhe (Ahlhaus/Niesen 2013). Kosmopolitisch sei nicht die problematische Unterstellung, ein gedanklich über den Einzelstaat ausgeweiteter, weltumspannender demos verleihe überstaatlicher Gerichtsbarkeit Legitimität. Sie sei insofern eine schwächere Annahme, als dass Mitwirkungs- und Mitgliedschaftsansprüche von Exkludierten, die für die parlamentarische Deliberation »unsichtbar« sind, mittels gerichtlicher Kontrolle eine parlamentarische Rechtfertigungspflicht ›triggern‹ könnten. Diese Pflicht greife auf normative Ressourcen zurück, die den selbstbezüglichen – introvertierten – Konstitutionalismus der Einzelstaaten aufbreche, ihm aber keine materiellen Zielvorgaben mache. Die Sprengkraft der externen Sicherung von Menschen- als Bürgerrechten sollte nicht unterschätzt werden. Der angesprochene Fall Hirst (oben b) verdeutliche Ahlhaus und Niesen (2013) zufolge aber, dass die Exklusion Hirsts aus dem nationalen *demos* deshalb nach einer von außerhalb des *demos* zu induzierenden Begründungspflicht verlangt, weil die demokratischen Instanzen, die die Entscheidung gefällt haben, ihm, Hirst gegenüber, nicht politisch verantwortlich sind und ihm dennoch Rechenschaft über seine Exklusion schulden. Sicherlich gibt es Grenzen der Verallgemeinerungsfähigkeit dieser – tastenden – Judikatur, doch extern induzierte institutionelle Begründungsverpflichtungen könnten auch in anderen Fällen notwendig sein, in denen ihre Adressaten nicht ohnehin schon in die formale demokratische Willensbildung der betreffenden Gemeinschaft inkorporiert sind, etwa in Fällen des Ausländerwahlrechts. Stehen Grenzen des *demos* zu Debatte, können »Menschenrechtsfälle« vielfach nicht mehr legitim im nationalstaatlichen Container gelöst werden. Internationale Gerichte sind dann für die politische Gemeinschaft keine Bedrohung (Stone Sweet 2012: 72 ff.). Vielmehr kann es demokratische Gründe geben, solche politischen Fragen der Zugehörigkeit einer schwachen, aber dennoch bindende Rechtfertigungsprozesse auslösenden Überprüfung durch Gerichte »jenseits« des Staates zu unterziehen.

II. Verwaltung zwischen Verrechtlichung und Politisierung

Auch die Verwaltung in der Differenz von Verrechtlichung und Politisierung zu beschreiben, ist nicht neu. So hat die intensive Vergesetzlichung des Verwaltungshandelns unter dem Grundgesetz schon früh die Frage nach den Grenzen der Verrechtlichung und der gerichtlichen Überprüfbarkeit des Verwaltungshandelns aufgeworfen (Schmidt-Aßmann 1976). Bis heute ist das Thema der eigenen Legitimation der Verwaltung gegenüber der Gerichtsbarkeit eine Kernfrage der deutschen Verwaltungsrechtswissenschaft, hinter der sich die Frage nach dem Maß an Politisierung verbirgt.

Häufig nimmt der Gesetzgeber den Ausgleich konfligierender Interessen nicht selbst vor, sondern überlässt den Interessenausgleich der Verwaltung. Entscheidungsspielräume werden der Verwaltung nicht allein aufgrund ihrer kognitiv besseren Fähigkeiten im Einzelfall eingeräumt (Möllers 2013: 2). Was sich aber schon früh im Planungsrecht zeigte, scheint im Regulierungsrecht eine Fortsetzung zu finden: Die Verwaltung trifft eigene Gestaltungsentscheidungen und die Abwägung der Interessen wandert von der Legislative zur Exekutive (1.).

Ein weiteres kommt hinzu: Je nachdem, ob die Verwaltung wie ein Gericht oder wie ein Gesetzgeber verstanden wird, variiert das Ideal von der unpolitischen oder eben politischen Verwaltung. Beides greift zu kurz. Im Verwaltungsrecht wird demokratische Legitimation nicht nur über die Gesetzesbindung hergestellt. Wo die materielle gesetzliche Programmierung zurückgenommen ist, kommt es häufig zu einer verwaltungsinternen Politisierung, indem eigene Willensbildungsprozesse organisiert werden (2.).

Schließlich liegt auch in Ebenengliederungen eine Politisierungsstrategie. Das sieht die »partikularistische« Europarechtsprechung des BVerfG mit der Aufwertung des Wahlrechts (Art. 38 GG) zu einem einklagbaren Recht auf Demokratie, dem materiell der Erhalt »politischer Primärräume« korrespondiert (BVerfGE 123, 267/340 ff., 382). Für beides ist der Zweite Senat kritisiert worden (Nettesheim 2009; Schönberger 2010). Zu bedenken ist allerdings, dass in dem Maße, wie sich die in Verfassungsstaaten als konstitutiv verstandende Innen-Außen-Grenze verflüchtigt (oben B.III.2.), eine Selbstdemokratisierung politischer Räume erschwert wird. Umso wichtiger werden dann »verwaltungsrechtliche« Figuren der Dekonzentration und Dezentralisierung zum Erhalt einer ebenengegliederten Politik (3.).

1. Gesetzesbindung

Das wichtigste »Instrument« zur Politiksicherung ist die Gesetzesbindung. Dass die Verwaltung an die Gesetze gebunden ist, kann vor dem Hintergrund von Verfassungsnormen wie Art. 20 Abs. 3 GG nicht ernsthaft in Frage gestellt werden. Damit ist aber noch nicht gesagt, ob die Gesetzesbindung in den Bildern »vertikaler Steuerung« gedacht und sinnvoll operationalisiert werden kann (Christensen/Kudlich 2008; Trute 2008: 213 ff.). Was nützt die Einheitsbildung durch Gesetz, wenn diese im Vollzug erheblich pluralisiert wird? Die Gesetzesbindung verhindert zwar, dass sich die Exekutive »der disziplinierenden Kraft gesetzlicher Mediatisierung entzieht« (Schulze-Fielitz 2008: 139 f.). Aber die Einbeziehung privater Akteure in den Verwaltungsvollzug führt die Wahrnehmung der Gewährleistungsverantwortung durch den Staat an Grenzen (Schulze-Fielitz 2008: 144). Die Situation verschärft sich, nimmt man die Pluralität der Gesetzgeber im europäischen Rechtsraum[94] in den Blick. Noch stärker und problematischer als im nationalen Recht scheint die Verwaltung in der transnationalen Konstellation die für sie maßgeblichen Regeln selbst zu produzieren.

Lange Zeit wurde mit der Verwaltung der Staat identifiziert, der durch das Verwaltungsrecht rechtsstaatlich gebunden wird. Ihre Organisation ist aber weiter gefasst und der Aufgabenbezug der Verwaltung macht – trotz

94 Begriffsklärend – in Anlehnung und Abgrenzung zum »Raum« bei Carl Schmitt – im Sinne eines neuen Verständnisses des Ganzen, bestehend aus mitgliedstaatlichen und unionalen Normen: v. Bogdandy/Hinghofer-Szalkay (2013: 214 ff., 246 f.).

aller Vorbehalte – deutlich, dass die Verwaltung nicht allein durch rechtliche Maßstäbe angeleitet wird (Wahl 1993: 184 ff.). Vor allem die »Neue Verwaltungsrechtswissenschaft« bemüht sich um eine Akzentuierung des Verwaltungsrechts als politischem Gestaltungsinstrument (Voßkuhle 2012a: 1), das selbst die Gesetzgebungswissenschaft für sich reklamiert (Franzius 2012a: 103a). Ungeachtet der aus unterschiedlichen Richtungen geäußerten und noch aufzugreifenden (unten III.2.a) Kritik an der Fokussierung auf die – im Umweltrecht schon lange diskutierte (Franzius 2000) – Steuerungsperspektive,[95] scheinen sich jene politischen Gestaltungsfunktionen von Verwaltung und Verwaltungsrecht im Regulierungsrecht zu realisieren (Franzius 2009a: 416 ff.). Unsicher ist, inwieweit für diesen Perspektivenwechsel die vielschichtigen Prozesse der Europäisierung und Internationalisierung verantwortlich sind. Dass sie zur Überprüfung von Grundannahmen des nationalen Verwaltungsrechts zwingen, steht außer Frage (Schmidt-Aßmann 2010: 263 ff.). Aber das nationale Verwaltungsrecht bringt sich im europäischen Rechtsraum (v. Bogdandy 2011: 1) ein. Es entstehen neue Verwaltungsräume, die sich eindimensionalen Europäisierungs- und Internationalisierungsperspektiven (krit. Wahl 2012: 861) ebenso entziehen wie der Schaffung eines – vom staatlichen Verwaltungsrecht weitgehend abgekoppelten – globalen Verwaltungsrechts (Kingsbury/Krisch/Stewart 2005; Ladeur 2012a: 373 ff.).

Verwaltung und Verwaltungsrecht werden dahingehend verstanden, dass sie eine Vervielfältigung von politischen Prozessen bewirken (Möllers 2013: 4). Es gibt unterschiedliche Ideale von Verwaltung, je nachdem, ob sie wie ein Gericht durch Gesetze rechtlich gebunden oder wie ein Gesetzgeber mit einem politischen Gestaltungsauftrag verstanden wird. Für maßgeblich wird der Vermittlungsprozess als stufenweise Konkretisierung von der Verordnungsgebung bis zur individuellen Entscheidung gehalten (Möllers 2013: 8 ff.), wobei die Unterscheidung zwischen Regierung und Verwaltung nur mühsam mit der Unterscheidung zwischen politischer Gestaltung und einzelfallbezogener Rechtsanwendung in Deckung gebracht werden kann. Erschwert wird die Einordnung der Verwaltung zwischen Recht und Politik dadurch, dass exekutivem Handeln häufig ein »unpolitischer« Sachverstand zugesprochen wird.

Die Gesetzesbindung fungiert als ein Modus externer Politisierung, wodurch die Verwaltung ihre politische Programmierung »von außen«

95 Nicht ohne Grund bemängelt die Kritik ein ungeklärtes Verhältnis zur Politik (Wahl 2006: 91 f.).

durch das Gesetzgebungsverfahren erhält (Jesch 1961: 92 ff., 171 ff.). Sie dient der Politiksicherung, wenngleich die methodische Einsicht, dass in jeder Gesetzeskonkretisierung als Rechtsanwendung ein Moment der Rechtserzeugung enthalten ist, dogmatisch bislang nur unzureichend aufgearbeitet ist (Jestaedt 2006: 18 ff.; Lepsius 2008a: 29 ff.) und auch theoretisch ein neues Verständnis der Gesetzesbindung nahelegt (Christensen/Kudlich 2008). Immerhin erlaubt es die Governance-Perspektive trotz aller beklagten Unschärfen das Zusammenspiel von Fremd- und Selbstbindungen der Verwaltung thematisierbar zu machen (Trute 2008: 222 ff.). Aber die Verwaltung kann auch eigene Willensbildungsprozesse organisieren. Eine intensive materielle gesetzliche Programmierung beschränkt eine solche verwaltungsinterne Politisierung und umgekehrt (Möllers 2013: 14 ff.). In diesem Zusammenhang ist erheblich, ob die Verwaltung hierarchisch oder verselbständigt organisiert ist, ob sie wie die Regierung allgemein operiert oder sektoral begrenzte Aufgaben wahrnimmt, ob sie also eine demokratische Allgemeinheit repräsentiert oder – nur thematisch definiert – als funktionale Einheit eher durch die Partizipation der Betroffenen legitimiert wird, schließlich aber auch, ob ihr eine majoritäre oder stärker deliberative Legitimationsstruktur zugrundeliegt. In der Governance-Sprache geht es um die Vermittlung des Bedarfs an vertikaler, idealtypisch hierarchischer Koordination zur Durchsetzung eines einheitlichen politischen Willens auf der einen Seite und einer horizontalen Koordination zur wechselseitigen Interessenabklärung und Beobachtung von Teilen einer Organisation auf der anderen Seite.

Deutlich wird das im europäischen Verwaltungsrecht, wo es nicht allein um die Effektuierung und Kontrolle einer politische Entscheidungen durchsetzenden und hierarchisch aufgebauten Organisation geht, sondern stets auch um den Abgleich widerstreitender Interessen, die an keinem zentralen Ort zu einem Ausgleich gebracht werden, dies im Verwaltungsverbund aber auch nicht können. Deshalb werden vermehrt »unabhängige« Unionsagenturen eingerichtet (Görisch 2009: 185 ff.). Auch diesseits solcher Einrichtungen lassen sich horizontale Verknüpfungen der administrativen Organisationen zwischen den Mitgliedstaaten beobachten, die auf dem wechselseitigen Vertrauen der Verwaltungen in die jeweils anderen Strukturen der Entscheidungsfindung beruhen (Franzius 2009b: 635). Unter welchen Voraussetzungen der eine Mitgliedstaat vom anderen Mitgliedstaat die Anerkennung seiner Verwaltungsentscheidung erwarten darf, wird schon wegen der unterschiedlich dichten gesetzlichen Programmierung, aber auch wegen der variierenden mitgliedstaatlichen Verfassungsbindungen nur differenziert für einzelne Politikfelder beantwortet werden können.

Anschaulich gemacht werden kann das Wechselspiel von Recht und Politik bei der Planung von Großvorhaben. Infrastrukturprojekte sind zunächst einmal Gegenstand politischer Planung. Das Parlament entscheidet über Großtechnologien und stellt durch Gesetz den Bedarf an Straßen, Eisenbahnen oder Energieleitungen fest. An diese Festlegungen ist die Verwaltungsbehörde gebunden. Auch das sich anschließende Raumordnungsverfahren oder die für länderübergreifende Energieleitungen neu eingeführte Bundesfachplanung (§§ 18 ff. NABEG) trägt politische Züge, bevor das Planfeststellungsverfahren – als deutlich verrechtlichtes Verfahren – beginnt, die Einwendungen von der Verfahrensbehörde erörtert werden und das Verfahren mit dem Erlass eines anfechtbaren Verwaltungsakts abgeschlossen wird. Stellt sich das Verwaltungshandeln zunächst als politisiert dar, so tritt mit fortschreitender Konkretisierung des Vorhabens und der Individualisierung von Rechtspositionen eine zunehmende Verfahrensverrechtlichung ein, die es faktisch unmöglich macht, das Vorhaben für die Öffentlichkeit noch grundsätzlich in Frage zu stellen. An einem frühen Zeitpunkt sind Großvorhaben für Politik und Verwaltung »too big to fail« (Waechter 2013).

Abhilfe könnte in einer *Entpolitisierung* durch die Ausformung rechtsstaatlicher Gebote wie Fairness, Neutralität und Alternativenoffenheit liegen. Hierher gehören die organisatorische Trennung zwischen Anhörungs- und Entscheidungsbehörde, aber auch Sicherungen der Neutralität durch die Abschirmung der Behörde vor politischem Einfluss, wie das bei der Bundesnetzagentur durch europäisches Sekundärrecht für Regulierungsentscheidungen, wenn auch nicht für Planungsentscheidungen vorgeschrieben ist. In diesem Zusammenhang stehen Forderungen nach einer vorgezogenen Öffentlichkeitsbeteiligung, gegebenenfalls in einem frühzeitigen Bedarfserörterungsverfahren (Burgi 2012), mit dessen Hilfe die Alternativenentscheidung in ein Planungsstadium »vorverlagert« werden soll, wo sich noch sinnvoll über Alternativen diskutieren lasse (Franzius 2012b: 228 ff.; Ziekow 2012: 87 ff.; Appel 2012: 121 ff.). Ansätze in dieser Richtung verfolgt der Gesetzgeber vor dem Hintergrund der Erfahrungen mit dem Stuttgarter Bahnhofskonflikt (§ 25 Abs. 3 VwVfG neu). Man kann skeptisch sein, ob diese »Verrechtlichung der Kommunikation« sinnvoll ist, fällt es dem Recht doch nach allen Erfahrungen schwer, informelle Vorabbindungen einzuholen und verfahrensrechtlich so zu formalisieren, dass eine erneute Flucht von Vorhabenträger und Planungsbehörde »in das Informale« vermieden wird (Franzius 2000).

Eine andere Einschätzung ist möglich, sieht man die Verfahren der Öffentlichkeitsbeteiligung im Planungsrecht nicht allein unter rechtsstaatlichen Vorzeichen, sondern in demokratischen Funktionen. Das wurde bereits in den 1970er Jahren diskutiert (Blümel 1972: 19 ff.), wird durch die inzwischen eingetretene Parlamentarisierung der Planung (etwa in der Bedarfsgesetzgebung) aber kaum als erfüllt angesehen werden können. Der Umstand allein, dass sich ein demokratisches Verständnis der Planung nicht durchgesetzt hat, spricht nicht gegen die Akzentuierung demokratischer Gehalte von Verfahrensregelungen (Franzius 2012b: 235; a.A. Gärditz 2011: 274 ff.), die aus ihrem engen Bezug auf den Schutz »eigener« Belange herauszunehmen sind. Denn der deutsche Gesetzgeber ist anders als früher nicht mehr gänzlich frei, das Planungsrecht in der »eigenen« rechtsstaatlichen Tradition subjektiver Rechte weiter zu entwickeln. Das Europarecht und das teilweise »dahinter« stehende Völkerrecht erkennen die Öffentlichkeit als demokratische Figur an und legen ein verfahrensrechtliches Umdenken nahe.[96] Bestätigt wird das durch eine Reihe von Gerichtsentscheidungen, mit denen die »Europarechtsfestigkeit« nationaler Regelungen – etwa zur Reichweite von Rügerechten (OVG Münster v. 05.03.2009, 8 D 58/08 und EuGH Rs. C-115/09 Trianel, Slg. 2011, I-3673 Rn. 45 ff.) oder mit Blick auf die Unbeachtlichkeit von Verfahrensfehlern (BVerwG v. 10.1.2012, 7 C 20/11) – in Frage gestellt beziehungsweise »getestet« (Kment 2012: 483) wird.

Damit ist noch nicht gesagt, dass eine *Politisierung* von Entscheidungen zu Großvorhaben stets wünschenswert sei. Kay Waechter (2013) schlägt vor, zwischen nutzen- und wertgeprägtem Protest beziehungsweise Nicht-Akzeptanz zu unterscheiden. Vielfach richte sich der Widerstand nicht

---

96 Die deutsche Umsetzung der unionsrechtlichen Beteiligungsvorgaben tut sich schwer, wenn zur Definition der betroffenen Öffentlichkeit in § 2 Abs. 6 UVPG nicht auf alle Interessen von Beteiligungswilligen, sondern mit »deren Belangen« in der subjektivrechtlichen Lesart nur auf *eigene* Belange abgestellt wird (Schneider 2012: 88). Diese Beschränkung macht zur Beteiligung der Umweltverbände nach der Aarhus-Konvention besondere Partizipationsvorschriften notwendig, die als »Fremdkörper« in der nationalen Prozessordnung wahrgenommen werden. Besser wäre ein Verständnis subjektiver Rechte, das nach französischem Vorbild auf den Schutz objektiver Gesetzeszwecke zu erstrecken ist, aber dann in der »Regel« des Individualrechtsschutzes verarbeitet werden könnte (Hong 2012: 380 ff.).

gegen das Einzelvorhaben als solches, sondern gegen die Höhe gesetzlich erlaubter Risiken oder Beeinträchtigungen, der insoweit nur politisch befriedet werden könne. Der Streit um generelle Grenzwerte bleibe politisch, aber auch dort, wo der Gesetzgeber eine einseitige Gewichtung der Belange zugunsten von Großvorhaben vorgibt, können diese von der Behörde im Verfahren nicht mehr hinreichend offen abgewogen werden und Konflikte sind – wie im Fall des Netzausbaus – vorprogrammiert. Bietet sich in wertgeprägten Auseinandersetzungen eine Politisierung mit der Stärkung parlamentarischer Planungszuständigkeiten an? An der Planung von Großvorhaben sind die Parlamente schon heute in großem Umfang beteiligt, doch es könne von einer Parlamentsmehrheit, deren wesentliche Aufgabe darin besteht, die Regierung zu stützen, kaum erwartet werden, dass ihr echte Alternativen vorgelegt werden. Einer Befassung des Parlaments mit einzelfallbezogenen Zulassungsentscheidungen steht in Deutschland das Gewaltenteilungsprinzip entgegen. Auch dort, wo der Verwaltung durch den Fachgesetzgeber Spielräume zugewiesen sind, dürfen diese nur nach Maßgabe der Gesetzeszwecke ausgefüllt, nicht aber als Öffnungsklausel für politische Motive einer Parlamentsentscheidung oder Volksabstimmung verstanden werden. Je weiter das Vorhaben in der Planungskaskade konkretisiert ist, desto geringer sind die Möglichkeiten einer Re-Politisierung des Konflikts. Dem kann auch nicht durch eine Ausdifferenzierung des Ermessens begegnet werden.[97]

Eine andere Politisierungsstrategie, von der man sich akzeptanzsteigernde Wirkungen verspricht, ist der auf Kommunal- und Landesebene nach Maßgabe des Landesverfassungsrechts grundsätzlich zulässige Einsatz direktdemokratischer Verfahren (Ziekow 2012: 111 ff.). Der Deutsche Juristentag hat sich gegen gesetzgeberische Vorschläge zur Erleichterung der Nutzung solcher Instrumente ausgesprochen. Es werden auch theoretische Bedenken geltend gemacht, zumeist unter Hinweis auf die Überwindung von Vorstellungen identitärer Unmittelbarkeit (Augsberg 2012) oder mit Blick auf die soziale Schichtung bei der Beteiligung. Auch hier gilt, was bereits zur repräsentativen Variante parlamentarischer Planung gesagt wurde: Solche Verfahren können sich auf einer frühen Planungsstufe –

97 Hinzu kommen Probleme des Rechtsschutzes, da im Rahmen einer gerichtlichen Überprüfung des behördlichen Zulassungsaktes die politische Entscheidung inzident mitgeprüft oder von der Kontrolle freigestellt werden müsste. Beides ist – wie § 15 NABEG mit dem Auseinanderfallen von Bindungswirkung (des Bundesfachplans) und gerichtlicher Kontrolle (des Planfeststellungsbeschlusses) zeigt – problematisch.

etwa bei der Abstimmung über Bedarfspläne – anbieten, nicht aber für die Zulassungsentscheidung, die sich bei planfeststellungsbedürftigen Vorhaben als Abwägungsentscheidung einer einfachen ja-nein Alternative entzieht und bei Großvorhaben – wie im Fall der dritten Startbahn des Münchener Flughafens – die Frage nach dem »richtigen« Abstimmungsvolk aufwirft. Direktdemokratische Verfahren über die Zulassung von Infrastrukturprojekten sind deshalb in hohem Maße enttäuschungsanfällig: Diejenigen, die ein Referendum initiieren, werden nur selten die Abstimmungsmehrheit des keine Nutzeneinbußen befürchtenden Abstimmungsvolkes erzielen. Aussicht auf Erfolg werde eine Abstimmung nur haben können, wenn es sich um einen Wertkonflikt handelt, der über die Saldierung von nutzenbezogenen Vor- und Nachteilen hinausgeht (Waechter 2013).

Mit einer zulässigen Fragestellung, die sich zum Beispiel – wie im Falle von »Stuttgart 21« – auf die Finanzierung des Vorhabens durch den Steuerzahler bezieht, können die vom gesetzlichen Abwägungsprogramm nicht umfassten und damit auch noch nicht beantworteten Fragen – wie die Finanzierungsentscheidung – der Abstimmung durch das Landesvolk vorgelegt werden (Groß 2011b: 513 f.; Durner 2011b: 361; Franzius 2012b: 236). Gerade weil es für die behördliche Abwägung kein umfassendes Problemabschichtungs- und Konfliktverarbeitungsgebot gibt, bleibt ein Raum für politische Mitentscheidungen des Verbandsvolkes erhalten. Je lückenhafter das gesetzlich vorgeschriebene Abwägungsprogramm ausfällt, wie das etwa mit Blick auf die Festlegung von Flugrouten der Fall ist, desto größer werden die Versuchung und die Möglichkeiten, die nicht verarbeiteten Konflikte im Wege direktdemokratischer Entscheidungen einer Konfliktlösung zuzuführen. Insoweit hat es der Gesetzgeber selbst in der Hand, den Anwendungsbereich von Abstimmungen schmal zu halten und eine unerwünschte Politisierung des Konflikts zu vermeiden. Direktdemokratische Abstimmungen sind keine Patentlösung. Als Legitimations- oder Akzeptanzerhöhungsstrategie eignet sich weder die umfassende Verrechtlichung des Konflikts noch seine vollständige Politisierung.

2. Verwaltungsinterne Politisierung

Politische Entscheidungen sollen grundsätzlich dem Parlament überlassen sein. Aber wenn sich das Parlament entschließt, grundlegende Entscheidungen der Regierung oder der Verwaltung zu belassen, dann delegiert es mit dieser Entscheidung auch eine Nachfrage nach politischen Entscheidungsverfahren aus dem parlamentarischen Raum in die Exekutive (Möllers 2013: 29). Ein zentrales Problem sind die unterschiedlichen Konzeptionen für das Verfahren delegierter Rechtsetzung. Das betrifft nicht nur das nationale, sondern auch das internationale Verwaltungsrecht und spiegelt die Dialektik zwischen Recht und Politik im Verwaltungsrecht. Auf der einen Seite steht die Verrechtlichung exekutiver Normsetzung, also die Bindung der politisch legitimierten Verwaltung an Standards der Anhörung, Begründung und Transparenz. Auf der anderen Seite bewirkt diese Verfahrensverrechtlichung eine Interessenartikulation und -durchsetzung, die das parlamentarische Verfahren politisch ergänzt und auf die Zweifel reagiert, ob der majoritär-repräsentative politische Prozess in der Lage ist, das Handeln der Verwaltung ausreichend zu legitimieren.

Von einer verwaltungsinternen Politisierung kann gesprochen werden, wenn die Verwaltung eigene Willensbildungsprozesse organisiert. Deren thematische Begrenzung auf bestimmte Fragen erlaubt die Abgrenzung gegenüber der Verwaltungsspitze und als funktionale, organisatorisch verselbständigte Einheiten legitimieren sie sich idealtypisch durch die Partizipation der Betroffenen. Dass die unterschiedlichen Mechanismen der Organisation und Legitimation von Verwaltungsentscheidungen nicht widerspruchsfrei zusammengespannt werden können, aber doch in einem wechselseitigen Kompensationsverhältnis stehen, wird durch die Praxis in vielen Verwaltungsräumen belegt und prägt die Diskussion im europäischen Verwaltungsrecht, das den Bedarf nach Abstimmungen zwischen vertikaler und horizontaler Koordinierung zu erfüllen hat. Im Fall verselbständigter Behörden ist die Verwaltung nicht allein an fremde Willensbildungsprozesse gebunden, sondern zur eigenen Willensbildung aufgerufen. Die Verwaltung wird also nicht ausnahmslos an eine repräsentativ-majoritäre Allgemeinheit zurückgebunden. Sie kann auch auf die Realisierung sektoraler, partizipativ-deliberativ legitimierter Aufgaben verpflichtet werden. Letzeres scheint ein wichtiger Modus in der transnationalen Konstellation zu sein, in der das Recht nicht einfach an die Stelle der Politik treten kann.

Mit den Zweifeln am parlamentszentrierten Politikverständnis sind verwaltungseigene Strukturen entstanden, deren Herausbildung und Bewertung abhängig vom politischen System ist. Die Gründe für die Verselbständigung von Behörden (Schuppert 1981) sind vielfältig (Möllers 2013: 45 ff.). Teilweise dienen sie dem Schutz von Grundrechten, wie im Fall von unabhängigen Beauftragten. Politisch bedeutsamer ist – wie in den USA – die institutionelle Konkurrenz, die zur Errichtung von Behörden führt, die von der Regierungsspitze unabhängig sein sollen. Dienen sie der Sicherung von Unparteilichkeit, mag im Hintergrund ein Bedürfnis nach einer Entpolitisierung der Entscheidung liegen, wie das bei unabhängigen Zentralbanken und anderen »countermajoritarian institutions« der Fall ist. Einen besonderen Fall markieren unabhängige Regulierungsbehörden, die zur Sicherung einer von den ehemaligen Monopolisten unbeeinflussten Infrastrukturverwaltung in den Sektoren von Post und Telekommunikation, aber auch im Eisenbahn- und Energierecht eingerichtet worden sind. Nationale Regulierungsbehörden sollen von der politischen Spitze weisungsfrei gestellt sein, unterliegen aber auch nur einer eingeschränkten gerichtlichen Kontrolle. Das ist nicht einfach mit Entpolitisierung und Entrechtlichung gleichzusetzen (unten III.2.c). Vielmehr erhält die praktizierte Neuverkoppelung von Politik und Recht einen transnationalen Anstrich, der sich im Telekommunikationsrecht mit dem »Gremium Europäischer Regulierungsstellen für elektronische Kommunikation« (GEREK) organisatorisch in einer neuen – transnationalen – Verwaltungsebene niederschlägt (unten III.2.c.cc). Dies verfahrensrechtlich zu verarbeiten, deutet bereits eine weitere Politisierungstrategie an.

3. Ebenengliederungen

Eine Form der Politisierung von Verwaltung besteht in Ebenengliederungen, etwa der föderalen, regionalen oder kommunalen Gliederung administrativer Politik (Möllers 2013: 22 ff.). Es liegt auf der Hand, dass im »disaggregated state« (Anne-Marie Slaughter) diese Form der Politisierung an Bedeutung gewinnt. Aber es sollte auch gesehen werden, dass keine politische Ordnung ohne jede Form territorialer Ebenengliederung auskommt. In der Europäischen Union scheinen sich föderale Ordnungen – mit einem Hang zur Unitarisierung (Beaud 2007: 330 ff.) – und nicht-föderale Ordnungen mit einer Tendenz zur Dezentralisierung anzunähern. Denkbar wird das Modell einer hierarchisch organisierten Gesetzesbindung »überhaupt nur im Kontext einer territorialen Ebenengliederung [...], in der bestimmte Verwaltungsaufgaben territorial verselbständigt sind« (Möllers 2013: 23). Auf eine Doppelung der politischen Ordnung auf den unterschiedlichen Ebenen wird häufig zugunsten von Verschränkungslösungen verzichtet. In exekutivföderalen Ordnungen wie Deutschland oder die EU[98] werden die auf einer Ebene erlassenen Gesetze regelmäßig auf einer anderen Ebene vollzogen. Inwieweit einem ebenenkoordinierenden »Verhandeln« ein eigenständiges Legitimationspotential zukommt, bleibt in nahezu allen föderalen Ordnungen umstritten. Die Bundesrepublik Deutschland zeigt ebenso wie die Europäische Union, dass die Sorgen über einen Bedeutungsverlust der mitgliedstaatlichen Parlamente bei allen Unterschieden zwischen Landesparlamenten und nationalen Parlamenten zunehmen. Gegenstrategien sind nicht immer erfolgreich. Es wird sich erst noch zeigen müssen, ob der gegenwärtige Trend zu einer Stärkung der nationalen Parlamente die Legitimationsprobleme der Union zu mildern vermag. Was den Verwaltungsvollzug durch die Mitgliedstaaten (Art. 291 Abs. 1 AEUV) betrifft, erscheint eine Politisierung der Umsetzung europäischer Rechtsakte durch eine Sensibilisierung der mitgliedstaatlichen Parlamente für die eigenen Spielräume durchaus erstrebenswert.

Die Europäische Union zeigt allerdings, dass nicht nur Parlamentarisierungstrategien manchen Mitgliedstaat in Verfassungsnöte bringen kann. So hat die Aufwertung der nationalen Parlamente durch den Vertrag von Lissabon eine Änderung der französischen Verfassung notwendig gemacht. Auch regionale Untergliederungen werden durch das Unionsrecht befördert, etwa durch den Ausschuss der Regionen nach Art. 305 AEUV. Die Mitgliedstaaten werden dadurch nicht nur in der »regionalen und lokalen Selbstverwaltung« als Teil ihrer nationalen Verfassungsidentität (Art. 4 Abs. 2 EUV) geschützt, sondern indirekt gezwungen, sich eine ebenengegliederte Verwaltungsorganisation zuzulegen, um darüber umfassend auf europäischer Ebene repräsentiert zu sein (Möllers 2013: 27). Insoweit privilegiert das Unionsrecht eine quasi-föderale Struktur der Mitgliedstaaten. Das mag aus deutscher Sicht willkommen sein, erscheint aus der Perspektive eines Mitgliedstaates mit zentral ausgeprägter Territorialverwaltung aber als Zumutung. Die Vielfalt ebenengegliederter Verwaltungspolitik zeigt sich auch in der Kommunalpolitik, einem zunehmend wichtiger werdenden Feld »überstaatlichen« Rechts. Befürchtungen, die politische Gemeinschaft der Gemeinde nehme durch die sich traditionell an die Mitgliedstaaten richtende Europäisierung und Internationalisierung dauerhaft Schaden, weichen einer differenzierten Betrachtung, die das politische Verwaltungshandeln der Kommune schon wegen der Nähe zum Bürger

98 Grundlegend Philipp Dann (2004: 123 ff., 279 ff.).

auch als legitimationstheoretisch relevant betrachtet (Möllers 2011b: 763 f.). Der Schutz kommunaler Handlungsspielräume mag dann auch einmal eine Grenze der Internationalisierung darstellen, wenn, wie im Fall der Dresdener Waldschlösschenbrücke, demokratisch schwach legitimiertes internationales Recht auf demokratisch stark legitimiertes Kommunalrecht trifft. Das relativiert Vorstellungen einer umfassenden Entterritorialisierung des Verwaltungshandelns.

Ebenenverflechtungen sind aus Bundesstaaten bekannt, wenn auch in unterschiedlichem Ausmaß und mit eingeschränkter Vorbildfunktion für das europäische Verwaltungsrecht. In legitimationstheoretischer Hinsicht erweisen sich Ebenenverflechtungen gegenüber dem Schutz von Autonomie als neutral, ist die Bündelung der Verwaltungskompetenzen an einer zentralen Stelle doch häufig weder politisch gewollt noch eine sachgerechte Lösung.[99] Umso wichtiger werden verwaltungsrechtliche Figuren der Dekonzentration und Dezentralisierung zum Erhalt einer ebenengegliederten Politik. Das gilt nicht nur für föderale Ordnungen, in denen sich politische Einheiten zu einer neuen Ordnung verbinden ohne in dieser aufzugehen.[100] Jede Bewahrung eines Kerns eigener politischer Identität lässt in der Weltgesellschaft den Bedarf nach Ebenengliederungen entstehen, dem keine vollständige Verdoppelung der politischen Ordnungen entsprechen muss. Sie kann – wie in Deutschland oder in der Europäischen Union – auch in exekutivföderalen Formen erfolgen. Dadurch werden Rechtsetzung und Rechtsvollzug auf unterschiedliche Ebenen verteilt und die Legitimationsprozesse der Rechtsverwirklichung fallen auseinander. Zwischen dem Anspruch auf Einheitsbildung durch Gesetz und der Pluralisierung des Vollzugs (Schulze-Fielitz 2008: 141 ff.) wächst der horizontale Koordinationsbedarf zwischen den Verwaltungsebenen. Die Frage verschärft sich, nimmt man die Rückbindung netzwerkartig organisierter Verbundformationen an politische Prozesse in den Blick, um sie als demokratisch auswei-

---

99 Vernetzungen des verwaltungsbehördlichen Handelns verursachen Probleme für den Rechtsschutz, der nicht in gleicher Weise auf die Verbundstrukturen eingestellt ist. Soweit auf diplomatische oder politische Lösungen gesetzt wird, verstanden als funktionales Äquivalent für den Individualrechtsschutz (so in der Tat für die Kadi-Fälle Tietje 2007: 57), kann dies nicht überzeugen.

100 Vgl. Isensee (1995: 55) mit der bissigen Bemerkung, wonach es im Gefolge des Verfassungspatriotismus ein Bedürfnis der Deutschen sei, in »einem vereinten Europa aufzugehen und sich in ihm aufzulösen wie Zucker in Kaffee«.

sen zu können.[101] Das verlangt gegebenenfalls neue politische Verfahren der Legitimationsbeschaffung, sei es extern durch die Gesetzgeber oder intern durch die sich der Kooperation öffnende Verwaltung beziehungsweise Regierung.

Zusammengefasst: Nicht nur das Verfassungsrecht ist als politisches Recht (Isensee 1992; krit. Möllers 2011c: 171 ff.) zu begreifen. Auch die Verwaltung ist in die Differenz von Recht und Politik gestellt, die aufeinander zu beziehen sind. Konstituiert durch und gebunden an das Recht, bedarf die Verwaltung über politische Verfahren herzustellender Legitimation. Legitime Politik, so umschreibt es Christoph Möllers (2013: 18), muss

> »stets an wirksame Regeln gebunden sein […], während diese Regelbindung selbst ihren Geltungsanspruch nur aus politischen Verfahren beziehen kann. Sie verstärken ihren legitimationsstiftenden Gehalt wechselseitig. Konkret befindet sich das Verwaltungshandeln zwischen einem politischen Normsetzer, der es programmiert, und den Gerichten, die es kontrollieren. Nur wenn Ableitungszusammenhänge jedes Verwaltungshandelns zu beiden Seiten gewährleistet sind, ist ein angemessenes Verhältnis zwischen Politisierung und Verrechtlichung anzunehmen«.

Weder in territorialer noch in funktionaler Hinsicht handelt es sich um Nullsummenspiele. Die eine (nationale) Ebene verliert nicht notwendig, was die andere (supra- oder internationale) Ebene gewinnt. Und zum Kern des Rechts rückt man nicht dadurch vor, dass es entpolitisiert gedacht wird. Umgekehrt darf Politik nicht als umfassend verrechtlicht verstanden werden. Wo die Grenze verläuft, muss stets von neuem festgelegt werden.

III. Veränderungen in der transnationalen Konstellation

Was verändert sich in der transnationalen Konstellation? Ob es ein transnationales Recht gibt, ist nach wie vor umstritten. Sicher ist aber, dass sich Prozesse der Transnationalisierung des Rechts beobachten lassen (Calliess 2013). Ich spreche demgegenüber im Anschluss an Fischer-Lescano (2010) und Renner (2010) von der transnationalen Konstellation, in der nationale Rechtsordnungen eine wichtige Funktion behalten. In dieser als transnational bezeichneten, die wechselseitige Durchlässigkeit der Rechtsordnungen

101 Exemplarisch die Auseinandersetzung um das Weissbuch Governance der Europäischen Kommission Joerges/Mény/Weiler (2002). Frühe Diagnose: Kaiser (1971).

zum Ausdruck bringenden Konstellation verändert sich – so war die These am Anfang formuliert worden (oben B.III.) – mit der Verfassung und der Verwaltung das Verhältnis von Recht und Politik. Die Handlungslogiken treten auseinander und müssen – ohne dass hierfür ein »starker« Einheitsbegriff wie der Staat zugrundegelegt werden könnte – neu miteinander verknüpft werden.

Das geht nicht ohne Beachtung des überlieferten Verständnisses von Verfassung und Verwaltung, wie es soeben beschrieben worden ist. Die transnationale Konstellation, die ein weites Verständnis von Transnationaliät als Ausdruck der beschriebenen Grenzverschiebungen nahelegt, verstehe ich als eine Chiffre für das »jenseits« von Einheitsformeln. Und zwar in einem doppelten Sinne: Zum einen als Öffnung der Rechtsordnungen nicht bloß in vertikaler Hinsicht, sondern auch in der horizontalen Perspektive zur Seite anderer Rechtsordnungen und Akteure. Zum anderen in dem Sinne, dass diese Öffnung mit keiner Schließung zugunsten einer höher gelegten, staatsanalog konstruierten Einheit einhergehen muss.[102]

Mit Öffnungen des Staates in seiner Verfassungspraxis korrespondiert keine Wiedererlangung substantieller Einheit auf überstaatlicher Ebene, namentlich dem Völkerrecht: Während der Realismus die politische Natur und Variabilität von Recht überzubetonen droht, lassen sich Varianten des Idealismus in der konstitutionalistischen Ausformung der Friedens- und Weltordnung dafür kritisieren, das Politische auszublenden (Fischer-Lescano/Liste 2005). Den nachfolgenden Ausführungen liegt die Prämisse zugrunde, dass sich das Konstitutionalisierungsparadigma auf eine Interoperabilität von Recht und Politik in der Trennung und Verknüpfung *beider* Welten einzustellen hat (Walker 2002: 340 ff.). Auf die Subordination der einen oder anderen Rationalität ist zu verzichten. Es gibt in der transnationalen Konstellation keinen pauschalen Primat, weder des Rechts noch der Politik.

Einsichten verspricht insoweit der Konstitutionalismus im Völker- und im Europarecht. Dieser hat – mit allen Unterschieden im Einzelnen (Ley 2009: 331 ff.) – nicht nur eine Vielfalt konzeptioneller Ansätze hervorgerufen (Kleinlein 2012: 5 ff.), sondern muss unter Einbeziehung der staatlichen Verfassungsordnungen selbst als pluralistisch verstanden werden (1.), wird aber in verwaltungsrechtlichen Fragestellungen mit der Governance-

102 Ähnlich mit Blick auf die Zugehörigkeit zu einer politischen Gemeinschaft Graser (2008). Zur Frage nach den Realisierungschancen einer einheitlichen normativen Ordnung im Zeitalter der Globalisierung auch Forst/Günther (2010: 15, 18).

Perspektive herausgefordert (2.) und legt insgesamt ein kollisionsrechtliches Denken nahe (3.).

1. Unschärfen des konstitutionellen Pluralismus

Was die Verfassungsebene betrifft, lässt sich die scharfe Aufteilung in – mitunter fälschlich als Übertragung des verfassungsstaatlichen Modells verstandenen – Konstitutionalismus und – bisweilen noch immer argwöhnisch belauerten – Pluralismus nicht mehr überzeugend darlegen.

Was verbirgt sich hinter dem konstitutionellen Pluralismus? Ist dieser als kosmopolitisch auszuweisen oder überwiegt seine pluralistische Deutung? Der Pluralismus sagt wenig zur institutionellen Ausgestaltung jenseits des Staates, ist aber skeptisch, was die Ablösung von den »nationalen constituencies« angeht (Zürn 2011a). Der Kern des pluralistischen Paradigmas kann darin gesehen werden, die alte Zweiteilung von monistischer oder dualistischer Geltungsbegründung des Völkerrechts zu überwinden und das Recht selbst, wie es schon das Ziel des »lebenden Rechts« Eugen Ehrlichs war, stärker auf die gesellschaftlichen Kontexte zu beziehen. Für Armin v. Bogdandy (2013: 32), demzufolge auch die Ansätze über den Mehrebenen-, den Netzwerk- und den Verbundbegriff »im Zeichen eines rechtlichen Pluralismus konzipiert« sind, liegt

> »die Kerneinsicht aller pluralistischer Positionen [...] darin, dass die diversen Prinzipien, die als Teil des Völkerrechts, des Unionsrechts oder aber des staatlichen Rechts normative Vorgaben für soziale Interaktionen niederlegen, nicht als Teile einer einheitlichen Rechtsordnung konzipiert und Konflikte nicht mit dem Paradigma der Hierarchie gelöst werden können.«

Das Fehlen einer übergeordneten Instanz mache einen konstitutionellen Pluralismus unvermeidbar, so heißt es bei Miguel Maduro (2003: 522). So richtig die Beschreibungen[103] auch sind, so sehr ist doch mit den Unschärfen des Konzepts zu kämpfen.[104] Mangelnde Trennschärfe scheint in Kauf

---

103 Zum epistemischen Pluralismus Walker (2002: 338 f.).

104 So greift es zu kurz, in grundlegenden Entscheidungen wie Marbury v. Madison (USA) oder van Gend & Loos (EU) nur die Inanspruchnahme eines Letztentscheidungsrechts für die eigene Rechtsordnung zu sehen. Beide Entscheidungen stehen – für die USA im Sinne eines institutionellen Pluralismus, für die EU im Sinne eines konstitutionellen Pluralismus – für den Versuch, eine Praxis gegenseitiger Anerkennung unterschiedlicher Akteure zu etablieren (Halberstam 2008: 23). Zum konstitutionellen Pluralismus in Eu-

genommen zu werden, wenn beispielsweise Alec Stone Sweet (2012: 63 ff.) annimmt, dass sich konstitutioneller Pluralismus und grundrechtlicher Kosmopolitismus gegenseitig bedingen (krit. Weiler 2012). Soll sich das Konzept nicht in Beschreibungen erschöpfen oder verflüchtigen, besteht Abgrenzungsbedarf vor allem in zwei Richtungen: Auf der einen Seite in Richtung eines gesellschaftlichen Konstitutionalismus, wie er von Gunther Teubner (2003; 2012) und Andreas Fischer-Lescano (2005; 2008b) vertreten wird. Auf der anderen Seite zu kosmopolitischen Ansätzen, die entweder den Pluralismus durch eine politische Weltverfassung zu bändigen suchen (Habermas 2005; 2011) oder das globale Recht »in seiner pluralistischen Struktur« vom konstitutionalistischen Argument lösen (Krisch 2006; 2010) wollen.

Vom gesellschaftlichen Konstitutionalismus, der auf transnationale Teilregime als »Verfassungssubjekte« setzt (Teubner 2012: 62 ff.), übernimmt das pluralistische Paradigma die Kritik an der Vorstellung eines übergeordneten Dritten, auf den – wie beim Staat – die Sorgen und Ängste, aber auch die Hoffnungen und Erwartungen einer verunsicherten Gesellschaft projiziert werden könnten.[105] Die Beziehungen zwischen den Ordnungen sind »now horizontal rather than vertical – heterarchical rather than hierarchical« (Walker 2002: 337). Ob sich über das Anzapfen gesellschaftlicher Kräfte eine, wenn auch funktional ausdifferenzierte Globalverfassung herausbildet, wird vom konstitutionellen Pluralismus jedoch mit einem Fragezeichen versehen. Das gilt auch für die kosmopolitische Vision einer Weltverfassung, die aus pluralistischer Perspektive den Bewegungskräften des Politischen zu viel zutraut, während umgekehrt ein starker Pluralismus (Griffiths 1986), der sich jeder konstitutioneller Prägung entzieht, der Gefahr ausgesetzt ist, lediglich die reale, in Staaten gegliederte Welt zu spiegeln.[106]

---

ropa, der mit divergierenden Geltungsbegründungen des Unionsrechts auf Dauer zu leben hat: MacCormick (1993); Avbelj/Komárek (2012).

105 Der gesellschaftliche Konstitutionalismus richte sich »gegen die Zentralisierung der grundlegenden gesellschaftspolitischen Fragen auf das politische System der Weltgesellschaft. Er ist auf eine Vervielfältigung der Orte gerichtet, in der über das ›Politische‹ in der Gesellschaft gestritten und entschieden wird« (Teubner 2012: 186).

106 v. Bogdandy (2013: 32) unterscheidet zwischen einem »radikalen« Pluralismus, der von Machtkonflikten ausgehe, die juristischer Rationalität kaum zugänglich seien, und einem »dialogischen« Pluralismus, der auf der Beobachtung beruhe, dass die unterschiedlichen »Rechtsregime und Institutionenen bei prinzipieller Wahrung ihrer normativen Unabhängigkeit in aller Regel stabile rechtlichen Beziehungen aufbauen.« Sprechen wir von

Wie kommt es überhaupt zur Aufnahme des pluralistischen Paradigmas in den Konstitutionalismus? Was einst für frühkoloniale Gesellschaften – etwa von Leopold Pospíšil (1982: 137 ff.) – beschrieben wurde, hat längst das Verfassungsdenken in der kontinental-europäischen Tradition erfasst.[107]

»Legal Pluralism, long a special interest within the specialist discipline of legal anthropology, has recently moved into the mainstream of legal discourse«,

so lautet die opening line bei Ralf Michaels (2009: 243), der auf die unterschiedlichen Traditionsschichten des Rechtspluralismus hinweist und einen »pluralism of pluralisms« annimmt. Klaus Günther (2001: 541) spricht vom Faktum des Rechtspluralismus, der, wie auch Dieter Grimm (2011a: 390) einräumt, nicht länger ein Makel sei, den es zu überwinden gelte. Sein Vorteil liegt im Erhalt einer Vielfalt konkurrierender Sichtweisen, wodurch politische Lösungen möglich bleiben.[108] Denn die Wahrnehmung der Welt bedürfe einer Pluralität von Standorten, um Wirklichkeit überhaupt erst möglich zu machen und ihren Fortbestand zu garantieren. Eine gemeinsame Welt verschwinde, wenn sie nur noch unter einem Aspekt gesehen werde. So hat es Hannah Arendt (1960: 73) treffend beschrieben. Der zu regelnde Gegenstand benötige unterschiedliche, im politischen Prozess zu erzeugende Perspektiven:

»Welt [...] entsteht nur dadurch, dass es Perspektiven gibt [...]. Je mehr Völker es in der Welt gibt, die miteinander in dieser und anderer Verbindung stehen, desto mehr Welt wird sich zwischen ihnen bilden und desto größer und reicher wird die Welt sein« (Arendt (2003: 105 f.).

In der pluralen Struktur des Politischen treten konflikthafte, stärker auf Dissens als auf Konsens orientierte Ausdrucksformen zu Tage und in dieser Multi-Perspektivität liege nicht bloß eine erkenntnistheoretische,

---

Pluralismus, sind unterschiedliche Grade in Rechnung zu stellen, die über die Qualifizierung eines »starken« oder »schwachen« Pluralismus (Griffiths 1986) hinausgehen.

107 Deshalb ist auch die Rede von einem »new legal pluralism« mit dem Versuch, das Konzept auf die Verbindung von staatlichem und gesellschaftlichem Recht in den Industriestaaten zu übertragen (Merry 1988: 869 ff.). Dieser neue Rechtspluralismus wird definiert als »that state of affairs, for any social field, in which behavior pursuant to more than one legal order occurs« (Griffiths 1986: 2). Zu den Varianten, die innerstaatlich eine Nähe zum Föderalismus und völkerrechtlich eine Nähe zum Fragmentierungsparadigma aufweisen, aber von diesem abzugrenzen sind: Viellechner (2012b: 227 ff.).

108 Vgl. Jestaedt (2008: 233); v. Daniels (2010: 13 ff.); Krisch (2010: 225 ff.); Franzius/Mayer/Neyer (2010: 28 ff.).

sondern auch eine legitimationstheoretische Funktion, die »daraus erwachse, dass die eingebrachten Positionen nicht nur in einem komplementären, sondern auch in einem Widerspruchsverhältnis zueinander« stehen (Ley 2012b: 125).

Allerdings ist unklar, inwieweit der Pluralismus als Alternative oder als Bezugspunkt der Konstitutionalisierung in Betracht kommt.[109] Geht der konstitutionelle Pluralismus auf der einen Seite über die bloße Verrechtlichung hinaus, so scheint er auf der anderen Seite hinter kosmopolitischen Idealisierungen zurückzubleiben. Integrative Ansätze, wie sie etwa von Mattias Kumm (2012b) verfolgt werden, stoßen nicht bloß aus praktischen und operationellen Gründen an Grenzen.[110] Deshalb wäre unter drei Leitgedanken zu hinterfragen, inwieweit das Einheitsversprechen der Verfassung[111] unter den Bedingungen entgrenzter Räume des Politischen aufrechterhalten werden kann:

- Erstens mit Blick auf Grenzen des Konstitutionalismus: Zu fragen ist, inwieweit das konstitutionalistische Leitbild zugunsten des Pluralismus zu modifizieren ist.
- Zweitens geht es um die Frage, ob Politik mit dem Potential der Erzeugung demokratischer Legitimation nur im Paradigma des Partikularismus gedacht werden kann. Wie wären politische Prozesse im universalistisch-individualistischen Leitbild des internationalen Rechts zu organisieren? Ein demokratischer Konstitutionalismus erfordert die Suche nach Äquivalenten territorialer Grenzen, um Politik auch in Zeiten der Globalisierung zu ermöglichen.

---

109 Gute Darstellung mit weiteren Nachweisen: Avbelj (2012: 383 ff., 409), der eine Verbindung von konstitutionellen und pluralistischen Elementen für unmöglich hält und ein neues Paradigma fordert, »which could ensure the efficient functioning of other pluralist regimes beyond the state. The title of this paradigm will not belong to international law, neither to constitutionalism, nor to constitutional pluralism. It will belong to pluralism itself«.

110 Michaels (2009) weist zutreffend auf die »Zwischenbeziehungen« hin, die zwischen der Globalisierung des Rechtspluralismus einerseits und der Pluralisierung des globalen Rechts andererseits bestehen. Entstehender Hybridität versuchen postmoderne Ansätze (Santos 1987: 297 f.; 2002: 427 ff.) mit der Beschreibung des Rechts durch »Interlegalität« und wechselseitiger Anerkennung zu begegnen.

111 Trotz aller Zerfaserungen behalte das nationale Verfassungsgericht die ihm zugeschriebene Funktion der Einheitsbildung in modifizierter – die europäischen Grundrechte integrierender – Form (Grabenwarter 2012: 514). Hier kann man skeptischer sein.

- Drittens fragt sich, ob die vom BVerfG gegenüber europäischen »Zumutungen« eingeforderte Verfassungsidentität eine Rückzugsstrategie darstellt. Denn sie könnte auch als eine notwendige Bedingung für die Europäisierung des Öffentlichen Rechts verstanden werden. Das hätte Konsequenzen, müsste das Unionsrecht dann doch stärker im Sinne eines Schutzes der nationalen Verfassungsordnungen verstanden werden. Deren Vorbehalte werden als Grenzen des »Anwendungsvorrangs« unionsrechtlich reformulierbar.

An dieser Stelle soll es nur um den ersten Punkt gehen, nämlich die Grenzen des Konstitutionalismus oder genauer: der Konstitutionalisierungsperspektive. Etwa für das Völkerrecht, das sich dem »konstitutionellen« Argument öffnet und zugleich verschließt. So ist mit der Öffnung des Völkerrechts für die Nachbardisziplinen (Oeter 2007c) die Frage entstanden, inwieweit es nicht drängender eines Kollisionsrechts für die Verschränkungen mit dem nationalen Recht bedürfe (Paulus 2007: 706 f., 714 f.). Ein solches Kollisionsrecht könne als eine »Suchbewegung« für ein Substitut des »Rechts-Staates« fungieren (Vesting 2004: 66 f.). Denn trotz mancher Ansätze wie dem *ius cogens* oder *erga omnes*-Verpflichtungen kann das Völkerrecht nicht wie das Verfassungsrecht eine Normenhierarchie herausbilden (Walter 2004: 64). Die konstitutionellen Elemene des Völkerrechts sind in ihrer Reichweite zu begrenzt, um die komplexen Koordinationsprobleme zu bewältigen, die sich mit der Sektoralisierung der internationalen Rechtsordnung bei gleichzeitiger Auflösung der bislang klaren Grenzen zwischen nationalem und internationalem Recht stellen. Völkerrechtliche Konstitutionalisierungsprozesse finden deshalb überwiegend innerhalb abgegrenzter Rechtsregime statt. Solange es an einer verbindlichen Ordnung des Verhältnisses dieser Regime zueinander fehlt, solange es unterschiedliche Grundrechtsstandards in den Regimen gibt und solange den sektoral begrenzten politischen Regimen keine korrespondierenden sozial integrierte Einheiten entsprechen, werde es zwar einzelne Konstitutionalisierungsprozesse, aber keine Verfassung der internationalen Gemeinschaft geben. Es ist dann auch diese Grenze, die den Weg für ein transnationales Verständnis internationaler Rechtserzeugung freilegt.[112]

Das »transnationale« hat bislang einen privatrechtlichen, teilweise antietatistischen Klang. Auch das Europarecht wird traditionell als supranatio-

112 Das Völkerrecht steht erst am Beginn einer »transzivilisatorischen« Öffnung (Onuma 2009). Zu den Eigengesetzlichkeiten politischer Herrschaft Davidson (1992).

nales, nicht aber als transnationales Recht verstanden. Wird dem Rechtsetatismus, wie er trotz gegenteiliger Beteuerungen auch in der Europarechtswissenschaft verbreitet ist, der Rechtspluralismus als neuer Beschreibungsansatz gegenübergestellt, werde es möglich, Recht – auch – als nichtstaatlich erzeugt anzuerkennen. So verkoppelt das Privatrecht in der transnationalen Konstellation (Renner 2011: 199 ff., 248 ff.) Recht und Wirtschaft über die Figur des Vertrags, der staatliche Grenzen mühelos überwindet und im transnationalen Raum eigene Rechtsordnungen herauszubilden scheint, was die Frage aufwirft, ob es ein solches Vertragsrecht *avant la politique* geben und wie das Verhältnis eines ökonomisierten transnationalen Rechts zur Politik rekonstruiert werden kann. Wie, so kann im Paradigma des Rechtspluralismus gefragt werden, lässt sich eine ökonomistische (oder moralische) Determination der Rechtsetzungsprozesse vermeiden und der Anschluss an die Politik und grundlegende Rechtsprinzipien (Baer 2011) wiederherstellen? Hierfür sollte allerdings gesehen werden, dass, wie Moritz Renner (2011: 245) unterstreicht, eine strukturelle Kopplung von Recht und Politik vor dem Hintergrund intakt zu haltender mitgliedstaatlicher Demokratien »gerade dadurch möglich (werde), dass das transnationale Recht unterschiedliche Ebenen und Formen politischer Strukturbildung reflektiert«.

Ein Vorteil des pluralistischen Paradigmas, das inzwischen auch als »Grundannahme« zur Konfliktbewältigung im Europarecht genutzt wird (Wendel 2011a: 14 ff.), könnte darin liegen, verfassungs- und verwaltungsrechtliche Fragestellungen unter einem Dach zu thematisieren (Krisch 2006: 263 ff.). Weil sich die öffentliche Gewalt nicht mehr konzentriert, sondern nur unter gegenseitiger Infragestellung pluralisiert denken lasse, könne und müsse der pluralistische Ansatz zwischen unterschiedlichen »constituencies« vermitteln:

> »Pluralist accountability mechanism are to pervasive feature of global regulatory governance […] as a response to the contested constituencies of global regulation that seeks to avoid the downsides of federal and consociational models of a more unitary, constitutionalist character« (Krisch 2006: 269).

Der pluralistische Ansatz sei föderalen oder konkordanzdemokratischen Ansätzen überlegen, weil er divergierende Betrachtungen über die richtige Basis von global governance ausgleichen könne. Zwar mag der Pluralismus zu wenig die Verteilung von Macht (Neves 2007: 386 f.) nach verrechtlichten Prinzipien reflektieren, aber er findet eine Basis in der Freiheit und Autonomie des Individuums, das sich unterschiedlichen Gemeinschaften anschließen kann. Der Staat, so formulierte es Harold Laski (1921) treffend, sei nur eine Vereinigung, aber ohne ein a priori gegenüber anderen Vereinigungen. In der transnationalen Konstellation erlaubt es das pluralistische Paradigma, die Gewissheitsverluste positiv zu wenden und Machtungleichgewichte ernst zu nehmen. Das Problem der Machtverteilung könne mit der Teilung von materiellen und prozeduralen Normen angegangen werden, womit der Machteinfluss auf den pluralistischen Prozess begrenzt werde. Als solche Prinzipien nennt Nico Krisch (2006: 276) gegenseitige Anerkennung, Toleranz, Kohärenz und die Inklusivität politischer Kommunikation. Entscheidend ist meines Erachtens, dass der pluralistische Ansatz der Politik Räume eröffnet. Er ist

- eher beschreibend als normativ,
- heterarchisch statt hierarchisch und
- zielt auf einen pragmatischen gegenseitigen Ausgleich zwischen den Ordnungen statt auf »letzte« Worte,
- basiert auf der Freiheit des Einzelnen mit der Zugehörigkeit zu einer oder mehreren politischen Gruppen statt einer formalen Suprematie der einen oder anderen Ebene. Kurz, der Pluralismus ist
- eher politischer als rechtlicher Natur,

nicht aber – und hier liegt ein Missverständnis – eine Alternative zu jeder Form von Konstitutionalisierung, die es auch in pluralistischen Varianten gibt, aber kaum mit Krisch (2006: 276 f.) auf »benchmarks« zu verkürzen sind.[113]

Der Rechtspluralismus hat viele Facetten. Er betrifft neben innerstaatlichen Geltungsansprüchen von Normen ethnischer Minderheiten die Ausdifferenzierung von transnationalen Teilrechtsordnungen, aber eben auch das Europarecht mit der Vorrangfrage und das Völkerrecht im Lichte seiner Fragmentierung (Preuß 2011).

Bereits die Horizontalisierung der Rechtsbeziehungen zwischen den pluralen Gruppen der Gesellschaft deutet die Transformation des in der staatlichen Rechtsordnung verkörperten Rechtsuniversums in ein normati-

113 Zur Kritik am liberalen Pluralismus Mouffe (2005: 161 ff.) mit dem Plädoyer für einen multipolaren Ansatz, der sich vom eurozentrischen Dogma verabschiedet. Zur Kritik am Konstitutionalismus und der »Rehabilitierung seiner Sprache« in der Version des konstitutionellen Pluralismus Walker (2002: 319 ff.). Ob mit Avbelj (2012: 404 ff.) das Innovative darin liegt, sich vom konstitutionellen Leitbild zugunsten des Pluralismus zu verabschieden, wird vorliegend bezweifelt.

ves Pluriversum an, das mit Vorrangregeln nicht mehr einfach zu ordnen ist. Vorrangregeln einer Rechtshierarchie setzen eine durch gemeinsame normative Standards verbundene Rechtsgemeinschaft voraus, in der Normkollisionen durch die ranghöhere Norm aufgelöst werden. Eine solche Meta-Norm fehlt für das Unionsrecht, aber auch für Konflikte zwischen nationalen Verfassungsgerichten und internationalen Gerichten. Angesichts der wachsenden internationalen Rechtserzeugung in sektoralen Ordnungen, die in keiner hierarchischen, sondern einer heterarchischen Beziehung zueinander stehen, lässt sich mit Neil Walker (2008) von einer »global disorder of normative orders« sprechen. Die Konfliktlösungsmechanismen der Verfassung, wie der erkämpfte Vorrang der Verfassung, aber auch der Vorrang des *lex specialis* und *lex posterior* können in transnationalen Räumen, die sich durch den Verzicht auf ein Meta-Recht auszeichnen, nur begrenzt greifen. Daraus folge, wie Ulrich K. Preuß (2011) meint,

> »weder ein Rechtschaos noch die Hoffnung auf ein universelles Meta-Recht als Kollisionsrecht, das uns aus der Vielfalt, Heterogenität und Fragmentierung der heute in der Welt verbreiteten Rechtshorizonte gleichsam erlöst und in die Einheit eines Weltrechts transformiert.«

Die transnationale Konstellation sperrt sich einem ganzheitlichen Denken und einem juristischen Werteholismus mit der Sehnsucht nach einer Einheit der Werte. Die Rückkehr des Igels, so ließe sich im Anschluss an Ronald Dworkin (2012) sagen, steht nicht zu erwarten.[114] Muss nicht nur der Ort der Macht (Lefort 2007a), sondern auch die Stelle des Subjekts der Verfassung »leer« bleiben (Vesting 2009: 612 f.), verflüchtigt sich der Verfassungsbegriff in seiner normativen Bedeutung (Franzius 2010a: 60) und es könnte auf jede konstitutionelle Begrifflichkeit in der transnationalen Konstellation verzichtet werden. In dieser Richtung argumentieren in der Tat manche Vertreter des Pluralismus (Melissaris 2009; Krisch 2010; Avbelj 2012). Das erscheint jedoch verfrüht und mag einer »postnationalen« Perspektive geschuldet sein. Es ist schon hervorgehoben worden, dass die Staaten wichtige Akteure bleiben und gerade hier liegt ein Grund, warum – ohne in einen kruden Empirismus zu flüchten (I. Augsberg 2012: 117) –

---

114 Der Fuchs weiß viele Dinge, aber der Igel weiß eine große Sache. Transnationale Räume lassen sich aber nicht aus der holistischen Perspektive »des Igels« angemessen erfassen, ohne deshalb in die von Dworkin kritisierte Perspektive »des Fuchses« flüchten zu müssen. Zur Wirkungsmacht ganzheitlicher Perspektiven Christensen/Fischer-Lescano (2007: 23 ff.).

von transnationalen Ordnungen oder »Assemblagen« (Sassen 2008) die Rede ist.

»States remain central to these transnational processes [...]. It thus seems misleading to use the term postnational to describe the current context« (Shaffer 2012: 573).

Auch die Bedeutung der nationalen Verfassungen zur Strukturierung transnationaler Räume sollte nicht unterschätzt werden. Verloren gegangen ist lediglich der Anspruch der Staatsverfassung, einen einheitlichen Raum der Rechtserzeugung zu schaffen. Wenn aber staatliche Verfassungen ihren Ordnungsanspruch mit unions- oder völkerrechtlichen Regelungsansprüchen teilen, wodurch sie ergänzt, aber nicht verdrängt werden, bietet es sich an, von einem konstitutionellen Pluralismus auszugehen (Avbelj/Komárek 2012). Daran schließen sich zwei Fragen an: Zum einen die Frage, inwieweit die Phänomene des globalen Rechtspluralismus im Völker- und Unionsrecht verarbeitet werden können. Hier sollte man nicht zu pessimistisch sein (Kadelbach/Günther 2011: 33 f.). Zum anderen – und dies ist in methodischer Hinsicht sehr viel drängender – ist fraglich, inwieweit das pluralistische Paradigma einen soziologischen Zugriff auf das Wechselspiel der Rechtsordnungen erfordert, die sich nicht harmonisch, sondern durchaus konflikthaft weiterentwickeln. Nach dem hier vertretenen Ansatz geht es nicht um die Beschreibung »neuer« Rechtsregime, sondern um die Herausforderungen des Transnationalismus in den »alten« Rechtsordnungen, wozu (auch) das in Misskredit geratene, weil das Staatsrecht lediglich »verlängernde« Unionsrecht gehört.[115]

Angesprochen ist damit ein Grundproblem der Transnationalisierung zwischen internationalem und gesellschaftlichem Konstitutionalismus (Grimm 2009c: 67), das sich nur begrenzt auf die »berühmte« Kontroverse zwischen Hans Kelsen und Eugen Ehrlich (2003) um die der Normativität und Wirklichkeit der Verfassung (Volkmann 2008) zurückführen lässt. Recht ist das, was die Beteiligten als Recht ansehen, so ließe sich mit der Anerkennungstheorie Ehrlichs – gegen die in der Politikwissenschaft verbreitete Zwangstheorie Max Webers – sagen. Doch eine solche Einordnung wirft für die normative Betrachtung die Frage nach der Legitimität

115 Für einen pluralistischen Republikanismus Thiel (2012, 161 ff.) in Abgrenzung zur partizipatorischen Demokratie und agonalen Demokratietheorie mit ihrem Anti-Institutionalismus. Zur »rechtspluralistischen Grundannahme« im europäischen Verfassungsrecht Wendel (2011a: 14 ff.).

konkurrierender Ordnungen und der Koordination im Konfliktfall auf (Kadelbach/Günther 2011: 35). Auch die moderne Rechtssoziologie sieht den Pluralismus in der Tradition Ehrlichs durchaus kritisch (Baer 2011: 116 f.). Beschreibungsgewinn wird mit dem Verlust an Normativität erkauft. Insoweit wird es zwar immer eine Spannung geben, doch aus der Kritik an einem etatistischen Verfassungsverständnis folgt nicht zwingend die Umstellung auf einen gesellschaftlichen Konstitutionalismus (so aber Teubner 2003; 2012), so wichtig seine Einsichten – insbesondere mit der Erfassung privater Macht, die sich in den Wirkungen von staatlicher Machtausübung kaum unterscheiden (Grimm 2009c: 75 ff.; Viellechner 2012b: 61 ff.) – für den konstitutionellen Pluralismus auch sein mögen.

Ruth Buchanan (2008) beschreibt die Erweiterungen des Konstitutionalisierungsparadigmas vom postnationalen über den reflexiven Konstitutionalismus zum konstitutionellen Pluralismus. Sie wundert sich aber, warum angesichts der radikalen Indetermination überhaupt noch von einem konstitutionellen Rahmen für transnationale Verrechtlichung gesprochen wird. Ähnlich wie Krisch (2010) plädiert sie für eine echte Alternative, den *transnational legal pluralism*:

»In contrast to the unifying image of the constitutional moment, the legal pluralist imaginary encompasses multiplicity, heterarchy, and diversity. Legal pluralism allows us to think about the possibility for transnational legality without a ›center‹ or normative hierarchy. That is, the relationship between emergent transnational regulatory regimes need not be reduced to a necessary relation of superior/inferior as judged by the extent to which they are more or less ›legal‹ or ›constitutional‹. Rather, they can be understood in a variety of ways: overlapping, discrete, competing, interpenetrated, mutually constitutive. In this way, the public discussion about the emergence and evolution of transnational legal norms is opened up to include a much wider range of formal and informal, institutional and discursive mechanisms.«

Hier wird eine latente Bevorzugung der Zivilgesellschaft gegenüber bestehenden Institutionen deutlich:

»One way in which debates within a legal pluralist frame might be more inclusive is in the way in which they envision the participation of global civil society. Within contemporary debates in international law, belief in an already existing ›international community‹ appears as a necessary fiction. That is because in mainstream approaches, the legal/political subject (here, civil society) can only be constituted, or ›called forth‹ by being ›called into line.‹ To put it another way, the ›international community‹ of international law is a container that has determinate contours. For civil society to be contained within it, it must be made to fit. Those parts of civil society that do not fit, the ›irruptive‹ bits, are simply lopped off. For the legal pluralist, in contrast, it is the civil society that shapes the legal/political container, as much as the reverse. So, the presence or absence of shared normative frameworks becomes the very subject of inquiry. While much work has been done to more fully integrate the reconsideration of questions of recognition and participation into constitutional approaches, the risk of dealing with these issues in constitutional terms is that they will become just another institutional design problem; another procedural detail to be worked out by the institutional engineers of the global legal order. Yet, in the legal pluralist frame, the answers to such questions are not pregiven. Institutional frameworks, the meaning of participation and the sources of legitimacy can and likely will be multiple, contestable, and evolving.«

Ob sich der Rechtspluralismus vom politischen Pluralismus, abgesteckt durch einen Verfassungsrahmen, herauslösen lässt, ist allerdings nicht zweifelsfrei:

»The distinction between political pluralism and legal plurality is crucial. Political pluralisms, despite their ostensible embrace of political diversity, may actually function to contain, even undermine, the recognition of legal pluralism by an implicit reliance on both a unitary conception of law and a correspondingly clear distinction between the ›legal‹ and ›political‹ realms.«

»The ›metaphor of multiplicity‹ suggests that law is not only or necessarily imagined in this way, as the necessary ›institutional‹ container of an unruly and disruptive ›politics‹ that is ›prior‹ to law but must be authorized by it. The form of law itself needs to also be understood in its more ›disorganized‹ form, as potentially plural, disruptive, subject to re-conceptualization and transformation.«

Der »westfälische« Ansatz, die Politik der nationalen Ebene vorzubehalten und die Arbeit internationaler Institutionen dem Recht zuzusprechen, führe heute nicht mehr weiter. Das gelte aber auch für den konstitutionellen Pluralismus:

»If law is conceived as both centralized and autonomous, that is, an institutionalized realm of ›coordination‹ that is separate from politics, it is hard to imagine it as capable of facilitating the multiple and diverse politics currently being advanced in the international realm by contemporary global civil society actors [...]. In contrast, the metaphor of legal plurality facilitates a reflexive approach to the relationship between law and politics in the international realm. That is, law provides a fluid and evolving space and discourse within which competing normative claims are debated, engaged, negotiated and compromised. Law and politics are not imagined as discrete realms of activity, with law in the drivers seat, as it were. Rather, they are tied together in a mutual relation of ›constituent complicity‹ [...] From within this perspective, we can consider how new instantiations of transnational political practice, such as those exemplified by various transnational movements for global social justice over the past decade, might influence the form of transnational legal regimes, as well as the converse. Global civil society exists and operates from within relatively more ›disorganized‹ and ›organized‹ manifestations, yet a focus on its relation to more ›constitution-like‹ legal forms such as the World Trade Organization will tend to highlight the activities of the relatively more organized nongovernmental organizations, and those activities in particular that are specifically directed towards the ›constitution‹ of that institution«.

Gegenüber älteren Ansätzen, die im Konstitutionalismus die einheitliche Repräsentation von Recht sehen, mag diese Konzeption einiges für sich haben. Auf der Folie des pouvoir constituant, der nicht als Ausdruck eines einheitlichen Volkswillen gesehen werden kann, weder Akteur noch Autorität ist, sondern als Prozess[116] verstanden werden muss, indem Menschen über ihr Gemeinwesen bestimmen, erscheint die Pluralität des Rechts als Fremdkörper, was dann auch zivilgesellschaftliche Akteure bei der Herausbildung eines globalen Rechts ins Zwielicht treten lässt.[117] Die kritische Funktion, den diese Akteure zum Beispiel als Flüchtlinge oder Migranten (Hitzel-Cassagnes 2010: 4) an »unerwarteten Orten« in der Schaffung eines transnationalen Raums einnehmen, muss nicht unbedingt eine anti-konstitutionalistische sein. Sie kann vielmehr auch, legt man die Abschirmung durch den Einheitsanspruch des Rechts ab, im Rahmen eines konstitutionellen Pluralismus zur Entfaltung gebracht werden, der sich neuen politischen und rechtlichen Konfliktmechanismen öffnet (unten D.).

Warum tun wir uns so schwer? Das hat mit der beschriebenen Fokussierung auf den Rechtsstaat als gedachter Einheit von Recht und Politik (oben B.II.) zu tun, aber auch mit den langen Schatten des Kaiserreichs, vor allem der Homogenität und Souveränität, die zur Abwehr überstaatlicher »Zumutungen« eingesetzt werden (a). Demgegenüber hat der Identi-

116 Nettesheim (2012c: 353) beschreibt diesen Prozess als Grenzüberschreitungsphänomen in dem Sinne, sich innerhalb des geltenden Rechts (Art. 146 GG) zu bewegen und doch zugleich darüber hinaus zu weisen: Politik und Recht würden diffus. Der Bindungsanspruch der alten Ordnung weiche in dem Maße, in dem Politik die Qualität verfassunggebener Gewalt annimmt, zurück. Diese Gewalt dürfe weder vom Gesetzgeber noch vom Gericht ursurpiert werden. Die Volkssouveränität ist der Geltungsgrund der Verfassung. Insoweit darf die Verfassung den Volksbegriff nicht determinieren, denn sonst geriete man in einen Zirkelschluss und nicht das Volk wäre souverän, sondern die Rechtsordnung (Lepsius 2008b: 20).

117 Anders republikanische Ansätze, die Konstitutionalisierung als konfliktreiche Auseinandersetzung der politischen Kräfte verstehen, die immer wieder neue Verständigungsleistungen erzwingen: Thiel (2011: 224 f.) unter Rückgriff auf Hauke Brunkhorst und Daniel Halberstam.

tätsdiskurs im Europarecht inzwischen eine positive Abstützung in der Achtungspflicht der nationalen Identität gefunden (Art. 4 Abs. 2 EUV) und in dieser Öffnung des Europarechts gegenüber den Mitgliedstaaten liegt ein Schlüssel zum Verständnis des konstitutionellen Pluralismus (b). Am Beispiel der Euro-Rettungsmaßnahmen zeigen sich freilich Grenzen des so verstandenen Rechts (c).

a) Lange Schatten des Kaiserreichs: Homogenität und Souveränität

Seit dem Kaiserreich wird in Deutschland von Homogenität und Souveränität, in jüngerer Zeit aber auch von Identität (unten b) gesprochen. Sie erschweren das Verständnis eines konstitutionellen Pluralismus, scheinen ihn aber zugleich vorauszusetzen. Kulturalistische Homogenitätsvorstellungen trafen in Deutschland auf fruchtbaren Boden, hatte das Staatsrecht nach der Reichsgründung voluntaristische Souveränitätsvorstellungen doch erfolgreich zurückdrängen können. Als »Kulturnation« entzog sich Deutschland jenen Politisierungszügen, die es dem nachrevolutionären Frankreich erlaubten, von einer souveränen Nation oder République indivisible zu sprechen. Dass eine seinsbezogene Homogenität schon zu jener Zeit kaum mehr als eine Schimäre war, verhinderte seine Aufnahme in das Staatsrecht nicht, lässt aber einen konstitutionellen Pluralismus, wie er hier vertreten wird, als »Unding« erscheinen. In Deutschland wurde lange mit großem Aufwand darüber diskutiert, ob die kulturelle Homogenität des Kollektivs eine Bedingung für eine demokratisch legitimierte politische Gemeinschaft ist. Der Nationalstaat wurde dabei als »Kommunikations-, Erinnerungs- und Schicksalsgemeinschaft« gesehen.[118] Wird der kulturellen Einheit des Staates die kulturelle Vielfalt der Union gegenübergestellt, mag letzteres ansprechend klingen, erscheint aus staatlicher Sicht jedoch zwangsläufig als Ausnahme von der Regel. Danach erscheint jedes politische System, das sich nicht auf eine gemeinsame Sprache oder Geschichte stützen kann, notwendig defizitär.

Überraschend ist, wie sehr sich die Positionen, die am Gegensatz von Staat und Nicht-Staat festhalten, ähneln. Einerseits ist zu hören, der Nationalstaat sei Ausdruck eines selbstbestimmten Staatsvolkes. Deshalb ver-

---

118 Ob es Sinn macht, angesichts der globalen Klimaveränderungen, in der das Überleben pazifischer Staaten »von den Handlungen von Millionen privater Kraftfahrer überall auf der Welt abhängig« ist, noch von Schicksalsgemeinschaften in nationalen oder territorialen Begriffen zu sprechen, erscheint zweifelhaft (McGrew 1998: 383 f.).

biete sich die Staatswerdung Europas. Andererseits ist die Vorstellung verbreitet, die Europäische Union könne als liberales Projekt die Vielfalt schützen, während gleichzeitig das republikanische Erbe der Mitgliedstaaten durch kulturell homogene Einheiten der Staatsvölker verteidigt werde. Übersehen wird dabei, dass die europäische Realität längst diese Grenzen überschreitet. Dies entzieht der Behauptung den Boden, eine demokratische Vergemeinschaftung sei nur dort möglich, wo eine vorpolitische, enge kulturelle Verbundenheit bereits bestehe.

Die Vorstellung von einer einheitlichen Gemeinschaft, die vorpolitisch, quasi natürlich, dem Gemeinwesen vorausgehen soll, ist wenig überzeugend. Weitgehend unbrauchbar ist die Annahme, ein homogenes Kollektiv könne den

> »Irrungen und Zumutungen einer verunsicherten und desorientierten Gesellschaft in ungewissen Zeiten ein ›ruhendes Sein‹ entgegensetzen, das stabilisierte Zugehörigkeiten, soziale Geborgenheit, Solidarität und die dialektische Überwindung interner Unterschiede und sozialer Gegensätze« (Hanschmann 2008: 144).

Felix Hanschmann hat auf die Probleme dieser Vorstellung hingewiesen: Aufgabe und Zweck des politischen Prozesses könne es nicht sein, einen »vermeintlich vorhandenen Gemeinwillen einer prä-existenten, zu einheitlichem Handeln entschlossenen und befähigten Einheit durch bloße Abbildung« zuzuordnen. Soll der Wille des Volkes herrschen, müsse dieser formuliert, organisiert und gestaltet werden. Wolle man der Pluralität nicht einfach eine Homogenität überstülpen

> »und damit potentiell jedes Partikularinteresse als suspekt betrachten, muss eine demokratietheoretische Konzeption entwickelt werden, die nicht vom Axiom homogen strukturierter (Handlungs-)Einheiten ausgeht und damit Differenz und Pluralität von vornherein durch die Annahme einer begrifflich erschlichenen Einheit eskamotiert, sondern von Individuen, deren vielfältige Interessen divergieren, deren Wertvorstellungen voneinander abweichen, deren politische Ideen und Ziele sich widerstreiten und die diesen Pluralismus und Antagonismus schließlich an den politischen Prozess herantragen und in den politischen Prozess einbringen« (Hanschmann 2008: 112).

Existentialistisch überhöhte Homogenität ist keine vorstaatliche, aus der Position eines übergeordneten Dritten zu erkennende »Gelingensbedingung« von Demokratie (Grawert 2012: 193 f.). Weder eine kriterienlose Homogenität noch eine nationale Leitkultur, wie sie zuweilen erfolglos angemahnt wird, können die multikulturelle Grundströmung moderner Gesellschaften ernsthaft in Frage stellen. Damit ist nicht gesagt, dass demokratische Gemeinwesen keine vorrechtlichen, etwa moralische Voraussetzungen haben. Ohne eine Verständigung auf gemeinsam geteilte Werte sei es nur schwer möglich, über diese zu streiten.[119] Auseinandersetzungen über scharf entgegengesetzte Interessen lassen sich innerhalb eines Gemeinwesens nicht führen, gebe es keine vorausliegenden Gemeinsamkeiten wie eine einheitliche Sprache oder geteilte geschichtliche Erfahrungen. Es ist jedoch zu bedenken, dass politische Kollektive stets das Ergebnis einer sozialen Konstruktion sind und daher auch solche Anforderungen keine empirischen Tatbestände sind.[120] Der Rückgriff auf eine kulturelle Einheitlichkeit als Kategorie des Seins führt einerseits zu einer Entpolitisierung, andererseits begünstigt er die Re-Politisierung des »nationalen Substrats«.[121] An die Stelle von Repräsentation und Partizipation trete die »Abbildung« eines kulturell bereits Vorhandenen, das, weil den Kanälen politischer Willensbildung und damit des Streits entzogen, nur noch »interpretiert« werden muss.

Umgekehrt gilt: Das Nationale verschwindet nicht einfach hinter dem Schleier des trans- oder postnationalen Projekts, sondern scheint mit jeder Parole, es zu überwinden, nur um so stärker wieder erfahrbar zu werden.[122] Blendet man das Nationale aus, kann es im Rahmen der europäischen Einigung destruktive Tendenzen befördern. Sollen Mehrheitsentscheidungen getroffen werden, führt es aber in die Irre, als Voraussetzung für die Legitimität solcher Entscheidungen ein homogenes Kollektiv zu fordern. Nicht kulturelle Homogenität, sondern politische Partizipation machen die Mehrheitsregel akzeptabel. In diesem Fall wäre nicht eine Verbundenheit, die Einheitlichkeit suggeriert, entscheidend dafür, dass Mehrheitsentscheidungen von der Minderheit hingenommen werden. Entscheidend wäre

119 Müller (2010: 109, 143). Permanente Selbstverständigung ist danach entscheidend, um Konflikte politisch bearbeiten zu können. Darin unterscheidet sich diese Perspektive von substanzialistischen Ansätzen, die eine kulturell homogene Gemeinschaft zur Vermeidung des Hobbes'schen Bürgerkriegs begreift.

120 Es handelt sich um Konstruktionen oder Erzählungen, die das, was sie entwerfen, bezeichnen oder erzählen, erst hervorbringen. Das gilt auch für das amerikanische »we the people« mit einem »wir«, das, wäre es in der Bezeichnung der unity selbstverständlich, nicht als solches angesprochen würde.

121 Hanschmann (2008: 143 f.). Ergäbe sich »das Bestehen der Gemeinschaft aus selbstverständlichen und nicht hinterfragbaren, in der Wirklichkeit verorteten Gegebenheiten«, könnten sie, wie unter Verweis auf Zygmont Baumann angemerkt wird, »es sich leisten unsichtbar zu sein, und man müsste kein Wort über sie verlieren«.

122 Plastisch die deutsche Übersetzung von Saskia Sassen, Das Paradox des Nationalen (2008) mit der These einer Transformation des Nationalstaates.

vielmehr ein gesicherter Rechtsstatus, der es erlaubt, Einfluss auf politische Entscheidungen zu nehmen. Nicht die Homogenität eines Kollektivsingulars, sondern Rücksichtnahme und wechselseitige Toleranz sowie pragmatische Regelungen der Kompetenzverteilung und Stimmengewichtung ermöglichen es Institutionen nach der Mehrheitsregel akzeptierte Entscheidungen zu treffen.

Zwar werden auch die in Art. 6 und Art. 49 EUV enthaltenen Anforderungen für den Beitritt europäischer Staaten zur Union als »Homogenitätsprinzip« zusammengefasst (Schorkopf 2000). Jedoch zielt diese Verpflichtung auf geteilte Grundsätze und eben nicht auf außerrechtliche Gegebenheiten (Hanschmann 2008: 241 ff.). Normiert werden rechtliche Prinzipien einer föderalen Ordnung, wobei sich die gemeineuropäische Substanz nicht einfach auf den kleinsten gemeinsamen Nenner sämtlicher einzelstaatlicher Rechtsordnungen reduzieren lässt. Soweit die in Art. 2 EUV benannten Grundwerte als einer politischen Ordnung vorausliegend betrachtet werden, ist dies nicht unproblematisch, droht hier doch ein Rückfall auf kulturell bestimmte homogene Merkmale stattzufinden. In der postulierten Wertegemeinschaft (Calliess 2004: 1033; krit. Franzius 2010a: 68 ff.) liegt dann auch die Gefahr, einen grundlegenden, unantastbaren Kern der Union zu markieren, der gegen unliebsame Beitrittskandidaten verwendet werden kann.[123] Dem Recht wird so als Unterbau eine Basis aus geteilten, unverhandelbaren Werten eingezogen, ohne die eine europäische Ordnung nicht möglich sei. Werte jedoch sind kein tauglicher Ersatz für eine demokratische Legitimation.

Die maßgeblichen Grenzen verlaufen nicht zwischen der vermeintlich homogenen Kulturnation und der notwendig heterogenen Überstaatlichkeit. Vielmehr wird mit der wechselseitigen Öffnung der vertraglich miteinander verbundenen Mitgliedstaaten deren innere Pluralisierung vorangetrieben und in einer komplexeren Einheit aufgefangen. Diese pluralistische Verbundstruktur ist auf die Vermittlung von Vielfalt unter Verzicht auf Vorherrschaft ausgelegt: Es geht um die Moderation von Heterogenität unter Verzicht auf Hegemonie. Zu verzichten ist auf Ansätze, die »das

123 Relevant wird das bei der Frage nach dem Beitritt der Türkei. Diese gehöre, so ist oft zu hören, nicht zum »europäischen Kulturkreis« und habe keinen Anteil an der historisch-kulturellen Identität Europas. Hanschmann (2008: 281 f.) weist auf die Widersprüchlichkeit der Argumentation hin. Der Demokratisierung werde die nicht ausreichende Homogenität innerhalb Europas entgegengehalten. Gehe es um die Aufnahme eines unwillkommenen Staates, erscheine Europa hingegen als homogene Gemeinschaft, die sich dem in Gestalt des Beitrittskandidaten auftretenden Heterogenen verweigern müsse.

Ganze« und dessen homogene Einheitlichkeit betonen. Dies wäre ein latent aggressives Konzept, das stets Gefahr läuft, »das Fremde« auszuschließen. Auch das BVerfG besteht in seinem Lissabon-Urteil nicht mehr darauf, dass überstaatliche Integration begrenzt sein müsse, da es an einem kulturell hinreichend homogenen Staatsvolk mangele, sondern betont unter Bezugnahme auf die »kulturellen Wurzeln und Wertvorstellungen eines jeden Staates« die demokratische Selbstbestimmung des Einzelnen (BVerfGE 123, 267).

Es kann gute Gründe geben, bestimmte Politikfelder nur unter erschwerten Bedingungen dem europäischen Zugriff auszusetzen. Politische Entscheidungen dezentral zu treffen, wo dies möglich ist, habe einen demokratischen Mehrwert, der daraus resultiert, dass »sich auf mitgliedstaatlicher Ebene eine gewisse kulturelle Gleichgesinntheit herausbilden kann, mit der spezifische politische Präferenzen der Bürger einhergehen, die in einer dezentralen Entscheidungsstruktur höhere Chancen auf Durchsetzung« haben (Britz 2010: 170). Das wusste freilich schon Hans Kelsen, der, das Habsburger Vielvölkerreich vor Augen, für Kulturfragen in multinationalen Gemeinschaften eine föderale Verteilung der Kompetenzen empfahl. So müsse »in übernationalen, internationalen Gemeinschaften, speziell in national gemischten, sog. Nationalitätenstaaten, die Entscheidung der nationalen Kulturfragen dem Zentralparlament entzogen und der Autonomie, d.h. den Vertretungskörperschaften der nach dem Personalitätsprinzip organisierten nationalen Gemeinschaften (Teilgruppen) überlassen« sein (Kelsen 1963: 65 f.). Mit Homogenität als Vorbedingung für eine funktionierende Demokratie hat das nichts zu tun, vielmehr verweist es auf die föderale Ordnung, um deren Demokratisierung es geht.

Ist dafür Souveränität zu fordern? Dass Souveränität ein schwieriger Begriff geworden ist, wurde bereits hervorgehoben (oben C.II., III.2., D.I.1.). Im Grunde steht die Staatensouveränität für einen radikalen Pluralismus (v. Bogdandy 2013: 6), den ein konstitutioneller Pluralismus gerade überwinden will.[124] Hier kann auch nicht annähernd den Facetten des »umkämpften« Souveränitätsbegriffs, seiner Verwendbarkeit in den unterschiedlichen Disziplinen und seiner Relativierung in der Rechtswissenschaft nachgegangen werden (Stein/Offe/Buchstein 2007). Eine historisch reflektierte »Nutzenbilanz« wird ähnlich wie beim Verfassungsbegriff schon für den innerstaatlichen Rechtsraum, gemessen an den klassischen

---

124 Siehe auch Viellechner (2012c: 568 ff.); anders Krisch (2012: 203 ff.).

Souveränitätslehren, wie sie eine letzte Blüte in den Weimarer Auseinandersetzungen erfahren haben, erhebliche Erosionserscheinungen diagnostizieren müssen (Grimm 2009a), die eine Erstreckung des Souveränitätsbegriffs auf die transnationale Konstellation erschweren, zur Verteidigung eines »kollektiven Erbes« in von überschießender Integrationslogik befreiten Regelungszusammenhängen aber auch nicht gebieten. Schon für die Europäische Union ist, will man nicht mit dem BVerfG auf die Suche nach dem »Herren im Haus« gehen, die Frage nach der vom Grundgesetz »nicht nur an einem einzigen Ort« platzierten, sondern gewaltenteilig organisierten Volkssouveränität (Grawert 2012: 208) falsch gestellt (anders Grimm 2012a: 275). Kann in der Verbundordnung, in der die aus dem Kaiserreich übernommene Redeweise von der »Kompetenz-Kompetenz« eine föderale, aber keine Souveränität begründende Funktion hat, von einem scharfen »entweder-oder« nicht mehr ausgegangen werden, müsste der Begriff entweder im Sinne »geteilter« Souveränität modifiziert und damit seiner eigentlichen Stoßrichtung beraubt oder verabschiedet werden.

Dem BVerfG dient die Behauptung der »im letzten Wort der deutschen Verfassung liegenden Souveränität« gegenüber dem Völkerrecht (BVerfGE 111, 307/319 Görgülü) und gegenüber dem Europarecht mit einer Grenze für die Übertragung von Hoheitsrechten (BVerfGE 123, 267/347 Lissabon) weniger der Verteidigung der Verfassungssouveränität als vielmehr der Festigung seiner eigenen Organstellung mit einem Letztentscheidungsrecht im deutschen Verfassungsgefüge.

Das Gericht spricht von Demokratie, meint mit der Inanspruchnahme des letzten Wortes zum Schutz der Souveränität aber den Rechtsstaat (Grawert 2012: 211) und steht damit in den Entwicklungszusammenhängen deutscher Verfassungstradition. Wird jedoch mit dem »letzten Wort« die politische Theologie bemüht[125] oder werden Begriffe wie Homogenität und Souveränität mit einem materiellen Verständnis von Demokratie und der Würde des Menschen zu einem vorrechtlichen Metabegriff »souveräner Staatlichkeit« verschmolzen, droht die »Gefahr [...], dass, wer die Geister rief, sie in der Folge öffentlicher Meinungsbildung nicht mehr allein zu

125 Die Hoffnung auf Orte normativ letzter Gewissheit kann ein Gericht nicht erfüllen. Solche Orte gehören zur jeweiligen »politischen Gemeinschaft und teilen mit dieser unvermeidlich deren unvermeidliche Ungewissheiten« (Möllers 2011a: 408). Die Redeweise vom letzten Wort ist schon deshalb verfehlt, weil der verfassungsrechtlich-politische Diskurs nicht einfach durch eine Gerichtsentscheidung endet. Er »verschiebt sich in andere Arenen, kann aber auch wieder auf der verfassungsrechtlichen Tagesordnung und kann auch vor demselben Gericht erscheinen« (Möllers 2012a: 409 f.).

beherrschen vermag« (Grawert 2012: 212; Ruffert 2009: 1197). Dies mag erklären, warum der Zweite Senat inzwischen semantisch abgerüstet und den Souveränitätsbegriff in jüngeren Entscheidungen – etwa im Rahmen der »Euro-Rettungsjudikatur« (unten c) – nur noch zurückhaltend eingesetzt hat.[126]

b) Nationale Identität: Öffnung des Europarechts gegenüber den Mitgliedstaaten

Anders muss die Kritik gegenüber dem Identitätsbegriff ausfallen, der rechtlich an die Stelle des Souveränitätsbegriffs zu treten scheint (v. Bogdandy 2003c: 184, 186; ders./Schill 2010a: 709, 729, 731.). Zwar ist das, was mit »Identität« gemeint wird, alles andere als klar. Dem Unionsrecht ist der Begriff jedoch nicht unbekannt. Art. 4 EUV als Ausdruck der bündischen Verfasstheit der Union nimmt ihn an zentraler Stelle auf und garantiert die Gleichwertigkeit der mitgliedstaatlichen Verfassungen mit den darauf aufbauenden politischen Strukturen, die in den grundlegenden Ausrichtungen nationaler Identität von den Unionsorganen zu achten sind. Art. 4 Abs. 2 S. 1 EUV begründet insoweit den europäischen Verfassungspluralismus im Hinblick auf die Vielfalt der mitgliedstaatlichen Verfassungen und deren unterschiedliche Ausrichtung (v. Bogdandy/Schill 2010b: 9). Es bildet das »bewegliche Scharnier zwischen Identität und Integration, Staatlichkeit und Überstaatlichkeit« (Grawert 2012: 197).

Auf diese Weise öffnet sich das Europarecht gegenüber den Mitgliedstaaten. Geschaffen wird ein unionsrechtlicher Rahmen für nationale Besonderheiten, sei es, dass aus der Perspektive der Identitätskontrolle ein unantastbarer Kernbestand für geschützt erklärt wird (Puttler 2011: 15 ff.), sei es, dass aus der Verbundperspektive die Komplementarität mit den Grundwerten des Art. 2 EUV gefordert wird (v. Bogdandy/Schill 2010a: 715) oder dass weitergehend auch solche Bestände unter unionsrechtlichen Schutz gestellt werden, die vom einfachen Verfassungsrecht – wie in Deutschland zum Beispiel der öffentlich-rechtliche Rundfunk – zur Verfassungsidentität gezählt werden (Geiger 2010: 3). Obwohl es sich um eine unionsrechtliche Norm handelt, ist zur Bestimmung dessen, was zur natio-

---

126 Das belegen Zahlen: Während das Gericht in den Ausführungen zur Begründetheit der Klagen im Lissabon-Urteil (BVerfGE 123, 267 Abs.-Nr. 207–421) insgesamt 40 mal von »Souveränität« spricht, verwendet es den Begriff im Urteil zum ESM- und Fiskalvertrag (BVerfG 2 BvR 1390/12 v. 12.9.2012) nur an einer vergleichweise unbedeutenden Stelle (Abs.-Nr. 236).

nalen Identität gehört, das mitgliedstaatliche Verfassungsrecht maßgeblich. Das Unionsrecht schöpft aus der Vielfalt mitgliedstaatlicher »Quellen« mit der Folge, dass eine Nähe zu den nationalen Verfassungen erhalten bleibt. Art. 4 Abs. 2 EUV dokumentiert auf anschauliche Weise den Wert, den nationale Verfassungen für die rechtliche Verfasstheit der Union behalten (Grimm 2009b). Es spricht vieles dafür, insoweit auch eine unionsrechtliche Relativierung des Vorranganspruchs anzunehmen. Ein konstitutioneller Pluralismus, wie ihn die Achtung der nationalen Verfassungsidentität verlangt, nimmt den ultimativen Vorrang zugunsten der Wahrung mitgliedstaatlicher Verfassungsräume zurück (Mayer 2009: 588; v. Bogdandy/Schill 2010a: 706, 729 ff.), unterläuft umgekehrt aber Geltungs- und Vorranganspruche der nationalen Verfassung, soweit Strukturen geschaffen werden, die den »Grundwerten« des Art. 2 EUV fundamental widersprechen. Zum Beispiel würde eine Gleichschaltung der Medien zugunsten der nationalen Identität keinen unionsrechtlichen Schutz erhalten.

Wie aber sieht es mit einer europäischen Identität aus? Inwieweit kann Europa als Träger einer eigenen Identität, in der sich die Gemeinschaft als solche konstituiert und sich von anderen Kollektiven unterscheidet und abgrenzt, verstanden werden? Ist ein Grundzug der erneuerten Unionsverträge nicht darin zu sehen, das »Europäische« ungeachtet aller Bemühungen, sich nach außen abzugrenzen (Art. 3 Abs. 5 EUV), dadurch zu schärfen, dass nationale Identitäten »im Inneren« betont und abgesichert werden? Die Europäische Union beruht Art. 4 Abs. 2 EUV zufolge auf der Pluralität nationaler Identitäten, die in deren »grundlegenden politischen und verfassungsmäßigen Strukturen« zum Ausdruck kommt. Lassen sich die Konturen Europas historisch-kulturell nur schwer bestimmen, bleibt die Frage, ob sich eine gemeinsame Identität aus den Verträgen ergeben kann.[127] Weil es schwerfällt, bei der Identitätsbildung auf scheinbar ontologische, tatsächlich aber umkämpfte Kriterien wie Kultur, Geschichte oder Religion auszuweichen, erhält das Recht als Kriterium für Gemeinsamkeiten besondere Bedeutung. Die Heterogenität der Ziele, die zu verwirklichen und anzuerkennen die Union durch den Vertrag von Lissabon verpflichtet ist, steht der Vielfalt in den europäischen Gesellschaften mit ihren unterschiedlichen Verfassungskulturen kaum nach. Für eine kollektive Identität im Sinne eines Vorrats an Gemeinsamkeiten, die auch Umverteilungen tragen könnte, dürfte das kaum genügen. Das Bekenntnis zu

127 Zu manchen Überhöhungen des Rechts für die europäische Ordnung Kuo (2009: 579).

Grund- und Menschenrechten führt nur begrenzt weiter, illustriert aber das Problem: Ein demokratisches Europa, das sich über die innere Zustimmung der Bürger, basierend auf Rechten mit den dahinter stehenden Werten, als abgrenzbares Kollektiv zu legitimieren sucht, müsste seine Eigenheit auf Grundsätze stützen, denen es zugleich universelle Geltung zuspricht (Franzius/Preuß 2012a: 65).

Festzuhalten bleibt, dass soziale Konstruktionen der Identität ein hohes Maß an Vielfalt einstellen müssen. Das betrifft vor allem den Konsensbedarf, der bei kollektiven Subjekten zumeist unterstellt, regelmäßig aber überschätzt wird. Die Einsicht in die positiven Faktoren durch Art. 4 Abs. 2 EUV geschützter Vielfalt darf jedoch nicht darüber hinwegtäuschen, dass eine »Politik der Differenz« eine Re-Nationalisierung begünstigt, solange ein europäisches »Wir« vage bleibt. Wird eine solche Wir-Identität gefordert, könnte sie weder eine substanzialistische Wertegemeinschaft noch eine formale, allein auf gemeinsame Rechte gestützte Identität sein. Ein europäisches »Wir« muss vielmehr auf Grundlagen beruhen, die weniger als ein zivilisatorisches Projekt, aber zugleich mehr als die bloße Kalkulation eines Vorteils sind (ähnlich Eder 2004: 70 ff.). Darauf ist zurückzukommen (unten D.I.2.b).

Die Verfassungsidentität eines Mitgliedstaates der europäischen Identität gegenüberzustellen, wird den Wechselwirkungen nicht gerecht. So ist die nationale Identität eines Mitgliedstaates, weil sie vom Unionsrecht aufgegriffen wird, zugleich eine europäische. Damit wird der Umgang mit der nationalen Identität prekär. Umstritten ist, ob die unionsrechtliche Achtungsverpflichtung der Verhältnismäßigkeitsprüfung unterliegt, in der eine Abwägung mit anderen Grundsätzen des Unionsrechts vorgenommen werden müsste (v. Bogdandy/Schill 2010a: 725 ff.; dagegen Puttler 2011: 22; differenzierend Wendel 2011a: 577). Die Achtungsverpflichtung selbst ist kein Grundsatz, der in allen Mitgliedstaaten einheitliche Geltung beansprucht. Vielmehr wird den Wertungen eines einzelnen Mitgliedstaates in unionsrechtlichen Grenzen ein Entfaltungsraum belassen. Es spricht vieles dafür, die Identität nicht mit Souveränität gleichzusetzen und den Mitgliedstaaten die tatbestandliche Bestimmung nationaler Verfassungsidentität, nicht aber in gleicher Weise die Entscheidung über die Rechtsfolge zuzusprechen (Wendel 2011a: 581). Anders als das BVerfG mit dem »Hand in Hand« Bild (BVerfGE 123, 267/354) zu meinen scheint, enthält Art. 4 Abs. 2 EUV keine Ermächtigung zur unilateralen Durchbrechung des Unionsrechts oder, wie es Mattias Wendel (2011a: 582) formuliert: »Das

Attribut des Identitätstragenden ist kein Freibrief zur Derogation.« Nicht der Rückgriff auf die nationale Identität, sondern die Folgerungen, die daraus für die Identitätskontrolle als Surrogat für das dialogische Vorlageverfahren nach Art. 267 AEUV gezogen werden, sind das europarechtliche Problem (unten D.II.2.f).

c) Grenzen des Rechts: Euro-Rettungsmaßnahmen

Ein konstitutioneller Pluralismus lässt Grenzen des Rechts erkennen. Deutlich wird das in den politischen Reaktionen auf die gegenwärtige Krise der Europäischen Union. Was als Hypothekenkrise ist den USA begonnen hatte, sich dann zu einer Regulierungskrise im Bankensektor ausgeweitet hatte, ist heute eine Staatschuldenkrise, die sich nicht auf den Euroraum beschränkt, sondern grundsätzliche Fragen an Recht und Politik in der Union stellt (Franzius/Mayer/Neyer 2013).[128] Nicht zuletzt, um dem Vorwurf rechtswidriger Hilfen zu entgehen (aa), sind neue Instrumente geschaffen worden, die als politische Änderungen des Rechtsrahmens (bb) die Frage nach einer verbesserten demokratischen Rückbindung der Wirtschafts- und Währungsunion aufwerfen (cc).

aa) Griechenlandhilfe: ein Sündenfall?

In den Kontroversen um die Euro-Rettung scheinen Grundüberzeugungen der Europäischen Union als Rechtsgemeinschaft auf den Prüfstand gestellt zu werden (Schmidt-Aßmann 2012a: 52). Es fragt sich allerdings, ob die ergriffenen Maßnahmen – wie die Finanzhilfen an Griechenland oder der Ankauf von Staatsanleihen durch die EZB – pauschal als rechtswidrig angesehen werden können. Vielmehr regt sich der Verdacht, dass über eine solche »Legendenbildung« (Gundel 2012: 73) nicht bloß die Grenzen des Rechts übersehen werden, sondern auch, dass die Europäische Union nicht bloß ein Rechtssubjekt, sondern ein politischer Akteur ist, dessen Handeln durch Recht nicht bloß begrenzt, sondern auch ermöglicht werden soll (Nettesheim 2012a: 29 ff.).

---

128 Claus Offe (2013: 80) diagnostiziert zutreffend ein Auseinanderfallen von »politics« und »policy« dergestalt, dass sich die Problemlösungen vom politischen Meinungs- und Machtkampf entfernen: »Wenn die Brücke der input-Legitimation einmal eingebrochen ist, gedeiht auf dem einen Ufer der Populismus (verstanden als Machtkampf ohne Problemlösung) und auf dem anderen die Technokratie (verstanden als – versuchte – Problemlösung ohne demokratischen Kampf um Unterstützung).«

Dass Mitgliedstaaten in der Vergangenheit gegen den Stabilitätspakt verstoßen haben, steht außer Frage. Ob die viel zitierte »no bail out« Klausel des Art. 125 AEUV über die Haftung für die Schulden anderer Euro-Staaten hinaus auch freiwillige Finanzhilfen und Kredite untersagt, wird man jedoch kaum eindeutig bejahen können (dagegen Mayer/Heidfeld 2012: 424 f.; dafür Hentschelmann 2011). Ähnlich unsicher ist, ob das an die EZB gerichtete Verbot des Erwerbs von Staatsanleihen nach Art. 123 AEUV wegen denselben wirtschaftlichen Effekten oder einer »Umgehungsgefahr« auch auf Sekundärmärkte erstreckt werden kann (dagegen Herrmann 2010: 646; dafür Ruffert 2012: 23). Dass die auf der Grundlage des bestehenden Rechtsrahmens getroffenen Hilfsmaßnahmen für Griechenland rechtswidrig gewesen sind, wird man jedenfalls so pauschal nicht sagen können. Eher ließe sich sagen, dass in den frühen Euro-Rettungsmaßnahmen die verbleibende Souveränität der Mitgliedstaaten[129] mit weitgehend verpuffenden Wirkungen zum Ausdruck gekommen ist. Unter der Anwendung des alten Rechtsrahmens konnte Griechenland mit den Hilfskrediten nicht »gerettet« werden, was je nach Standpunkt die Einhaltung des europäischen Rechtsrahmens oder dessen Wirkungslosigkeit dokumentiert. Ein Hineinlesen ordnungspolitischer Vorstellungen in den jeweiligen Normtext ist verlockend, trifft jedoch auf methodische Grenzen, wie sie gerade in der deutschen Rechtswissenschaft – verbunden mit Kritik am EuGH – gepflegt werden.

Das BVerfG hat in den bisherigen Entscheidungen zur »Euro-Rettung« auf den Erhalt der »Budgetverantwortung« des Deutschen Bundestags gedrängt (BVerfGE 129, 124/179 ff. EFSF/Griechenlandhilfe), die Delegation hauspolitischer Verantwortung in Sondergremien begrenzt (BVerfGE 130, 318 Sondergremium) und die Informationsrechte der Opposition gestärkt (BVerfG, 2 BvE 4/11 v. 19.6.2012, ESM/Euro-Plus-Pakt). Es sieht in den Funktionslogiken gubernativer Euro-Rettungsmaßnahmen durchaus Verfassungsrisiken, meint aber, dieser Gefahr mit der Inpflichtnahme des Haushaltsgesetzgebers im Wege einer nationalen Re-Politisierung begegnen zu können. Deutlich wird in der Rechtsprechung aber auch etwas anderes: Das Gericht hat stets – zuletzt in der Entscheidung zum ESM- und Fiskalvertrag v. 12.9.2012 – betont, dass die Regelungen zur

129 Dass in der Krise weder mit dem »Normalfall« noch mit dem »Ausnahmefall« argumentiert werden kann, aber Notmaßnahmen dennoch zulässig sein können, macht Oppermann (2011: 909) deutlich. Das Unionsrecht enthält mit Art. 122 Abs. 2 AEUV für »außergewöhnliche Ereignisse« eine Handlungsermächtigung zugunsten der Unionsorgane.

Währungsunion einen politischen Charakter aufweisen und seinen inhaltlichen Prüfungsanspruch zurückgenommen (BVerfGE 97, 350). Die zu treffenden Entscheidungen seien von der Bundesregierung und dem Parlament als »politischen Organen« zu verantworten. Einen dogmatischen Anknüpfungspunkt, der über das allgemeine Demokratieprinzip hinausgeht, hat der Zweite Senat bislang nicht genannt (krit. Peuker 2013: 79 f.).

Schon der Eintritt in die Währungsunion ohne finanz- und wirtschaftspolitische Entsprechung war eine politische Entscheidung. Obwohl die Asymmetrie von vergemeinschafteter Währungspolitik und in der Verantwortung der Mitgliedstaaten verbleibender Wirtschaftspolitik als »Sollbruchstelle« der Währungsunion bekannt war, muss bereits in deren Errichtung die Abkehr von einem »unpolitisch« verstandenen Recht gesehen werden. Das gilt auch für die Handhabung der Konvergenzkriterien und die Überwachung des Regelwerks, das mit der Änderung des Stabilitäts- und Wachstumspaktes zugunsten der politischen Ziele der Mitgliedstaaten eine Entrechtlichung der Verfahren bewirkte und die Effektivität der rechtlichen Mechanismen – lange vor Ausbruch der Krise – minderte. Unter dem bisherigen Rechtsrahmen und den ergriffenen ad hoc Maßnahmen, aber auch dem europäischen Finanzierungsmechanismus mit der privatrechtlich konstruierten »European Financial Stability Facility« (EFSF), konnte, ausgehend vom Vorliegen einer außer Kontrolle geratenen Krisensituation und der »Vorstellung, dass es letztlich lediglich darum gehen müsse, das Funktionieren der Märkte als Sanktionsinstrument mitgliedstaatlicher Politik endlich sicherzustellen« (Nettesheim 2012a: 48), das einst als Herzstück der europäischen Integration gefeierte Projekt der Währungsunion vor einem drohenden Auseinanderfallen nicht bewahrt werden. Deshalb wundert es nicht, dass mit der Einsicht in die Zielverfehlung der punktuellen und temporären, lange nur als ultima ratio verstandenen Notmaßnahmen unter dem politisierten Rechtsrahmen mit einem Umbau der Währungsunion begonnen wurde.

Dieser Umbau stößt an rechtliche Grenzen. Politisch überwinden lassen sie sich unter den erschwerten Bedingungen des Vertragsänderungsverfahrens. Aber auch diesseits formeller Vertragsänderungen – hier ist ein neuer Weg angelegt – verschiebt sich der Rechtsrahmen. So verbietet das Unionsrecht in den Grenzen des Loyalitätsgebotes nach Art. 4 Abs. 3 EUV[130] nicht den formellen Einsatz von Völkerrecht – wie den Fiskalver-

130 Zu Grenzen des völkervertraglichen Handelns der Mitgliedstaaten: EuGH Gutachten 1/09 v. 8.3.2011 Europäisches Patentgericht.

trag – als Ersatzunionsrecht (Lorz/Sauer 2012). Diese intergouvernementalen »Umbauten« sind aber nicht, wie das BVerfG zu Recht betont, von den besonderen Maßstäben des Europaverfassungsrechts (Art. 23 GG) freigestellt, soweit das Handeln einen institutionellen Zusammenhang zu den »Angelegenheiten der Europäischen Union« aufweist.[131] Auf verschlungene Weise sind in der für das Verhältnis von Recht und Politik aufschlussreichen Euro-Rettungspolitik die nationale, europäische und internationale Ebene miteinander verbunden. Es schält sich, nachdem das ursprüngliche Konzept des »Rettens« aufgegeben worden ist, der Aufbau einer transnationalen Wirtschaftsregierung heraus.[132] Geht der institutionelle Rahmen über die bisherigen Formen von »economic governance« hinaus, wird jedoch keine »Regierung« im staatlichen Sinne geschaffen, für die es die Zustimmung der Mitgliedstaaten auf absehbare Zeit kaum geben dürfte, die aber zur Behebung der Krise abgesehen von der Frage, wem eine »Wirtschaftsregierung« gegenüber verantwortlich wäre, auch kaum wünschenswert ist.

bb) Rückkehr der Politik: Six Pack, ESM- und Fiskalvertrag

Der politische Umbau der Währungsunion erfolgt auf der Grundlage von zwei Strategien, die zum Teil miteinander konkurrieren: Auf der einen Seite steht das Bestreben der Unionsorgane, die für die Krise mitverantwortlich gehaltene Asymmetrie von Währungs- und Wirtschaftspolitik auf supranationalem Weg abzumildern. Dies wird unter dem neuen Regelungsregime zu erreichen versucht, das mit den Rechtssetzungsakten des so genannten Six Packs unter Anwendung der *supranationalen* Methode von der Kommission, dem Rat und dem Parlament etabliert worden ist. Legt man nicht zu hohe, insbesondere nicht demokratietheoretische Anforderungen an das Vorliegen einer Wirtschaftsregierung, so ist eine solche – mit der Verortung in den supranationalen Institutionen – auf den Weg gebracht (Ant-

131 So lässt sich die jüngere Rechtsprechungslinie des BVerfG (Urt. v. 7.11.2011, BVerfGE 129, 124 EFSF; Urt. v. 12.6.2012, 2 BvE 4/11 ESM/Euro-Plus-Pakt; Urt. v. 12.9.2012, 2 BvR 1390/12 ESM/Fiskalvertrag) in weitgehender Übereinstimmung mit der Literatur zusammenfassen.

132 Wollte man den Begriff der Wirtschaftsregierung für die durchsetzbare Regulierung des gesamten wirtschaftlichen Lebens reservieren, ließen sich transnationale Phänomene nicht erfassen. Zur erforderlichen Anpassung des Begriffs Antpöhler (2012: 362). Schon im nationalen Kontext birgt der Begriff mit der »Anmaßung von Wissen« (v. Hayek) einige Probleme. Diese Probleme potenzieren sich, überträgt man das Modell einer »Wirtschaftsregierung« ohne Modifikation auf die supranationale Ebene.

pöhler 2012: 353). Anders sieht der Weg aus, den die Mitgliedstaaten mit der *intergouvernementalen* »Unionsmethode« eingeschlagen haben. Zwar ließen sich im vereinfachten Vertragsänderungsverfahren mit dem neuen Art. 136 Abs. 3 AEUV die Zweifel an der primärrechtlichen Zulässigkeit des dauerhaften »Rettungsschirms« in der Form des »European Stability Mechanism« (ESM) ausräumen.[133] Jedoch war für eine Änderung der Verträge zur besseren Koordination der Wirtschaftspolitiken nicht die Zustimmung aller Mitgliedstaaten zu erhalten. Die Antwort lag in der intergouvernementalen Einigung auf den Vertrag über die Stabilität, Koordinierung und Steuerung in der Wirtschafts- und Währungsunion (VSKS), der unter grundsätzlicher Beibehaltung der Asymmetrie die »Wirtschaftsregierung« nicht in der Kommission, sondern in einem neuen Forum, dem zwischenstaatlichen »Euro-Gipfel« (Art. 12 VSKS) zu verorten sucht. Beide Strategien und institutionellen »Verortungen« werfen eine Reihe an Fragen auf, die hier nicht beantwortet werden können.

Das Six Pack führt einen neuen Überwachungsmechanismus für makroökonomische Ungleichgewichte (VO 1176/2011/EU) und mit dem »Europäischen Semester« (VO 1175/2001/EU) einen Mechanismus ein, der es europäischen Institutionen ermöglicht, bereits vor Verabschiedung des nationalen Haushaltsplans auf Fehlentwicklungen aufmerksam zu machen und darauf Einfluss zu nehmen. Die Sanktionierbarkeit der Nichteinhaltung der Vorgaben durch die Unionsorgane wird erheblich intensiviert (VO 1174/2011/EU) und – den schlechten Erfahrungen geschuldet – erleichtert, indem sie nur noch mit »umgekehrter qualifizierten Mehrheit« angenommen werden muss. Danach gelten Beschlüsse der Kommission grundsätzlich als angenommen, soweit der Rat innerhalb einer bestimmten Frist nicht mit qualifizierter Mehrheit widerspricht. Die Frage, ob diese Änderungen des Rechtsrahmens zulässig sind, ist heftig umstritten. Das betrifft vor allem die Frage, ob mit Art. 136 und Art. 121 Abs. 6 AEUV eine hinreichende Kompetenz für den eingeschlagenen Weg in eine supranationale Wirtschaftsregierung vorliegt (abl. Bast/Rödl 2012: 270 ff.; zust. Antpöhler 2012: 369 ff.), aber auch, ob sich der Abstimmungsmodus in den Verfahren für weitreichende Sanktionsbeschlüsse umkehren und insoweit entpolitisieren lassen darf (abl. Rathke 2012: 751). Die Übereinstimmung im politischen Willen ersetzt nicht das Rechtmäßigkeitsurteil. Die Kompetenzwidrigkeit festzustellen, obliegt dem EuGH. Dieser hat sich als

133 Bestätigt durch EuGH, Urt. v. 27.11.2012, Rs. C-379/12 Pringle, Rn. 129 ff.

ein politisch sensibles Gericht erwiesen, dem man eine flexible Handhabung der Kompetenzen angesichts der strikten Hürden für Vertragsänderungen kaum vorwerfen kann (anders Bast/Rödl 2012: 277 f.).

Wie sieht es mit dem Fiskalvertrag aus? Im wesentlichen übernimmt der Vertrag die Regelungen des Six Packs, steht aber vor dem Problem, nicht einfach neue Institutionen aus dem Boden stampfen zu können, sondern die vorhandenen Organe nutzen zu müssen. Was den EuGH betrifft, der von den Mitgliedstaaten nach Art. 8 VSKS mit Blick auf die Einführung der Schuldenbremse in das nationale Recht, vorzugsweise mit Verfassungsrang (Art. 3 Abs. 2 VSKS), von den Mitgliedstaaten angerufen werden kann, gibt es in Art. 267 AEUV einen Anknüpfungspunkt.[134] Da eine vergleichbare Regelung für die Kommission fehlt, ist es konsequent, dieser keine rechtsverbindlichen Handlungskompetenzen in die Hand zu geben, um dem Verdikt der Primärrechtswidrigkeit zu entgehen (krit. Fischer-Lescano/Oberndorfer 2013). Fraglich ist aber auch hier, ob es den Vertragsstaaten durch völkerrechtliche Vereinbarung möglich ist, sich mit Blick auf das Defizitverfahren im Abstimmungsverhalten an den Kommissionsvorschlag zu binden, soweit in ihrem Kreis keine qualifizierte Mehrheit gegen den Vorschlag besteht (Art. 7 VSKS). Immerhin gibt der Fiskalvertrag das Einstimmigkeitserfordernis bei der Ratifikation auf. Um den Vertrag in Kraft treten zu lassen, reichte die Zustimmung von mindestens 12 Euro-Staaten (Art. 14 Abs. 2 VSKS). Demgegenüber trägt das oft zu hörende Schengen-Argument, wonach es nicht unüblich sei, eine völkerrechtliche Vereinbarung erst später in das Unionsrecht zu überführen, nicht. Anders als bei den Personenkontrollen an den Binnengrenzen, die vom Unionsrecht zunächst nicht geregelt waren, ist der Bereich der Währungs- und Wirtschaftspolitik primärrechtlich sehr dicht geregelt, vielleicht – im Vergleich zu nationalem Verfassungsrecht – sogar überkonstitutionalisiert. Art. 16 VSKS, der aus Sorge vor der Verstetigung eines extrakonstitutionellen Regimes die Überleitung des Fiskalvertrags in das Unions-

134 Der EuGH kann jedoch nur die ordnungsgemäße Umsetzung der Schuldenbremse im nationalen Recht überprüfen, nicht aber deren tatsächliche Einhaltung (Pernice 2012: 19). Dass der Conseil constitutionnel keine Regelung der Schuldenbremse im Verfassungsrecht für geboten hält, hat mit der besonderen Stabilität des französischen »loi organique« zu tun, das hier gewählt wurde, vgl. Conseil constitutionnel v. 9.8.2012, Nr. 2012–53 DC Rn. 24.

recht vorsieht, kann die verfahrensrechtlichen Hürden für die Aufnahme in das Primärrecht nicht überspielen.[135]

Und der ESM? Der dauerhafte Rettungsschirm betrifft nur die Euro-Staaten. Zu dessen Einführung wurde der AEUV mit Zustimmung von Großbritannien und Tschechien, die dem Fiskalvertrag fern geblieben sind, geändert. Dass der neue Art. 136 Abs. 3 AEUV im vereinfachten Änderungsverfahren nach Art. 48 Abs. 6 EUV erlassen werden durfte, was voraussetzt, dass damit keine neuen Kompetenzen der Union begründet werden, war nicht zweifelsfrei, ist inzwischen aber geklärt.[136] Nach dem ESM-Vertrag werden wichtige Entscheidungen im Gouverneursrat (Art. 5 ESMV) einstimmig getroffen.[137] Nimmt ein Mitgliedstaat den ESM in Anspruch, ist es Aufgabe der Kommission, die Hilfsbedingungen auszuhandeln und deren Einhaltung zu überwachen (Art. 14 ESMV). Unkontrollierbare Haftungsrisiken bürdet der ESM-Vertrag den Mitgliedstaaten nicht auf. Der Handlungsspielraum des Haushaltsgesetzgebers wird, wie das BVerfG feststellt (BVerfG, 2 BvR 1390/12 v. 12.9.2012 Abs.-Nr. 217 ff.), nicht eingeschränkt, soweit die Bundesrepublik Deutschland durch einen völkerrechtlichen Vorbehalt sicherstellt, dass ohne Zustimmung des Bundestags keine Erhöhung der Haftungssumme erfolgt. Offenbar wollte die EZB in der schwelenden Krise die mit Spannung erwartete Entscheidung des Gerichts nicht abwarten. Dessen Präsident erklärte, die Europäische Zentralbank werde zum Schutz des Euroraums und der ESM-Vertragsstaaten gegebenenfalls unbegrenzt Staatsanleihen aufkaufen.[138] Ob die Mitwirkung an dem zu »strenger Konditionalität« verpflichtetem und die

135 Und dient dem Vereinigten Königreich als Drohkulisse, den Verbleib in der Europäischen Union an vertragliche Änderungen zu knüpfen.

136 Schafft die Norm neue Kompetenzen, dann wäre sie kompetenzwidrig zustande gekommen. Bleibt es beim bestehenden Kompetenzbestand, könnte der ESM am »bail out« Verbot des Art. 125 AEUV scheitern. Der EuGH hat beide Fragen verneint und den ESM-Vertrag erwartungsgemäß passieren lassen, vgl. EuGH, Urt. v. 27.11.2012, Rs. C-379/12 Pringle, Rn. 129 ff.

137 Darüber wird die Budgethoheit des Deutschen Bundestags nur mittelbar geschützt, nämlich über die Bindung des Regierungsmitglieds an einen vorangehenden Beschluss des Bundestags.

138 EZB-Rat v. 6.9.2012, http://www.ecb.int/press/tvservices/webcast/html/webcast_12 1206.en.html. Zu den Gründen auch der Gouverneur der Banque de France: Christian Noyer, Nur eine Währung, die fortbesteht, ist stabil, FAZ v. 20.9.2012, S. 12. In Deutschland wird es für problematisch gehalten, wenn die EZB ein Eingreifen nicht allein auf Marktversagen stützt, sondern an die Unterwerfung unter das Sanierungsprogramm des ESM und damit an eine politische Entscheidung koppelt, vgl. Der Spiegel v. 1.10.2012, S. 82.

Regierungen in »notleidenden« Euro-Staaten erheblich unter Druck setzenden ESM-Regime ein solches – schon in seiner Ankündigung wirkungsvolles[139] – Vorgehen der EZB zu rechtfertigen vermag, ist fraglich, wird durch die Entscheidung des BVerfG vom 12.9.2012 aber nicht beantwortet. Zwei Punkte des Urteils sind in diesem Zusammenhang zu nennen:

In seinen Konsequenzen nicht absehbar, scheint ein neues Verständnis der verfassungsänderungsfesten »Ewigkeitsklausel« des Art. 79 Abs. 3 GG Platz zu greifen. Die bisherige vertragliche Ausgestaltung der Währungsunion als Stabilitätsgemeinschaft bedeute nicht, dass eine demokratisch legitimierte Änderung in der konkreten Ausgestaltung der unionsrechtlichen Stabilitätsvorgaben von vornherein mit Art. 79 Abs. 3 GG unvereinbar wäre. Nicht jede einzelne Ausprägung dieser Stabilitätsgemeinschaft wird durch die für das Gericht allein maßgeblichen Art. 20 Abs. 1 und Abs. 2 in Verbindung mit Art. 79 Abs. 3 GG garantiert. Art. 79 Abs. 3 GG gewährleiste

> »nicht den unveränderten Bestand des geltenden Rechts, sondern Strukturen und Verfahren, die den demokratischen Prozess offen halten und dabei auch die haushaltspolitische Gesamtverantwortung des Parlaments sichern« (BVerfG, 2 BvR 1390/12 v. 12.9.2012 Abs.-Nr. 222).

Diese Sicht auf die »Ewigkeitsklausel« ist bemerkenswert und kann mit der Rückversicherung in der eigenen Rechtsprechung nur teilweise Kontinuität für sich beanspruchen (Lepsius 2012b: 762). Schon in seinem Maastricht-Urteil habe das BVerfG, so der Zweite Senat, ausgesprochen, dass eine Fortentwicklung der Währungsunion zur Erfüllung des Stabilitätsauftrags erforderlich werden kann, wenn anderenfalls die Konzeption der als Stabilitätsgemeinschaft angelegten Währungsunion verlassen werden würde. Wenn sich die Währungsunion mit dem geltenden Integrationsprogramm in ihrer ursprünglichen Struktur nicht verwirklichen lässt, bedürfe es erneuter politischer Entscheidungen, wie weiter vorgegangen werden soll. Es sei Sache des Gesetzgebers, darüber zu befinden, wie etwaigen Schwächen der Währungsunion durch eine Änderung des Unionsrechts entgegen gewirkt werden soll (zust. Peuker 2013: 85 f.).

---

139 Von »faktischen Eurobonds« sprechen Mayer/Heidfeld (2012: 423). Zu den Vorzügen eines solchen Vorgehens, das vom Verbot der monetären Haushaltsführung nach Art. 123 AEUV nicht erfasst wird: Dullien/Joebges (2011).

Zweitens sind im Urteil zum ESM- und Fiskalvertrag weniger die vom Gericht für notwendig gehaltenen völkerrechtlichen Vorbehalte hinsichtlich der Beschränkung der Haftungssumme und der zur Sicherung der haushaltspolitischen Gesamtverantwortung des Deutschen Bundestags zu gewährleistenden Bereitstellung aller erforderlichen Information bemerkenswert.[140] Aufhorchen lassen vielmehr die obiter dicta, mit denen der Zweite Senat deutlich zu machen versucht, dass sich der ESM nicht bei der EZB refinanzieren dürfe. Auch Banklizenzen sind aus seiner Sicht wohl nicht möglich. Wörtlich heißt es in den Abs.-Nr. 276–278:

»Gegen den ESM-Vertrag kann [...] nicht eingewandt werden, dass der Europäische Stabilitätsmechanismus zum Vehikel einer verfassungswidrigen Staatsfinanzierung durch die Europäische Zentralbank werden könnte. Das Verbot monetärer Haushaltsfinanzierung als wesentliches Element zur unionsrechtlichen Sicherung der verfassungsrechtlichen Anforderungen des Demokratiegebotes wird durch den ESM-Vertrag nicht tangiert. Im geltenden Primärrecht findet dieses Verbot monetärer Haushaltsfinanzierung seinen Ausdruck in Art. 123 AEUV. Dieser enthält das Verbot von Überziehungs- oder anderen Kreditfazilitäten bei der Europäischen Zentralbank oder den Zentralbanken der Mitgliedstaaten für Organe, Einrichtungen oder sonstige Stellen der Union, Zentralregierungen, regionale oder lokale Gebietskörperschaften oder andere öffentlich-rechtliche Körperschaften, sonstige Einrichtungen des öffentlichen Rechts oder öffentliche Unternehmen der Mitgliedstaaten sowie des unmittelbaren Erwerbs von Schuldtiteln von diesen durch die Europäische Zentralbank oder die nationalen Zentralbanken. Es kann dahinstehen, ob eine Kreditaufnahme des Europäischen Stabilitätsmechanismus bei der Europäischen Zentralbank bereits durch Art. 21 Abs. 1 ESMV ausgeschlossen ist, der lediglich eine Kapitalaufnahme ›an den Kapitalmärkten‹ vorsieht. Als internes Abkommen zwischen Mitgliedstaaten der Europäischen Union ist der ESM-Vertrag jedenfalls unionsrechtskonform auszulegen. Da eine Aufnahme von Kapital durch den Europäischen Stabilitätsmechanismus bei der Europäischen Zentralbank allein oder in Verbindung mit der Hinterlegung von Staatsanleihen mit Unionsrecht nicht vereinbar wäre, kann der Vertrag nur so verstanden werden, dass er derartige Anleiheoperationen nicht zulässt.

Der Europäische Stabilitätsmechanismus unterfällt als eine dem öffentlichen Sektor im Sinne von Art. 3 Verordnung (EG) Nr. 3603/93 des Rates vom 13. Dezember 1993 zugehörige Finanzinstitution den in Art. 123 Abs. 1 AEUV ge-

---

140 Danach müsse die Bundesrepublik Deutschland bei der Ratifizierung deutlich zum Ausdruck bringen, dass sie an den ESM-Vertrag »insgesamt nicht gebunden sein kann, falls sich der von ihr geltend gemachte Vorbehalt als unwirksam erweisen sollte« (BVerfG, 2 BvR 1390/12 v. 12.9.2012 Abs.-Nr. 253, 259). Die ESM-Staaten hatten mit der Zustimmung zu einem solchen – im europäischen Kontext ungewöhnlichen – Vorbehalt keine Probleme.

nannten Institutionen, an welche keine Kredite vergeben werden dürfen. Aufgrund seiner Zielsetzung ist er auch nicht gemäß Art. 123 Abs. 2 AEUV vom Verbot monetärer Haushaltsfinanzierung ausgenommen. Nach dieser Vorschrift gelten die Bestimmungen des Art. 123 Abs. 1 AEUV nicht für Kreditinstitute in öffentlichem Eigentum. Unter Art. 123 Abs. 2 AEUV fallen jedoch keine Institutionen, deren Finanzmittel unmittelbar Mitgliedstaaten der Europäischen Union zugutekommen, weil sonst das Verbot des Art. 123 Abs. 1 AEUV umgangen würde. Dies wäre beim Europäischen Stabilitätsmechanismus der Fall. Gemäß Art. 3 Satz 1 ESMV dient der Europäische Stabilitätsmechanismus der konditionierten Bereitstellung von Stabilitätshilfen für ESM-Mitglieder. Er verwendet die ihm zur Verfügung stehenden Mittel zur – der Europäischen Zentralbank nach Art. 123 Abs. 1 AEUV verwehrten – direkten finanziellen Stabilisierung der Mitgliedstaaten. Dementsprechend geht auch die Europäische Zentralbank in ihrer Stellungnahme vom 17.3.2011 davon aus, dass Art. 123 AEUV dem Europäischen Stabilitätsmechanismus nicht erlaubt, ein Geschäftspartner des Eurosystems im Sinne von Art. 18 der ESZB-Satzung zu werden.

Auch eine Hinterlegung von Staatsanleihen durch den Europäischen Stabilitätsmechanismus bei der Europäischen Zentralbank als Sicherheit für Kredite würde gegen das Verbot unmittelbaren Erwerbs von Schuldtiteln öffentlicher Stellen verstoßen. Dabei kann offen bleiben, ob hierin eine Übernahme von Schuldtiteln direkt vom öffentlichen Emittenten am Primärmarkt läge oder nach dem Zwischenerwerb durch den Europäischen Stabilitätsmechanismus einem Erwerb am Sekundärmarkt entsprechen würde. Denn ein Erwerb von Staatsanleihen am Sekundärmarkt durch die Europäische Zentralbank, der auf von den Kapitalmärkten unabhängige Finanzierung der Haushalte der Mitgliedstaaten zielte, ist als Umgehung des Verbotes monetärer Haushaltsfinanzierung ebenfalls untersagt. Dem trägt der ESM-Vertrag Rechnung, dessen 4. Erwägungsgrund die strikte Einhaltung des Rahmens der Europäischen Union, der integrierten makroökonomischen Überwachung, insbesondere des Stabilitäts- und Wachstumspaktes, des Rahmens für makroökonomische Ungleichgewichte und der Vorschriften für die wirtschaftspolitische Steuerung der Europäischen Union anmahnt. Hierzu zählt Art.123 AEUV.«

Zur Entscheidung notwendig waren diese Ausführungen nicht. Sie lassen aber erkennen, dass sich das Gericht europäische Grundsatzfragen nicht aus der Hand nehmen lassen will. Das kann man durchaus kritisch sehen, entspricht im Grundsatz aber der Rolle der Gerichte im europäischen Verfassungsgerichtsverbund.

Zwar mag das Handeln der EZB vor dem EuGH mit der Nichtigkeitsklage (Art. 263 AEUV) angreifbar sein (Mayer 2012a). Für das BVerfG stellt es keinen angreifbaren Akt deutscher Hoheitsgewalt dar, der über Art. 38 GG die Zulässigkeit einer Verfassungsbeschwerde zu begründen vermag (BVerfGE 129, 124/172 f.). Gerade die strikte Trennung der Aufgaben von Politik (Rettungsschirme) und Geldwertstabilität (durch die EZB) ermöglichte es bislang dem Gericht, sich nicht mit den unabhängigen Entscheidungen der Zentralbank zu befassen. In dem Maße, wie diese Grenze sich verflüssigt, die EZB in die »fiskalpolitische Welt« übergreift und politische Bindungen entstehen, dürften diese einer gerichtlichen Kontrolle aber kaum pauschal entzogen sein. Ein angesichts der Krise für »alternativlos« gehaltener Rollenwandel der EZB rechtfertigt keinen gänzlichen Kontrollverzicht und in der Logik der bisherigen Rechtsprechung liegt es nahe, die Beschränkung auf die gerichtliche Kontrolle gesetzgeberischen Handelns zu hinterfragen. Wenn Art. 38 GG den haushaltspolitischen Gesetzgeber vor sich selbst schütze, müsse er ihn doch erst recht vor anderen schützen. Und wenn, lässt man sich auf die Argumentation des Gerichts ein, das Wahlrecht die Budgetverantwortung garantiere, dann müsse es doch wohl vor jeder Maßnahme schützen, die eine Bindung der Bundesrepublik herbeiführt (Nettesheim 2011b: 770). Diese Konsequenz zeigt das Dilemma, in das die Konstruktion eines prozessualen »Türöffners« über das Wahlrecht geführt hat. Hierüber gelingt es der Verfassungsrechtsprechung kaum, das dialektische Verhältnis von verfassungsrechtlicher Bindung und Offenheit des politischen Prozesses überzeugend zu verarbeiten (Nettesheim 2011b: 767). Liest man die jüngeren Urteile Mangold/Honeywell (BVerfGE 126, 286) und EFSF/Griechenlandhilfe (BVerfGE 129, 124) zusammen, dürfte es dem Gericht im Ergebnis schwerfallen, den eingetretenen Funktionswandel der EZB an den eigenen Maßstäben auszubremsen. Es liegt vielmehr am EuGH, gegebenenfalls über eine Vorlage durch nationale Höchstgerichte, die Unionsorgane auf die Einhaltung des Rechts zu verpflichten (Thym 2012).

Zusammengefasst: Ob Bankenunion, Schuldentilgungsfonds oder Eurobonds. Es sind zunächst einmal politische Maßnahmen, die sich im Rahmen des Rechts bewegen müssen, dieses jedoch zugleich fortentwickeln. Dem politisierten Rechtsrahmen, unter dem sich die Wirtschafts- und Währungsunion entwickelt hat, mit vermeintlich strikten Verfassungsbindungen und einer »jetzt erst recht« Rhetorik (Nettesheim 2012a: 35, 47) zu begegnen, vermag nicht zu überzeugen. Das bedeutet nicht, dass es keine Grenzen gibt. So dürfte Art. 125 AEUV, wie die Kommission im Grünbuch »über die Durchführbarkeit der Einführung von Stabilitätsanleihen« (2011: 13 ff.) betont, der Einführung von »Eurobonds« ohne Vertragsänderung entgegenstehen.[141] Auf der anderen Seite spricht die bisherige Erfahrung eines inkrementellen *step by step* dafür, den Schritt in eine »Fiskalunion« nicht revolutionär zu überhöhen und an nationale Volksabstimmungen zu knüpfen oder eine neue Verfassung ins Spiel zu bringen (Hofmann/Konow 2012: 157 ff.; Calliess/Schoenfleisch 2012: 477; Mayer 2013). Dass es Grenzen gibt, die nicht durch die »Hintertür« (Gundel 2012: 79) umgangen werden dürfen, kann nicht darüber hinwegtäuschen, dass die rechtlichen Grenzen unscharf sind und das Recht selbst an Grenzen stößt. Auch das BVerfG formuliert keine Haftungsobergrenze, sondern knüpft das Eingehen vertraglich nicht fixierter Haftungsrisiken an eine politische Entscheidung des Parlaments. Den Parlamenten ist es aufgegeben, den von den Regierungen eingeschlagenen Weg zur Verbesserung einer gemeinsamen Wirtschaftspolitik[142] nicht einfach als Schritt zu »mehr Europa« nachzuvollziehen, sondern kritisch zu begleiten und eindimensionalen Funktionslogiken zu entziehen.[143] Dazu gehört, dass dem Ziel, die integrationspolitisch mit hohem Symbolwert ausgestattete, aber nur begrenzt einen gemeinsamen Wirtschaftsraum spiegelnde Währung zu erhalten, kaum einfach unter Anrufung des »neofunktionalistischen Erbes« mit der Hochzonung der Wirtschaftspolitik auf supranationale Institutionen ohne stärkere demokratische Rückanbindung näher zu kommen sein dürfte. Das gilt aber auch für die »neo-intergouvernementale« Alternative mit dem forcierten Ausbau des Europäischen Rates, der als verselbständigte internationale Organisation im europäischen Gefüge immer bedeutsamer wird und – wie sich am Euro-Gipfel nach dem Fiskalvertrag zeigt – die Position des

141 Siehe auch das »Blueprint« der Kommission v. 28.11.2012, A Blueprint for a deep and genuine EMU,COM (2012) 777 endg, S. 14 f., 33, 35. Zum Legitimationspotential der gegenwärtig diskutierten Vorschläge, darunter den »Quadriga-Bericht« v. 5.12.2012, Towards a genuine Economic and Monetary Union, Report by President Herman Van Rompuy in close collaboration with the Presidents of the European Commission, Eurogroup and European Central Bank: Mayer (2012b: 14–23). Scholz (2013: 226 f.) kritisiert zu Recht, dass der Deutsche Bundestag von der in Art. 45 S. 2 GG enthaltenen Ermächtigung, europapolitische Entscheidungen mit plenarersetzender Wirkung auf den Europa-Ausschuss zu delegieren, bislang keinen Gebrauch gemacht hat.

142 Vgl. Schlussfolgerungen des Europäischen Rates v. 28./29.6.2012.

143 Für »Anhänger eines skeptischen Konstitutionalismus (müsse) es darum gehen, im repräsentativen Institutionengefüge darauf hinzuwirken, dass die Hegemonie eines ökonomischen Diskurses der Alternativlosigkeit durchbrochen« wird (Nettesheim (2012b: 1413). Darüber wird man schneller Einigkeit erzielen als eine Lösung anbieten können. Hinzu kommt, dass die Einführung einer kontinuierlichen parlamentarischen Kontrolle von Behördenaufsicht – etwa über die EZB als einer »countermajoritarian institution« im Zusammenhang mit der geplanten Bankenunion – systemfremd wäre (Mayer 2012b: 34).

Europäischen Parlaments schwächt.[144] Das erschwert die Berücksichtigung sozialpolitischer Anliegen, die sich in Europa nur transnational, d.h. unter Einbeziehung einer Vielfalt an Akteuren in der Verkoppelung der Politikebenen verwirklichen lassen.

cc) Sicherungen der Demokratie, aber wie?

Natürlich konnte man sich fragen, ob das BVerfG im Hauptsacheverfahren zum ESM- und Fiskalvertrag die Zweifel an der Zulässigkeit von EZB-Staatsanleihekäufen dem EuGH vorlegen musste, wofür die apodiktischen Äußerungen im Urteil gesprochen haben. Tatsächlich hat der Zweite Senat das OMT-Programm zum Gegenstand einer Vorlage gemacht.[145] Der EuGH ist an die Interpretation des AEUV durch das BVerfG, das im Vertrag ein Verbot von Staatsanleihenkäufen auch auf den Sekundärmärkten erkennt, nicht gebunden, wird die Aussagen des Zweiten Senats aber kaum einfach ignorieren können. Der Zusammenhang zwischen Euro-Krise und Demokratieprinzip reicht allerdings tiefer.[146]

Zu fragen wäre, inwieweit aus dem Demokratieprinzip nach Art. 20 Abs. 2 GG Verpflichtungen der Regierung folgen, auf der europäischen Ebene nur – wie das Kompatibilitätsgebot des Art. 23 GG verdeutlicht – solchen Regelungen zuzustimmen, die auch den Anforderungen des Art. 10 EUV entsprechen, jedenfalls nicht ohne Grund in intergouvernementale »Hinterzimmer« zu flüchten.[147]

Eine andere – den Gegenpol markierende – Frage ist es, inwieweit eine Änderung nationaler Verfassungen angestrebt werden sollte, um Volksabstimmungen zu ermöglichen. Nur so könne der Verzicht auf das Selbstregierungsrecht eines Volkes gerechtfertigt werden (H.-P. Schneider 2012). Diese Forderung erhält durch öffentliche Aussagen von Richtern des

---

144 Dessen Präsident kann nach Art. 12 Abs. 5 VSKS lediglich eingeladen werden.

145 BVerfG, Beschl. v. 14.1.2014, 2 BvR 2728/13 OMT-Vorlagebeschluss.

146 Siehe etwa Kaube, Die absolutistische Demokratie, FAZ v. 27.9.2011, S. 29; Voßkuhle (2012b); Offe (2013: 78 f.).

147 In dieser Richtung auch Kumm (2012a) mit der allerdings nicht unproblematischen Folgerung, das BVerfG möge aus der Integrationsermächtigung des Art. 23 Abs. 1 GG eine Verpflichtung der Bundesregierung herleiten, im Europäischen Rat darauf hinzuwirken, den Kandidaten derjenigen Partei zum Kommissionspräsidenten vorzuschlagen, der die Unterstützung der Mehrheit des Europäischen Parlaments hat. Ein parlamentarisches Regierungssystem ist eine Entwicklungsmöglichkeit, die nicht von allen Mitgliedstaaten geteilt wird.

BVerfG in der Interpretation eigener Urteile[148] zusätzliches Gewicht. Für den Präsidenten des Bundesverfassungsgerichts, Andreas Voßkuhle, habe die Europäische Union eine Zukunft nur als demokratisch legitimierte Rechtsgemeinschaft.[149] Darüber müsse gestritten werden. Doch dieser demokratische Streit mit der Einsicht in die Konflikthaftigkeit des Politischen erfordert einen transnationalen Diskurs. Europa habe, wie Voßkuhle im Rahmen einer Podiumsdiskussion auf dem 69. Deutschen Juristentag betonte, in erster Linie eine Vertrauenskrise.[150] Es müsse darum gehen, das Vertrauen in die europäischen Institutionen zu stärken. Daran schließen sich drei Fragen an:

Wer soll dieses Vertrauen befördern? Das BVerfG hat sich im Urteil zum ESM- und Fiskalvertrag zurückgehalten, hier allzu offensiv Pflöcke zu setzten. Es sieht seine Aufgabe darin, den politischen Prozess offen zu halten, will aber nicht an die Stelle des Gesetzgebers treten. Das ist zu begrüßen.

Jedoch fragt sich, ob das Gericht seine Rolle richtig versteht, wenn dessen Präsident die Verrechtlichung und demokratische Rückanbindung der Euro-Rettungspolitik durch den ESM- und Fiskalvertrag auf die Vorgaben des Zweiten Senats zurückführt. Es entsteht der Eindruck, als sei Europa ein deutsches Projekt[151] unter der Regie eines nationalen Verfassungsge-

---

148 Insbesondere Huber, Keine europäische Wirtschaftsregierung ohne Änderung des Grundgesetzes, SZ v. 19.9.2011, S. 6; Voßkuhle, Noch mehr Europa lässt das Grundgesetz nicht zu, FAS v. 25.9.2011, S. 36 f. Interviews von Verfassungsrichtern zu Grenzen der Integration sind nicht unproblematisch, können sie doch Erwartungen wecken, die das Gericht nicht erfüllen kann.

149 Voßkuhle, Mündliche Urteilsbegründung zum Urteil des Bundesverfassungsgerichts v. 12.9.2012 zum ESM- und Fiskalvertrag, http://www.youtube.com/watch?v=4fGoshwfH0Y.

150 Ähnlich Bundeskanzlerin Angela Merkel in ihrer Rede v. 7.11.2012 im Europäischen Parlament: »Denn – seien wir ehrlich – die europäische Staatsschuldenkrise ist in ihrem Kern auch eine Vertrauenskrise.« Zu einem »echten Austausch zwischen der europäischen und der nationalen Ebene« will die Bundesregierung sich für ein »neues gestuftes und differenziertes Verfahren« einsetzen, in dessen Rahmen die Mitgliedstaaten mit Zustimmung ihrer Parlamente verbindliche Reformverträge mit der Europäischen Kommission schließen, krit. Gesine Schwan, Wie wollen wir die politische Union in Europa? FAZ v. 18.12.2012, S. 28.

151 Die »Schuldenkrise« mag politische Führung erfordern, nicht aber deutsche Hegemonie, in dieser Richtung aber Schönberger (2012). Ulrich Beck (2012: 51) meint, die Verknüpfung von Nationalstaatsorthodoxie und Europa-Architektur, die Kunst des Zögerns als Disziplinierungsstrategie, das Primat nationaler Wählbarkeit sowie die deutsche Sta-

richts. Sind der ESM- und der Fiskalvertrag durch die Rechtsprechung des BVerfG geboten, da im Staatenverbund eine durch die nationalen Parlamente vermittelte Legitimation exekutiver und gouvernementaler Zusammenarbeit erfolge (BVerfGE 123, 267/364, 368 f.), so mag das die Perspektive eines nationalen Gerichts sein. Hierdurch ist das Demokratieproblem aber eher benannt als gelöst. Die Kritik, wie sie von Jürgen Habermas u.a. formuliert wird, lässt sich dahingegend reformulieren, dass aus dem Demokratieprinzip des Grundgesetzes weniger der Erhalt des Nationalstaates als vielmehr eine Verpflichtung der Bundesregierung folge, auf eine transnationale Demokratieverträglichkeit von Entscheidungen auf Unionsebene hinzuwirken[152] und »retardierende« Bremsen für die Flucht in völkerrechtliche Nebenregime einzubauen, die sich wie der Fiskalvertrag nur in der Summe mitgliedstaatlich, nicht aber über das Europäische Parlament europäisch legitimieren lassen (ähnlich Pernice u.a. 2012).

»Wer schnell fahren wolle, brauche Bremsen.« So beschrieb Andreas Voßkuhle im Rahmen des Deutschen Juristentags sein Bild der europäischen Integration. Doch diese »Bremsen« können nicht mehr allein vom Nationalstaat definiert und von hier aus gezogen werden (zu einem differenzierten »Leitbild« des Straßenverkehrs Pernice u.a. 2012: 33 ff.). Sie müssen die jeweils anderen Interessen berücksichtigen, was diesseits der an Verbands- und Organkompetenzgrenzen stoßenden Einbindung des Europäischen Parlaments über bloße Absichtserklärungen hinausgehende Verfahren voraussetzt, die eine Re-Integration intergouvernementaler Politik in den europäischen Rechtsrahmen sicherstellen. Gelingt es im Europäischen Rat nicht, die Zustimmung aller Mitgliedstaaten für Kompetenzübertragungen zu erhalten, ist dies eine Sache. Eine andere Sache aber ist es, noch am gleichen Abend eine intergouvernementale »Koalition der Willigen« einzugehen, die im Ergebnis eine demokratische Rückbindung auf Unionsebene aushebelt. Nach dieser Lesart wurzelt das Vertrauen im Nationalstaat und seinen Institutionen, die letztverbindlich über den Fort-

bilitätskultur verstärken sich wechselseitig und bilden den Machtkern des deutschen Europa.

152 Denn in Verbundstrukturen, wie sie die Europäische Union auszeichnen, beschädigen »Legitimationsprobleme eines Hoheitsträgers […] die Legitimation der Entscheidungen anderer Hoheitsträger« (v. Bogdandy 2013: 4). Vielfach wird von einem »Kontinuum politischer Legitimation im Mehrebenensystem« ausgegangen, das Legitimation nicht mehr dualistisch völkerrechtlich oder verfassungsrechtlich bewertet, sondern als ein graduelles und differenziertes Konzept begreift (Ley 2012b: 158). Für die europäische Demokratie auch Brunkhorst (2010: 181); Franzius/Preuß (2012a: 25, 33).

gang der Integration wachen. Zwar bleiben völkerrechtliche Wege möglich, aber das Demokratieprinzip des Grundgesetzes (Art. 20 Abs. 2 GG) fordert von den deutschen Vertretern in europäischen Angelegenheiten, die nach dem Unionsrecht (Art. 10 EUV) demokratisch legitimiert werden müssen, prinzipiell nur solchen Lösungen zuzustimmen, die auf Unionsebene auch legitimiert werden können.[153]

Damit stellt sich die Frage, inwieweit das angemahnte Vertrauen eine demokratische Kategorie darstellt. Voßkuhle zufolge müsse das Misstrauen der Bürger zum Anlass genommen werden, Institutionen in die Lage zu versetzen, Vertrauen zu erzeugen. Hierzu gehört die Rechtsbindung, die jedoch politisch erzeugt werden muss, soll über deren Reichweite nicht stets von Neuem gestritten werden. Vieles, was aus deutscher Sicht klar zu sein scheint, ist anderswo gar nicht so klar.[154] Das gilt für das Verhältnis von Recht und Politik, aber auch für den aufbrechenden Konsens unter den Mitgliedstaaten hinsichtlich der EZB. Was deren Handlungsgrenzen betrifft, spricht die europäische Grundidee für eine einheitliche Auslegung des Unionsverfassungsrechts durch den EuGH. Das erübrigt nicht den Streit über den richtigen Weg aus der Schuldenkrise. Erst das Ringen um Lösungen und der permanente Diskurs schaffen Voßkuhle zufolge Vertrauen, das als stabiles Arrangement eine bundesstaatliche Lösung nicht ausschließe und für manche vielleicht auch nur so zu denken sei.[155] Damit

---

153 Ob sich im vereinfachten Änderungsverfahren, das zur Schaffung des ESM genutzt wurde, der Fiskalvertrag in das Primärrecht überführen lässt und dabei ein Letztentscheidungsrecht des Europäischen Parlaments für das Defizitverfahren nach Art. 126 AEUV eingeführt werden könnte, ist zweifelhaft. Sicherer wäre das ordentliche Änderungsverfahren mit der Einberufung eines Konvents (Pernice u.a. 2012: 42 f.).

154 Empörung löste die Rede der ehemaligen Vizepräsidentin der Europäischen Kommission und EU-Justizkommissarin Viviane Reding (2012) im Rahmen des 69. Deutschen Juristentags aus, wo sie die Neigung deutscher Juristen kritisierte, in der Euro-Rettung einen permanenten Rechtsbruch zu sehen. Aber, wie auch der ehemalige Präsident des Europäischen Parlaments, Klaus Hänsch, Mehr Europa, aber wie?, FAZ v. 10.12.2012, S. 7, bemerkt, das »deutsche Verständnis von dem Maß an rechtlicher Absicherung ist von einem tiefsitzenden Misstrauen in die Prozesshaftigkeit von Politik geprägt.« Das habe mit der deutschen Geschichte zu tun, könne aber »in seiner Rigorosität und Enge von anderen in Europa mit ihren geschichtlichen Erfahrungen« nicht geteilt werden.

155 Krit. Timothy Garton Ash (2013: 11), der der deutschen politischen Klasse vorhält, eine »sanitized Lego-Language« zu benutzen, »snapping together prefabricated phrases made of hollow plastic. Most German politicians are more likely to fly unaided to the moon than they are to coin a striking phrase«. Bei ihm heißt es zutreffend: »Whatever eventually comes out of the sausage factory of Brussels negotiations, probably several years

werden freilich demokratische und föderale Dimensionen vermischt. Problematisch ist es auch, von einer »föderal-demokratischen« Legitimation (so Pernice u.a. 2012: 12) zu sprechen. Richtig ist jedoch, dass in föderalen Ordnungen das Vertrauen nicht nur eine vertikale, sondern auch eine horizontale Dimension hat. Es erstreckt sich auf die Funktionsweise der Institutionen, aber auch auf die bürgerschaftliche Anerkennung des Anderen, speist sich also aus einem transnationalen Diskurs, der erst als solcher dem europäischen Projekt in der doppelten Abstützung auf die in den nationalen Parlamenten repräsentierten Angehörigen der Völker und die im Europäischen Parlament repräsentierten Unionsbürger Legitimation verleiht. Greifbar wird ein solches transnationales Vertrauen im europäischen Verwaltungsrecht. Darauf ist zurückzukommen (unten D.III.).

An dieser Stelle sei nur auf den Konnex hingewiesen, der zwischen Schuldenkrise und demokratischen Auswegen gezogen wird. Zur demokratischen Überwindung der Krise (Pernice u.a. 2012) wird man sich vor allem für eine bessere parlamentarische Kontrolle der Überwachungstätigkeit der Kommission aussprechen müssen, etwa durch ein parlamentarisches Minderheitenrecht. Auch sollte nicht dem Rat, sondern dem Parlament das Letztentscheidungsrecht über das Bestehen eines Defizits nach Art. 126 AEUV zustehen. Eine Fiskalunion, wie sie als Zukunftsperspektive im Raum steht, stößt allerdings auf institutionelle Probleme parlamentarischer Kontrolle (Pernice u.a. 2012: 26 f.). So lässt die Fragmentierung der Union durch eine auf die Euro-Staaten beschränkte Fiskalpolitik die Einbeziehung des Europäischen Parlaments oder einer Sonderformation (»Euro-Parlament«) ebenso wie die Schaffung einer neuen parlamentarischen Institution problematisch erscheinen.[156] Neben einer verbesserten demokratischen Ausgestaltung des Defizitverfahrens (Art. 126 AEUV) im Rahmen der Fiskalpolitik sind im Rahmen einer demokratischen Wirtschaftspolitik zur Überwindung oder zumindest Abfederung der systemischen Asymmetrie der Wirtschafts- und Währungsunion unterschiedliche Strategien denkbar. Sie stoßen jedoch alle an Grenzen.

Das betrifft zunächst die intergouvernementale Koordinierung außerhalb der Verträge, wie sie mit dem Fiskalvertrag eingeleitet wurde. Sie ist

hence, will not be neat and tidy, and it will not be made only in Germany: less a *Bundesrepublik Europa*, more a Holy Republican Commonwealth« (Hervorhebung im Original).

156 Zur Ausgestaltung eines »Euro-Parlaments« Mayer (2012b: 20 ff.). Bundeskanzlerin Merkel hat sich in ihrer Rede v. 7.11.2012 im Europäischen Parlament skeptisch gegenüber der Gründung einer neuen parlamentarischen Institution geäußert.

im Vergleich zur »Gemeinschaftsmethode« nicht nur weniger demokratisch, sondern auch weniger effizient, da sie durch die Hintertür das Einstimmigkeitsprinzip wieder einführt (Pernice u.a. 2012: 32). Aber auch die verstärkte Koordinierung der allgemeinen Wirtschaftspolitik der Euro-Länder über Art. 121 AEUV behebt das Demokratiedefizit nicht, während die verstärkte Zusammenarbeit nach Art. 326 ff. AEUV es zwar erlaubt, die Institutionen und Strukturen der Union zu nutzen, aber das Vorliegen einer Kompetenz auf Unionsebene voraussetzt. Das ist im Bereich der Wirtschaftspolitik gerade nicht der Fall. Um die Mehrebenendemokratie nach Art. 10 EUV greifen zu lassen, bedürfte es des Ausbaus von Kompetenztiteln im Bereich der geteilten Kompetenzen, was die Zustimmung aller Mitgliedstaaten voraussetzt.[157] Davor schrecken die Staaten jedoch zurück und ihre Bedenken werden sich kaum mit dem Hinweis (Pernice u.a. 2012: 34) ausräumen lassen, dass unter den Bauprinzipien der Union das Ziel einer solchen Reform nicht Kongruenz, sondern nur Konvergenz sein könne, die genügend Spielraum auf der mitgliedstaatlichen Ebene belasse.

Institutionelle Reformen, welche die »Krise« zum Anlass nehmen, eine verbesserte demokratische Rückbindung europäischer Politik zu ermöglichen, stehen vor dem Problem, nicht einfach das »eigene« Modell auf die Union übertragen zu können (Franzius/Preuß 2012a: 51 ff., 141 ff.). In Europa spiegeln sich nicht nur die unterschiedlichen Verfassungsbegriffe, sondern auch unterschiedliche politische Systeme mit den hier wurzelnden und eingespielten Traditionen. In einem Präsidialsystem – wie in Frankreich – wird Demokratie anders verstanden als in einem parlamentarischen Regierungssystem wie in Deutschland. Fällt dort die kritische Öffentlichkeit mit Demokratie zusammen, werde hier die Volkssouveränität durch eine vertikale Gewaltenteilung zwischen gesetzgebender Souveränität und gesetzanwendenden Staatsapparaten prozeduralisiert (Maus 2011: 10 f.). Man mag sich fragen, ob eine Direktwahl des Kommissionspräsidenten entsprechend präsidialer Systeme unmittelbar durch die Unionsbürger (Dann 2013) oder nach dem Vorbild des parlamentarischen Regierungssystems durch das Europäische Parlament (Maduro/De Witte/Kumm

157 Das Einstimmigkeitsprinzip ist der Nachteil des Vertragsänderungsverfahrens. Im ordentlichen oder vereinfachten Änderungsverfahren (Art. 48 EUV) ist jedoch das Europäische Parlament ein zentraler Akteur, der nicht, wie bei der Erarbeitung des Fiskalvertrags, am Katzentisch (Martin Schulz) sitzt. Hier hat es ein Initiativrecht und weitgehende Mitwirkungsrechte.

2012) in Betracht kommt. Bislang waren es immer Mischformen, in denen Kompromisse zum Ausdruck gekommen sind, etwa dergestalt, einerseits einen Präsidenten des Europäischen Rates zu schaffen (Art. 15 Abs. 5 EUV), jedoch andererseits das Vorschlagsrecht des Europäischen Rates für den Kommissionspräsidenten an die Berücksichtigung der Ergebnisse der Wahlen zum Europäischen Parlament zu knüpfen (Art. 17 Abs. 7 EUV). Während ersteres einer Präsidialverfassung entgegen kommt, mag letzteres die Entwicklung zu einem parlamentarischen Regierungssystem nahelegen.[158]

Beides sind jedoch keine einfachen Lösungsangebote für die Union, in der die Macht nicht in einer Person oder einem Organ konzentriert ist, auf deren Legitimation dann primär zu setzen wäre. Die gestellte Frage, wer den Friedensnobelpreis für die Europäische Union entgegennehmen sollte, war zu stark von der Außenvertretungsbefugnis eines Staates gedacht. Die Union ist aber kein Staat und will es nicht sein. Sie muss und sollte es auch nicht sein, um demokratischer zu werden.[159] Staatlichkeit – entlarvend die unscharfe Redeweise von Quasi-Staatlichkeit – ist eine Denkblockade, die eine Demokratisierung europäischer Herrschaftsgewalt eher erschwert als erleichtert.

Weitergehend mag an Vorschläge erinnert werden, die demokratische Repräsentation der Staaten auf Unionsebene durch die Einführung einer europäischen Staatenkammer zu verbessern. Damit wären nicht nur die Unionsbürger im Europäischen Parlament, sondern auch die Völker in einer von diesen gewählten Institution repräsentiert, die über die mittelbare Vertretung durch die Regierungen im Rat hinausreicht und notwendig wäre, sollte die intergouvernementale Dimension der Union vertieft werden (Piris 2012). Eine bessere Verknüpfung mit den nationalen Parlamenten wird dadurch aber nicht entbehrlich. Bindende Beschlüsse dürfte auch ein überstaatliches Forum nach dem Vorbild des Art. 13 Fiskalvertrag, bestehend aus Abgeordneten der nationalen Parlamente und des Europäischen Parlaments, aus Sicht des deutschen Verfassungsrechts (BVerfGE

---

158 Eine Zusammenlegung der Ämter von Kommissions- und Ratspräsident würde den Kommissionspräsidenten im intergouvernementalen Europäischen Rat stärken. Dies soll – ebenso wie Stärkungen des parlamentarischen Wahl- und Initiativrechts – gegebenenfalls durch interinstitutionelle Vereinbarungen geschehen können, was jedoch bedenklich erscheint, liegen der Ämteraufteilung doch unterschiedliche Legitimationsstränge zugrunde.

159 Anders die ehemalige Vizepräsidentin der Europäischen Kommission und EU-Justizkommissarin Viviane Reding, Der neue Bund, FAZ v. 25.2.2013, S. 7.

129, 124/179 f.) nicht treffen.[160] In diesem Zusammenhang könnte zwar auch an die Einführung von *opting outs* für außerordentliche Haushaltsbelastungen gedacht werden, deren Charme darin liegt, die Union und andere Staaten nicht im Wege eines Vetos daran zu hindern, die beschlossenen Maßnahmen zu ergreifen.[161] Es würde jedoch die Fragmentierung der Union befördern und – bei aller Unausweichlichkeit zu differenzierter Integration[162] – die demokratische Qualität ihrer vor den Unionsbürgern zu verantwortenden Entscheidungen nicht erhöhen.

Ich fasse zusammen: Die Euro-Krise dokumentiert auf anschauliche Weise, dass Lösungen weder allein im Recht noch allein in der Politik liegen können, es hier vielmehr zu einer Neubestimmung des Verhältnisses von Recht und Politik kommt. Was oben (C.I.) zur Kopplungsfunktion der Verfassung gesagt wurde, erhält im Aufbau einer europäischen Wirtschaftsregierung unter demokratischen Vorzeichen ein besonderes Gewicht. Recht und Politik werden nicht entlang territorialer Grenzen miteinander verkoppelt, sondern nach funktionalen Kriterien, die keiner übergreifenden Einheit unterworfen sind. Sie finden weder auf der einen (nationalen), noch auf der anderen (supranationalen) Ebene zusammen, sondern operieren nach einem *ebenentranszendierenden Modus*. Weder die nationalen Verfassungsrechtsordnungen noch das europäische Primärrecht liefern – jeweils für sich – einfache Antworten. Das ist kein Freibrief für die Politik. Ein konstitutioneller Pluralismus muss jedoch in Rechnung stellen, dass jede »Ebene« legitime Ansprüche stellt und dass sich die handelnden Akteure im Umbau der Europäischen Union in einer transnationalen Konstellation befinden, die ein Rechtserzeugungsmonopol, wie es dem Verfassungsstaat mit Blick auf öffentliche und private Akteure »eingeschrieben« ist, nicht mehr kennt.

---

160 Art. 13 VSKS erlaubt die Einrichtung einer Konferenz von Vertretern der zuständigen Ausschüsse von Europäischem Parlament und von Vertretern der zuständigen Ausschüsse der nationalen Parlamente, um die Haushaltspolitik und andere vom Fiskalvertrag erfasste Angelegenheiten – auf Ausschussebene – zu diskutieren. Das dürfte verbindliche Beschlüsse ablehnender, nicht aber zustimmender Natur umfassen (Mayer 2012b: 28).

161 Steiger (2012: 15) meint, dass der Bundestag mit der Möglichkeit, den außerordentlichen Verpflichtungen zuzustimmen oder sie abzulehnen, seiner Integrationsverantwortung gerecht werde, weshalb ein solches opting out Verfahren den Anforderungen des BVerfG zur Wahrung der Haushaltsautonomie genügen könne.

162 So etwa im Falle der Finanztransaktionssteuer, die vom ECOFIN-Rat am 22.1.2013 im Wege der verstärkten Zusammenarbeit für zunächst 11 Mitgliedstaaten beschlossen wurde, dazu Mayer/Heidfeld (2011).

2. Governance und das Entstehen neuer Verwaltungsräume

Wie sieht es mit der Verwaltung aus? Die transnationale Konstellation in ihrem Veränderungspotential für die Verwaltung zu beschreiben, legt den Rückgriff auf die Governance-Perspektive nahe. Dem rechtliche und nicht-rechtliche Mechanismen verbindenden Governance-Ansatz bleibt es jedoch aufgegeben, die Prozesse der Verrechtlichung und Politisierung nicht gegeneinander auszuspielen, sondern miteinander zu verbinden und die transnationale Rechtserzeugung an Verfahren der Legitimationsvermittlung anzuschließen (a).

Statt nach der Konstitutionalisierung transnationaler Governance-Regime, etwa von *public private partnerships* zu fragen, ließe sich die Herausbildung unterschiedlicher Governance-Arrangements auch als Konstitutionalisierungskritik deuten (ähnlich Walter 2004: 31, 36). Dem Politischen verbleibt ein Raum, in dem es öffentlichen und privaten Akteuren mit den Worten von Daniel Halberstam (2009: 328) aufgegeben sein mag, die primären Werte von »voice, expertise and rights« zu realisieren. Jedenfalls verliert mit dem Zugriff internationaler Institutionen auf den Einzelnen das Narrativ vom »Verwaltungsrecht als konkretisiertem Verfassungsrecht« (Werner 1959) an Überzeugungskraft (Schönberger 2006). Das Verwaltungsrecht erhält eine neue Autonomie in der Thematisierung völkerrechtlicher Fragen, wenngleich auch ein globales Verwaltungsrecht mit der Einrahmung privater Rechtsetzungen auf Abstützungen in den nationalen Verwaltungsrechtsordnungen angewiesen bleibt (b).

So lenkt die Governance-Forschung den Blick auf Institutionalisierungsformen, die eine Zentralisierung der Rechtserzeugung vermeidbar machen. Das wird im europäischen Verwaltungsrecht deutlich, wo Prozessen der De-Institutionalisierung von Kommission und Europäischem Parlament eine Re-Institutionalisierung von neuen Einrichtungen wie Ausschüssen, Agenturen und ähnlichen Organisationsformen gegenüber tritt (Bast 2007b). Neben den direkten und den indirekten Vollzug schiebt sich eine dritte Verwaltungsebene. Regulierungsentscheidungen können nicht mehr einfach auf den Willen einer zentralen Instanz zurückgeführt und von ihr verantwortet werden. Inwieweit sich die partielle Herauslösung unabhängiger Organisationen aus dem nationalen Steuerungs- und Legitimationszusammenhang (Trute 2004) durch die sektorale Vernetzung sachverständigen Wissens rechtfertigen lässt, gehört zu den offenen Fragen des europäischen Verwaltungsrechts (c).

a) Recht und Nicht-Recht

Während sich die Verfassungsrechtswissenschaft in Distanz zu staatstheoretischen Kontroversen begibt, damit aber insgesamt kleinräumiger wird und *nolens volens* an Attraktivität für die großen Fragen von Recht und Politik einbüßt, erlebt die deutsche Verwaltungsrechtswissenschaft seit der legendären Regensburger Staatsrechtslehrertagung 1970 eine bemerkenswerte Aufwertung, die sich in einer Pluralisierung niederschlägt: Die Öffnung und Abgrenzung zu den Sozialwissenschaften, das Festhalten an alten und ein Anreichern um neue Zugänge schärften das Bewusstsein für die methodischen Prämissen und dogmatischen Institute, die in der 1990 einsetzenden Reformdiskussion auf den Prüfstand gestellt wurden (Brohm 1987: 265; Hoffmann-Riem 1990: 400).

Die mit der Verarbeitung neuer Regulierungsformen zugleich Neuland vermessende Debatte (resümierend Pauly 2011: 19 ff.) erweist sich vor dem Hintergrund von Verrechtlichung und Politisierung als ambivalent: Auf der einen Seite wird in der gewählten Steuerungsperspektive am Staatsbegriff festgehalten, nachdem dieser im Verfassungsrecht seine metaphysische Rolle verloren hat. Auf der anderen Seite bevorzugt die Betrachtung des Rechts als Steuerungsinstrument der Politik eine Verrechtlichungsperspektive, die sich vom Konstitutionalisierungsleitbild der Bonner Republik zu entfernen scheint (Jestaedt 2012: 7 f.). Dem Verwaltungsrecht wird (wieder) eine stärkere Autonomie zugesprochen, es werden neue Strategien entwickelt und Leitbilder getestet, deren Ausgestaltung den politischen Akteuren vorbehalten bleibt.[163]

Auffallend ist, dass die Steuerungsperspektive im Wesentlichen den Innenraum des Verwaltungsrechts betrifft. Davon weitgehend unberührt bleibt die Internationalisierung. Das mag mit der relativ strengen Arbeitsteilung des deutschen Öffentlichen Rechts zu tun haben, das erst langsam lernt, im Völkerrecht auch die Verwaltung thematisieren und im Verwaltungsrecht auch völkerrechtliche Prägungen beschreiben zu müssen. Viele Probleme, die im Völkerrecht diskutiert werden, sind der Sache nach verwaltungsrechtliche Probleme, die auch als solche behandelt werden müssten. Mit dem Zugriff internationaler Institutionen auf den Einzelnen[164] und

163 So beim Leitbild des Gewährleistungsstaates. Voßkuhle (2003: 291) spricht von »Grenzen der Konstitutionalisierung des Gewährleistungsstaates«.

164 So etwa die »targeted sanctions« des UN-Sicherheitsrats zur Sperrung von Bankkonten. Hier fehlt es an einer Verwaltungsinstanz zur Individualisierung mit der Folge, dass der Rechtsschutz buchstäblich ins Leere greift.

dem Einfluss des Völkerrechts auf das nationale Verwaltungsrecht[165] verliert das Narrativ vom Verwaltungsrecht als konkretisiertem Verfassungsrecht an Überzeugungskraft und die an die Stelle der Steuerungsidee tretende Governance-Perspektive auf die Verwaltung lässt sich, zumal unter den beschriebenen Pluralisierungstendenzen als Konstitutionalisierungskritik reformulieren (Schuppert 2011: 106 ff.). Global Governance könne »keine feste Ordnung im Sinne einer Verfassung« aufgezwungen werden (Walter 2004: 63 f.). Wie sich der Konstitutionalisierungs- und der Governance-Ansatz zueinander verhalten, ist bislang unklar. In Deutschland schimmern unterschiedliche Zugriffe auf das Verhältnis von Recht und Politik durch. Während ein zurückhaltender Konstitutionalisierungsansatz, wie er dem Selbstverständnis in Deutschland sozialisierter Juristen entspricht, sich um eine eigene Sprache für Governance-Phänomene bemüht, nehmen weite Teile der Politikwissenschaft, die sich zumeist empirisch mit Governance beschäftigen, die Konstitutionalisierungsthese nicht zur Kenntnis.[166] Ob mit der Governance-Perspektive auf neue Koordinierungsmechanismen – wie zum Beispiel die offene Methode der Koordinierung (Schäfer 2005) – die bestehenden Institutionen entwertet und eine Entrechtlichung in Kauf genommen wird (Joerges 2008: 213), bleibt unsicher. Zu kurz griffe es, den in der Konstitutionalisierung angelegten Legalitäts- durch einen technokratischen Legitimationsmodus zu ersetzen.[167]

Was aber bedeutet Governance, was kann es aus der Sicht des Öffentlichen Rechts bedeuten? Governance ist etwas anderes als Steuerung (Mayntz 2005: 11). Es handelt sich dabei zwar insofern um eine Fortentwicklung der mit einiger Verspätung in das Verwaltungsrecht aufgenommenen politikwissenschaftlichen Steuerungsidee (Haus 2010: 457), als auch Governance eine Distanz zur punktuell rechtsaktbezogenen Perspektive der »Juristischen Methode« einnimmt. Zugleich handelt es sich aber um eine Abkehr vom Steuerungsparadigma, weil, wie sich vereinfachend sagen

165 So etwa die Aarhus-Konvention mit einer Stärkung der Öffentlichkeitsbeteiligung und des Rechtsschutzes in Umweltangelegenheiten, deren Folgen für das nationale Verwaltungsrecht durch das Unionsrecht *gefiltert* und zugleich *verstärkt* werden. Art. 11 UVP-RL, obgleich mit Art. 9 Abs. 2 AK nahezu wortlautidentisch, nimmt an den unionsrechtlichen Durchgriffswirkungen teil, die völkerrechtlichen Verträgen fehlen.

166 Dass es auch anders geht, zeigt das Buch von Jeffrey L. Dunhoff/Joel P. Trachtman (Hg.), Ruling the World? Constitutionalism, International Law, and Global Governance, Cambridge 2009.

167 Vgl. Halberstam (2009: 328) »Constitutionalism stands for a project of governance in which actors endeavor to realize the primary values of voice, expertise, and rights.«

lässt, die wirkungs-, verhaltens- oder handlungsbezogene Orientierung zugunsten einer strukturbezogenen Perspektive zurückgestellt wird. In den Vordergrund treten Regelungsstrukturen (Trute 1996: 951 ff.), in denen rechtliche und nicht-rechtliche Mechanismen der Handlungskoordination miteinander verknüpft werden[168] und ein Fragezeichen hinter die traditionelle Rechtsquellenlehre gesetzt wird. Das Konzept der Regelungsstruktur kann mit Hans-Heinrich Trute (2007: 245) als rechtswissenschaftliche Ausprägung des Governance-Ansatzes (Franzius 2006b) angesehen werden. Es

> »dient als analytischer Rahmen, innerhalb dessen die Wirkungszusammenhänge, Substitutions- und Ergänzungsverhältnisse zwischen Handlungsmaßstäben, Akteuren und Instrumenten thematisierbar werden. Er umfasst also die für die Regelung eines bestimmten Sachbereichs wichtigen Regelungsinstanzen, Maßstäbe, Formen und Instrumente.«

Wenn in der Steuerungsperspektive vertreten wird, schon immer seien die Regelungsstrukturen auch ihr Thema gewesen, dann droht übersehen zu werden, dass mit dem Wechsel von Steuerung zu Governance die kognitive Erosion der Unterscheidung von Steuerungssubjekt und Steuerungsobjekt verarbeitet wird (Mayntz 2005: 15, 17; Franzius 2006b: 198 f., 203 f.). Ist nicht mehr klar, wer eigentlich wen steuert, dann greift die Steuerungsperspektive ins Leere. Soweit normativ diese Unterscheidung verlangt wird, um die gebotenen Zurechnungen vornehmen zu können, dann ist das ebenso richtig wie problematisch, droht auf diese Weise doch eine zentrale Zurechnungsinstanz unterstellt zu werden, auf die sich alle Hoffnungen und Ängste einer verunsicherten Gesellschaft projizieren lassen könnten. Den Herausforderungen der Erosionen von Staatlichkeit nach innen und nach außen, aber auch der Herausbildung diagonaler Konfliktlagen durch eine wechselseitige Öffnung der Rechtsordnungen für das Zusammenspiel von staatlichen und privaten Akteuren im transnationalen Raum wird man so nur begrenzt gerecht.

---

168 Zur Überwindung der Dichotomie zwischen Handlungs- und Strukturtheorie für die Herausbildung normativer Ordnungen Forst/Günther (2010: 6): »Während handlungstheoretische Optionen angesichts aktueller Herausforderungen eher zu einem Alarmismus neigen, der sich in der bloßen Artikulation mehr oder weniger abstrakter Gerechtigkeitsforderungen erschöpft, verfallen Struktur- und Systemtheorien eher in einen Quietismus, indem sie die Bewältigung dieser Herausforderungen den ausdifferenzierten Teilsystemen überantworten, ohne die Gefahr zu erkennen, dass vielleicht schon eine Schwelle überschritten ist, die zu dramatischen Entdifferenzierungsprozessen führen könnte.«

Demgegenüber müsste gefragt werden, ob nicht gerade mit der Umstellung auf Governance und dem Verzicht auf die Unterstellung einer zentralen Steuerungsinstanz sehr viel genauer dem Recht in der transnationalen Konstellation auf die Spur zu kommen ist. Wird darauf hingewiesen, dass die Rechtswissenschaft mit normativen Konzepten arbeite, Governance aber eine analytische Dimension zukomme, ist das richtig, übersieht aber, dass eben häufig nicht klar ist, wo normative Vorgaben wirksam werden müssen.[169] Wenn zum Beispiel das Demokratieprinzip des Grundgesetzes die Sicherstellung der Entscheidungsgewalt des Bundestags verlangt, dann ist mit der formellen Sicherung der Entscheidungsverfahren nicht viel gewonnen, soweit nicht gesehen wird, dass sich parlamentarisches Handeln im europäischen und internationalen Kontext verändert (v. Bogdandy 2005). Ein anderes Beispiel: Wenn die Steuerungsperspektive meint, dem Governance-Ansatz dadurch überlegen zu sein, dass an Kompetenzen und Handlungsformen angeschlossen werden könne (Voßkuhle 2012a: 70), dann droht übersehen zu werden, dass es gerade die Frage ist, welche Phänomene einer kompetenzrechtlichen Erfassung oder dogmatischen Schärfung durch die Erarbeitung von Handlungs- oder Bewirkungsformen (Hoffmann-Riem 2012) bedürfen. Der Governance-Ansatz entscheidet das nicht, macht es aber sichtbar.

Der Governance-Zugriff auf die Verwaltung enthält keine Präferenz für bestimmte, sondern eine Erweiterung der Perspektive auf eine Vielzahl unterschiedlicher Mechanismen rechtlicher und nicht-rechtlicher Handlungskoordination. Diese Perspektive ist auf keinen exklusiven Koordinationsmodus festgelegt. Sie darf nicht als Hierarchiekritik missverstanden werden. Vielmehr kommt es entscheidend darauf an, in welchem Verhältnis diese Mechanismen zueinander stehen (Mayntz 2009: 9). Mit der Übernahme von Bildern wie dem »Schatten der Hierarchie« ist es kaum getan. Hingewiesen sei vielmehr auf ein anderes Problem: Die hohe Selektivität der Juristischen Methode, die mit der Hervorhebung des verwaltungsrechtlichen Bewirkungsauftrags in der Steuerungsperspektive überwunden wird, scheint mit Governance nochmals verringert zu werden. Diese Entgrenzungen scheinen hingenommen zu werden, womit der Anknüpfungspunkt für die öffentlich-rechtliche Betrachtung der Regelungsstrukturen verloren zu gehen droht. Mit der Einebnung grundlegender Unterschei-

169 Deshalb überwindet die Governance-Perspektive scharfe Trennungen zwischen (dogmatischer) Verwaltungsrechtswissenschaft und (empirischer) Verwaltungswissenschaft (Franzius 2006a: 335; Trute/Pilniok 2011: 849).

dungen, wie der zwischen Staat und Gesellschaft, wächst die Verunsicherung, inwieweit Governance eine Perspektive öffentlich-rechtlicher Forschung ausmachen kann.[170]

Die Schärfung eines Begriffs erfolgt über die Bildung von Gegenbegriffen. Kein Gegenbegriff ist der Begriff der Regierung, zumal die öffentlich-rechtliche Verarbeitung von Governance-Phänomenen ein *governance without government* nur in seltenen Fällen anerkennen kann. Allerdings handelt es sich bei Governance auch nicht bloß um einen Beobachtungsmodus von nicht-staatlichen Organisationen für Regierungen, wie teilweise angenommen wird (Möllers 2008c: 238). Jeder Versuch, Governance auf ein Instrument in der Hand von staatlichen oder nicht-staatlichen Institutionen zu verkürzen, droht dem Wandel vom punktuell verhaltensbezogenen Steuerungs- zum stärker organisationsbezogenen Beschreibungsansatz nicht gerecht zu werden. Es geht, wie Hans-Heinrich Trute und Arne Pilniok (2011: 851, 856 f.) zutreffend bemerken, um die wechselseitige Verbindung von rechtlicher und nicht-rechtlicher Perspektive auf den Gegenstand der öffentlichen Verwaltung. Gerade die Schwierigkeiten, einen passenden Gegenbegriff für Governance oder dafür zu finden, was Governance *nicht* ist, machen die Zurückhaltung in der Rechtswissenschaft verständlich. Was leistet Governance, was die rechtsakt- oder die verhaltensbezogene Perspektive nicht leistet? Gewinn verspricht die Perspektive gerade in der transnationalen Konstellation. Hier scheinen weder die rechtsaktbezogene noch die steuerungswissenschaftliche Perspektive das Feld transnationaler Öffnungen und Verschränkungen der Verwaltungsrechtsordnungen adäquat aufbereiten zu können.[171]

---

170 Häufig wird auf den begrenzten Nutzen der Governance-Perspektive für die Rechtswissenschaft hingewiesen (Voßkuhle 2012a: 68). Doch es ist kein Zufall, dass die Rechtswissenschaft mit der Governance-Perspektive in solchen Rechtsgebieten zu arbeiten beginnt, die sich, wie das Wissenschafts- oder das Gesundheitsrecht (Pilniok 2011; Kingreen 2009), durch eine wachsende Unübersichtlichkeit auszeichnen. Der punktuelle Zugriff der Juristischen Methode, so unverzichtbar er für die Beantwortung von Rechtsfragen sein mag, entzieht der Rechtswissenschaft zu einem guten Teil die Analysemöglichkeiten und -fähigkeiten, die sie zur Formulierung der Fragen und deren Bearbeitung benötigt. Dass die Verwaltungsrechtswissenschaft einen eigenen Zugang zur Erfassung ihres Gegenstandes benötigt, ist unbestritten. Einzustellen hat sich die Disziplin aber auf eine Relativierung ihres Systemanspruchs und die Anerkennung einer Methodenvielfalt (Lepsius 2010a: 179).

171 Vergleichbare Probleme hat das Privatrecht, etwa mit der Qualifizierung des (deutschen) Corporate Governance Codex zwischen Recht und Nicht-Recht. Zu vertraglichen Verknüpfungen zwischen Unternehmen und ihrer Umwelt in der Forschungsperspektive

Statt das besondere des Steuerungsansatzes am Wirklichkeitsbezug der Rechtsgewinnung zu sehen und dafür zu kritisieren, müsste schärfer gefragt werden, ob der Governance-Ansatz mit dem »klassischen« Verständnis der Verwaltungsrechtswissenschaft nicht viel eher kompatibel ist, weil von methodisch fragwürdigen Vorstellungen einer »Steuerung der Wirklichkeit« Abstand genommen wird. Einem rechtswissenschaftlichen Konzept von Governance könnte es deshalb auch besser gelingen, die Grenzen des Rechts zu thematisieren. Wurden sie früher durch dogmatische Verkürzungen des Aufmerksamkeitsfeldes gezogen, so sind es heute funktionale Grenzziehungen, die ganzheitliche Orientierungen problematisch erscheinen lassen. Ist die eingeübte Praxis der Juristischen Methode von hoher, so ist der steuerungswissenschaftliche Ansatz von einer eher niedrigen Selektivität des Materials gekennzeichnet. Selektivität ist ein methodisches Gebot, doch fragt sich, *was* darüber herausgefiltert und damit unsichtbar gemacht werden soll. Nach dem hier zugrunde gelegten Verständnis filtert Governance unhinterfragte Staatsvorstellungen heraus. Die These lautet, dass es gerade darüber gelingen könnte, besser zum Recht vorzustoßen, weil das Verwaltungsrecht nicht länger als Produkt des Staates, sondern als ein Medium zu verstehen ist, das die sozialen Beziehungen unterschiedlicher Akteure in ihrer Eigenrationalität konstituiert und sichert (Franzius 2009a: 143 ff. u. passim).

Ein weiteres kommt hinzu: So dürfte das in staats- und steuerungswissenschaftlichen Ansätzen zum Ausdruck gebrachte Selbstverständnis der Rechtswissenschaft[172] auf Dauer nur zu halten sein, wenn es gelingt, den konzeptionellen Zugriff auf die sich überlappenden Rechtsarenen überzeugend darzulegen (Franzius 2006a: 370 f.). Gerade der Blick auf die Sozialwissenschaften legt die Schärfung rechtswissenschaftlicher Methodik nahe. Die Normativität des Rechts verlangt eine vergleichende Perspektive, die bei allen Schwierigkeiten (Richers 2007) stets beide Seiten zu betrachten hat: Neben der Daueraufgabe der Verwaltungsrechtsvergleichung (Schönberger 2011b) ist es aufgegeben, den hinter den territorial radizierten Rechtsordnungen stehenden funktionalen »Beziehungen« von Recht und

des »Contract Governance« Möslein (2010: 74 ff.). Zur Transnationalisierung des Privatrechts Calliess/Zumbansen (2010).

172 Erstaunlich blass – und in dieser Blässe aussagekräftig – die Auseinandersetzung auf der Freiburger Staatsrechtslehrertagung zum Thema »Das Verwaltungsrecht zwischen klassischem dogmatischen Verständnis und steuerungswissenschaftlichem Anspruch« mit den Referaten von Appel (2008: 253 ff., 276 f.) im Sinne einer Verbindung und Eifert (2008a: 308, 314 ff.) für eine weitergehende Integration, krit. Franzius (2012a: 1).

Politik nachzugehen. Sie lassen sich nicht entlang der Grenzen beschreiben, die durch den jeweils eigenen disziplinären Zugriff der Rechts- oder Politikwissenschaft markiert werden. So wie es für die Verfassungsrechtswissenschaft durchaus Sinn macht, an die Stelle des Staatsbegriffs die Erfassung der Herrschaftsformen (Lepsius 2004: 376 ff.) treten zu lassen, erscheint es für die Verwaltungsrechtswissenschaft ratsam, die unterschiedlichen Governance-Strukturen in ihre Betrachtung einzustellen.[173]

Auf diese Weise kann Governance die Entterritorialisierung des Rechts verarbeiten. Das muss nicht mit der befürchteten expertokratischen Entpolitisierung einhergehen, die Verantwortung verwischt oder unsichtbar macht. Auch wird mit dem Blick auf Regelungsstrukturen keiner Entsubjektivierung das Wort geredet und darüber einer Entrechtlichung Vorschub geleistet (Franzius 2006b: 201 ff.). Das Problem liegt vielmehr in der entdifferenzierenden Tendenz von Governance im Unterlaufen der klassischen Unterscheidungen, die an die Primärdifferenzierung von Staat und Gesellschaft anknüpfen. Doch die Verwaltungsrechtswissenschaft hat sich nicht bloß thematisch, sondern auch methodisch ausdifferenziert (Pauly 2011: 27). Von der Leitunterscheidung zwischen Staat und Gesellschaft, so wichtig sie für Zurechnungsfragen bleiben mag, hat sich die beschreibende und theoretische Betrachtung gelöst. Man sollte das einem methodisch disziplinierten und rechtswissenschaftlich reformulierten Governance-Ansatz dann auch nicht pauschal vorwerfen (Trute/Kühlers/Pilniok 2008: 187).

b) De-Territorialisierung als Transnationalisierung

Unter der Governance-Perspektive lässt sich das europäische Verwaltungsrecht neu vermessen.[174] Mit der Herausbildung von Agenturen und den Vernetzungen relativ unabhängiger Regulierungsbehörden – unter Einschluss der Kommission – ist ein wichtiger Gegenstand der Governance-Forschung angesprochen. Sie hat sich dem Phänomen zu widmen, dass Regulierungsentscheidungen nicht einfach auf den Willen einer zentralen

173 Das mag Kontextualisierung genannt werden. Die Europarechtswissenschaft hat mit dem European Law Journal eine eigene Zeitschrift, die sich dem »Recht im Kontext« widmet. So ist es kein Zufall, dass die spezifischen Gründe für den Bedarf nach einer Kontextualisierung gerade im Europarecht gesehen werden, das, wie sich an den »Werten« des Art. 2 EUV ablesen lässt, mit den nationalen Verfassungsordnungen dasselbe sagt, damit aber nicht auch dasselbe meint.

174 Es gibt viele Äquivalente für Governance, angefangen von »regulierter Selbstregulierung« bis zum Verbund als einer stärkere Einheit konnotierender Ordnungsidee.

Instanz zurückgeführt und von ihr verantwortet werden können. Deshalb ist unsicher, inwieweit die im europäischen Rechtsraum zu beobachtende Vernetzung von Behörden deren Handeln legitimationstheoretisch gefährden oder, weil eine Zentralisierung vermieden wird, sicherstellen. Die Entwicklung von Legitimationsmechanismen einer vernetzten Verwaltung nach Maßgabe der primärrechtlichen Grundlagen (Art. 290 f. AEUV) steht erst am Anfang.[175] Dabei geht es weniger um die institutionelle Bündelung dezentrierter Wissensbestände für die Rationalität einzelfallbezogener Entscheidungen. Im Vordergrund steht vielmehr die vorgelagerte Herausbildung einer Vertrauen generierenden Infrastruktur (Schmidt-Aßmann 2012a: 28a, 62; Trute 2012: 113–115; Röhl 2006: 1079). Insoweit lässt sich die europäische Verbundverwaltung als Versuch begreifen, mit der Institutionalisierung horizontalen Vertrauens die Voraussetzungen dafür zu schaffen, dass, um eine Formulierung von Claus Offe (1998: 104) abzuwandeln, das vertikale Phänomen überstaatlicher Herrschaft entsteht und Bestand haben kann (Franzius 2009b: 643).

Die Entterritorialisierung des Handelns führt zu transnationalen Beziehungen (Schmidt 2008: 532). Das hierauf reagierende Verwaltungsrecht erhält nicht nur eine europäische und internationale, sondern auch eine globale und transnationale Dimension. Ob sich die Anreicherungen des internationalen Verwaltungsrechts um eine globale Variante – prominent vertreten durch den Ansatz eines Global Administative Law (Kingsbury/Krisch/Stewart 2005) – in Distanz oder Ablösung von den nationalen Rechtsordnungen ohne Legitimationseinbußen realisieren lässt, ist fraglich. Kommt es nicht auf die formalen Kriterien der Rechtsschicht – Völkerrecht, Europarecht oder nationales Recht – oder die Abschichtung nach den handelnden Akteuren – Internationale Organisation, Staat oder Private – an, sondern auf die »staatliche Grenzen transzendierende Aufgabenerledigung« (Ruffert 2007: 402), dann ist internationales Verwaltungsrecht (auch) als transnationales Verwaltungsrecht zu denken und insofern ein Kollisionsrecht neuer Art (Fischer-Lescano 2008a: 373). Denn gegenüber wem sollen die Strukturen von Global Governance verantwortlich

175 Vor allem die Abgrenzung der exekutiven Rechtsetzungskompetenzen ist unsicher, vgl. H. Hofmann (2009: 482); Stelkens (2012: 384 ff.); Pilniok/Westermann (2012: 382 ff.). Es spricht vieles dafür, von einer gestuften Normkonkretisierung auszugehen und die Frage nach der Kontrolle – entweder durch Rat und Parlament in der delegierten Rechtsetzung (Art. 290 AEUV) oder durch das Komitologieverfahren in der Durchführungsrechtsetzung (Art. 291 Abs. 2 AEUV) – der Entscheidung des Gesetzgebers im Basisrechtsakt vorzubehalten (Bast 2012: 467 f.).

sein? Nach dem nationalen Ansatz wäre die Grundlage der *Staatenkonsens*, worüber sich behördliche Regulierungsnetzwerke rechtfertigen lassen könnten. Ähnlich starke normative Gründe kann der internationale Ansatz für sich verbuchen, der mit der internationalen Rechtsetzung, Entscheidungsfindung und Kontrolle eine Verantwortlichkeit eher zu den nationalen »constituencies« als zur globalen Weltbevölkerung erhält. Demgegenüber zielt ein kosmopolitischer Ansatz auf die globale Gemeinschaft der Individuen als einer *global public*, die sich kaum unter Verdrängung der anderen Ansätze denken ließe. Wenn sich diese drei »Constituencies – the serveral states, the community of states, the global public« (Krisch 2006: 263 f.) – als Archetypen oder Strukturen nicht einfach zugunsten eines Modells auflösen, es vielmehr um ein »accomodating multiple constituencies« gehe, dann könne dies nur mit Hilfe eines pluralistischen Ansatzes bewerkstelligt werden. Darüber wird zugleich deutlich, dass die vernetzende Verwaltung nicht mehr allein aus den »Nationalstaaten« ihre Legitimation beziehen kann. Neue Legitimationsstrategien setzen vor allem auf die Transparenz der Verfahren und Entscheidungen – nicht nur als Funktionsvoraussetzung von Legitimation, sondern als einem »Mechanismus der Ermöglichung und Sicherung von Vertrauen« (Eifert 2008b: 330).

Transnationale Verwaltungsräume haben eine vertikale und eine horizontale Dimension.[176] Sie werden nicht bloß von der wachsenden Herausbildung »überstaatlicher« Rechtspositionen, sondern auch von staatlichen Grundrechten geprägt.[177] Trotz der konfliktreichen Spannungslage kann eine »Grundrechtsschicht« aber nicht gegen die andere ausgespielt werden, wie das prinzipielle Nebeneinander von europäischen und staatlichen Grundrechten in der Anwendung beider Grundrechtsregime im europäischen Rechtsraum zeigt. Transnationale Verwaltungsräume, in denen öffentliche und private Akteure miteinander verknüpft werden, entstehen als »dritte Schicht« zwischen staatlichem und überstaatlichem Recht. Maßgeblich ist weder allein das Verwaltungsrecht noch allein das Völkerrecht. Dessen Formen – wie der Vertrag – weisen zwar eine Nähe zum Privatrecht auf, finden aber nur begrenzt Anwendung auf private Akteure. Auch das internationale Verwaltungsrecht erfasst die Gegenstände nur unvollkommen. Zwar widmet sich das Völkerrecht der Analyse von Verwaltungsstrukturen unterhalb der organisatorischen Verdichtung zu Internati-

176 Zur Horizontalisierung der europäischen Verbundverwaltung Franzius (2009b). Für das internationale Verwaltungsrecht Glaser (2011: 27 ff.).

177 Das gilt auch für private Regelungsregime (Ladeur/Viellechner 2008).

onalen Organisationen, also solchen Kooperationsstrukturen, die sich »durch die Überwindung der Mediatisierung von Verwaltungszusammenarbeit durch die Institution Staat« kennzeichnen. Wenn und weil es nicht mehr allein »um zwischen-staatliche [internationale] Beziehungen [geht], sondern um Rechtsverhältnisse, die staatliche Grenzen durchdringen« und ihre Bedeutung übersteigen, könne für das internationale Verwaltungsrecht »die Idee der Transnationalität fruchtbar gemacht werden« (Ruffert 2007: 401). Hierdurch werden auch Rechtsverhältnisse zu privaten Akteuren erfasst.

Im Vordergrund vieler Überlegungen steht die Internationalisierung des Verwaltungshandelns. Sie schien ein Nachdenken über kollisionsrechtliche Argumentationsmuster und Regeln entbehrlich zu machen. Die Funktion eines internationalen Verwaltungsrechts als Kollisionsrecht mit der Suche nach öffentlich-rechtlichen Grenznormen (Neumeyer 1936: 115 ff.) drohte verschüttet zu werden. Das öffentliche Recht folge anderen Regeln als das internationale Privatrecht, die Frage nach der Auswahl der anwendbaren Rechtsordnung stelle sich im internationalen Verwaltungsrecht nicht (Vogel 1965: 298 ff.). Mit der Erosion der Grenze zwischen öffentlich und privat, aber auch angesichts neuer Herausforderungen – wie zum Beispiel der Gefahrenabwehr im Internet – gilt diese Auffassung heute als überholt. Dass es zu Kollisionen zwischen den anwendbaren Rechtsregimen kommen kann, steht außer Frage. Konzeptionell noch unsicher ist, wie dem inter- oder transnationalen Verwaltungsrecht eine kollisionsrechtliche Koordinierung der Verwaltungstätigkeit gelingen kann. Das Verwaltungsrecht muss sich gegenüber dem Kollisionsrecht des internationalen Privatrechts nicht methodisch abschirmen (Ohler 2006: 148 ff.), wird ein öffentliches Kollisionsrecht aber im Rahmen des Völkerrechts eigenständig zu entwickeln haben.

Die Entterritorialisierung und Transnationalisierung des Verwaltungshandelns ist Gegenstand der breiten Debatte um Global Governance, an die das Konzept eines Global Administrative Law (GAL) anknüpft (Kingsbury/Krisch/Stewart 2005). Dieser Ansatz geht zunächst davon aus, dass die Rechtsordnungen miteinander konkurrieren und Konflikte zwischen unterschiedlichen Rechtsschichten nicht nach starren Vorrangregeln gelöst werden können (Krisch 2006: 269 ff.). Dass sich das Verwaltungsrecht zur »Vermessung« eines globalen Verwaltungsraums unter pluralistischen, auf eine ebenenbezogene »Letztverantwortung« verzichtende Vorzeichen eignet, kann nicht darüber hinwegtäuschen, dass es schon auf der konzeptionellen Ebene schwerfällt, für das globale Verwaltungshandeln passende demokratische und rechtsstaatliche Sicherungen zu entwickeln. Legitimations- und Rechtsschutzprobleme sind als Herausforderungen erkannt, treffen aber auf Unterschiede im – nicht zuletzt kulturell verwurzelten – Vorverständnis ihrer Relevanz. Entsprechend unterschiedlich fallen die Bewältigungsstrategien aus. Vor dem rechtspluralistischen Hintergrund überrascht dies nicht. Es nährt aber Zweifel an der Tragfähigkeit eines übergreifenden globalen Verwaltungsrechts.

Auch ein stärker transnational ausgerichtetes und mit der Einbeziehung privater Akteure auf individuelle Selbstbestimmung als Legitimationsquelle setzendes Verwaltungsrecht sieht sich Fragen ausgesetzt. Eine große Rolle spielen für die transnationale Verwaltung institutionalisierte Netzwerke, die als Handlungsform (Goldmann 2007: 225 ff.), als Organisationsform (Schöndorf-Haubold 2007: 149 ff.; Franzius 2009a: 457 ff.) oder als Verfahrensarrangement (Glaser 2011: 270 ff.) verstanden werden können. In dieser häufig als informal kritisierten Konstellation neigt die Verwaltung zu einem Wechsel von der normativen zur kognitiven Steuerung. An die Stelle zwingender Regeln treten Angebote, die von den Adressaten aber kaum abgelehnt werden können (Möllers 2013: 57). So wird im europäischen Verwaltungsrecht, dem für das internationale Verwaltungsrecht eine Katalysatorwirkung und Mittlerfunktion zugeschrieben wird (Ruffert 2007: 412 f.) das Modell von direktem und indirektem Vollzug »aufgebrochen« und als dritte Verwaltungsstruktur schält sich eine horizontale Verknüpfung administrativer Organisationen der Mitgliedstaaten mit der wechselseitigen Anerkennung von Rechtsakten heraus. Auch eine Formalisierung dieser Netzwerkstruktur verhindert nicht, dass sich der Ableitungszusammenhang zu politischen Steuerungs- und Legitimationsprozessen verflüchtigt.[178]

c) Grenzen der Politik: Unabhängige Regulierungsbehörden

War im Zusammenhang mit der Euro-Rettung auf Grenzen des Rechts hingewiesen worden, so scheint es im europäischen und internationalen Verwaltungsrecht um eine Akzentuierung der Grenzen von Politik zu

178 Ein entterritorialisiertes globales Recht, soll es sich »jenseits« des Staates entwickeln, dürfte nicht nur »jenseits des klassischen Selbstverständnisses der Einheit und Konsistenz des Rechts« (Ladeur 2012b: 227 f.), sondern auch nur in einer de-politisierten Weise zu haben sein.

gehen. Inwieweit die Verwaltung von politischer Einflussnahme »abgeschirmt« werden kann, zählt vor dem Hintergrund der Verfassungsbindungen zu den zentralen Fragen des Verwaltungsrechts, das der besonderen Rolle der Verwaltung in kognitiver Hinsicht, etwa zur Beurteilung außerrechtlicher Maßstäbe, aber auch als »eigenständiger« Rechtsproduzent angemessen Rechnung tragen muss. Die Verwaltung auf einen Vollzugsautomaten politischer und rechtlicher Vorgaben zu reduzieren, wird schon der nationalen Verwaltung nicht gerecht. Das gilt erst recht für die transnationale Verwaltung, deren Verrechtlichung ohne einen zentralen Gesetzgeber auskommen muss, aber von den gesetzlichen Bindungen sich »vernetzender« nationaler Behörden nicht freigestellt ist. Nimmt man die transnationale Vernetzung »unabhängiger« Regulierungsbehörden der europäischen Verbundverwaltung näher in den Blick, dann werden mit der partiellen Herausnahme dieser Behörden aus dem nationalen Steuerungszusammenhang (Trute 2004) Grenzen der Politik deutlich (aa). Aber es verschiebt sich auch die rechtliche Kontrolle (bb) und der horizontale Vernetzungsansatz, der im Telekommunikationsrecht umfangreiche Kooperationspflichten der nationalen Regulierungsbehörden zur Kommission und zu den anderen nationalen Regulierungsbehörden begründet, stellt sich als eine sinnvolle Governance-Struktur dar (cc).

aa) Unabhängigkeit von der Politik

Die Verselbständigung von Verwaltungseinheiten wird als ein »europäischer Megatrend« bezeichnet (Ruffert 2008: 431). Hier offenbart sich eine besondere Form der Aufgabenerfüllung, die mit einer Distanzsicherung gegenüber der Regierung eine gewisse »Politikferne« institutionalisiert. Solche »distanzschaffenden Entkoppelungen« (Schmidt-Aßmann 2004: 259) finden sich nicht nur auf der nationalen, sondern auch auf der Unionsebene, wo ein mitunter sorgenvoll beobachtetes Wachstum »unabhängiger« Agenturen diagnostiziert wird.

Darüber wird das traditionelle Modell relativiert. In Deutschland wird die politische Verantwortung und Leitung der Wirtschaftsverwaltung in der hierarchisch übergeordneten und mit Einwirkungsrechten ausgestatteten Regierungsspitze gebündelt. Für das Wirtschaftsverwaltungsrecht, wie es sich zur Durchsetzung der Gewerbefreiheit mit der Schaffung eines Anspruchs auf Erteilung der Genehmigung entwickelt hat (Kloepfer 2002), wird die von der Regierung »abhängige« und dieser unterworfene Verwaltung als adäquate Organisationsform und Ausdruck der »regulären demokratischen Rückbindung« gehalten (Masing 2010: 181 ff.). An dieser Regierungsaufsicht wird trotz der Ausnahmen festgehalten, die im Wettbewerbsrecht mit dem Bundeskartellamt, in der Geldpolitik mit der Bundesbank und in der Organisation des Rundfunks mit den gegenüber einem Staatseinfluss abgeschirmten Rundfunkanstalten bestehen. Unter Druck geraten ist das Modell der hierarchisch organisierten Ministerialverwaltung im Grunde erst durch die Regulierung der Netzwirtschaften. Die Verwaltung der ehemals staatsnahen Sektoren, also Post, Telekommunikation, Energie und Bahn, zielt mit der nach dem Vorbild der Kartell- und Wettbewerbsbehörden errichteten Bundesnetzagentur auf die Schaffung und Sicherung sozialpflichtigen Wettbewerbs (Lepsius 2010b: 5 ff.). Für diese Aufgabe wird die Bundesnetzagentur von Regierungseinfluss relativ unabhängig gestellt. Es verdient festgehalten zu werden, dass diese »Unabhängigkeit« nur teilweise auf europäisches Unionsrecht zurückgeht, das »nur« Verfassungsvorgaben der Mitgliedstaaten »schonende« organisatorische Vorgaben enthält (Kühling 2012: 56). Hier wird eine Abschottung gegenüber politischer Einflussnahme vor allem über die behördliche Entscheidung in Beschlusskammerverfahren und die Veröffentlichungspflicht von Weisungen erzielt (Masing 2006: 85; 2010: 197).

In jüngerer Zeit wird der Druck zur Schaffung oder Sicherung »unabhängiger« Behörden erhöht. Wo an der Effektivität oder Unparteilichkeit der Verwaltung gezweifelt wird, mag dies eine Berechtigung haben. Es kann auch der Erhöhung von Wettbewerbsfähigkeit dienen und – wie das Beispiel Frankreich zeigt (Vilain 2010) – im Zusammenhang mit einem »nationalen« Erbe gesehen werden, das mit der Freistellung der Wirtschaftsverwaltung von politischem Einfluss zu überwinden versucht wird. Was den europäischen Einfluss betrifft, so fällt auf, dass der umstrittenen Politisierung unabhängiger Organe auf Unionsebene wie der EZB (oben III.1.c) eine wachsene Entpolitisierung der Wettbewerbspolitik auf nationaler Ebene gegenüber tritt. In diesem Sinne werden das dritte Richtlinienpaket zum Energierecht (Ludwigs 2011b) oder die Änderung des Rechtsrahmens für die Telekommunikation (Holznagel/Schumacher 2012) verstanden, mitunter aber auch missverstanden. Wer in den sekundärrechtlichen Regelungen zur Unabhängigkeit gegenüber der Regierung einen Verstoß gegen das grundgesetzliche Demokratieprinzip zu erkennen meint (Gärditz 2010b: 283 ff.), übersieht die Rückbindungen an das Parlament, das nicht länger über den Umweg der Regierung, sondern unmittelbar Kontrollmöglichkeiten gegenüber der Bundesnetzagentur erhalten hat.

»Entmachtet« wird allenfalls der Minister, nicht aber das Parlament in der Kreation und Kontrolle verselbständigter Verwaltungseinrichtungen. Das mag sich von kontinentalen Vorstellungen der Vorgabe ex ante wirksamer inhaltlicher Direktiven des Verwaltungshandeln entfernen, kommt aber dem angloamerikanischen Konzept der Verantwortlichkeit (»accountability«) mit stärker ex post ansetzenden Kontrollen entgegen (Groß 2012: 1090).

Damit soll das Legitimationsproblem »unabhängiger« Behörden nicht klein geredet werden. Es wird aber relativiert (Ludwigs 2011a: 55) und wirft die Frage auf, ob eine faktisch weisungsfrei gestellte Verwaltung nicht auch anders, insbesondere jenseits des monistischen, aber nicht länger überzeugenden »Legitimationskettenmodells« gerechtfertigt werden kann (Pöcker 2008: 380 ff.; Rosanvallon 2010: 7 ff.; Trute 2012). Im europäischen Regulierungsverbund auf das »Machtwort« des parlamentarischen Gesetzgebers zu setzen, ist, wie am gescheiterten Versuch des Bundesgesetzgebers in § 9a TKG a.F. deutlich wurde, neue Märkte von der Regulierung durch die Bundesnetzagentur freizustellen (EuGH Rs. C-424/07 Kommission/Bundesrepublik Deutschland, Slg. 2010, I-11431 Rn. 59 ff.), nicht immer ein erfolgversprechender Weg, den exekutiven Konsultations- und Konsolidierungspflichten zur Koordinierung mit öffentlichen und privaten Akteuren (Franzius 2012c: 128 ff.) über eine national definierte Politik zum Schutz der »national champions« zu entgehen. Umgekehrt sind europäische Belehrungen zum nationalen Demokratieverständnis, das im Kern zur Verfassungsidentität im Sinne des Art. 79 Abs. 3 GG gezählt wird, nicht unproblematisch. Zur unionsrechtlich geforderten »völligen Unabhängigkeit« der Datenschutz-Aufsichtsbehörden stellt der EuGH (Rs. C-518/07 Kommission/Bundesrepublik Deutschland, Slg. 2010, I-1885 Rn. 42) in einer harmonisierenden Zusammenschau von deutschem und unionalen Demokratieprinzip lapidar fest:

»Dieser (gemeinsame) Grundsatz bedeutet nicht, dass es außerhalb des klassischen hierarchischen Verwaltungsaufbaus keine öffentlichen Stellen geben kann, die von der Regierung mehr oder weniger unabhängig sind. Das Bestehen und die Bedingungen für das Funktionieren solcher Stellen sind in den Mitgliedstaaten durch Gesetz und in einigen Mitgliedstaaten sogar in der Verfassung geregelt [...]. Solche unabhängigen öffentlichen Stellen, wie es sie im übrigen auch im deutschen Rechtssystem gibt, haben häufig Regulierungsfunktion oder nehmen Aufgaben wahr, die der politischen Einflussnahme entzogen sein müssen, bleiben dabei aber an das Gesetz gebunden und der Kontrolle durch die zuständigen Gerichte unterworfen. Eben dies ist bei den Aufgaben der Kontrollstellen für den Schutz natürlicher Personen bei der Verarbeitung personenbezogener Daten der Fall.«

Das Erfordernis einer völlig unabhängigen Aufsicht ist auf Kritik gestoßen (Bull 2010; Spiecker gen. Döhmann 2010; Frenzel 2010: 928 ff.). Der Verwaltung gehe der politische Kopf verloren. Die demokratische Rückbindung an das eigene Staatsvolk werde unzureichend und wirke partikular, doch auf höherer Ebene fehle eine demokratische oder sonst legitime Instanz zur politischen Gestaltung (Masing 2010: 218 f.). Transnationales Vertrauen in die Arbeit unabhängiger »Stellen« befördert man nicht dadurch, dass ein prinzipielles Misstrauen in den staatlichen Vollzug und die Umsetzung europäischer Vorgaben gesät wird.

Es geht der Schärfung des Unabhängigkeitserfordernisses im Regulierungsrecht nicht allein darum, die Bundesnetzagentur gegenüber dem Druck marktbeherrschender Unternehmen abzuschirmen, sondern auch von »situativ-standortbezogenen politischen Erwägungen« (Ludwigs 2011a: 42) freizuhalten und damit auf eine »nationalstaatlich orientierte Politikgestaltung im Einzelfall« (Masing 2010: 215) zu verzichten. Verwaltungsbehörden werden – wie es bereits Hans-Heinrich Trute (2004: 567 ff.) beschrieben hat – aus dem innerstaatlich-politischen Kräftefeld heraus- und in einen Zwischenraum von europäischem und innerstaatlichem Recht hineingezogen. Ob unabhängige Behörden, deren Handeln sich über die innerbehördliche Weisungsbefugnis des Präsidenten gegenüber den als solchen unionsrechtlich nicht weisungsfrei gestellten Beschlusskammern (Ludwigs 2011a: 51) und den Ausbau parlamentarischer Kontrolle im Ergebnis rechtfertigen lässt, als eine »organisatorische Antwort auf die Internationalisierung und Liberalisierung der Wirtschaftsbeziehungen« zu verstehen sind, bleibt indes zweifelhaft (Masing 2010: 214 ff.). Sektorales Wettbewerbsrecht, das eine Distanz zu politischer Intervention tragen mag, eignet sich nur begrenzt als Vorbild für den Umbau des allgemeinen Wirtschaftsrechts, soweit die unmittelbare Verpflichtung nationaler Behörden auf das europäische Handlungsprogramm mit dem Ausschluss sozialpolitischer Gestaltung teuer erkauft wird.

bb) Verschiebungen gerichtlicher Kontrolle

Befürchtet wird aber nicht nur eine Entpolitisierung, sondern auch eine *Entrechtlichung* durch die Zurücknahme der gerichtlichen Kontrolldichte. Regulierung ist eine behördliche Gestaltungsaufgabe. Dass Behörden ein relativ weiter Gestaltungsspielraum zustehen kann, der neben der Einzelfallentscheidung auch die Normsetzung umfasst, ist dem deutschen Verwaltungsrecht vertraut. Wo der Bundesnetzagentur nicht bloß ein norminterpretatorischer und damit regulierungsrechtlicher, sondern ein normgestalterischer, also regulierungspolitischer Spielraum für die allgemeinen Regulierungsziele zugewiesen ist, wird unter der Annahme eines neuartigen »Regulierungsermessens« die gerichtliche Kontrolle darauf bezogen (BVerwGE 130, 39/48 ff.; 131, 41/62 ff.). Ob mit der jüngeren Rechtsprechung zur Zugangs- und Entgeltregulierung im Telekommunikationsrecht das Regulierungsermessen in Anlehnung an das Planungsermessen entfaltet werden kann, ist umstritten[179], das Ergebnis aber weitgehend unstreitig: Die gerichtliche Kontrolle wird auf die Einhaltung der Ermessensgrenzen und insoweit auf eine Abwägungskontrolle verschoben.[180] Das BVerfG (1 BvR 1932/08 v. 8.12.2011, Abs.-Nr. 18 ff.) sieht in dieser Zurücknahme der Kontrolldichte keinen Verstoß gegen Art. 19 Abs. 4 GG (krit. Sachs/ Jasper 2012: 649).

Warum verschiebt sich die gerichtliche Kontrolle von der materiellen Kontrolle zur Ermessenskontrolle? Könnte nicht von den Gerichten »aufgefangen« werden, was mit dem Verlust an politischer Steuerung unabhängiger Regulierungsbehörden entsteht? Oder müssen sich Politik und Recht zugunsten der neoliberalen Logik von »Marktgesetzen« zurückziehen, die nur noch punktuelle Interventionen erlauben? Dass ein unionsrechtlich induzierter Zusammenhang zwischen der Distanzsicherung gegenüber politischem Einfluss und der Zurücknahme gerichtlicher Kontrolle besteht, ist weder zu leugnen noch zu überhöhen.[181] In dem Maße, wie den Gerichten keine Rechtmäßigkeitsmaßstäbe zur Verfügung gestellt sind, können diese ihre Einhaltung auch nicht kontrollieren.[182] Wer am umfassenden Kontrollanspruch der Gerichte aus verfassungsrechtlichen Gründen festhält, wird vom Gesetzgeber die Bereitstellung entsprechender

179 Dafür Durner (2011a: 429 f.); dagegen Kersten (2010: 327 f.); differenzierend Eifert (2010: 460 f., 482 f.).

180 BVerwG, Urt. v. 1.9.2010, 6 C 13/09 Rn. 16 ff.; Urt. v. 27.1.2010, 6 C 22/08 Rn. 45; Urt. v. 23.11. 2011, 6 C 11/10 Rn. 36.

181 Wie sehr die unionsrechtlichen Überformungen irritieren, zeigen die Ausführungen von Schorkopf (2008: 23 ff.) oder die Philippika von Gärditz (2010: 257 ff.), die das Ende des Rechtsstaates beziehungsweise eine Wiederkehr der Planwirtschaft befürchten.

182 In ständiger Rechtsprechung betont das BVerfG, dass die Pflicht zur gerichtlichen Überprüfung nicht weiterreicht als die materiell-rechtliche Bindung der Exekutive (BVerfGE 103, 142/156 f.). Eine »dysfunktionale Gerichtskontrolle [könne] nichts zur demokratischen Steuerung beitragen, sondern unterliefe bloß das gesetzgeberisch ausgestaltete Regulierungsregime« (Eifert 2010: 455 f.).

Kontrollmaßstäbe fordern. Im Telekommunikationsrecht wollte man denn auch auf legislative Vorstrukturierungen des unionsrechtlich der Bundesnetzagentur eingeräumten Ermessens nicht verzichten. Wesentliche Entscheidungen, wie die Frage, ob das Entgelt, das ein marktmächtiges Unternehmen vom Wettbewerber für den Netzzugang fordern kann, von der Regulierungsbehörde einer Genehmigungspflicht ex ante oder lediglich einer Kontrolle ex post unterworfen werden kann, scheinen, ähnlich wie im Falle von Planungsdirektiven zur Strukturierung des behördlichen Abwägungsprogramms, einer gesetzgeberischen Lenkung des Ermessens zu bedürfen, was mit dem Regel-Ausnahme-Verhältnis für die Entgeltregulierung nach § 30 TKG a.F. oder mit der soll-Vorschrift in § 21 Abs. 3 TKG für die Zugangsregulierung zunächst auch geschehen ist.

Die Kommission hält gesetzgeberische Ermessensvorsteuerungen jedoch für unvereinbar mit den Richtlinien. Diese sind zwar an die Mitgliedstaaten adressiert, räumen aber den nationalen Regulierungsbehörden ein weites Ermessen ein, das diese benötigen, um ihr Handeln untereinander koordinieren und Empfehlungen der Kommission berücksichtigen zu können. Einen solchen »administrativen Ansatz« bestätigt der EuGH in seiner »Neue Märkte« Entscheidung (EuGH Rs. C-424/07 Kommission/Bundesrepublik Deutschland, Slg. 2010, I-11431 Rn. 61, 83, 89 ff.) und das BVerwG hat § 30 TKG a.F. für die Entgeltregulierung unionsrechtskonform als Ermessensvorschrift uminterpretiert (BVerwGE 131, 41/71). Der Gesetzgeber reagierte darauf, indem die gesetzliche Ermessenslenkung aufgegeben und der Regulierungsbehörde in § 31 TKG n.F. für die Auswahl zwischen einer ex ante- oder ex post-Entgeltregulierung ein umfassendes Ermessen zugewiesen wurde (Kühling 2012: 107), wodurch die harte Grenze zwischen tatbestandlichem Beurteilungsspielraum für die Marktdefinition (§ 10 Abs. 2 TKG) und rechtsfolgenorientiertem Ermessen für die konkreten Regulierungsmaßnahmen (§§ 13 ff. TKG) verschwimmt (erläuternd Bier 2009: 26 f., 28; Franzius 2009c: 410 ff.; krit. Gärditz 2010a: 200 f.; Hwang 2012: 369 ff.), die Ermessensdogmatik aber an die gemeineuropäische Vorstellung behördlicher »Gestaltungsermächtigungen« (Franzius 2012a: 18 ff.) angeschlossen wird.

Aus den unionsrechtlichen Vorgaben zur Unzulässigkeit legislativer Vorprogrammierungen regulierungsbehördlicher Entscheidungen zu folgern, dass auch die innerstaatliche gerichtliche Kontrolle zurückzunehmen sei, ist nur schwer zu begründen (Ludwigs 2011a: 68 ff.). Worauf lässt sich dann aber die Annahme einer Gestaltungsbefugnis mit einer darauf bezogenen Kontrolle durch die Gerichte stützen? Nach der normativen Ermächtigungslehre (Schmidt-Aßmann 2011a: 180 ff.; krit. Poscher 2011: 549 f.) kommt es für die Annahme eines behördlichen Gestaltungsspielraums weniger auf die allgemeine »Normstruktur« als auf die konkrete, durch den Gesetzgeber verliehene Befugnis an. Trotz der Bemühungen zur Frage, wann der Behörde ein Beurteilungspielraum zukommt, ist man über die Zuordnung zu anerkannten Fallgruppen bislang kaum hinausgekommen (krit. Eifert 2010: 457 ff.). Weder die Gesetzesbindung noch die »Grenze zwischen Recht und Nicht-Recht« (Hwang 2012: 373 ff.) in dem Sinne, dass letzteres keiner gerichtlichen Überprüfung unterzogen wäre, hilft hier weiter. Immerhin lassen sich im vorliegenden Kontext zwei Aspekte hervorheben:

Zunächst zur *Wissensverarbeitung*. In jüngerer Zeit ist herausgearbeitet worden, dass die Zuweisung eines Beurteilungsspielraums an die Verwaltung mit der spezifischen Rolle der Verwaltung zur Verarbeitung von Wissen zu tun hat (Eifert 2010: 467 ff.; Schulz 2012: 338 ff.), einerlei, ob die Entscheidung einen prognostischen Einschlag hat, ob sie von einem pluralistisch zusammengesetzten Entscheidungsgremium getroffen wird oder ob die Verwaltung aufgrund von Funktionsgrenzen der Rechtsprechung besser geeignet erscheint, eine sachrichtige Entscheidung zu treffen. Das ist nicht gleichbedeutend mit dem der Regulierungsverwaltung zugesprochenen Sachverstand, zumal dieser auch von Gerichten durch die Befragung eigener Sachverständiger abgerufen werden könnte. Wissen ist vielmehr die vorgelagerte, stets »konstruierte« und in die soziale Praxis eingebaute Information mit für das Verwaltungsrecht inzwischen als systemprägend erkannten Funktionen (Trute 2010: 11 ff.; Vesting 2012: 47 ff.; Augsberg 2013).

Ist der Gesetzgeber der Auffassung, dass besondere Gremien zur Entscheidung einzusetzen sind, um mit einer diskursiven Verarbeitung der Informationen das Entscheidungswissen zu erzeugen, ist also den Verfahren und der Zusammensetzung des Gremiums das Ziel einer diskursiven Wissensverarbeitung zu entnehmen, dann spricht einiges dafür, dass dieser Prozess von den Verwaltungsgerichten nicht substituiert werden kann. Letztlich rechtfertigt sich eine Zurücknahme oder genauer die Verschiebung der gerichtlichen Kontrolle auf die Einhaltung von Grenzen des Gestaltungsspielraums mit der behördlichen Perspektivenpluralität, die bei der Bundesprüfstelle für Jugendgefährdende Medien, nicht aber für die Beschlusskammern der Bundesnetzagentur angenommen werden kann

(Schulz 2012: 346). An dieser Stelle kommt jedoch das »transnationale Moment« ins Spiel. Denn die Rechtsprechung des BVerwG geht für das Telekommunikationsrecht davon aus, dass die geforderte »weitestgehende Berücksichtigung« der Stellungnahmen anderer nationaler Regulierungsbehörden durch die Bundesnetzagentur nur möglich ist, wenn der Regulierungsbehörde zur Erfüllung dieser prozeduralen Berücksichtigungspflichten ein Beurteilungsspielraum zugewiesen ist (BVerwGE 131, 41/62; Ladeur/Möllers 2005: 531 ff.). Ist Stellungnahmen anderer Regulierungsbehörden oder Empfehlungen der Kommission weitestgehend Rechnung zu tragen und besteht die Aufgabe darin, diese Informationen in die eigene Entscheidungsfindung zu integrieren, dann ist darin ein Moment der Wissensproduktion enthalten, das für den Prozess der Marktfestlegung und den Erlass konkreter Regulierungsmaßnahmen (Franzius 2012c: 129 f.) transnationale Einflüsse einbezieht. Über die horizontale Wissensvernetzung unterschiedlicher Behörden wird eine Perspektivenvielfalt generiert, die einem innerstaatlich pluralistisch besetzten Kollegialorgan zumindest »strukturähnlich« ist (Schulz 2012: 346).

Ferner verdeutlicht das Regulierungsrecht die rechtsstaatliche Funktion *handlungsleitender Konzepte*. Darüber wird eine »Ebene« zwischen die angesichts der schwachen gesetzlichen Vorprogrammierung notwendige Konkretisierung offener Maßstäbe und die konkrete Einzelmaßnahme gezogen, was eine gerichtliche Kontrolle des regulierungsbehördlichen Handelns vielfach überhaupt erst möglich macht. Hierher gehören zum Beispiel die Ermächtigungen der Bundesnetzagentur für normierende Festlegungen im Energierecht (§ 29 EnWG), aber auch die konzeptionellen Normierungen im Telekommunikationsrecht zur gewählten Regulierungsmethode. Um die Planungssicherheit der Unternehmen zu erhöhen, wird mit der neuen, nicht auf konkreten Richtlinienvorgaben beruhenden, gegen solche aber auch nicht verstoßenden (Kühling 2012c: 346) Regelung des § 15a TKG die Bundesnetzagentur zum Erlass von Verwaltungsvorschriften zur Verfolgung einheitlicher Regulierungskonzepte ermächtigt, in denen sie ihre grundsätzlichen Herangehensweisen und Methoden für die Regulierung nach §§ 10 ff. TKG näher beschreiben kann (Franzius 2012c: 127 f.).

Die Regulierungsbehörde ist, will sie eine Regulierungsverfügung erlassen, zur Informationsbeschaffung bei den Regulierungsadressaten ermächtigt (Berliner 2012: 37 ff.), aber zur Gewährleistung einer gleichmäßigen Regulierung auch zur Entwicklung von Konzepten aufgerufen, um aufeinander abgestimmte Entscheidungen treffen zu können. Die Verfahren verbinden Elemente der Normkonkretisierung mit solchen der Normsetzung, wobei das Energierecht stärker auf den Verordnungserlass, das Telekommunikationsrecht demgegenüber auf Konzepte in der Form der Verwaltungsvorschrift setzt. Den zugewiesenen Gestaltungsspielraum füllt die Bundesnetzagentur durch ein konzeptionelles Handeln aus, worauf die gerichtliche Kontrolle »eingestellt« werden kann. Es findet kein »Übergriff« auf nicht-rechtliche Maßstäbe statt. Vielmehr wird auf selbstprogrammiertes Recht zugegriffen, das in seinen Begründungen und der Einhaltung von Verfahrensanforderungen zum Gegenstand gerichtlicher Kontrollen wird. Die Gerichte prüfen, ob die gewählten Methoden – etwa zur Entgeltberechnung – dem Gesetzeszweck entsprechen, also geeignet sind, den Rechtsbegriff zu konkretisieren, für den ein Beurteilungsspielraum eingeräumt ist. Vergleichsweise dicht wird dann die Maßstabsadäquanz der gewählten Methode kontrolliert (Eifert 2010: 484). Insoweit führt die Rede von »voller« oder »zurückgenommener« Kontrolle nicht weiter (Franzius 2009c).

Konzeptpflichten helfen den (durch Unionsrecht vorgegebenen) Verzicht auf eine materiell dichte Programmierung der Gestaltungsspielräume zu kompensieren (Röhl 2012: 37) und einzelfallbezogene Entscheidungen (wie im Bereich der Entgeltregulierung) an selbstprogrammierten Maßstäben vergleich- und damit überprüfbar zu halten. Auch ohne eine überformende Verrechtlichung, die im Namen der Rationalisierung stets Gefahr läuft, normativ gewollte Freiräume einzuschränken, bewirken solche Selbstbindungen eine Stabilisierung der Verwaltungspraxis unter einer gesetzlich so kaum herstellbaren Revisionsoffenheit (Franzius 2012a: 21a). Hier liegt der Grund, warum nicht von einer Zurücknahme, sondern von Verschiebungen der gerichtlichen Kontrolle gesprochen werden sollte. Die gerichtliche Kontrolle wird sich, wie Martin Eifert (2010: 485) prognostiziert, von der Frage nach dem Vorhandensein von Gestaltungsspielräumen zu der Frage nach den gerichtlichen Kontrollmaßstäben und der genauen Kontrollintensität bewegen und die Maßstäbe der Selbstprogrammierung der Verwaltung mit »den fließenden Übergängen zu einer indirekten Inhaltskontrolle« zu konkretisieren haben. Durch die Anerkennung und nähere Ausformung der konzeptionellen Eigenprogrammierung der Verwaltung, mit der es der Behörde erlaubt wird, die transnationalen Abstimmungspflichten[183] unter nachprüfbaren Kriterien zu erfüllen, würde die

183 Das Verfahren zum Erlass von Regulierungskonzepten nach § 15a TKG sieht ausdrücklich die Durchführung des Konsultations- und Konsolidierungsverfahrens nach § 12

gerichtliche Kontrolle, bezogen auf solche, von der Verwaltung in Zusammenarbeit mit den anderen Regulierungsbehörden erstellte Konzepte, die Transnationalisierung des marktbeobachtenden und -gestaltenden Verwaltungshandelns erfassen und zugleich rechtsstaatlich einhegen können.

cc) Sicherungen im europäischen Regulierungsverbund

Traditionell setzt man im Verwaltungsrecht auf den Staat beziehungsweise die völkervertragsrechtlich verbundenen Staaten, die sich durch die gesetzgeberische Transformation »überstaatlicher« Pflichten in das staatliche Verwaltungsrecht vorbehalten, ihre »eigene« Rechtsordnung im Geltungssinne als »vorrangig« zu betrachten. Fehlt es an einer vertraglichen Einigung, kommt das Vorliegen von Gewohnheitsrecht in Betracht, das Art. 25 GG mit besonderen Rechtswirkungen im innerstaatlichen Recht versieht. Ob sich das Verwaltungsrecht in dieser Trennung von überstaatlichem Völker- und innerstaatlichem Verwaltungsrecht sinnvoll weiter entwickeln lässt, mag vor dem Hintergrund der Diskussion über ein internationales oder globales Verwaltungsrecht bezweifelt werden können. In Ermangelung eines Gesetzgebers auf »Weltebene« ist eine Rückversicherung in den nationalen Rechtsordnungen zwar unumgänglich. Aber es fragt sich, ob die Transnationalisierung des Verwaltungsrechts allein gesetzgeberischen Entscheidungen überlassen sein muss oder nicht unter Zurückstellung von »Leitbildern« territorialer Souveränität auch »im System« und damit in den grundlegenden Figuren, Instituten und Mechanismen der nationalen Verwaltungsrechtsordnung verarbeitet werden kann.

Externe Ansätze sind internen Ansätzen nicht stets überlegen. Externe Ansätze, soweit sie denn überhaupt erwartet werden können, wirken vielfach nur punktuell. Das gilt für den völkerrechtlichen Vertragsschluss wie für die Übertragung neuer Kompetenzen an die Europäische Union. Dagegen können schon kleinere Korrekturen »im System« unter Umständen weitgehende Folgen haben. Externe Ansätze setzen auf den Gesetzgeber und damit eine Instanz, von der im Verfassungsstaat vieles erwartet werden konnte, der in der transnationalen Konstellation aber nur in pluralisierter Form angenommen werden darf. Das pluralistische Paradigma legt viele kleine Schritte, aber keine Vorstellung von einer singulären Meta-

TKG vor. Damit werden »Konzepte« dem transnationalen Abstimmungsmodus unterworfen, was die Anerkennung durch die Kommission erleichtert.

Instanz nahe, die im Verwaltungsrecht weder national fortgeschrieben werden kann noch im international zerklüfteten Raum erwartet werden darf. Gerade die Verwaltung und das Verwaltungsrecht scheinen sich von dieser Vorstellung erfolgreich emanzipiert zu haben, was ohne die Entwicklungen im europäischen Rechtsraum kaum denkbar und möglich gewesen wäre. Die Sicherung kohärenter Rechtsverwirklichung übernimmt in Feldern des Regulierungsrechts das Unionsrecht, das freilich nicht in die Rolle des Verfassungsstaates treten kann oder auch nur will. Erneut sei an dieser Stelle unterstrichen, dass die überlieferten Vorstellungen von Staatlichkeit in paradoxer Weise zur Erfassung der transnationalen Welt ebenso notwendig sind wie sie zugleich an Grenzen stoßen.

Das BVerwG stützt im Telekommunikationsrecht die Annahme eines die abstrakte Marktdefinition und konkrete Einzelmaßnahmen umfassenden »einheitlichen Regulierungsermessens« auf die spezifische Verbundstruktur der miteinander verbundenen Regulierungsbehörden im europäischen Rechtsraum (Bier 2009: 25 ff.). Soll die »weitestgehende« Berücksichtigung von Stellungnahmen anderer Regulierungsbehörden (§ 12 TKG) in Umsetzung der unionsrechtlichen Vorgaben zur wechselseitigen Koordination der Regulierungsstrategien (Ladeur/Möllers 2005: 531) mehr als bloß eine gesteigerte Begründungspflicht im Fall der Abweichung sein, dann wird klar, dass die vom Gesetzgeber eingeräumte Gestaltungsfreiheit der Erfüllung der prozeduralen Berücksichtigungspflichten dient. Dabei geht es nicht nur um die Berücksichtigung von Mitwirkungsakten der Kommission und denen anderer nationaler Regulierungsbehörden, sondern auch um die Berücksichtigung von Stellungnahmen des Gremiums Europäischer Regulierungsstellen für elektronische Kommunikation (GEREK) als einem funktionalen Substitut der ursprünglich von der Kommission vorgesehenen zentralen Europäischen Regulierungsbehörde (Kühling 2012: 27, 59 ff., 110 ff.). Beim GEREK handelt es sich um ein Koordinierungsgremium der *nationalen* Regulierungsbehörden, dessen Stellungnahmen auch die Kommission im Konsolidierungsverfahren »weitestgehend Rechnung« zu tragen hat (Art. 3 Abs. 3 GEREK-VO). Insoweit ist der »Regulierungsverbund« im Telekommunikationsrecht nicht bloß ein Informationsnetzwerk, sondern in vertikaler und horizontaler Hinsicht auch ein relativ dichter Verfahrens- und Organisationsverbund (Franzius 2012c: 129).

Das GEREK als Musterbeispiel für ein transnationales Gremium im europäischen Verwaltungsrecht hat nicht nur beratende Funktionen, sondern nimmt eine Vermittlerposition zwischen der Kommission und den nationalen Regulierungsbehörden ein, die eine Zentralisierung der Regulierung vermeiden soll. Das GEREK kann zwar nicht für eine umfassende Einheitlichkeit, wohl aber für eine Kohärenz der Marktregulierung sorgen und zu einer Entschärfung von Streitigkeiten zwischen der Kommission und den nationalen Regulierungsbehörden beitragen. Die Beteiligungsverfahren haben eine unterschiedliche Ausgestaltung erfahren. Einbezogen wird das GEREK im Rahmen des allgemeinen *Berücksichtigungsverfahren* (Art. 7 Abs. 3 TK-Rahmenrichtlinie) mit der Verpflichtung der nationalen Regulierungsbehörden, bei der Marktfestlegung den abgegebenen Stellungnahmen des GEREK »weitestgehend Rechnung« zu tragen (Art. 7 Abs. 7 TK-Rahmenrichtlinie). Beabsichtigt eine nationale Regulierungsbehörde im Rahmen der Marktdefinition von den Märkteempfehlungen der Kommission abzuweichen, verfügt die Kommission mit dem *Veto-Verfahren* nach Art. 7 Abs. 4 TK-Rahmenrichtlinie über schärfere Eingriffs- und Kontrollbefugnisse. Sie kann den Maßnahmenentwurf mit einer »Ernsthafte Zweifel Mitteilung« vorläufig stoppen, ist bei der endgültigen Entscheidung aber verpflichtet, die abgegebene Stellungnahme des GEREK weitestgehend zu berücksichtigen (Art. 7 Abs. 5 S. 2 TK-Rahmenrichtlinie) und unterliegt für den Fall, dass sie den Maßnahmeentwurf für unannehmbar hält und eine verbindliche »Veto-Entscheidung« trifft, einer gesteigerten Begründungslast.

Während das »Veto-Verfahren« eine Letztentscheidungskompetenz der Kommission begründet, verbleibt für Abhilfemaßnahmen (»remedies«) nach dem europäischen Rechtsrahmen das Letztentscheidungsrecht bei der nationalen Regulierungsbehörde. Aber die Kommission kann auch auf dieser Stufe der konkreten Regulierungsverfügungen »erhebliche Zweifel« an der Vereinbarkeit des notifizierten Maßnahmeentwurfs mit Unionsrecht anmelden. Das sich anschließende *Koregulierungsverfahren* nach Art. 7a TK-Rahmenrichtline, missverständlich auch Aufschubverfahren genannt, gibt der Kommission zwar nicht die Möglichkeit eines blockierenden Vetos, institutionalisiert aber einen Zwang zur Kooperation zwischen der Kommission, dem GEREK und der betroffenen Regulierungsbehörde, um die am besten geeignete und wirksamste Maßnahme im Hinblick auf die Regulierungsziele zu ermitteln (Art. 7a Abs. 2 TK-Rahmenrichtlinie). Dieses zwischen dem allgemeinem Berücksichtigungsverfahren und dem Veto-Verfahren angesiedelte Koregulierungsverfahren hindert die Kommission nicht, nach Ablauf einer dreimonatigen Frist eine Empfehlung auszusprechen. Will die Bundesnetzagentur der Empfehlung nicht folgen, muss sie dies begründen (§ 13 Abs. 3 Nr. 5 TKG).

Regulierungsprobleme lassen sich weder allein vom Gesetzgeber noch allein von den Gerichten lösen. Das, so ließe sich zugespitzt sagen, ist die Folge der Transnationalisierung des Verwaltungshandelns. Transnationale Abstimmungspflichten im Konsolidierungsverfahren gebieten Anpassungen der gerichtlichen Kontrolldichte der Marktdefinition und -analyse mit darauf aufbauenden Regulierungsverfügungen, entfalten nach der Rechtsprechung aber auch Grenzen für die gesetzliche Vorsteuerung des Regulierungsermessens. Einzustellen hat sich die Praxis auf die Stärkung einer verfahrensrechtlichen Koordinierung[184] und – wie sich am GEREK zeigt – auf die Institutionalisierung informaler Netzwerke oder Gruppen, an deren Stelle keine Agentur, sondern ein stärker horizontal gegliedertes Gremium treten kann, dem weder supranationale noch internationale, sondern transnationale, also gleichgeordnete Vorstrukturierungen des den nationalen Regulierungsbehörden eingeräumten Ermessens zugestanden werden. Die »weiche« Vorstrukturierung der Abhilfemaßnahmen unter der institutionalisierten Kooperation der nationalen Regulierungsbehörden im GEREK dient dem Erfahrungsaustauch und könnte einen lernenden Wettbewerb der Regulierungsansätze in den Mitgliedstaaten befördern, lässt sich aber auch in dem Maße, wie dies erfolgreich praktiziert wird, als Kritik an einer Ausweitung der härteren Harmonisierungsempfehlungen der Kommission nach Art. 19 TK-Rahmenrichtlinie lesen (Kühling 2012: 113). Soweit der Kommission die Kompetenz für verbindliche Entscheidungen zur harmonisierten Anwendung der Richtlinien zugewiesen ist (Art. 19 Abs. 3 TK-Rahmenrichtlinie), haben die Mitgliedstaaten kein effektives Mitspracherecht (Franzius 2012c: 128 f.).

Klare Trennungen der Verantwortlichkeit sind aus Gründen des Rechtsschutzes vorteilhaft. Die beschriebenen Vollzugsverflechtungen sind eine Herausforderung für den effektiven Rechtsschutz, was mit dem Vorlageverfahren nach Art. 267 AEUV prinzipiell für lösbar gehalten wird (Kühling 2012: 118; Fehling 2011a: 101 ff.; Franzius 2013b: 24 f.). Denn infolge der Schwierigkeiten der Zurechnung nationaler Mitwirkungshandlungen zur Kommission stößt der zentrale Unionsrechtsschutz an Grenzen: Mitgliedstaatliche Verfahrenshandlungen unterliegen nicht der Jurisdiktion der Unionsgerichte. Aber auch die Überprüfung von Mitwirkungs-

184 Ob eine hohe materielle Kontrolldichte von den Gerichten »zurückerobert« werden kann, wird deshalb bezweifelt werden müssen (Franzius 2012c: 130).

akten nicht deutscher Hoheitsträger durch die Verwaltungsgerichte stößt an Grenzen. Stellungnahmen, deren wechselseitige Berücksichtigung den transnationalen Rahmen aufspannen, für »kontrollfrei« zu erklären, ist keine überzeugende Lösung.[185]

Verallgemeinern lassen sich die Entwicklungen im Telekommunikationsrecht nicht. Andere Wege geht schon das Energieregulierungsrecht, das stärker dem Modell »normierender Regulierung« folgt. Hier ist es neben informellen Foren und der »European Regulators Group for Electricity and Gas« (ERGEG) zur Gründung einer Agentur, der »Agency for the Cooperation of Energy Regulators« (ACER) gekommen. Das aber zeigt im Grunde nur, dass sich die Regulierungsregime nach ihren jeweils eigenen Regeln entwickeln und ein allgemeines »transnationales Muster« für das öffentliche Wirtschaftsrecht kaum anzunehmen ist. Immerhin weist selbst das hoch zentralisierte Binnenmarktrecht mit der Kartell- und Beihilfenaufsicht inzwischen dezentralisierte Züge auf, die einer detaillierten Vorprägung des Marktverhaltens durch die Kommission entgegenstehen.

3. Neben Recht und Politik: Sozialregime

Zusammengefasst: Auf der einen Seite lassen sich Erweiterungen des konstitutionellen Arguments beobachten. Der Umstand, dass die Konstitutionalisierung nicht an Staaten gebunden ist, öffnet die Idee nichtstaatlichen Akteuren, macht daraus aber noch keinen gesellschaftlichen Konstitutionalismus, mag auch vieles dafür sprechen, die von Gunther Teubner (2012: 75) hervorgehobene »trianguläre Konstellation« von Recht, Politik und sozialem Teilsystem schärfer in den Blick zu nehmen (a).

Hier variieren nicht nur die konzeptionellen Zugriffe. In dem Maße, wie normative Regeln zueinander in Konkurrenz treten und im Paradigma eines universalistischen Konstitutionalismus nicht aufgefangen werden können, die Rechtsordnungen also nicht supranational verklammert, sondern transnational vernetzt dargestellt werden, nehmen Konflikte zu und ein kollisionsrechtliches Denken rückt in den Vordergrund (Viellechner

185 Die im Konsolidierungsverfahren erhobenen Stellungnahmen sind zwischen dem zu starken, weil einem Veto gleichkommenden *Einvernehmen* und dem seinerseits zu schwachen, weil nicht hinreichend Kohärenz sichernden *Benehmen* einzuordnen. Unabhängig aller Einordnungsfragen liegt auf der Hand, dass es die Verbundstruktur erschwert, die maßgeblichen Akteure der am Ende getroffenen Entscheidung zu identifizieren.

2012b: 269 ff.). Das ist im Ansatz unbestritten. Offen bleibt jedoch, wann eine Kollision vorliegt und inwieweit die Lösung als rechtliche Operation ausgewiesen werden kann. Was kollidiert? Sind es nur die Rechtssysteme oder auch die dahinter stehenden Sozialsysteme, in die jedes Recht eingebettet ist (b)? Daran schließt die Frage an, wie das Öffentliche Recht mit den Konflikten umgehen soll (unten D.).

a) Gesellschaftlicher Konstitutionalismus

Die trianguläre Konstellation von Recht, Politik und sozialem Teilsystem (Gunther Teubner) in den Blick zu nehmen, erscheint unumgänglich, wird doch häufig mit erschöpften Problembeschreibungen gearbeitet. Dazu zählen Überhöhungen der Differenz von Rechtspolitik und Rechtsdogmatik (Lepsius 2012a: 40 ff.), aber auch die überschätzte »countermajoritarian difficulty« verfassungsgerichtlicher Kontrolle (Halberstam 2009: 333, 338 ff.; Cassese 2010: 109 ff.).

Dem gesellschaftlichen Konstitutionalismus geht es nicht um überstaatliche Konstitutionalisierung, nicht um europäische oder nationale Lösungen. Hier verlaufen nicht mehr die eigentlichen Konfliktlinien. Das Ziel ist auch keine Rückkehr der Politik. Es gehe um etwas drittes, nämlich die Rückführung auf gesellschaftliche Konflikte mit der Akzentuierung sozialer Rechte und die Demokratisierung transnationaler Räume.[186] Dass eine Weltverfassung nicht zur Verfügung steht, die Demokratisierung also nicht zentral gesteuert werden könne, bedeute nicht, dass damit die gesellschaftliche Responsivität der transnationalen Ordnungen abzusenken und das demokratische Projekt – verstanden im Sinne Wolfgang Abendroths als Demokratisierung der Gesellschaft – zu verabschieden wäre. Die Vergesellschaftung habe die Verfügung über Ressourcen durch die Pluralität von demokratischen Kräften zum Ziel (Fischer-Lescano/Möller 2009: 370).

Mit dem staatsbezogenen Konstitutionalismus teilt der gesellschaftliche Konstitutionalismus die Skepsis, das internationale Recht könne die Funk-

186 Eine zu starke Prämisse im Sinne einer conditio sine qua non bei Forst/Günther (2010: 17 f.), denen zufolge die Konflikte um normative Ansprüche noch so kontrovers sein können, die Konfliktbeteiligten sich aber »darüber einig sein [müssen], dass sie eine gemeinsame Grammatik der Rechtfertigung miteinander teilen oder zumindest suchen, um ihre jeweiligen Ansprüche wechselseitig als rechtfertigungsbedürftig und -fähig zu verstehen«.

tionen übernehmen, die im Staat die Verfassung hat. Die auf staatlicher Ebene zu diagnostizierende Fragmentierung der Staatsverfassung könne nicht durch eine Konstitutionalisierung der internationalen Gemeinschaft kompensiert werden. Internationale Einrichtungen oder Regime vermögen sich bestenfalls selbst zu konstitutionalisieren, also eine Binnenhierarchie von Rechtsnormen herauszubilden, jedoch keine umfassende Einheit anzustreben (Teubner 2003: 5 f., 13). Aber – und darin unterscheidet sich das Konzept vom herkömmlichen Verfassungsverständnis – das Recht, das der gesellschaftliche Konstitutionalismus hervorbringe, gehe nicht mehr allein auf politische Prozesse und Verfahren zurück, sondern entspringe zivilgesellschaftlichen Formen und Gegenkräften, die sich in ihrem Potential zur Begrenzung von staatlichen oder privaten Machtpositionen der Eigenlogik des jeweils global operierenden Systemmodus entziehen.

Hatte David Sciulli (1992) sein Konzept eines sozietalen Konstitutionalismus noch auf jene Räume bezogen, wo der Staat nicht wirksam gesellschaftliche Vermachtungsprozesse einzudämmen vermochte, so erstreckt Gunther Teubner (2003: 1) angesichts der begrenzten Leistungen, die von territorial gebundener Politik oder sektoral begrenzten internationalen Organisationen in der globalisierten Welt erwartet werden können, die Idee eines funktionsbezogenen Konstitutionalismus auf die überstaatliche Ebene und versteht darunter mehr als die bloße Verrechtlichung internationaler Machtausübung (zust. Grimm 2009c: 78). Aber es bedürfe keines Staates, um die Egoismen der gesellschaftlichen Teilsysteme und die Durchsetzung partikularer Eigeninteressen privater Akteure in Schach zu halten. Teubner arbeitet nicht mit dunklen Verfassungsvoraussetzungen oder -erwartungen, sondern setzt auf die Evolution systemeigener Modi der Rechtserzeugung und –kontrolle, die neben die politikbezogenen Verfassungen treten, aber von deren Durchsetzungsstärke auch profitieren. Das kann nur begrenzt als Kooperation ausgewiesen werden. Erforderlich werde, weil sich das Ganze nicht als Einheit denken lasse, ein Kollisionsrecht, um zwischen den fragmentierten Teilrechtsordnungen einen Zusammenhang herzustellen (Fischer-Lescano/Teubner 2006: 57) und zwischen gesellschaftlicher und politischer Rechtserzeugung zu vermitteln. Dieses Recht werde nicht autoritativ in Geltung gesetzt, sondern entstehe in wechselseitigen Beobachtungen. Seine demokratische Legitimation ist prekär. Aber es tritt bescheiden auf, will Regelungslücken nicht schließen und Konflikte nicht vermeiden oder entscheiden (Fischer-Lescano/Teubner 2006). Konfliktbewältigung nach dem Muster staatlichen Rechts ist von diesem – weitgehend entpolitisierten – Kollisionsrecht nicht zu erwarten.

b) Kollisionsrecht, aber welches?

Kollisionsrecht ist ein missverständlicher Begriff. Es gibt unterschiedliche Ansätze (Maurer/Renner 2010: 207 ff.), aber auch Skepsis gegenüber einem universellen Meta-Kollisionsrecht (Preuß 2011). Mit Hilfe eines zu entwickelnden Kollisionsrechts in einem weiteren Sinne lassen sich aber Prinzipien und Konzepte zur Strukturierung des transnationalen Rechtsraums entwickeln. So gehen Stefan Kadelbach und Klaus Günther (2011: 38 ff.) davon aus, dass gegenüber Versuchen konstitutioneller Einhegung von Uneinheitlichkeit ein pluralistisches Normmodell dort Alternativen biete, wo es zur Verwirklichung von individueller oder kollektiver Autonomie und damit von Freiheit beiträgt, wie dies bei der Selbstgesetzgebung kleinerer Einheiten und der Selbstregierung von Minderheiten der Fall sein könne. Für normative Dissonanzen seien Kollisionsnormen zu entwickeln.

Sehr viel weitgehender meint Thomas Vesting (2004: 66 f.), man könne nicht einfach auf eine Funktionalisierung, Materialisierung und Politisierung des Öffentlichen Rechts jenseits des Staates setzen, vielmehr gelte es, nach einem Substitut für den Systembegriff des staatsrechtlichen Positivismus zu suchen. Ein Bestandteil dieser Suchbewegung habe ein Kollisionsrecht konfligierender Rechtsordnungen zu sein. Zu schaffen seien Abstimmungsregeln zwischen den raum- und funktionsbezogenen Rechtskreisen, was sich im transnationalen Wirtschaftsrecht, aber auch im Verhältnis von Europarecht und Allgemeinem Verwaltungsrecht zeige. Die Konsequenzen einer Krise der Grenzziehung, die sich zugleich als eine »Krise der Hierarchie« erweise, sind zu einem guten Teil bereits Realität, mag die Forderung nach »wechselseitiger Irritation« auch ihrerseits irritierend wirken.

Erfordert das also ein kleines oder ein großes, ein technokratisches oder ein sozietales, ein rechtsinternes oder ein rechtsexternes Kollisionsrecht? Weitgehend unbestritten scheint zu sein, dass völkerrechtliche Regime-Vernetzungen ein neues Kollisionsrecht erfordern (Fischer-Lescano/Teubner 2006: 57 ff.; Paulus 2007: 714 f.). Andreas Fischer-Lescano und Kolja Möller (2009) wollen den »Variationen konstitutionellen Einheitsdenkens« eine gesellschaftstheoretisch begründete Alternative gegenüberstellen. Gegenstand müssen die »vielen europäischen Verfassungen in unterschiedlichen gesellschaftlichen Teilbereichen« sein, was die Frage aufwerfe, wie dieser konstitutionelle Pluralismus selbst im Sinne eines Kollisionsrechts zu verfassen wäre (Fischer-Lescano/Möller 2009: 355 f.). Es kollidieren nicht nur politisch-rechtliche Verfassungen, sondern auch öffentliche mit privaten Rechtsordnungen und es entstehe eine Bricolage von Rechtsnormen, die selbst Ausdruck gesellschaftlicher Konfliktlagen sei, welche die Jurisprudenz »nicht durch begriffliche Arbeit für aufgelöst erklären« könne. Einer Perspektive, die den Konstitutionalismus nur auf die supra- und internationale Politik und ihre Institutionen verenge, entgehen diejenigen zivilgesellschaftlichen Verfassungsphänomene, die sich in Distanz zum politischen System herausbilden. In der transnationalen Konstellation sei eine inkrementelle Konstitutionalisierung in einer Vielheit von autonomen weltgesellschaftlichen Teilbereichen zu beobachten. Deshalb gebe es zwei Gesichter des Kollisionsrechts, wobei an Modelle anzuknüpfen sei, die nicht primär die Konstruktion einheitlicher Rechtshierarchien zum Ziel haben, sondern daran arbeiten, realgesellschaftliche Kollisionen (die keineswegs nur zwischen europäischen und nationalen Rechtsordnungen bestehen) in »Interlegalitäten« zu überführen. Konfliktlagen können nicht nur rechtsintern pazifiziert werden. Das soziale Substrat der Rechtskollision bleibe so im blinden Fleck. Zu entwerfen seien vielmehr Verfahren, die eine Rückbindung der Rechtskonflikte an die betroffenen sozialen Teilbereiche gewährleisten und offen für Diskussions- und Aushandlungsprozesse sind (Fischer-Lescano/Möller 2009: 360 f.).

Eine andere Idee des Kollisionsrechts verfolgt Christian Joerges (2009: 373) als Versuch einer Antwort auf das Auseinanderfallen von europäischer Wirtschafts- und Sozialverfassung, was im Anschluss an Fritz Scharpf nicht durch verfassungsvertragliche Konstitutionalisierung gelöst werden könne. Weil das soziale Problem nicht als konstitutive Voraussetzung einer Demokratisierung der Europäischen Union verstanden werde, brauche es ein neues Kollisionsrecht. Joerges nennt drei wesentliche Punkte: *Erstens* müsse Kollisionsrecht als Demokratiegebot verstanden werden, weil im europäischen Kontext ein Auseinanderfallen von Entscheidungsträgern und Entscheidungsbetroffenen zu diagnostizieren sei. Erforderlich werde die Einbeziehung des Anderen, was aber keine Suprematie, sondern *zweitens* ein »supranationales Kollisionsrecht« erfordere. Das Europarecht müsse die externen Effekte ausgleichen, die dadurch entstehen, dass die Mitgliedstaaten nicht mehr imstande sind, die Auswirkungen ihrer Politiken demokratisch zu legitimieren. Seine Legitimität leite es aus dieser Kompensationsfunktion her, was den Vorwurf entkräfte, es sei nicht demokratisch legitimiert. Es könne demokratieverträglich und -stärkend wirken ohne sich selbst als demokratisches Staatswesen zu etablieren.[187] Interessant sind nun *drittens* die Rekonstruktions- und Entfaltungsmöglichkeiten eines solchen Kollisionsrechts, das sich im Unionsrecht, etwa im Diskriminierungsverbot wiederfinde, aber einer Binnendifferenzierung in vertikale, horizontale und diagonale Rechtskollisionen zugänglich sei. Diese ließen sich nicht hierarchisch über die Suprematie auflösen, sondern erfordern ein Kollisionsrecht unterschiedlicher Ordnungen. So habe der EuGH nach einem autonomieschonenden und gemeinschaftsverträglichen »Koexistenzmodus der Teilverfassungen« zu suchen und dürfe die Politik nicht ausschalten. Er sei kein »Zentral- oder Oberverfassungsgericht, das zur Kontrolle verfassungsrechtlicher Traditionen der Mitgliedstaaten befugt« wäre (Joerges 2009: 389), weil es dem Europarecht nur darum gehe, das »strukturelle Demokratieversagen der Nationalstaaten« zu kompensieren. Eben diese Funktion – und nur diese – habe der EuGH zu stabilisieren, mehr nicht (Joerges 2009: 392 f.).

Einem »kollisionsrechtlichen Konstitutionalismus« wird zugetraut, das Verhältnis zwischen Recht und Politik im europäischen Integrationsprojekt zu rekonfigurieren (Everson/Joerges 2011). Und nicht nur hier: Löst man sich von der Vorstellung allein hoheitlich gesetzten Rechts in einer Skepsis gegenüber »Omnipotenzphantasien der Politik« (Teubner 2012: 104) und versucht, das Politische nicht bloß institutionell, sondern auch in den Gesellschaftsbereichen zu verorten (Teubner 2012: 175 ff.), dann mag den selbstgeschaffenen Regeln der sozialen Teilsysteme die Qualität als Rechtsnormen zugesprochen werden können. Aus den gesellschaftstheoretischen Prämissen, wie sie den Arbeiten von Gunther Teubner zugrundeliegen, folgt jedoch eine gewandelte Funktion des Rechts, das die Fragmentierung der Gesellschaft nicht überwinden, sondern nur auf eine kollisionsrechtliche Kompatibilisierung der Teilrationalitäten zielen könne. Hierarchiekritik kollisionsrechtlich zu übersetzen, kann jedoch unterschiedliche Formen annehmen, je nachdem, ob man mit Teubner von einer Selbstkonstitutionalisierung gesellschaftlicher Teilregime ausgeht oder – ebenfalls in der Lesart eines konstitutionellen Pluralismus – der Fremdkonstitutionalisierung transnationaler Regime durch staatliches Verfassungsrecht mehr zutraut (Ladeur/Viellechner 2008) und die Bedeutung eines funktionalen

187 Einer europäischen Demokratie, die sich nicht länger aus den Staaten ableitet, begegnet Joerges mit Skepsis.

Kollisionsrechts in der Erzeugung kognitiver Meta-Normen für die Selbstorganisationsprozesse der Gesellschaft sieht (Ladeur 2006: 325 ff.). Anders als Teubner, dessen kollisionrechtlicher Ansatz der transnationalen Kompatibilisierung von gesellschaftlichen Eigenverfassungen »im Schatten der Politik« (Teubner 2012: 179 ff., 225 ff.) dient, sieht Karl-Heinz Ladeur (2012b: 246) die Herausbildung nichtstaatlichen Rechts nur unter Bezugnahme auf die Staatsverfassungen, an die staatliche Akteure in der Hervorbringung transnationalen Rechts gebunden bleiben. Jedenfalls erscheine es

> »produktiver, bei der Beschreibung des emergenten »globalen Rechts« jenseits des Staates und diesseits des klassischen Völkerrechts zunächst die Bedingungen der Verknüpfung des »territorialisierten« Rechts mit dem Wandel der sozialen Regeln und Wissenssystemen zu akzentuieren« (Ladeur 2012b: 253).

Wie auch immer die unterschiedlichen Deutungen eines Kollisionsrechts ausfallen: Einem solchen Kollisionsrecht wird es in der transnationalen Konstellation nicht allein um die Verknüpfungen von rechtlichen und sozialen Normen gehen können. In Rede steht vielmehr, weil auch gesellschaftliche »Eigenverfassungen« ohne externen Druck keine – zum Beispiel vor den Gerichten – anerkennungsfähige Struktur erhalten, die Frage nach dem Verhältnis und Maß notwendiger Fremdkonstitutionalisierung (Viellechner 2012b). Mit Skandalisierungsprozessen unter der Annahme einer weltgesellschaftlichen *colère publique*, die in der »normativen Erwartung« bereits die Rechtsbegründung zu erkennen meint (Fischer-Lescano 2005; Teubner 2012: 194 f.), ist es allein nicht getan. Das, wie es heißt, erst noch zu entwerfende Kollisionsrecht (unergiebig Kment 2010) hat seine eigentliche Funktion in der Verkoppelung unterschiedlicher Teilrechtsordnungen, hinter denen sich unterschiedliche Politikbegriffe verbergen, die für einen transnationalen Konstitutionalismus nicht ausgeblendet werden dürfen, soll dieser als demokratisch und rechtsstaatlich ausgewiesen werden können.

D. Mechanismen der Konfliktverarbeitung

Der beschriebene Funktionswandel von Verfassung und Verwaltung in der transnationalen Konstellation führt uns zu der Frage, wie die Mechanismen der Konfliktverarbeitung aussehen.

Verfassungen haben ein demokratisches und ein rechtsstaatliches Element. Wie gesehen, können diese Elemente im transnationalen Kontext nicht einfach analog des Verfassungsstaates zusammengespannt werden. Deshalb ist es vor dem Hintergrund von Recht und Politik ratsam, den Fragen getrennt nachzugehen. Wie soll eine transnationale Demokratie (I.) gedacht werden? Und wie kann oder sollte die Rechtsprechung mit den Kollisionen (II.) umgehen? Zweifel sind auch mit Blick auf die Determinierung des Verwaltungshandeln durch das Verfassungsrecht erkennbar geworden. Was für das innerstaatliche Verwaltungsrecht mit der Governance-Perspektive aufgezeigt werden kann, erhält für die verwaltungsrechtliche Konfliktverarbeitung in der transnationalen Konstellation besonderes Gewicht. Ähnlich wie für die Ordnung des Politischen in Europa kann der Vertrauensgedanken für das transnationalisierte Verwaltungsrecht – in Abgrenzung zur internationalen oder globalen Welt – fruchtbar gemacht werden (III.).

I. Transnationale Demokratie

»Es gibt Demokratie, wenn es eine spezifische Erscheinungsform des Volkes gibt. Es gibt Demokratie, wenn es spezifische Akteure der Politik gibt, die weder Agenten des staatlichen Dispositivs noch Teile der Gesellschaft sind, wenn es Kollektive gibt, die die Identifikationen mit den Teilen des Staates oder der Gesellschaft verschieben. Es gibt schließlich Demokratie, wenn es einen Streit gibt, der auf der Bühne der Erscheinung des Volkes von einem nicht identitären Subjekt ausgetragen wird« (Rancière 2002: 110).

Ist das in der transnationalen Konstellation möglich? Aus der Befreiung von etatistischen Verengungen oder idealistischen Überhöhungen folgt noch nicht, dass transnationale Vorgänge als demokratisch auszuweisen wären. Transnationalisierung, so umschreibt es Oliver Eberl (2011: 9), bedeute eine Entterritorialisierung der Demokratie, die nicht länger an das einzelstaatliche Territorium, die dort versammelte Bürgerschaft und die dort kasernierten Gewaltmittel gebunden wird. Welche Grenze überwunden und in welche Richtung hierbei Demokratie entterritorialisiert werde, sei offen. Eine supranationale Option liege nicht näher als eine transregionale, eine kosmopolitische Demokratie nicht näher als global governance.

Man kann skeptisch sein, ob Demokratie »jenseits« des Staates möglich ist (de Búrca 2008; Grimm 2011). Geht man davon aus, dass sich jede Rechtsordnung in dem Maße ihrer beanspruchten Autonomie als eine politische Ordnung und damit als grundsätzlich demokratisierbar darstellt (1.) ist damit über den Weg einer nicht-staatlichen Demokratisierung noch nichts gesagt (2.). Notwendig wird vor allem die Institutionalisierung »kontestatorischer« Legitimation (3.).

1. Rechtsordnungen als politische Ordnungen

Zu unterscheiden ist zwischen der Demokratie als politischer Idee und als verfassungsrechtlicher Kategorie. Es gilt in Erinnerung zu rufen, dass verfassungsrechtlich eine kategorialen Engführung des Demokratiebegriffs stattfindet. Danach ist das Handeln des Staates, nicht aber das Handeln privater Akteure legitimationsbedürftig. Demokratie wird mit guten Gründen als formelles Prinzip ausgewiesen.[188] Dennoch bleibt das Recht, obwohl es nur einen Ausschnitt der sozialen Lebenswelt ordnet, von den normativen Idealen der Demokratie nicht unbeeinflusst und lebt zu einem guten Teil von den überschießenden Erwartungen, die einmal gezogene Grenze jeder Zeit überschreiten zu können. Demokratie, die Herrschaft konstituiert (Lübbe-Wolff 2001: 252 f.) und als Maximierung von Selbstbestimmung legitimiert, bedarf einer Offenheit, um das Recht mit einem

188 Hier verläuft das demokratietheoretische Schisma der deutschen Staatsrechtslehre, die sich mit der Qualifizierung des Demokratieprinzips als Formprinzip (Böckenförde 2004: 96) vielfach nicht begnügt, hinter formelle Zurechnungen blickt und die Verwirklichung republikanischer Werte als verfassungsgeboten ausweist (Hesse 1999: 120; Kotzur 2005: 378).

politischen Zukunftsbezug auszustatten. Das kann pragmatisch gedeutet werden. Was Demokratie ausmacht, entscheidet dann nicht das Verfassungsrecht oder die politische Philosophie, sondern ist Sache der hoheitlicher Herrschaftsausübung unterworfenen Bürger (Rorty 1988: 3 ff.).

Jede Rechtsordnung ist eine politische Ordnung, die in unterschiedlichem Ausmaß einer Demokratisierung zugänglich ist. Damit ist nicht gemeint, dass es sich um eine mehr oder wenige »dichte« Angehörigengemeinschaft handeln muss. Nicht jede Ebene ist, wie Rainer Wahl (2002: 70) hervorhebt,

> »dazu geeignet, der Ort für politische Gemeinschaftsbildung zu sein oder in absehbarer Zeit werden zu können. Wenn auch viele Aufgaben nur noch im Weltmaßstab vorsorgend und gestaltend angegangen werden können, so heißt das noch lange nicht, dass in demselben Weltmaßstab auch politische Prozesse, Zugehörigkeitsverhältnisse und Gemeinschaftsbildung einen Ort und die notwendigen Voraussetzungen hätten.«

Möglicherweise und vermutlich, so wird in einer Fussnote (Wahl 2002: 70 mit Fn. 37) vermerkt, könnten

> »diese weltumspannenden Aufgaben politisch-legitimatorisch nicht in einem direkten Zugriff und nicht in einem einzigen Ableitungszusammenhang zu den vielen einzelnen auf der ganzen Welt, sondern nur durch politisch komplex gestufte Ableitungszusammenhänge bearbeitet werden. Der Schluss von der weltweiten Reichweite einer Sachaufgabe zur weltweiten Organisierbarkeit und Demokratisierbarkeit der Weltbevölkerung in einer politischen Einheit greift zu kurz, unterschätzt die Komplexität der Organisationsaufgabe und des Legitimationsproblems beträchtlich.«

Diese Einschätzung soll vorliegend nicht in Zweifel gestellt werden. Aber es fragt sich, inwieweit die empirische Aussage, wonach der Staat die »primäre Ebene der politischen Prozesse, der Gemeinschaftsbildung und der Gemeinschaftsbindung« sei, das normative Argument trägt. Werde nach den politischen und legitimatorischen »Kraftquellen« gefragt, die eine organisatorische Einheit zu einer politischen Einheit machen, müsse die Antwort darauf lauten, dass »der Staat und internationale Strukturen zu einer praktisch gewandelten Konstellation führen, die das Nationale als Basis positiv benutzt und bejaht, weil es verbunden und insofern auch eingebunden ist in die übergreifenden Zusammenhänge« (Wahl 2002: 73 f.). Man kann – wie in jeder politischen Ordnung – geteilter Auffassung sein, ob das für die Europäische Union zutrifft. Obwohl sich Wahl gegen die »Wiederholungsthese« wendet, wonach auf der überstaatlichen Ebene nur die aus dem Staat bekannten demokratischen Strukturen eingerichtet werden müssten, um die Legitimationsprobleme in den Griff zu bekommen, bleibt für ihn der politische Kontext der des Staates, auf den es in der politischen Ordnungsbildung, weil sich vergleichbare Strukturen nicht einfach in den post- oder transnationalen Raum »verlängern« ließen, maßgeblich ankomme.

Das greift aus der vorliegenden Perspektive zu kurz. Nicht nur, dass das Politische seinen exklusiven Ort im Staat verloren hat. Aus der Sicht der Einzelnen – und aus der Begründung der Demokratie aus der Freiheit des Individuums – kann es keine politische Ordnung geben, in die es gleichsam »hineingeboren« werde. Anderenfalls bestünde die Gefahr, dass zur Rechtfertigung der Demokratie eine vorrechtliche Erwartung formuliert wird, die im Ergebnis auf die Beseitigung der Demokratie im normativen Sinne hinauslaufen könnte. Für den Einzelnen mag der Staat als empirische Größe und als Garant von Freiheit und Sicherheit unverzichtbar sein (Habermas 2011). Aber diese Gemeinschaft, soll sie in der Freiheit des Gewaltunterworfenen wurzeln, kann dem Einzelnen nicht »von außen« vorgegeben werden. Sie muss als hinreichend offene Gemeinschaft definiert werden, damit sie vom Einzelnen »als eigene« Gemeinschaft anerkannt und Herrschaft »angeeignet« werden kann.[189] Diese bürgerschaftlichen Anerkennungs- und Aneignungsprozesse sind nicht deckungsgleich mit den individuellen Rechten der Einzelnen. In der Welt »jenseits« des Staates ist die Völkerrechtssubjektivität des Einzelnen keine gebündelte, sondern eine sektoral entbündelte Subjektivität, die in die funktionale Logik des jeweiligen Aufgabenerledigungszusammenhangs gestellt ist. Auch die Menschenrechte haben den Status des Einzelnen partiell erweitert, aber nicht von der Gemeinschaft abgekoppelt, in der sie geltend gemacht und durchgesetzt werden. Diese politische Gemeinschaft kann, muss aber nicht der Staat sein. Ja und mehr noch: Die politische Ordnung darf nicht mit der staatlichen Rechtsordnung identisch sein, soll es der Freiheit des Einzelnen überlassen sein, welche Gemeinschaft für ihn maßgeblich ist.

Die politische Gemeinschaft der An- und Zugehörigen muss nicht der Staat sein. Es gibt, wie in föderalen Ordnungen deutlich wird, nicht nur eine politische Größe, die für den Einzelnen relevant ist und für die er sich in unterschiedlichen Wahlakten entscheidet. Abgestimmt wird über das Personal unterschiedlicher Gemeinschaften, die jeweils für sich eine politi-

---

189 Zu Varianten einer Aneignungsdemokratie Rosanvallon (2010: 93 ff.).

sche Ordnung darstellen. Weniger das Nebeneinander, wohl aber das Ineinander unterschiedlicher Bezugsgemeinschaften in einem »Gemeinschaftsgefüge« erscheint problematisch, soweit Konsistenzanforderungen legitimationsbezogen gedacht werden (Graser 2008: 337 ff.). Dabei ist aber zweifelhaft, ob es zur Ordnung der Bezugsgemeinschaften der Hierarchie als Legitimationsmodus bedarf. Auch die Frage, ob das Recht sich die Gemeinschaft als Voraussetzung seiner legitimierenden Wirkung selbst schaffen kann oder von sozialen Voraussetzungen als einem vorgefundenen Grundbestand gemeinschaftlicher Verbundenheit abhängt, ist nicht leicht zu beantworten, mag auch die normative Bewertung, dies nur auf der Basis eines nationalstaatlichen Ankers tun zu können oder auf kosmopolitische Erweiterungen zu setzen, von den tatsächlichen Annahmen über die Gemeinschaftsbildung abhängen.[190]

Aus diesem Grund führt das »Gemeinschaftsdenken« in der Frage der Demokratisierbarkeit transnationaler Räume nicht weiter. Schon die Europäische Union ist keine Gemeinschaft nach staatlichem Vorbild und sie tut gut daran, nicht auf eine solche Verbundenheit zu setzen. Dennoch ist es eine politische Ordnung, die sich nicht nur nach innen gegenüber den Mitgliedstaaten, sondern auch nach außen gegenüber dem Völkerrecht abgrenzt. Solche Grenzen werden für die Demokratisierbarkeit einer politischen Ordnung für konstitutiv gehalten (McGrew 1998; Ley 2009b). Ist danach im Europarecht eine Politisierung und Demokratisierung möglich, fällt das auf internationaler Ebene sehr viel schwerer (Ley 2012b). Weil das Völkerrecht nicht mehr allein auf dem Staatenkonsens aufruht, stellen sich Frage nach der demokratischen Legitimation internationaler Entscheidungen aber auch hier.[191] Dafür reicht es kaum aus, auf die parlamentarische Zustimmung zum Abschluss völkerrechtlicher Verträge hinzuweisen. Noch wird man hoffnungsvoll auf internationale Gerichte setzen können, denen die Einbettung in politische Prozesse fehlt (oben C.III.3.) und die aus legitimationstheoretischen Gründen kaum für die Eröffnung von Reversibilität und Alternativen potentiell stets auch anders zu treffender Entscheidungen einsetzbar sind. So sind zum Beispiel der EGMR oder der

190 Zur Modellierung von Annahmen, denen tatsächliche Entwicklungen entgegenkommen sollten: Zürn (2011a: 78 ff.). Auch Habermas (2011: 89) versteht seine kosmopolitische Vision nicht als realititätsblind und macht ausdrücklich empirische Vorbehalte. Formale Konstruktionen wie das Demokratiekonzept Kelsens können sich insoweit durchaus als erfahrungsgesättigt und wirklichkeitsnah erweisen.

191 Zur Frage, was die Demokratisierung der internationalen Ebene von der Europäischen Union und den Regelungen der Art. 9–12 EUV »lernen« kann: v. Bogdandy (2012).

EuGH anders als das BVerfG (Möllers 2011a) in der gerichtlichen Herausbildung demokratischer Anforderungen an den politischen Prozess eher zurückhaltend und beschränken sich auf die Sicherung der Organkompetenzen, wie im Falle des Europäischen Parlaments gegenüber dem Rat (EuGH Rs. C-300/89 Titandioxid, Slg. 1991, I-2895 Rn. 20 f.).

Wie ist mit dieser Beobachtung umzugehen? Lassen sich im Völkerrecht, wie Rainer Wahl meint (2002: 84 f.) keine Orte politischer Prozesse identifizieren? Ist eine Politisierung der internationalen, sich aber als fragmentiert darstellenden Ordnung unmöglich? Vieles spricht dafür, dass nicht nur ein reales, sondern auch ein theoretisches Demokratieproblem vorliegt.[192] So hat es den Anschein, dass gerade in Ermangelung nichtstaatsbezogener Demokratiekonzepte die Legitimationslast den Nationalstaaten zugeschrieben wird, was die Bewertung der Europäischen Union, die immerhin über Verfahren und Institutionen demokratischer Legitimation verfügt, dann aber als Ausnahme vom »Normalfall« nicht unerheblich erschwert. Auch in regionalen oder sektoralen Regimen ist eine Parlamentarisierung zu beobachten, an die Formen der Politisierung anschließen können (Ley 2012a). Transnationale Demokratie verlangt die Politisierung funktionalistischer Ordnungen, geht aber in eine Distanz zur Vorstellung einer übergreifenden Einheit, von der aus solche Prozesse organisiert werden könnten. In der transnationalen Konstellation bleiben die nationalen Rechtsordnungen erhalten, können die Legitimationslast der Rechtserzeugung durch eine Vielzahl öffentlicher und privater Akteure aber nicht mehr allein schultern. Deshalb macht es keinen Sinn, eine Vorrang- oder Präferenzregel zugunsten des Staates (Franzius 2009a: 176 ff.) anzunehmen. Umgekehrt ist der formale Status privater Akteure kein Grund, deren Handeln von demokratischen Anforderungen jeder Art freizustellen. Die Grenze, wie sie für die Geltung des grundgesetzlichen Demokratieprinzips ausschließlich gegenüber öffentlichen Akteuren gezogen wird, ist anderen Rechtsordnungen – und wohl auch dem Unionsrecht in der nebulösen Formulierung des Art. 2 EUV – nicht in derselben Schärfe bekannt.

Wie aber können die Modelle transnationaler Demokratie aussehen? Das kollektivistische Modell, das auf der Konstruktion eines einheitlichen Demos beruht, stößt offensichtlich an Grenzen (a). Schon die Ausübung

192 Vgl. Schmalz-Bruns (2002: 266 ff.); Nettesheim (2005: 143 ff.). Die demokratietheoretische Auseinandersetzung zwischen Intro- und Extrovertiertheit (Ahlhaus/Niesen 2013) mag mit v. Bogdandy (2003b: 859) auf der »transnationalen Ebene ihr eigentliches Feld der Praxisrelevanz finden.«

europäischer Herrschaftsgewalt soll nicht an ein Unionsvolk zurückgebunden werden. Maßgeblich sind hier nicht die Staatsvölker, sondern die Unionsbürger. Die Alternative kann jedoch nicht einfach in einem individualistisch-menschenrechtlichen Demokratiekonzept für transnational zerfasernde Herrschaftsgewalt bestehen (b). Wichtige Legitimationssubjekte bleiben die Staatsvölker, die sich nach Maßgabe des nationalen Demokratiebegriffs einem konsequent individualistischen Zugriff entziehen. Was bleibt sind vermittelnde Ansätze, die unter dem Topos der lebendigen Demokratie auf den Erhalt intakter Demokratien in den Mitgliedstaaten setzen, aber das Europäische Parlament als Mitentscheidungsorgan ernstnehmen (Franzius/Preuß 2012b) und im übrigen auf Verfahren zur Artikulation von Widerspruch, Opposition und damit die Hervorbringung von Alternativen zielen (c).

a) Grenzen des kollektivistischen Modells

Im verfassungsrechtlichen Sinne ist die Legitimationsfunktion des grundgesetzlichen Demokratieprinzips auf das Volk bezogen, nicht auf den Einzelnen. Zwar können auch die Einzelnen die Ausübung von Herrschaftsgewalt legitimieren. Hoheitliche Eingriffe müssen gegenüber dem Einzelnen gerechtfertigt werden und verleihen ihnen so grundrechtliche Legitimation. Individuelle Selbstbestimmung legitimiert aber keine Herrschaft über andere, sondern zieht ihr Grenzen (Lepsius 2008b: 17). Die Reichweite und den Ausgleich von Freiheitspositionen bewirken hoheitliche Entscheidungen, die nach Maßgabe des Demokratieprinzips kollektiver Legitimation bedürfen. Daraus folgt: Individuelle Legitimation (durch Grundrechte) kann kollektive Legitimation (durch Demokratie) nicht ersetzen und umgekehrt. Beide Legitimationsstränge sind aufeinander bezogen (Möllers 2005a), stehen aber in keinem einfachen Kompensationsverhältnis. Das gilt in institutioneller Hinsicht: Gerichte können mit dem Schutz individueller Legitimation nicht übernehmen, was im Ausgleich konfligierender Interessen der Gesetzgeber mit kollektiver Legitimation für ein Gemeinwesen erbringen muss. Und es gilt in prinzipieller Hinsicht: Legitimität stiftet nicht nur das demokratische Prinzip. Aber rechtsstaatliche oder föderale Legitimation kann demokratische Legitimation nicht ersetzen.[193]

193 Isensee (1981) spricht für das Grundgesetz von Polen grundrechtlicher und demokratischer Legitimation.

Damit ist über den Inhalt des Demokratieprinzips noch nichts gesagt. Die Herstellung kollektiver Legitimation darf mit – namentlich in Deutschland verbreiteten – kollektivistischen oder holistischen Hintergrundannahmen nicht verwechselt werden. Es ist inzwischen bekannt, dass eine Realisierung des demokratischen Prinzips nicht nur im Nationalstaat möglich ist, so wichtig die Mitgliedstaaten zur Legitimation »überstaatlicher« Hoheitsgewalt auch sein mögen. Ebenso klar zu sein scheint, dass sich die internationale Ebene nicht einfach nach staatlichem Vorbild demokratisieren lässt. Zwischen diesen Polen bewegt sich die Debatte.[194] Nicht weiter führt die auf die Geltung der Verfassung bezogene Fiktion der Volkssouveränität, die auch das BVerfG mit dem Hinweis auf Art. 146 GG bemüht, aber folgenreich mit Demokratie vermischt. Denn in der mangelhaften »Abbildung« des wirklichen Volkswillens muss der Parlamentarismus nahezu zwingend defizitär erscheinen. Demgegenüber wusste schon Hans Kelsen, dass Verfassungsordnungen mit unterschiedlichen Volksbegriffen arbeiten. Auf der einen Seite ein soziologisch vorrechtlicher Begriff, in dem historische, sprachliche, religiöse oder auch ethnische Kriterien greifen mögen und auf der anderen Seite ein juristischer Begriff des Volkes als Staatsorgan. Für Kelsen sind Volk und Parlament zwei unterschiedliche Staatsorgane. Oliver Lepsius (2008b: 21 f.) stellt treffend fest:

»Die Volkssouveränität entzieht sich der normativen Konstruktion, während der Parlamentarismus ihrer gerade bedarf [...]. Gerade weil die Volkssouveränität eine faktische Größe sein muss, darf sie als solche wissenschaftlich nicht erkannt werden. Anderenfalls entzauberte man sie ihres legitimationsstiftenten Charakters.«

Homogenitätsanforderungen mögen bei der Frage, ob es ein verfassungsfähiges Makrosubjekt im Willen zur politischen Einheit gibt, eine Rolle spielen können. Dass sie eine solche Rolle im Öffentlichen Recht gespielt haben, ist unbestreitbar (Hanschmann 2008). Aber in dem Maße, wie sich der Volksbegriff von seinen vorrechtlichen Voraussetzungen abkoppelt und als verfassungsrechtlich konstruiert darstellt, werden kollektivistische Deutungen des Legitimationssubjekts angreifbar. Der tatsächliche Wille

194 Zu Angeboten der Institutionalisierung McGrew (1998: 388 ff.); Groß (2011a: 143 ff.). Im Kern geht es heute nicht mehr um die Frage, ob Demokratie den Staat voraussetzt (Volkmann 2002), sondern um die Chancen, das inter- oder transnationale Recht als Ausdruck politischer Prozesse begreifen zu können. Zu anderen Schlussfolgerungen kommt, wer für die Demokratie ein Ende des Primats des Politischen diagnostiziert. Hier mag die Rolle der internationalen Gerichte eine andere sein. Sie sind von demokratischer Rechtfertigung aber nicht freigestellt (v. Bogdandy/Venzke (2010: 6 ff.).

fließt nicht in den Organwillen ein und wird hier nicht abgebildet, sondern in einen rechtlichen Willen transformiert. Während der Organwille damit greifbar wird, bleibt der Volkswille (notwendige) Fiktion.[195] Der Gedanken der Repräsentation erlaubt es nicht nur, den Parlamentarismus in der Freiheit des Einzelnen wurzeln zu lassen, sondern kommt auch der pluralistischen Vielfalt einer Gesellschaft nahe.[196] So wundert es nicht, dass gerade solchen Autoren bleibende Einsichten in die Funktionsweise des Parlamentarismus zu verdanken ist, die wie Hans Kelsen in der Habsburger Doppelmonarchie mit Problemen von Vielvölkerstaaten und damit gesellschaftlicher Heterogenität konfrontiert waren.[197]

Demgegenüber verschmilzt in der etatistischen Tradition die kollektive Vorstellung der Volks- mit der Staatssouveränität in einem essentialistischen Überschuss unterstellter und damit politisch nicht beeinflussbarer Bedingungen demokratischer Herrschaft. Hierher gehört der immer wieder bemühte und in der deutschen Tradition nur selten hinterfragte Grundkonsens, der dem politischen Konflikt vorausliege und diesen in demokratischen Verfahren erst beherrschbar mache (krit. Frankenberg 2000: 31 ff.; Dreier 2008: 93 ff.; Kadelbach 2010: 268 f.). Wird das Subjekt der Legitimation demokratischer Herrschaft in einem zur politischen Einheit verschmolzenden Staatsvolk gesehen, kann es eine unabgeleitete, aber demokratisch legitimierte Herrschaftsgewalt »jenseits« des Staates nicht geben. Das BVerfG hat zwar semantisch abgerüstet. Es verweist für die Europäische Union nicht mehr auf das fehlende Staatsvolk, hält aber an vorpolitischen Bedingungen von Demokratie fest und zieht mit dem Hinweis auf die demokratisch begründete Verfassungsidentität unter der Kontrolle des Gerichts (unten II.2.) einer Selbstdemokratisierung der Unionsbürger ähnliche Grenzen. Was auf Unionsebene entstanden ist, wird vom Zweiten Senat – gemessen am Maßstab staatlicher Rechtsordnungen – für defizitär

195 Relativierend Möllers (2011b: 776), demzufolge es nicht sinnlos sei, davon zu sprechen, dass ein Volkswille in Parlamentswahlen zum Ausdruck komme.

196 Für Kelsen ist die Willensbildung ein juristisch-konstruktiver Vorgang, der den erzeugten (individuellen) Willen zu einem rechtlichen Organwillen macht. Zur individualistisch-liberalen Wurzel und deren »Metamorphose« zur kollektiv-autonomen Freiheit des Volkssouveräns Böckenförde (2004: 36 ff.); Lepsius (1999: 123 ff.); Thiel (2011: 190).

197 Kelsens Demokratietheorie enthält eine soziologische Fundierung seiner normativen Rechtstheorie: Der Parlamentarismus, damals wie heute Anfeindungen ausgesetzt, erhalte seine normative Rechtfertigung im Individualismus und eine soziale im Pluralismus, vgl. Lepsius (2008b: 33) mit dem Hinweis auf die Wirklichkeitsnähe der formalen Konstruktion, für die Kelsen insbesondere von Hermann Heller oder Eugen Ehrlich angegriffen worden ist.

gehalten. Das betrifft die Repräsentationsfunktion des Europäischen Parlaments, aber auch das politische Potential der Unionsbürgerschaft, deren föderale Struktur in der europäischen Mehrebenenordnung aus dem Blick gerät.

Legitimationstheoretisch erscheint es auch nicht zwingend, das globale Recht nichtstaatlicher Akteure aus der Staatszentriertheit herauszunehmen, aber dennoch den »Nationalstaat« zum zentralen Bezugspunkt demokratischer Prozesse zu erklären, durch die sich kollektive Autonomie in demokratischer Form verwirklichen müsse.[198] Wäre dies richtig, so ließe sich die Herausbildung nicht-staatlichen Rechts auf die Grundrechte stützen, der ein demokratisch verantwortetes Recht gegenübergestellt wäre. Besonders neu wäre dies nicht, eher eine Stabilisierung der paradigmatischen Unterscheidung zwischen Gesellschaft und Staat beziehungsweise zwischen grundrechtlich-individueller und demokratisch-kollektiver Legitimation. Neben den Staaten würde sich ein privates Recht herausbilden, das für den Fall seiner Zielverfehlung der Korrektur durch den Gesetzgeber unterworfen wäre. Ähnlich verlief die Diskussion um den Gewährleistungsstaat, der sich einer Reservefunktion für den Fall »gesellschaftlicher Schlechterfüllung« nicht entledigen dürfe. Auf die Schwierigkeiten der Annahme von staatlichen Rückholbefugnissen in den Grenzen des Gesetzesvorbehaltes ist hingewiesen worden (Franzius 2009a: 626 ff.). Sie gelten auch für »privates Recht im demokratischen Verfassungsstaat« (Bumke/Röthel 2012: 9 ff.) und potenzieren sich, wird der Staat zum Fluchtpunkt in der transnationalen Konstellation erklärt. Privates Handeln legitimiert sich nach eigenen Maßstäben und weist insoweit über den engen Kreis, der durch den Staat gezogen wird, hinaus. Und eine abstrakte Präferenz zugunsten der Staates ist dem Demokratieprinzip zur Legitimation der Ausübung öffentlicher, nicht notwendig staatlicher Gewalt fremd. Die Demokratie mag im Nationalstaat gut aufgehoben sein. Als normatives Argument taugt diese Verbindung jedoch, wie Art. 23 Abs. 1 GG oder Art. 2, 10 EUV zeigen, nicht sonderlich viel.

Anders als im demokratischen Verfassungsstaat, so schloss bereits vor einigen Jahren Armin v. Bogdandy (2003b: 876) seinen Überblick über Strategien zur Wahrung der Demokratie in der Globalisierung,

---

198 So aber Renner (2011: 244) unter affirmativer Bezugsnahme auf das Lissabon-Urteil des BVerfG mit dem Hinweis auf ungelöste Legitimationsprobleme, da, wie richtig angemerkt wird, die »Selbstbestimmtheit des Rechts und demokratische Strukturen in der Politik sich gegenseitig bedingen«.

»erscheint im rechtswissenschaftlichen Umgang mit dem demokratischen Prinzip auf transnationaler Ebene derzeit eine grundsätzliche Auseinandersetzung angezeigt, da ein gemeinsamer Weg der verschiedenen Verständnisse und Optionen kaum auszumachen ist.«

b) *Ausweg durch Individualismus? Wahl der Gemeinschaft*

Wie auch immer Demokratie konzeptionell verstanden wird und wie die Zweiteilung aussieht, ob es nun schwache oder starke, liberale oder republikanische, emphatische auf Selbstbestimmung zielende oder skeptische, stärker auf wirksame Kontrollender Herrschenden setzende Vorstellungen sind: Neben der Frage, ob es sich um ein *materielles*, bestimmte Anforderungen an die Qualität des politischen Prozesses formulierendes oder um ein lediglich auf die Einrichtung von Institutionen und Verfahren zielendes *formelles* Prinzip handelt (Volkmann 2010: 14 ff.), ist für die angemahnte Auseinandersetzung von Bedeutung, inwieweit das *kollektivistische*, zumeist etatistisch gefasste Demokratieverständnis, das seinen Ausgangspunkt bei einem zur Nation gewordenen Volk nimmt, durch einen *individualistischen* Begriff von Demokratie ersetzt werden kann, der die betroffene Einzelperson zum Zurechnungspunkt des demokratischen Prinzips (Bryde 1994: 305 ff.; Groß 2011a: 129 ff.) macht.

Ein Politikmodell, das um kollektive Identitäten kreise, sei angesichts des neuen Individualismus hoffnungslos veraltet, so lautet der seit langer Zeit erhobene Vorwurf, etwa in der Theorie reflexiver Modernisierung (Ulrich Beck) oder abgeschwächter auch im Plädoyer für eine Politik des dritten Weges (Anthony Giddens). Das ist nicht ohne Kritik geblieben. Für Chantal Mouffe (2005: 51, 54, 59 f.) handelt es sich um »postpolitische« Visionen, weil es keine in Wir-Sie Form konstruierten kollektiven Identitäten mehr gebe, sich also die politischen Grenzen aufgelöst haben. Sie stellt der dialogischen, auf einen Konsens zielenden Demokratie die agonistische, auf Differenz zielene Demokratie gegenüber, in der es eine auf die Herstellung von Hegemonie zielende politische Gegnerschaft geben müsse. Für die universellen Menschenrechte hat Mouffe nur Spott übrig, aber auch für die Universalität der liberalen Demokratie. Für sie (und andere) kann es keine kosmopolitische, sondern nur eine multipolare Weltordnung geben.[199] Die pluralistische Struktur der Weltgesellschaft, in der

199 Habermas sieht im europäischen Projekt den Wegweiser für eine kosmopolitische Ordnung. Für Mouffe (2005: 166 ff.) kann dagegen ein wahrhaft politisches Europa nur

Antagonismen agonistisch, d.h. legitim zum Ausdruck kommen (Mouffe 2005: 107 f.), lässt diesen Weg allerdings nicht zwingend erscheinen, nachdem der Konstitutionalismus auch in seinen kosmopolitischen Spielarten das pluralistische Paradigma – mit den beschriebenen Unschärfen (oben C.III.1.) – zu verarbeiten begonnen hat.

Damit ist allerdings noch nicht gesagt, dass ein individualistisch-menschenrechtliches Demokratieverständnis den »Ballast« älterer Konzeptionen einfach abschütteln könnte. Es gehört zu den Eigentümlichkeiten demokratischer Ordnungen, dass sie gerade im Abstreifen älterer Bindungen und anderen Transformationsprozessen die kollektive Erinnerung an eine Gemeinsamkeit präsent halten.[200] Gewiss fällt es einem auf die Individuen zurückgeführten Verständnis demokratischer Herrschaft ohne eine übersteigerte Sehnsucht nach Einheit leichter, die Herausforderungen der transnationalen Konstellation zu verarbeiten. Das sieht auch das BVerfG, im Lissabon-Urteil ein menschenrechtliches Verständnis der Demokratie andeutend.[201] Aber es stellt den Menschen neben die staatsfixierte Konzeption, greift die Doppelgleisigkeit in den späteren Ausführungen nicht wieder auf (krit. Kottmann/Wohlfahrt 2009: 444 f.) und lässt mit den apodiktischen Aussagen zu den politischen Primärräumen unter der Integrationsverantwortung der deutschen Staatsorgane (erläuternd Voßkuhle 2010b; Lhotta/Ketelhut 2009: 864 ff.) eine spürbare Distanz zu den von ihm selbst entwickelten Maßstäben (krit. Jestaedt 2009b; Lepsius 2011) erkennen.

Ob ein menschenrechtlicher Demokratiebegriff das kollektivistische Demokratieverständnis ersetzen kann, wird ebenso nachdrücklich gefordert (v. Bogdandy 2009; Groß 2011a: 135 ff.) wie leidenschaftlich bestritten (Haller 2010; 2012). Natürlich kann man weiterhin auf die vorrechtliche Volks- in der Verschmelzung mit der Staatssouveränität setzen und auf

in Beziehung zu anderen politischen Entitäten existieren, als Teil einer multipolaren Welt. Es könne nicht um die Universalisierung des eines Modells gehen.

200 Zur imaginierten Einheit als Voraussetzung – unabgeschlossener – politischer Auseinandersetzung Lefort (2007b: 551 ff.). Lefort verweist in diesem Zusammenhang auf Ernst H. Kantorowicz mit dem Bild der Gesellschaft, die sich im Körper des Königs wieder findet. Zum Erhalt symbolischer Einheit auch Vesting (2011).

201 BVerfGE 123, 267/341 ff. Lebensweltliche Zugehörigkeiten werden so nicht mehr als kollektive Vergemeinschaftungsprozesse, sondern als individuelle Wahrnehmung des Öffentlichen begriffen. Freigelegt werden sollen damit die Bedingungen einer intakten Demokratie: Demokratie, so das Gericht, bedeute für den Bürger, keiner politischen Gewalt unterworfen zu sein, der sie nicht ausweichen können und der sie nicht prinzipiell personell und sachlich in Freiheit zu bestimmen vermögen (BVerfGE 123, 267/341).

den Erhalt des Nationalstaates als zu verteidigenden Hort der Demokratie setzen, zumal sich eine emphatische Konzeption von Demokratie zur Einforderung von Selbstgesetzgebung in den verflüssigten Räumen des Transnationalen nur schwer entwerfen lässt, wenn nicht sogar auf eine Überwindung der aus Sicht des Demokratieprinzips problematischen Sekoralisierung und Verschränkung von Teilrechtsordnungen drängen müsste. Weil jedoch eine Weltföderation weder empirisch aussichtsreich noch normativ alternativlos ist, ja in der kantischen Tradition als tendenziell despotisch gilt, muss nach Modellen gesucht werden, die aus dem holistischen Staatsparadigma, das gerade in der Negation von Staatlichkeit auf globaler Ebene sehr wirkungsmächtig ist, hinausweisen. Eben das könnte ein menschenrechtlich fundiertes Demokratieverständnis leisten (Groß 2011a: 138 ff.), was die Frage aufwirft, ob die Perspektiven sich gegenseitig ausschließen oder miteinander verbunden werden können.

Soll ein kooperationsoffener Staat nicht nur als Staatszielbestimmung formuliert, sondern auch aus dem Demokratieprinzip der Staatsverfassung begründet werden, verlange dies ein menschenrechtliches Verständnis des staatsrechtlichen Demokratieprinzips, das über die Staatsangehörigen hinaus die Berücksichtigung anderer betroffener Interessen als demokratisch geboten einfordert.[202] Es ist die Konsequenz offener Staatlichkeit, den Bedarf nach demokratischer Inklusion auch jenseits der Staatsgrenzen (Kotzur 2010: 198) anzuerkennen. In der Öffnung der Staaten gegenüber dem Völkerrecht liege ein eigenes demokratisches Potential, dass der geschlossene oder hegemoniale Staat nicht habe erreichen können. Insoweit werde der Verlust an Selbstbestimmung durch ein Mehr an transnationaler Beteiligung wettgemacht (v. Bogdandy 2003b: 872). Der Gedanke der Repräsentation als normativer Kern kollektiver Selbstbestimmung schließt entgegen früherer Vorstellungen, die von einem unitarischen Legitimationsmodell ausgingen, die Ausrichtung an der individuellen Partizipation des Einzelnen nicht aus. Ein pluralistisches Legitimationsmodell, wie es in der Zusammenführung von Repräsentation und Partizipation durch Art. 10 f. EUV für die Europäische Union angelegt ist (Franzius/Preuß 2012a: 25 f.), öffnet sich menschenrechtlichen Fundierungen ohne jedoch den Rückbezug auf kollektive Entitäten – namentlich die Staatsvölker – aufzugeben.

---

202 Ähnlich auch ein deliberatives Verständnis der Rechtserzeugung, das verlangt, potentiell alle Rechtsbetroffenen zu inkludieren und als universelle Rechtsgenossen anzuerkennen, vgl. Groß (2011a: 136) mit dem Hinweis auf Fraser (2007: 249).

Aus der Unmöglichkeit, die europäische Demokratie als Herrschaft des Volkes zu deuten, folgt nicht zwingend die Notwendigkeit, allein auf die individuelle Selbstbestimmung des Einzelnen zu setzen. Zwar setzt die Union, wiewohl von Staaten geschaffen, auf die Individuen. Aber das rechtfertigt noch keine Zuwendung zum individualistischen Ansatz. Es mag sinnvoll sein, das Legitimationssubjekt einheitlich im Bürger zu sehen (v. Bogdandy 2009: 64; krit. Franzius/Preuß 2012a: 72 ff.). Der verschränkte Raum politischer Herrschaft, um dessen Legitimation es geht, könnte die Zusammenlegung der Rollen des Einzelnen als Staats- und als Unionsbürger in einer europäischen Bürgerschaft nahelegen. Wurzelnd im einheitlich verstandenen Individuum[203] würde dieses auf unterschiedliche Weise seinen Willen zum Ausdruck bringen. Die Sicht, die Einzelne auf Europa haben, hängt dann davon ab, ob sie von den politischen Organen als Staats- oder als Unionsbürger angesprochen werden. Wahlen zum nationalen Parlament haben eine thematisch und personell andere Bedeutung als Wahlen zum Europäischen Parlament, mögen diese ihrerseits auch häufig als Denkzettel für die nationale Regierung »missbraucht« werden. Beide Stränge vermitteln Legitimation (Art. 10 EUV) und es spricht vieles dafür, dass sich der europäische und der innerstaatliche demokratische Prozess wechselseitig ergänzen und bedingen.[204] So wenig der Rat aus der Legitimationsfrage ausgeblendet werden darf, so wenig erscheint es angezeigt, staatsbürgerliche Rechte zu vernachlässigen. Jedoch dürfen die Sphären oder Ebenen in keinem statischem Gegensatz zueinander gesehen werden. Die Unionsbürgerschaft tritt nicht einfach neben die Staatsangehörigkeit, sondern transzendiert diese, indem sie auch die nationalen Demokratien in europäische Demokratien verwandelt.[205]

Zwar legt die Unionsbürgerschaft ein individualistisches Demokratieverständnis nahe. Letzter Bezugspunkt ist der Bürger (Peters 2001: 657 ff.;

203 Mit dem Rat und dem Europäischen Parlament handelt es um zwei politische Subjekte, deren legitimatorische Grundlage jedoch einheitlich im Individuum gesehen wird: v. Achenbach (2012: 212 f.).

204 Aber nicht gegenseitig ersetzen können, wie es vielfach angenommen wird. Gegen eine solche Kompensationsthese, wonach der durch den Rat repräsentierte Legitimationsbeitrag umso niedriger ausfallen könne, je mehr das Europäische Parlament eingebunden ist und umgekehrt, überzeugend v. Achenbach (2012: 213 ff.); anders für die Euro-Rettungsschirme Calliess (2012) unter Betonung des nationalen Legitimationsstrangs.

205 Das mag die Zurückhaltung erklären, mit der das BVerfG der Unionsbürgerschaft begegnet. Den vertraglich begründeten Rechten der Unionsbürger wird die Möglichkeit abgesprochen, ein »selbständiges personales Legitimationssubjekt auf europäischer Ebene« zu bilden: BVerfGE 123, 267/405.

Rabenschlag 2009: 315 ff.; Groß 2011a: 142). Danach umschließt das Konzept der Unionsbürgerschaft die nationale wie supranationale Angehörigkeit, überschreitet die Grenzen beider Räume und entfaltet sein Transformationspotential jenseits überkommener Begrenzungen. Staats- und Unionsbürgerschaft stehen dann nicht unverbunden nebeneinander, sondern in einem Verhältnis wechselseitiger Durchdringung. Anschaulich wird diese Verbindung bei Miguel Maduro, der in den Schlussanträgen in der Rechtssache Rottmann (C-135/08, Slg. 2010, I-1449 Rn. 23) von dem »Wunder der Unionsbürgerschaft« spricht:

»Sie verstärkt die Bindungen an unsere Staaten (soweit wir eben deshalb Unionsbürger sind, weil wir Angehörige unserer Staaten sind), und zugleich emanzipiert sie uns von ihnen (soweit wir nunmehr Bürger über unsere Staaten hinaus sind). Der Zugang zur Europabürgerschaft wird durch die Staatsangehörigkeit eines Mitgliedstaats vermittelt, die durch das nationale Recht geregelt wird, aber, wie jede Form der Bürgerschaft, bildet sie die Grundlage für einen neuen politischen Raum, aus dem Rechte und Pflichten erwachsen, die durch das Gemeinschaftsrecht festgelegt werden und nicht vom Staat abhängen. Dies ist es, was im Gegenzug die Autonomie und die Autorität der Gemeinschaftsrechtsordnung legitimiert.«

Alexandra Kemmerer (2010: 204 ff.) greift diesen Gedanken auf und sieht in der Europäischen Bürgerschaft eine Haltung, eine Perspektive. Ausgangs- und Fluchtpunkt der demokratischen Legitimation einer europäischen Bürgerschaft sei das Individuum, was den Einzelnen, die zugleich Staats- und Unionsbürger sind, einen Raum zur reflexiven Verwirklichung individueller wie kollektiver Selbstbestimmung gebe (Kemmerer 2010: 217). Das klingt sympathisch, erscheint aber gewagt, denn die Idee der freien Selbstbestimmung der »Europabürger« sollte nicht gegen die demokratisch verfassten Völker der Mitgliedstaaten ausgespielt werden. Selbstherrschaft kann nicht unter Vernachlässigung der demokratischen Relevanz der Staatsvölker konstruiert werden. Weil die Legitimation eines überstaatlichen Gemeinwesens nur pluralistisch zu haben sein dürfte, muss die Vielzahl von Legitimationssubjekten, gegenüber denen politische Entscheidungen zu rechtfertigen sind, erhalten bleiben. Mit der eigenen Transnationalisierung bekräftigt die Europäische Union ihre Struktur als Mehrebenenordnung, die auf eine Kompatibilität, nicht aber Konvergenz der Demokratien mit den ihnen zugrundeliegenden Verständnissen setzt.[206]

Das individualistische Verständnis erklärt zwar die Wahl des Europäischen Parlaments, das nicht länger die Staatsvölker, sondern die Unionsbürger repräsentiert, liefert aber keine überzeugende Antwort für die Gesamtheit in seiner pluralistischen Mehrebenenstruktur. Das Problem, dass ein individualistisches Demokratieverständnis hat, will es die vielfältigen Verschränkungen und Übertragungen von Hoheitsgewalt auf die Bürger zurückführen, ist, dass diese Vorstellung, so sinnvoll sie zur Beschreibung der europäischen Ebene auch sein mag, die Idee kollektiver Selbstbestimmung auf staatlicher Ebene untergräbt (Franzius/Preuß 2012a: 32). Denn die »Ebenen« lassen sich nicht einfach danach trennen, hier das Individuum und dort das Volk für maßgeblich zu erklären. Genügt für die europäische Demokratie im Sinne der Art. 10 f. EUV eine menschenrechtliche Selbstbestimmung, dann wird die partikular-nationale Begründung von Demokratie prekär. Politische Selbstbestimmung geht aber nicht in transnationaler Mitbestimmung auf und sie muss ihr kritisches Potential dadurch erhalten, die vielschichtige Verwobenheit europäischer Herrschaft *als solche* der Demokratisierung zu öffnen.[207]

Das schließt die Formulierung von Anforderungen aus der Perspektive des Einzelnen nicht aus. Gerade in Gebilden, in denen sich mehrere demokratische Prozesse überlagern, erscheint die Ausrichtung an der Partizipationschance des Einzelnen auf allen Ebenen verlockend, die Engführungen des kollektivistischen Modells zu überwinden und entstandene Inkongruenzen zwischen Rechtsbetroffenheit und -autorenschaft zu verringern (Groß 2011a: 136 ff.; Franzius/Preuß 2012a: 98 ff.). Aus der Perspektive des Individuums stellt sich Demokratie nicht als Selbstbestimmung eines Volkes dar, sondern als Rechtsstatus gleicher Teilhabe an einem politischen Legitimationssubjekt (Möllers 2011b: 760 f.). Voraussetzung ist, dass sich ein Legitimationssubjekt mit verselbständigten Formen der Rechtserzeugung und eigenen politischen Legitimationsmechanismen konstituiert hat. Erst dann lässt sich eine »Ebene« als Teil einer Mehrebenenordnung

206 Das spricht nicht gegen den normativen Individualismus, wonach Politik und Recht in letzter Instanz durch den Bezug auf die jeweils betroffenen Menschen zu rechtfertigen ist.

207 Im Sinne inter-subjektiver Relationalität Ley (2012b: 152, 157 f., 191 f., 220–222, 294) und für die Umstellung von der einheitlichen Idee der Subjektivität zur »Vervielfältigung der Subjektivität mit einer Pluralität konkreter und miteinander kommunizierender Individuen« Dellavalle (2011: 144 ff.).

beschreiben (oben C.II.3). Die föderale Erfahrung führt uns vor Augen, dass institutionelle Angebote für eine egalitäre Beteiligung auf verschiedenen Ebenen gemacht werden können (Möllers 2008c: 178). Mit dem Staat zu argumentieren führt an dieser Stelle nicht weiter. Denn aus der Perspektive des Bürgers kann ihm nicht vorgegeben werden, welche Mitgliedschaft oder politische Identität für ihn am wichtigsten ist. Es ist nicht so, dass eine Demokratisierung von Mehrebenenordnungen voraussetzen würde, dass sich der Bürger für eine politische Entität zu Lasten einer anderen politischen Entität entscheiden müsste. Aus der Perspektive des Bürgers mag für die eine Frage die eine Ebene, für andere Fragen aber andere Ebenen letztverantwortlich sein. Die Souveränitätsfrage kann nicht pauschal beantwortet werden, ja sie muss in bündisch verfassten Gemeinwesen (Schmitt 1928: 373) unbeantwortet bleiben (Schönberger 2004: 104 ff.). Im Bund wird die Souveränität funktionslos (Preuß 2005: 520 f.).

Der Vorteil dieser Perspektive ist das Offenhalten politischer Lösungen. Einen legitimationstheoretischen Vorrang der einen Ebene gegenüber der anderen Ebene gibt es nicht (Möllers 2011b: 767 ff.) und es obliegt den Bürgern in ihrer Doppelrolle als Angehörige eines Staatsvolkes und als Unionsbürger auf eine institutionelle Ausgestaltung zu drängen, die dieser Rolle gerecht wird. Das mag eine konsequente Gleichberechtigung von Rat und Europäischem Parlament in der Gesetzgebung[208] erfordern (Habermas 2011), sagt aber noch nichts darüber aus, nach welchem Verfahren eine stärkere Rückbindung der Exekutive an Wahlentscheidungen der Unionsbürger erfolgen sollte (oben C.II.2), zumal eine legitimatorische Stärkung des Kommissionspräsidenten zugunsten des Erhalts mitgliedstaatlicher Legitimationsstränge auch mit guten Gründen hinterfragt werden kann (Joerges/Weimer 2013). Welche Gemeinschaft die Bürger wählen, hängt von Traditionen, von Identifikationsangeboten, aber auch davon ab, ob sie als Staatsangehörige oder Unionsbürger adressiert werden, wie diese Struktur im »institutionellen setting« gespiegelt und in Legitimationsmechanismen aufgeteilt wird.

Europa statuiert keine konsequente Mehrheitsherrschaft, sondern stellt sich zu einem guten Teil als eine Konkordanzdemokratie dar, in der auch dort der Konsens gesucht wird, wo mit Mehrheit entschieden werden kann (Weiler 1999: 72; Oeter 2009: 85 ff.; Dann 2009: 357 f.; Franzius/Preuß

208 Mehrheitsentscheidungen im Rat erfordern die Mitentscheidung des Parlaments. In der Regel ergehen Rechtsakte im »ordentlichen Gesetzgebungsverfahren« (Art. 289, 294 AEUV).

2012a: 50 ff.). Grenzen der Mehrheitsregel werden durch Veto-Positionen demokratischer Einheiten geschaffen, die auf eine Mehrheit der staatlichen Willensbildung zurückgehen, aber auf Unionsebene eine Minderheit darstellen, zu dessen Gunsten die Willensbildung der Unionsorgane nach einem föderalen Modus beschränkt wird. Auf diese Weise werden – dem deutschen Modell nicht unähnlich – auf einer Ebene unterschiedliche politische Einheiten repräsentiert, um »die Integrität der internen politischen Willensbildung« zu schützen. Während der demokratisch-egalitäre Repräsentationsmodus jedem *Angehörigen* eine Stimme gibt, wird nach dem föderal-korporativen Modus den repräsentierten *politischen Einheiten* eine Stimme gegeben (Möllers 2011b: 765). Diese Verteilung ist es, die hinter den Beschreibungen der Europäischen Union als Staaten- und Bürgerunion, wie es der Verfassungsvertrag an prominenter Stelle[209] vorgesehen hatte, letztlich steht.[210]

Individuelle Präferenzen lassen sich in demokratischen Mehrebenenordnungen schlecht durch die Mehrheitsregel einfangen. In föderalen Ordnungen, so formuliert es Möllers (2011b: 767), sei die Mehrheitsregel ebenso unverzichtbar wie in seiner Bedeutung deutlich relativiert. Mechanismen wie die unterschiedliche Stimmengewichtung im Europäischen Parlament, bemängelt durch das BVerfG (BVerfGE 123, 267/378 f.), müssen keine Relativierung demokratischer Gleichheit darstellen, sondern können als

> »Umsetzung der Tatsache [verstanden werden], dass unter den Bedingungen ebenengegliederter politischer Prozesse die Bedeutung der Mehrheitsregel selbst an Grenzen stößt, soweit unter den Beteiligten Uneinigkeit darüber besteht, welche politische Ebene als relevant angesehen wird.«

Aus einer individuell-legitimationstheoretischen Perspektive kann und darf europäischen Bürgerinnen diese Entscheidung nicht, jedenfalls nicht von den Gerichten im Wege einer intensiven Kompetenzkontrolle abgenommen werden, was dafür spricht, auch die Finalitätsfrage offen zu halten,

---

209 Art. 1 Abs. 1 VV. Damit wären einseitige Rückführungen des Unionsrechts auf die Bürger *oder* die Staaten erschwert worden.

210 Möllers (2011b: 765) weist darauf hin, dass der innerstaatliche demokratische Prozess nur wirksam geschützt sei, wenn es auf der »oberen« Ebene eine Einstimmigkeitsregel gäbe, die aber dann keine »demokratische« Ebene wäre, da mit einer solchen Abstimmungsregel »jeder Ansatz einer politischen Gemeinschaftsbildung« unterbunden wäre. Es bliebe bei der Kooperation souveräner Staaten, die sich durch andere Formen der Verrechtlochung verselbständigen, nicht aber politisieren könnte.

jedenfalls nicht mit normativen Setzungen vorpolitischer Bedingungen vorschnell einzuengen.[211] Demokratien sind offen zu halten für eine unhintergehbare Vielfalt an politischen und kulturellen Präferenzen (Peters 2009: 308 ff.).

c) Angebote dazwischen: Lebendige Demokratie

Worum es angesichts der Aporien, in die polare Gegenüberstellungen von kollektivistischem und individualistischem Demokratieverständnis führen, gehen muss, ist nach Zwischenformen zu suchen, nicht zuletzt, um zwischen dem souveränitätszentrierten und dem kosmopolitischen Lager zu vermitteln. Diese Zwischenformen finden in der Europäischen Union immerhin eine demokratische Grundstruktur, die mit Leben zu füllen wäre.[212] Wir (Franzius/Preuß 2012b: 77 ff.) haben vorgeschlagen, dafür von lebendiger Demokratie zu sprechen. Demokratie bedeute nicht nur die Wahrung formaler Organisationsprinzipien und nicht allein eine korporative Einbindung von Interessengruppen, sondern lebe zu allererst von und in einer funktionsfähigen öffentlichen Meinung, so das BVerfG im Lissabon-Urteil (BVerfGE 123, 267/358). Das Urteil greift den Topos lebendiger Demokratie auf, bezieht ihn jedoch auf die Ausübung der Kompetenzen durch die Unionsorgane im Sinne eines Gebots der Rücksichtnahme, wenn es heißt:

»Mit dem Vertrag von Lissabon erweitern die Mitgliedstaaten den Kompetenzumfang und die politischen Handlungsmöglichkeiten des europäischen Integrationsverbundes […]. Namentlich die neu übertragenen Zuständigkeiten in den Bereichen der Justiziellen Zusammenarbeit in Strafsachen und Zivilsachen, der Außenwirtschaftsbeziehungen, der Gemeinsamen Verteidigung sowie in sozialen Belangen können und müssen von den Organen der Europäischen Union in einer Weise ausgeübt werden, dass auf mitgliedstaatlicher Ebene sowohl im Umfang als auch in der Substanz noch Aufgaben von hinreichendem Gewicht bestehen, die rechtlich

211 Die an den pragmatischen Vorrang der Demokratie vor der Philosophie (Richard Rorty) angelehnten, aber dennoch am Ende etwas mager ausfallenden Bemerkungen von Möllers (2011b: 777 f.) schließen mit der für die deutsche Rechtswissenschaft provozierenden These, es scheine an der Zeit, die »Hoffnungen in die Verrechtlichung demokratischer Ebenengliederung aufzugeben, nicht zuletzt, um besser verstehen zu können, wie Demokratien funktionieren«.

212 Zutreffend Klaus Hänsch, Mehr Europa, aber wie?, FAZ v. 10.12.2012, S. 7 mit dem Rat, den im Vertrag von Lissabon angelegten Weg zu einer transnationalen Demokratie zu gehen. Wer mit der Forderung nach einem Konvent glaube, die erste Etappe überspringen zu können, der riskiere es, bei der zweiten ins Straucheln zu geraten.

und praktisch Voraussetzung für eine lebendige Demokratie sind« (BVerfGE 123, 267/364).

Das bedeutet, dass überstaatliche Institutionen demokratiefähig zu machen sind, ohne dabei die innerstaatlichen Prozesse ihrer demokratischen »Substanz« zu berauben.[213] Von der überstaatlichen Ebene kann man nicht erwarten, dass sie leistet, was in den Staaten verloren zu gehen scheint. Ein dem Nationalstaat des 19. Jahrhunderts vergleichbares Arrangement wird sich kaum »wiederholen« lassen. Das gilt auch für eine politische Gesamtöffentlichkeit, die sich als Kopie des überkommenen Nationalstaates auf europäischer Ebene nicht finden lässt. Hier zu erwarten, dass ein Einheit stiftender Resonanzboden entstünde, ist verfehlt, zumal die zivilgesellschaftliche Öffentlichkeit bereits im Kontext staatlicher Demokratien häufig nur eine fragmentierte Öffentlichkeit ist (Franzius/Preuß 2004). Das staatliche, wenn auch in seiner Ausprägung »europäisierte« Demokratieprinzip wäre dann nicht als Grenze, sondern als Auftrag zu verstehen, den Prozess staatlicher Willensbildung so zu gestalten, dass diejenigen daran teilhaben können, die von der Herrschaftsausübung staatlicher Organe betroffen sind. Ein menschenrechtliches Verständnis des staatsrechtlichen Demokratieprinzips unter dem Prinzip »offener« Staatlichkeit verlangt die Einbeziehung der Staats- und Unionsbürger.

Die Ambivalenz der Verschränkungen muss allerdings bewusst bleiben. Die Legitimationszusammenhänge werden komplexer und es wird schwieriger, demokratische Prinzipien der Zurechenbarkeit und Verantwortlichkeit umzusetzen. Allein mit einer besseren parlamentarischen Anbindung mitgliedstaatlicher Europapolitik ist es nicht getan. Auch über Volksabstimmungen allein wird sich eine lebendige Demokratie im komplexen politischen System der Union kaum erreichen lassen. An die Stelle eines unitarischen Modells der Legitimation, das exklusiv auf die Wahl des politischen Personals durch die Bürgerinnen setzt, tritt ein pluralistisches Modell, dass auch Betroffene und sonstige zivilgesellschaftlicher Akteure an Verfahren beteiligt. Treffend sprach der Verfassungsvertrag vom »demo-

213 Gabriele Britz (2010: 156 f., 162 f., 168 f.), inzwischen Richterin des Ersten Senats, sieht darin eine demokratietheoretische Version des Subsidiaritätsprinzips, wonach Entscheidungen möglichst auf der unteren Ebene getroffen werden sollen. Mit der Festlegung von »politischen Primärräumen souveräner Staatlichkeit« wäre das Subsidiaritätsprinzip freilich in den Rang nationalen Verfassungsrechts erhoben, damit aber der politischen Auseinandersetzung im Alltag entzogen. Zur »Überschaubarkeit der Systeme« als demokratischer Wert Eberl/Rödl (2010: 419).

kratischen Leben« in der Europäischen Union. So erklärt sich auch, wie wichtig Transparenz für die Verfasstheit Europas ist. Erst eine hinreichende Sichtbarkeit öffentlicher Europapolitik erlaubt es der Öffentlichkeit, auf diese auch Einfluss zu nehmen. Lebendige Demokratie braucht Räume und Foren, in denen über europäische Themen gestritten werden kann. Es geht ihr weniger darum, Politik im Konsens zu formulieren, vielmehr müssen Konflikte institutionalisiert und von den gesellschaftlichen Gruppen ausgetragen und gelebt werden (Brunkhorst 2010: 198 ff.). Nur über eine Politisierung der Entscheidungen ist es möglich, sie zu vergemeinschaften. Eine lebendige Demokratie belebt den Wettstreit zwischen politischen Alternativen und versucht zahlreiche Wege zu finden, wie Bürgerinnen an politischen Entscheidungen nicht bloß teilhaben, sondern sich diese auch aneignen können (Rosanvallon 2010: 271 ff.).

Dies sollte nicht »introvertiert« auf die eine, intuitiv herausragende und aus der Sicht der Bürger auch unverzichtbare politische Ebene des Staates bezogen sein. So aber lässt sich das BVerfG verstehen, wenn es in staatlichen Begriffen meint, die Europäische Union dürfe wegen des Erhalts einer lebendigen Demokratie in den Mitgliedstaaten die Schwelle zu einem Bundesstaat nicht überschreiten. Das wäre der Fall, wenn die Wahl des Kommissionspräsidenten »rechtlich wie faktisch« allein durch das Europäische Parlament erfolgte (BVerfGE 123, 267/380). Mehr Flexibilität lässt das ESM-Urteil zu, das eine institutionelle, wenngleich außerhalb der Verträge angesiedelte Reform zum Erhalt der Stabilitätsunion akzeptiert. So wie die Einführung des Euro politisch zu verantworten war (BVerfGE 89, 155/207), sei die Sicherung des Euro eine politische Entscheidung (BVerfG 2 BvR 1390/12 v. 12.9.2012). Das gleiche gelte für die institutionelle Weiterentwicklung der Wirtschafts- und Währungsunion, um sie aus der Asymmetrie zwischen Fiskal- und Wirtschaftspolitik herauszuholen. Nach der jüngeren Rechtsprechung des BVerfG besteht durchaus Spielraum für institutionelle Reformen und Kompetenzübertragungen (Pernice u.a. 2012: 48). Politische Entscheidungen, werden sie mit den dafür vorgesehenen Mehrheiten getroffen, können nicht unter Berufung auf eine extensiv ausgelegte und für die europäische Integration gar nicht konzipierten Ewigkeitsklausel (Art. 79 Abs. 3 GG) ausgehebelt werden (Wendel 2011a: 96 ff.). Insofern ist es zu begrüßen, wenn es, nur scheinbar Kontinuität versprechend, im ESM-Urteil (BVerfG 2 BvR 1390/12 v. 12.9.2012, Abs.-Nr. 222) heißt:

»Art. 79 Abs. 3 GG gewährleistet nicht den unveränderten Bestand des geltenden Rechts, sondern Strukturen und Verfahren, die den demokratischen Prozess offen halten und dabei auch die haushaltspolitische Gesamtverantwortung des Parlaments sichern.«

Normative Konzepte von Demokratie müssen jedenfalls darauf achten, dass die politischen Räume, in denen sich demokratischeHoffnungen und Sorgen umsetzen lassen, nicht vorschnell eingeengt werden (Bryde 2000: 67 ff.). Zwar spricht einiges dafür, dass sich das institutionelle Gleichgewicht weiterentwickeln wird wie bisher – mit Verhandlungen zwischen Regierungen und Elementen des Konsenses (Dann 2009: 382 f.; Oeter 2009: 103 ff.). Demokratietheoretisch schließt dies jedoch andere Organisationsformen nicht aus – und damit auch nicht den Versuch, europäische Herrschaftsgewalt stärker zu verschränken. Möllers (2011b: 777) spricht von einem »Prozess der Co-Evolution zwischen institutionell eingerichteten Verfahren in der Unions- und der gliedstaatlichen Verfassungsstruktur und den Legitimationssubjekten, der eben diese Verfahren erst rechtfertigen« könne.[214] Dies mag man als inkrementalistisch kritisieren, entspricht aber allen Erfahrungen, die mit dem europäischen Projekt, das die mitgliedstaatlichen Demokratien nicht in Frage stellen, sondern stabilisieren soll, bislang gemacht werden konnten. Und es nimmt den Druck von einer neuen Verfassung, die anzustreben ebenso wie die Frage, ob die »Vereinigten Staaten von Europa« als demokratisches Projekt sinnvoll wäre, mehr als zweifelhaft ist (Neyer 2011a: 480 ff.), jedenfalls kaum von den Eliten – das sollte das Schicksal des Verfassungsvertrags lehren – beantwortet werden dürfte.[215] Aus deutscher Sicht kann Europa nicht in der Alternative oder »an der Grenze« zwischen Bewahrung des Nationalstaates (Art. 79 Abs. 3 GG) und revolutionärer Erneuerung durch einen europäischen Bundesstaat (Art. 146 GG) sinnvoll gedacht werden.

214 Ihm zufolge können sich egalitäre Prozeduren und die demokratischen Legitimationssubjekte (im Plural!), welche diese rechtfertigen sollen, »aneinander entlang entwickeln« (Möllers 2011b: 766); zust. Habermas (2011: 76).

215 Darin wird eine wichtige Aussage des BVerfG im Lissabon-Urteil gesehen werden können. Richtig auch v. Kielmannsegg, Soll von Demokratie noch die Rede sein?, FAZ v. 8.7.2011, S. 35. Standards prozeduraler Gerechtigkeit können nicht an die Stelle von Demokratie treten. In der Ablehnung der Demokratiefähigkeit »überstaatlicher« Hoheitsgewalt treffen sich weite Teile der Politikwissenschaft mit der Rechtsprechung des BVerfG, das nicht nur aus den Reihen der abfällig »integrationistisch« genannten Europarechtswissenschaft schärfere Kritik erfährt.

So wichtig die förmlichen Verfahren sind, kommt es dabei doch auch auf die gelebte Praxis an (Wiener 2008; Nullmeier/Pritzlaff 2010: 4 f.). Die real existierende Mehrebenendemokratie zeichnet sich durch supranational eingehegte Entscheidungen der Mitgliedstaaten aus, die eine Rückkehr zur Methode zwischenstaatlicher Verhandlungen problematisch erscheinen lassen. Relativierungen der europäischen Gemeinschaftsmethode mit einer Schwächung der europäischen Institutionen wie der Kommission und des Europäischen Parlaments, häufig den begrenzten Kompetenzen und der Schwierigkeit geschuldet, die Zustimmung aller Mitgliedstaaten für Vertragsänderungen zu erhalten, sollten nicht vorschnell als transnationales Ringen lebendiger Demokratie gefeiert werden. Staatliche, vor allem von den jeweiligen Regierungen vertretene Interessen werden ebenso eine Tatsache bleiben wie die in der Praxis voranschreitende Aufweichung des in seinem Aussagegehalt begrenzten Souveränitätsparadigmas.

Das gilt auch für die ungleich schwerer zu beantwortende Frage nach einer Demokratisierung des Völkerrechts, die zu stellen seinem Einsatz für europäische Fragen die Attraktivität nehmen könnte. Eine politische Gemeinschaft, wie sie in den Rechtserzeugungsverfahren der Europäischen Union – in Abgrenzung zu anderen politischen Einheiten – zum Ausdruck kommt, kann auf der internationalen Ebene »souveräner« Staaten nicht angenommen werden. In Ermangelung von Repräsentanten griffe die Repräsentationsfunktion eines Weltparlaments (Falk/Strauss 2000: 36 ff.; Groß 2011a: 146 f.) ins Leere und in dem Maße, wie sich Demokratie nicht in einer politischen Arena konflikthaft praktizieren lasse, mag ein zivilgesellschaftlicher Ansatz (Fischer-Lescano 2005) attraktiv erscheinen. Dem wird jedoch nicht nur eine Überschätzung der Konfliktverarbeitungsfähigkeit der Zivilgesellschaft entgegen gehalten, sondern auch, das der erwünschte Dialog zwischen partikularen Interessen in einer auf Konsens gegründeten internationalen Gemeinschaft die agonistische Struktur des Politischen vernachlässige (Mouffe 2005: 121 ff.). Es liegt auf der Hand, dass sich Demokratie im internationalen Maßstab eher moralisch als politisch realisieren lässt (Benhabib 2008: 24). Das räumt auch Jürgen Habermas (2011: 92) ein. Kann politische Herrschaft nur als legitim akzeptiert werden, wenn sie die Menschenrechte wahrt, drohen diese eine legitimierende Funktion mit einem Vorrang gegenüber ihrer demokratischen Ausübung zu erhalten (krit. Haller 2012). Individuelle Legitimation verdrängt die kollektive Legitimation durch die politische Gemeinschaft, die es mit eigenständigen Verfahren der Rechtserzeugung auf internationaler Ebene nicht gibt, weshalb das Völkerrecht auf das Anzapfen anderer Legitimationsressourcen angewiesen ist (Paulus 2007: 715 ff.).

Versteht man Demokratie als die Anerkennung der politischen Qualität des Rechts (Ley 2013), dann sind Antworten weniger vom Recht als von einer Klärung der Frage zu erwarten, inwieweit eine Politisierung des Völkerrechts ohne ein »konstitutives Außerhalb« möglich und praktizierbar ist. Hier kann man mit guten Gründen skeptisch sein. Mit einer Parlamentarisierung sektoraler Regime, wie es in der WTO zu beobachten ist (Krajewski 2009: 226 ff.), ist es kaum getan, würde damit doch nicht jene Ausgleichsfunktion erfüllt werden können, wie es in politischen Entitäten auf nationaler oder europäischer Ebene unter den Verfahren demokratischer Gleichheit möglich ist. Von der nationalen zur europäischen Demokratie ist es so gesehen ein kleiner Schritt, der nicht einfach in das Völkerrecht verlängert werden kann. Zwar mag das Völkerrecht vom Europarecht in Fragen des institutionellen und konzeptionellen Designs transnationaler Demokratie lernen können, hat sich mit der Einrichtung eigener politischer Verfahren der Rechtserzeugung doch immerhin gezeigt, das Demokratien nicht an Staaten gebunden sind (v. Bogdandy 2012). Doch es fehlt im Völkerrecht an einer abgrenzbaren politischen Entität, die für eine Allgemeinheit und Änderungsoffenheit des Rechts stehen könnte. Völkerrecht wird funktionalistisch gerechtfertigt, nicht aber demokratisch, obwohl es nicht länger allein staatenvermittelten Wirkungen hat.

Das muss nicht so sein. Es beginnt schon damit, dass die völkerrechtlichen Grundlagen – wie die UN-Charta – leichter als die europäischen Verträge zu ändern sind. Während Art. 108 UN-Charta eine Änderung der Charta mit qualifizierter Mehrheit zulässt, verlangt Art. 48 EUV für das Vertragsänderungsverfahren Einstimmigkeit. Insofern erweist sich das Völkerrecht – trotz der Statik einmal geschlossener Verträge – als ungleich flexibler als das Europarecht, das in der erschwerten Revidierbarkeit der vertraglichen Grundlagen ein veritables Politisierungsdefizit aufweist, das paradoxerweise gerade den Stabilität verbürgenden, aber leichter zu ändernden Verfassungsordnungen der Mitgliedstaaten fremd ist und eine flexiblere Handhabung der Verbandskompetenzen verlangt (Möllers 2011b: 774 f.). Was das von den Organen gesetzte Recht angeht, liegt es jedoch umgekehrt. Während europäisches Sekundärrecht politisch erzeugt und regelmäßig parlamentarischer Deliberation ausgesetzt ist, aber in der Praxis auch vergleichsweise leicht geändert werden kann, entziehen sich völkerrechtliche Verträge – und noch mehr das Gewohnheitsrecht – parlamentarischer Gestaltung, Revision und Kritik. Das gilt auch für Prozesse transnationaler Rechtserzeugung, die ähnlich wie die regulatorische Schicht des Völkerrechts (Weiler 2004) nicht länger auf zwischenstaatliche, sondern auf gesellschaftliche Konfliktlagen reagieren, aber mit dem Hinweis auf die private Urheberschaft schon dem gesamten demokratischen Programm für politische Reversiblität und Alternativität entzogen und auf die Herausbildung extrakonstitutioneller Gegenmacht angewiesen sein könnten.

Soll Politisierung ein Ausweg sein, um solche Formen der Rechtserzeugung zu legitimieren und die Voraussetzungen für eine Demokratisierbarkeit zu schaffen, erscheint ein republikanischer Politisierungsbegriff, wie er für die Europäische Union und politische Entitäten vertreten wird, die sich nach außen – möglicherweise auch nur als symbolisch imaginierte Einheit – abgrenzen lassen können, unangemessen. Das schließt jedoch schwächere Varianten transnationaler Repräsentation nicht aus und setzt auch keine organisatorisch verfestigte Einheit mit Rechtspersönlichkeit voraus, um deren Politisierung es ginge. Partizipation und Transparenz mögen eine Politisierung befördern, sehen sich mit der Beteiligung von Vertretern privater Organisationen aber dem Einwand ausgesetzt, zur Legitimation verbindlicher Entscheidungen auf Interessengruppen zu setzen, denen in zivilgesellschaftlichen oder deliberativen Demokratiekonzeptionen zwar ein großes Gewicht beigemessen wird, deren verfahrensrechtliche Absicherung aber mit der Wahrung des Prinzips politischer Gleichheit zu kämpfen hat (Nanz/Steffek 2007: 105; Möllers 2008c: 99 f.). Deliberative Verfahren können nicht Demokratie ersetzen (Niesen 2008: 254; Peters 2009: 270 f.) und der Rückgriff auf eine gemeinsam geteilte Vernunft macht die Institutionalisierung egalitärer Mitbestimmung nicht entbehrlich, mag auch demokratische Legitimation eine soziale Praxis der Aktualisierung von impliziten Normen (Politik) erfordern, die sich nicht in expliziten Quellen der Normativität (Recht) erschöpft (Nullmeier/Pritzlaff 2010: 10 f.). Daraus folge, dass für

»a decision to count as democratically legitimized, it is required that at the level of implementation, i.e. the level of securing bindingness, there are sufficient opportunities and resources to express approval or refusal. In an institutional sense, only a level of implementation that is open for expressions of acceptance is democratically acceptable. Within the model of legitimation chains, though, the democratic production of bindingness is linked with strictly hierarchical implementation. The securing of bindingness in terms of instruction and command, however, cannot fulfil the demand of democratic legitimacy, since there is no room for the articulation of acceptance. In a practice-theoretical sense, only the presence of practices that allow active expressions of approval and refusal generate the degree of normativity that is necessary for the securing of bindingness.«

Und weiter heißt es:

»Democratic legitimacy presupposes that there is room for expressions of approval and refusal on both levels, i.e., room for non-hierarchical communication. It is not until there is room for practices that express acceptance and dissent, accompanied by possibilities to adapt and modify regulations to fit local or functional particularities, – within the relation between international institutions and nation states on the one hand, within the relation between nation states and their citizens on the other hand – that transnational law-making and regulations can be regarded as democratically legitimate. Democratic legitimacy, thus, can only be achieved if there is also room for acceptance and criticism within the processes of securing collective bindingness.«

Nach Frank Nullmeier und Tanja Pritzlaff könne

»democratic legitimacy […] only emerge at the transnational level if these elements of democratic self-determination in the sense of discretionary room for interpretation, implementation and actual practical performance exist on both levels, i.e., in the case of the EU, between the supranational and the national level and between the national level and the citizens. On both levels, the respective political practices add a necessary second layer of legitimacy through integrative, context-sensitive performances that prevent acts of exclusion.«

Zusammengefasst: Die Politisierung des Rechts ist eine notwendige, aber nicht hinreichende Bedingung seiner Demokratisierung. Wie eine transnationale Demokratie aussehen kann, bleibt der Praxis überlassen und ist offen. Zu einem guten Teil muss diese Frage auch offen bleiben, kann jedenfalls nicht pauschal durch das Recht – in der Auslegung durch die Gerichte – beantwortet und damit der politischen Auseinandersetzung im Alltag entzogen werden. Das ist ein starkes Argument gegen eine Konstitutionalisierung des Völkerrechts und seiner Teilordnungen. Zugespitzt und gegen den Idealismus im Völkerrecht gerichtet: Nicht das Recht legitimiert die Politik, sondern politische Prozesse legitimieren die Rechtserzeugung. Mit der Politisierung der Rechtserzeugung verbindet sich seine Legitimierung auch dort, wo von einer Demokratie in einem normativ anspruchsvollen Sinne keine Rede sein kann. Das bedeutet nicht, dass demokratische Verfahren nur im Staat – unter der Annahme eines homogenen Legitimationssubjekts (problematisch Neyer 2010) – möglich wären. Die Einrichtung solcher Verfahren gelingt auf europäischer Ebene aus unterschiedlichen Gründen besser als auf internationaler Ebene. Erscheint die Transnationalisierung des Europarechts als eine Gefährdung autonomer Politikformulierung und unionaler Rechtserzeugung, so stellt sich dasselbe Phänomen mit der Verflüssigung der Grenzen von öffentlich und privat, von innen und außen oder von Territorialität und Funktionalität für das Völkerrecht als eine Bedingung seiner Demokratisierung dar.

2. Föderale Erfahrungen und Probleme nicht-staatszentrierter Demokratiemodelle

Um dem näher auf die Spur zu kommen, sollte aus föderalen Erfahrungen gelernt werden (a). Das betrifft vor allem das europäische Demokratieproblem, wo das »Wir der Anderen« als Modus des Politischen »bündisch« rekonstruiert werden kann (b). Es bleiben Fragen nach erforderlichen Modifikationen demokratischer Repräsentation und nach den Formen pluralistischer Legitimation (c). Ein demokratischer Transnationalismus muss den Funktionswandel der Grenzen ernstnehmen (d).

a) Föderale Brechungen und Dezentrierung der Demokratie

Wer ist das Legitimationssubjekt in der transnationalen Demokratie? Die Frage ist schon für die europäische Herrschaftsgewalt nicht leicht zu beantworten, obgleich föderale Erfahrungen hier weiterhelfen könnten. Man könnte versucht sein, mit den real oder potentiell Entscheidungsbetroffenen »die Bevölkerung« zum Legitimationssubjekt zu erklären, was im erkennbaren Gegensatz zum »Volk« stünde, das Art. 20 Abs. 2 GG mit den Staatsangehörigen als den normativ Zugehörigen addressiert. Die Legitimationsfunktion des grundgesetzlichen Demokratieprinzips ist nicht auf die Summe der betroffenen Bürger, sondern auf die kollektive Einheit des »Staatsvolkes« bezogen, womit das Grundgesetz freilich mehr Fragen aufwirft als Antworten gibt. Denn dieses »Volk« kann schon wegen der Staatsqualität der Bundesländer nicht unitarisch oder monolithisch gedacht werden. Anderenfalls würde über das Demokratieprinzip die ebenfalls durch Art. 79 Abs. 3 GG geschützte föderale Struktur ausgespielt. So geht die Vorstellung einheitlicher Demokratie im deutschen Bundesstaat fehl (Hanebeck 2004: 271 ff.). Dessen Teilstaaten sind demokratisch, dem Gesamtstaat gegenüber aber nicht souverän. Die deutschen Bundesländer haben vom jeweiligen Landesvolk gewählte Vertretungen, sind aber keine souveränen Staaten.[216] Erst recht tragen unitarische Modelle nichts zur Erfassung europäischer Demokratie bei (Franzius 2009a: 302 ff.).

»Wir leben nicht in einer Demokratie, sondern in Demokratien [...]. Deren demokratische Regeln und Verfahren können zwar übereinstimmen, müssen dies aber nicht« (Augsberg 2012: 262).

Es ist schon deshalb von einer Pluralität der Demokratien und einer Pluralität der zugrundeliegenden »Volksverständnisse« auszugehen, weil dem »Bundesstaatsvolk« keine materiellen Homogenitätserfordernisse zu entnehmen sind, die Art. 28 Abs. 1 GG kurzerhand auf die Landesvölker erstrecken könnte. In einer pluralistischen statt monistischen Konzeption ist das Volk keine der Verfassungsordnung vorausliegende Größe, sondern wird als Einheit erst durch diese geschaffen und erinnert an die amerikanische Erfahrung der Vielheit des »we the people« mit gegensätzlichen Interessen, Werten, Hoffnungen und Erwartungen.[217] Das föderale Homogenitätsgebot des Art. 28 Abs. 1 GG verlangt keine Annäherung an das bundesverfassungsrechtliche Verständnis, sondern belässt den Ländern erhebliche »Spielräume« für eigene Ausformungen der Verfahren, die insbesondere auch direktdemokratische Elemente vorsehen dürfen. Bestehen schon im Bundesstaat eine Vielzahl demokratischer Entitäten, so gilt das erst recht für die Europäischen Union, die als Verbundordnung mit unterschiedlichen politischen, jeweils für sich verfassten Ordnungen nur eine vielfach gebrochene Einheit herauszubilden vermag.[218] Wo unterschiedliche Völker um Lösungen ringen, bleiben Konflikte nicht aus.[219] Von der föderalen Verteilung der Verbandskompetenzen die Lösung zu erwarten, erweist sich schon im Bundesstaat als wenig belastbar. Eine normhierarchi-

216 Zum Verhältnis von Bundesstaat und Demokratie Smith (2010: 56 ff.).

217 Zum US-amerikanischen Verfassungsverständnis der people als eine »Vielheit von Individuen mit unterschiedlichen, ja gegensätzlichen Interessen, Werten, Hoffnungen und Erwartungen« Preuß (1993: 282 f.). In Deutschland ist das Volk schlichter und – wie Heinrich Heine einst bissig bemerkte – als »großer Lümmel« verstanden worden. Vor einem »kryptomonarchischen Volksbegriffsdenken« warnt Häberle (2002: 301).

218 Zur föderalen Struktur Franzius (2010a: 61 ff.).

219 Eine Art. 28 Abs. 1 GG vergleichbare Regelung fehlt für die »neuen Konflikt- und Interpretationskontexte« im Austarieren unterschiedlicher Geltungsansprüche (v. Bogdandy 2013: 29 f.). Ihm zufolge sei man auf »dogmatische Konstruktionen angewiesen, die wahrhaft fundamentales verhandeln: Der Modus der gegenseitigen Zuordnung von staatsrechtlichen, unionsrechtlichen und völkerrechtlichen sowie die Frage nach der Bedeutung rechtsvergleichender Erkenntnisse sind grundlegend für die Gesamtarchitektur des auf deutschen Territorium geltenden Rechts«.

sche Beantwortung der Frage, welchem Legitimationssubjekt für eine Entscheidung der Vorrang gegenüber einem anderen Legitimationssubjekt zukommt, ist auch in der Europäischen Union nicht so einfach, wie es das Bild von den Mitgliedstaaten und deren Völkern als den »Herren der Verträge« suggeriert. Beklagt wird das Fehlen demokratischer Kollisionsregeln (Augsberg 2012: 261 f.).

Die Demokratie ist eine Herrschaftsform der Differenz, nicht der Identität. Sie kann sich daher anderen demokratischen Verfahren öffnen und auch deren Ergebnisse akzeptieren, soweit eine gewisse Ähnlichkeit der Verfahren gegeben ist (Lerche 1964: 84 ff.). Die föderale Erfahrung lehrt ebenso wie der Rechtsvergleich, Demokratie nicht monistisch, sondern pluralistisch zu konstruieren (Groß 2011a: 130 ff.; Trute 2012: 17 ff.). Überlappende Zugehörigkeiten zu mehreren Kollektiven, wie sie föderale Ordnungen auszeichnen, legen die Zurückführung von Legitimation auf das einzelne Individuum nahe (Groß 2011a: 135). Allerdings sollten Föderalismus und Demokratie (Oeter 2009) nicht im Topos »föderal-demokratischer Legitimation« (Pernice u.a. 2012) begrifflich zusammengelegt und damit in ihrem Ergänzungs- und Spannungsverhältnis eingeebnet werden. Föderale Legitimation ist etwas grundlegend anderes als demokratische Legitimation. Dies zu verkennen ist ein Hauptproblem der Rechtswissenschaft in Deutschland.[220]

Lässt sich in der Weltgesellschaft kein Zentrum demokratischer Prozesse ausmachen, kann das für deren Sicherung nicht folgenlos bleiben. Pierre Rosanvallon diagnostiziert eine Dezentrierung der Demokratie. Lange Zeit habe es so ausgesehen, als könne der Gemeinwille nur in einem zentralen Raum Gestalt und Gewalt annehmen, der sich auf das Moment der Wahlen orientiere. Mit dem Übergang von der monarchischen Staatssouveränität zur republikanischen Volkssouveränität änderte sich konstruktiv nicht sonderlich viel, wurde doch gewissermaßen nur das Gewaltverhältnis umgekehrt.[221] Immerhin kam mit der Verfassung ein Moment

220 Die Redeweise von der »föderal-demokratischen« Legitimation mag sich daraus erklären, dass mit Blick auf die Europäische Union das BVerfG eine bemerkenswerte Trennung vornimmt, wenn es Demokratie »als eine Art jakobinisches Westminster« mit einer »Bundesstaatsblindheit« verbindet (Schönberger 2009: 547 f.), dabei aber einen Maßstab anlegt, der nach dem Grundgesetz den eigenen Bekundungen des Gerichts zufolge gerade nicht gilt.

221 Auf den Punkt gebracht bei Jean-Jacques Rousseau, wonach »die Stimme des Volkes in der Tat die Stimme Gottes« sei; zu diesem Austausch des Legitimationssubjekts Arendt (1963: 147). Anders und für die vorliegenden Fragen anschlussfähiger die Vorstellung

der Reflexivität hinzu, das die Politisierung des Rechts ihrerseits in einen rechtlichen Rahmen stellte. Die frühere Konzentrationsbewegung aber, so wird bereits für die staatliche Ordnung festgestellt, weiche

»einer Logik der Ausbreitung, Auffächerung und Ausdifferenzierung. Allgemeinheit, Gleichheit und Repräsentation stellen sich künftig durch Diversifizierung und Überlagerung her« (Rosanvallon 2010: 271).

Wo Entscheidungen mit transnationaler Wirkung ergehen, wird ein Legitimationskonzept prekär, das im Kern auf Zurechnungen zu einem zentralen Steuerungsakteur basiert. Betrachtet man den Zusammenhang durch die Einbeziehung privater Akteure als gestört, mag man sich damit behelfen, die gesetzliche Vorprägung der Regelungsstruktur für ausreichend zu halten, um den Vollzug zu entpolitisieren und auf Kontrollregime zu setzen. Skeptische Ansätze der Demokratietheorie nehmen dies zum Anlaß, strukturelle Legitimationsmechanismen unter dem Verlust eines Primats des Politischen in entgrenzten Räumen der Rechtsentwicklung zu konstruieren. Den Vorteil mag man darin sehen, das humanistische Erbe des Rechts zu bewahren, indem auf eine Rechtserzeugung in Betroffenengemeinschaften abgestellt wird. Ob sich darüber ein gemeinsamer Raum des Rechts entwerfen lässt, der die Ausübung von transnational sich verflüchtigender, aber nicht verschwindender Herrschaft strukturieren kann, stößt jedoch auf Zweifel.

Ähnlich wie die These der Dezentrierung kann auch die Beobachtung einer Dekonzentration von Zugehörigkeiten als eine Schwächung der Demokratie gedeutet werden. Dekonzentration bewirke Delegitimation.[222] In dem Maße, wie sich die Integration von Gemeinschaften rechtlich nicht gestalten ließe, blieben die Gemeinschaften immun gegen strukturelle Veränderungen im Recht und das Recht wäre irrelevant. Zumindest für Europa wäre diese Vorstellung ein Bruch, wird doch hier an ein soziales Gestaltungs- und Integrationspotential des Rechts geglaubt und erscheint die

---

einer notwendigen Leerstelle, dem *lieu vide* in der offenen Gesellschaft, wie es Claude Lefort (2007a: 461) vorgeschlagen hat. Zur verbleibenden, indes nur symbolischen Imagination von Allgemeinheit und Einheit Gaus (2004: 82 ff.); Vesting (2011); relativierend Grimm (2004).

222 So Graser (2008: 346 ff.), demzufolge die Differenz von zugehörig und fremd verwischt, aber in der Praxis demokratischer Verfassungsstaaten nicht aufgegeben wird, mag auch von einem Zerfließen der Gemeinschaftsgrenzen auszugehen sein. Weder führe der Bedeutungsverlust nationalstaatlicher Grenzen zu einem Freiheitsverlust noch liege in jeder Entgrenzung eine desintegrierende Universalisierung, wie gerade die Europäische Union mit einem begrenzten Raum öffentlicher Gewalt zeige.

Sorge vor einer Delegitimierung politischer Gemeinschaften durch die Integration in eine andere Gemeinschaft übertrieben (Graser 2008: 312 f.). An dieser Stelle greift die Politisierungsthese: Weil die Europäische Union in der Abgrenzung nach außen eine politische Ordnung darstellt, werde sie eine eigene Legitimation entwickeln, die als Prozess nicht linear, sondern diffus, also weniger – in einer vagen Finalität (Pernice 2005) – gemeinschaftsbezogen ausfallen dürfte. Hier geht es nicht um die Kompensation der Erosion einheitsbezogener Komponenten rechtlich vermittelter Legitimation, wie sie bislang auf nationaler Ebene Bestand hatten. Der Übergang zu demokratischen Gemeinschaftsformen mag als ein Schritt von der Vielheit zur Einheit mit der Konstruktion säkularer Legitimation gesehen werden können. Dann wäre die Öffnung der Staaten eine bedenkliche Verfallsgeschichte. Demokratische Legitimation dient aber nicht bloß der Bindung, sondern auch der Ermöglichung von Herrschaft, die als solche nicht an einen festen, durch eine eigene Tradition »vorgefertigten« Bestand gebunden ist, sondern nur als ebenengegliedert oder pluralisiert erfasst werden kann. Der Pluralisierung des Legitimationssubjekts korrespondiert eine Pluralisierung des Legitimationsobjekts.

b) Das europäische »Wir der Anderen« als Modus des Politischen

Deshalb stellt sich die Fragmentierung des Rechts als Einheitsproblem, nicht aber notwendig als Demokratieproblem dar. Die im Völkerrecht prominent gewordene Fragmentierungsthese lässt sich nicht unbesehen auf das Europarecht übertragen. Aus der Sicht des Völkerrechts mag die Europäische Union als »self contained regime« (Simma/Pulkowski 2006: 483 ff.) einer Reihe von »Eigengesetzlichkeiten« folgen. Aus der Perspektive des Verfassungsrechts erscheint die Union demgegenüber als erstaunlich de-fragmentierte Ordnung, die sich nicht prinzipiell einer Demokratisierung entzieht (Kadelbach 1998: 51 ff.; Möllers 2010: 150 ff.). Denn es gibt keine generelle und de-kontextualisierte Fragmentierung, die schlechterdings jeden Anspruch auf demokratische Allgemeinheit[223] untergraben würde. Paradoxerweise verdeutlicht gerade der Fragmentierungsdiskurs den System- und Einheitsanspruch des Rechts und hält diesen aufrecht. Das gilt auch für die Beobachtung der Systemtheorie, wonach die Fragmentierung als solche nur wahrgenommen werde könne, weil die unter-

223 Zu Erosionen der Allgemeinheit Benvienisti/Downs (2007: 595); Koskenniemi (2008: 70 ff.); Konsequenzen: Rosenfeld (2008); Bast (2009a).

schiedlichen Regimes innerhalb des Weltrechts den gleichen Code nutzen (Fischer-Lescano/Teubner 2006: 163). Dieser Code von Recht und Nicht-Recht vertrete die – funktional differenzierte – Einheit des Systems. Das Rechtssystem sei weniger ein Zusammenhang von aufeinander abgestimmte Regeln, sondern stabilisiere sich in der Verknüpfung aneinander anschließender Operationen. Seine Struktur in der Anordnung von staatlichem, europäischem und internationalem Recht stellt sich nicht als hierarchisch-monistisch, sondern als heterarchisch-pluralistisch dar.[224]

Was aber bedeutet das politisch? Auch hier greift es zu kurz, die ganze Welt des Politischen jenseits des Staates als hoffnungslos fragmentiert zu betrachten und daraus eine Konzentration politischer Prozesse im Staat zu folgern. Dass ein pauschaler Abschied von der politischen Dimension »überstaatlicher« Rechtserzeugung nicht angezeigt ist, zeigt die Europäische Union. Was das Politische in Europa ausmacht, ist allerdings nicht leicht zu beantworten. Im Vergleich zu den Kräften staatlicher Verpflichtung erstaunt, warum die Unionsgewalt überhaupt hingenommen und ihre Befehle befolgt werden. Da eine grundsätzliche Bereitschaft, dies zu tun, besteht, sollte die Union ungeachtet aller Empfindungen von Fremdheit nicht als »fremde« Macht, sondern als Ausdruck »eigener« Praktiken begriffen werden. Im Alltag, bei den Auseinandersetzungen und den immer wieder abzusteckenden Grenzen des Miteinander führt das auf europäischer Ebene zu keiner Entkörperung nationalstaatlicher Demokratien, sondern zu deren Verbindung (Franzius/Preuß 2012a: 64 ff.).

Wie aber geschieht dies? Die Antwort lautet: Nicht durch die Gründung eines Staates, sondern durch einen Bund. Die Europäische Union ist keine Verbindung von Staaten, sondern ein Projekt politischer Kräfte, die vom Nationalstaat nicht mehr die Lösung aller Probleme erwarten. Mit den Verträgen haben die Staaten keinen neuen Staat geschaffen, sondern einen Bund geschlossen (Avbelj 2009), der politische Ziele verfolgt, aber auch den Status der Bürgerinnen verändert. Darin liegt ein Schlüssel zum Verständnis der politischen Union (näher Preuß 2005: 514 ff.; 2010a: 332 ff.). Ihre bündische Struktur schafft nicht bloß für die politischen Organe die Pflicht, sich wechselseitig loyal zu verhalten (Art. 4 Abs. 3 EUV). Vielmehr entsteht mit der Absage an hierarchische Ordnungsmodelle aus dem Gebot, die nationalen Verfassungsidentitäten zu achten (Art. 4 Abs. 2 EUV),

---

224 Systemtheoretische Außenbeobachtung und rechtswissenschaftliche Innenbetrachtung des Rechts müssen nicht so weit auseinander liegen wie es Viellechner (2012b: 249 ff.) anzunehmen scheint.

auch der Anknüpfungspunkt für die Konstruktion der Beziehung der »Europäer« untereinander.

Die Europäische Union ist eine Union der Völker und Bürger mit einem eigenen Elektorat (Art. 20 ff. AEUV). Sie hat keine »dichte« Gemeinschaft, aber einen öffentlichen politischen Raum hervorgebracht. Zwar mag dieser Raum weiterhin durch die Staaten definiert werden (Art. 5 EUV), aber die Union ist nicht bloß ein Derivat der Mitgliedstaaten ohne eigene, unabgeleitete politische Qualität. Auch wenn die Staaten oder Völker weiterhin als souveräne Einheiten verstanden werden, übt die Union nicht nur eine von den Mitgliedstaaten »geliehene« Souveränität aus. Ihre Regelungsautorität hat zwar keine territoriale Quelle, aber territoriale Einheit ist keine notwendige Bedingung, um eine politische Ordnung herzustellen und zu bewahren (Preuß 2010b: 35 ff.). Dass ein kollektiver Schöpfungsakt, der mit dem Pathos nationaler Verfassungen ein nach außen wahrnehmbares »Wir« schafft, fehlt, ist kein Grund, der Union ihre politische Qualität abzusprechen. Warum ist das so?

Eine politische Ordnung entsteht nicht dadurch, dass sich ein Kollektiv spontan aus dem Nichts erhebt und sich zum Schöpfer derselben erklärt. Den gemeinsamen Ursprung schreibt sich das verfasste Kollektiv erst rückblickend zu, indem es durch die gelebte Praxis den verbindlichen Charakter seiner Verfassung beglaubigt und dadurch die existentielle Verbindung unter ihren Mitgliedern als politische Gemeinschaft herstellt.[225] Ganz ähnlich ist es mit der Europäischen Union, deren vertragliche Grundlage mehr enthält als lediglich einen völkerrechtlichen Bündnisvertrag. Es handelt sich vielmehr um einen durch die Völker der demokratisch verfassten Mitgliedstaaten in den Rang eines Bundesvertrags erhobenen existentiellen Zweckvertrag, mit dem jene, die nationalen Grenzen überschreitende Verbundenheit erzeugt wird, die es der Union erlaubt, aus der bloßen völkerrechtlichen Verpflichtung der Staaten herauszutreten. Wir haben es mit einer Bürgschaft der Völker zu tun, die diese leisten, indem sie die eingegangenen Pflichten fortwährend anerkennen und verinnerlichen (Preuß 2010a: 333). In diesem europäischen Wir drückt sich eine zivile

225 Die verfassunggebende Gewalt setzt die Verfassung voraus. Zu diesem Paradox Lindahl (2007: 19). Man kann es auch mit Thornhill (2011: 210) so formulieren: Die Externalität des souveränen Volkes gegenüber dem Staat ist immer gleichzeitig »eine interne Begründungsformel des politischen Systems, die das System ständig nach außen an seine eigene Grenze verlegt, um seine Funktionen der Inklusion und der Machtproduktion zu unterstützen und zu untermauern.«

Solidarität aus, mag sie auch, geht es um finanzielle Solidarität, nach allem, was in der Euro-Krise zu beobachten ist, an Grenzen stoßen.

In einen Bund, der als eigenständige Form politischer Vergemeinschaftung verstanden werden kann, bringen sich die beteiligten Staaten ein, indem sie die vertraglichen Pflichten durch ihre fortlaufende Praxis anerkennen.[226] Sie machen so ihre Verbindung zum Zweck des Vertrags, was zu einer grundlegenden Veränderung des Status der Mitglieder des Bundes führt. Aus dem Status der Unabhängigkeit, der die Souveränität betont, wird ein Status der Mitgliedschaft, beruhend auf wechselseitiger Rücksichtnahme und Vertrauen. Die Gründungsverträge der Union sind eben solche Statusverträge, in denen die Besonderheiten und Eigenarten der Unterzeichnenden geachtet werden. Zum Ausdruck kommt das in der Verpflichtung der Unionsorgane zur Achtung der nationalen Identität »in ihren grundlegenden politischen und verfassungsmäßigen Strukturen einschließlich der regionalen und lokalen Selbstverwaltung« (Art. 4 Abs. 2 EUV).

Wenn die Europäische Union als Bund zu begreifen ist, dann ist das, was den politischen Prozessen zugrunde liegt, etwas qualitativ Neuartiges. Vielleicht liegt darin ihre Individualität in dem Bemühen, für die Probleme der Welt eigene, also europäische Lösungen zu finden (Preuß 2010a: 337). Dieses Wir-Bewusstsein speist sich aus dem gegenseitigen Vertrauen, wie es bei der wechselseitigen Anerkennung von Rechtsakten erwartet wird, stellt sich aber auch als Modus des Politischen dar. Dieses »Wir« ist kein vorgegebenes, auf Ähnlichkeit, Homogenität oder kultureller Nähe beruhendes vorpolitisches Solidaritäts-«Wir«. Es handelt sich vielmehr um ein »Wir«, das zwischen Individuen, auch einander Fremden, durch häufigen, regelmäßigen und intensiven Austausch – von Gütern, Dienstleistungen, Ideen, vielleicht sogar Empfindungen – hergestellt wird. Es entsteht zwischen ihnen eine Transaktionsgemeinschaft, in derer die Teilnehmer in einem deutlich nüchterneren Sinne Relevanz für einander haben als wenn sie aufgrund von Ähnlichkeit des gemeinsamen Schicksals sich zusammengehörig fühlen oder von außen als zusammengehörig wahrgenommen werden. Die Europäische Union beruht auf einem solchen Transaktions-Wir im Sinne eines »Wir der Anderen« (Preuß 2005: 530 f.; Franzius 2010b). Auch dieses Transaktions-Wir erzeugt Solidaritätspflichten, aber sie gründen nicht in den Welten gefühlter Ähnlichkeit und seinsmäßiger

226 Diese Praxis erstreckt sich ungeachtet aller Vorbehalte auch auf den funktionssichernden Vorrang des Unionsrechts (Mayer 2005b: 1499; Franzius 2010a: 38 ff.).

Zugehörigkeiten. Sie gründet vielmehr in dem zivilisatorischen Vorgang der in sozialer Praxis beglaubigten Anerkennung des Fremden, der in seiner Fremdheit nicht als Feind, sondern als zu respektierender *Anderer* betrachtet wird.

Die heikle Frage, was eine Gemeinschaft ausmacht, wie sie erfunden oder konstruiert wird, muss dann nicht auf eine kulturwissenschaftlich tiefer gelegte Souveränität oder eine vorgegebene Solidarität zurückgreifen, sondern kann auf Austauschprozesse und Transaktionen verweisen. Im Anschluss an Joseph Weiler ist der europäische Modus des Politischen nicht im Rückgriff auf kollektive Formeln der nationalen Solidarität, sondern im Respekt für die Verschiedenheiten der Unionsmitglieder zu sehen. Dieser wechselseitige Respekt für das je Eigene, vom Anderen häufig durchaus als Fremdes wahrgenommen, berührt auch den Status der Bürger in den Mitgliedstaaten. Sie können darauf vertrauen, dass der von ihnen geforderte Gehorsam gegenüber Hoheitsakten der Union nicht dazu dient, die politische Einheit der Union herzustellen oder zu verstärken, sondern allein dazu, dass die Mitglieder der Union auch bei Verteilungskonflikten gemeinsam handeln, das heißt, einen möglichst schonenden Ausgleich der Interessen finden können.

Die europäischer Hoheitsgewalt unterworfenen Bürger leisten danach Gehorsam, weil sie bereit sind zu akzeptieren, dass in der Union die konfligierenden Interessen der Mitgliedstaaten unter Beachtung des Respekts für die Besonderheit und Einmaligkeit jedes einzelnen Unionsmitgliedes zum Ausgleich gebracht werden müssen. Sie können darauf vertrauen, dass ihre eigenen Interessen in diesem Wirkungsmechanismus ebenfalls ihre gebührende Beachtung finden. Sie sind nicht deshalb dazu bereit, zugunsten »Anderer«, das heißt, der Interessenten aus anderen Mitgliedstaaten, zu verzichten, weil diese irgendwie zu ihnen gehörten, sondern allein, weil sie verstehen, dass »die Anderen«, wie sie selbst auch, gleichberechtigte Teile des gemeinsamen europäischen Projekts sind (Preuß 2005: 529 f.). Auf diese Weise entwickelt sich das wechselseitige Vertrauen zu einer Quelle für Legitimation, die jene Lücke zu füllen vermag, die die schwache Verbundenheit in sozialen Fragen aufgerissen hat (Franzius 2009a: 254 ff., 650 ff.; 2010a: 55, 80 ff., 126 f.).

Dabei darf das Recht nicht als Instrument missverstanden werden, das Politische zu neutralisieren. Recht ist aber auch nicht bloß eine politisierbare Erzählung. Es ist vielmehr eine institutionalisierte Rationalisierung, durch die gesellschaftliche Energien produktiv gemacht werden. Es dient dazu, das Politische jenseits des Staats anzuleiten und legitimiert es dadurch. Daran ändert auch die Bedeutung, die vorpolitische Bedingungen für ein liberal verfasstes Gemeinwesen haben mögen, nichts (v. Bogdandy 2003c: 185). Die Europäische Union muss nicht dafür einstehen, was Einzelnen innerstaatlich an Opfern zugemutet wird. Die Solidarität, die zum Beispiel bei den »Rettungsschirmen« für die gemeinsame Währung eine Rolle spielt, deutet zwar auf ein gewisses Maß an Opferbereitschaft hin, über deren Grenzen mit guten Gründen gestritten werden kann. Hier nur Defizite und das Fehlen einer quasi nationalen Gemeinschaft als legitimatorische Schwäche zu sehen, führt in die Irre (Franzius 2009a: 263 f.). Europa geht einen neuen Weg: Es versucht, die kollektive Identität der einzelnen Mitgliedstaaten zu erhalten, und gleichzeitig im Verhältnis untereinander ein Wir zu schaffen. Das Politische der Union, so heißt es bei Preuß (2010a: 338 f.), bestehe im Paradox einer Wir-Wir-Beziehung. Die Völker der Mitgliedstaaten verschmelzen nicht zu einem europäischen Staatsvolk, bilden also kein einheitliches Wir, sondern bewahren die durch ihr Anderssein geformten nationalen Identitäten. Vorhandene Gegensätze werden in Form einer Union gestaltet, die diese Identitäten anerkennt, ihnen institutionell Raum gibt und die anstelle des in jeder Abgrenzung liegenden Misstrauens die Chance setzt, Vertrauen aufzubauen (Preuß 2010a: 338 f.; Franzius 2009b: 654).

Das muss nicht auf die Herstellung eines europäischen Staates gerichtet sein. Die Idee der Gemeinschaft ist nicht mehr auf die Selbstbestimmung in Abgrenzung vom Fremden, sondern auf die Einbeziehung der Anderen gerichtet. Das ist der Kern der europäischen Mitgliedschaft: Sie erlaubt es, die erwünschte Demokratisierung durch ein bündisches Wir voranzutreiben, das den überkommenen Wir-Sie-Gegensatz mit der Antinomie von Selbst- und Fremdbestimmung überwindet. Institutionell möglich wird so etwas bislang Unbekanntes: Es gibt Bürgerinnen, die sich von »Anderen« regieren lassen und diese Herausforderung an ihre politische Identität ertragen, ja sie zunehmend als normal empfinden, da sie in der verfassungsmäßigen Gestaltung der Wir-Sie-Beziehung eine Erweiterung ihres politischen Lebens erkennen.

Das Wir, das als politisches Kollektiv in Erscheinung tritt, entsteht nicht durch vorpolitische Einheitlichkeit, es entsteht durch Prozesse wechselseitigen Vertrauens. An die Stelle statischer, unverrückbarer Selbstbeschreibungen treten Interaktionsprozesse, deren ständige Wiederholung durch öffentliche Auseinandersetzungen – im Sinne demokratischer Wiederholungen, wie es Seyla Benhabib (2009: 34 f.) für die demokratische Herausbildung kosmopolitischer Normen umschreibt – neue Variationen entstehen lassen. Auf diese Weise wird gegenseitiges Vertrauen gebildet und es verringert sich der Ausschluss der jeweils »anderen« Mitglieder des Bundes. Was aber ist der demokratische Gehalt des Ganzen? Demokratische Staaten wünschen sich ein demokratisches Gebilde ohne ihrerseits an demokratischer Substanz zu verlieren. Möglich ist dies nur, wenn das Bündische eine notwendige Bedingung demokratischer Legitimation in der Union ist. Die demokratische Idee kann nicht einfach auf ein menschenrechtliches Verständnis verkürzt werden, mag der letzte Bezugspunkt auch der Mensch sein. Sie muss das »bündische Element« einbauen. Hieraus folgt, dass das Demokratieprinzip, wird es auf den politischen Bund bezogen, mehr erfordert als die bloße Garantie individueller Rechte, jedoch weniger als ein übergreifendes Kollektivsubjekt, das an die Stelle der Mitgliedstaaten treten und diese zum Verschwinden bringen würde. Es ergibt sich eine paradoxe Situation, die für die Europäische Union typisch ist: Demokratische Legitimation wird durch die föderale Struktur verunklart und schwierig, gleichzeitig aber eben auch gesichert und ermöglicht. Damit sich demokratische Strukturen herausbilden und festigen können, muss diese Konstruktion offengehalten werden.

c) Modifikationen demokratischer Repräsentation und pluralistische Legitimation

Aber nicht bloß aus der föderalen Perspektive erscheint eine transnationale Demokratie möglich. Um das transnationale Element wechselseitiger Verschränkungen oder »Verbundenheit« zu erfassen, bietet sich der Pluralismus an. Notwendig werden Modifikationen demokratischer Repräsentation. Aus der Sicht starker Demokratiekonzeptionen, die auf der politischen Selbstbestimmung eines kollektiven Makrosubjekts beruhen, müssen alle Bemühungen um eine Parlamentarisierung transnationaler Herrschaftsgewalt defizitär ausfallen. Deshalb von Demokratie auf Gerechtigkeit auszuweichen, kommt mit der in Art. 10 Abs. 2 EUV angelegten Perspektive europäischer Demokratie für die Europäische Union nicht in Frage. Nicht nur, dass es mit der durch den den Vertrag von Lissabon eingeführten Europäischen Bürgerinitiative erstmals Formen partizipativ-direkter Demokratie im überstaatlichen Kontext gibt. Aus der Sicht des internationalen Rechts verdeutlicht das umittelbar gewählte Europäische Parlament als weltweit einzige Einrichtung dieser Art, dass der Parlamentarismus nicht an Staaten gebunden ist, mag ein Parlamentspatriotismus auch zu vermeiden sein.[227] In Europa greift es zu kurz, den Rat als europäischen Gesetzgeber zu bezeichnen. »Aufgrund der intergouvernementalen Struktur und Logik der Willensbildung des Rates bleibt dessen Legitimationskapazität qualitativ hinter der des Europäischen Parlamentes zurück« (v. Achenbach 2012: 218).

Ist die repräsentative Demokratie in einer Krise? Die Historisierung zeigt, dass es sich eher um eine Erfolgsgeschichte handelt, indem der Gedanke stellvertretender Repräsentation erfolgreich gegenüber identitären Ansätzen »wahrer« Repräsentation, wie sie gerade in der Weimarer Zeit vertreten wurden, verwirklicht worden ist (Cancik 2013). Das spricht nicht prinzipiell gegen direktdemokratische Elemente. Es handelt sich in Deutschland um ein »gemischtes« System, das aufgrund seiner föderalen Struktur die Erprobung der Volksgesetzgebung auf Landesebene erlaubt und insoweit eine vielgestaltige Ausformung erfahren hat (Schuler-Harms 2013). Repräsentation ist keine Minderform von Demokratie und ist, möchte man zivilrechtliches Vokabular verwenden, eben nicht als Botenschaft, sondern als Stellvertretung zu begreifen (Lepsius 2008b: 23 ff.). Das Mehrheitsprinzip ist nicht deshalb demokratisch, weil die Mehrheit über die Minderheit herrscht, sondern als freiheitliches Prinzip im Kampf und Diskurs um die Mehrheit, mit dem ein zurechenbarer, aber nichts »abbildender« Organwille erzeugt wird. Insoweit sind Kompromisse kein notwendiges Übel, sondern ein demokratischer Wert und ein Ziel: Jede Mehrheit ist nichts weiter als ein Kompromiss, indem die Minderheit im Willensbildungsprozess stets mitgedacht ist.

Vor allem vor dem Hintergrund einer pluralistischen *contre-démocratie*, wie sie von Rosanvallon (2006: 22 ff.) eingeführt worden ist, drängen anspruchsvolle Konzeptionen einer »Aneignungsdemokratie« auf institutionelle Angebote. Das darf die soziale Praxis politischer Meinungs- und Willensbildung der Bürger nicht vernachlässigen (Deitelhoff 2006), aber erst durch die institutionalisierte Infragestellung ihrer Ausübung wird öffentliche Gewalt zu legitim ausgeübter Herrschaft. Gerade in der institutionellen Offenheit sieht der Pluralismus seine empirische Stärke, die normativen Elementen eines kosmopolitischen Föderalismus mit Bausteinen

---

227 Zu den Möglichkeiten einer Parlamentarisierung des Völkerrechts Ley (2012a) am Beispiel der Volksvertretung des Europarates. Dabei geht es um das Nutzbarmachen regionaler parlamentarischer Versammlungen zum Aufbrechen der funktionalistischen Logik internationaler Rechtserzeugung.

einer globalen Institutionenordnung eine Realisierungschance gibt (Zürn 2011a: 110 f.). Damit ist nicht gesagt, ob Repräsentation unter einem pluralen Legitimationssubjekt oder einer Pluralität von Legitimationssubjekten zu denken ist. Legitimation dürfte heute weder monistisch noch dualistisch (v. Bogdandy 2008; 2013), sondern nur noch pluralistisch zu haben sein (Fischer-Lescano 2008b: 207 ff.; Grimm 2012a: 135 ff.).

In jüngeren Arbeiten spielt der Repräsentationsbegriff eine wichtige Rolle (Thiel 2011: 187 ff.; Ley 2012b: 151 ff.). Möllers (2008c: 161 ff.) will auf emphatische Konzeptionen verzichten, die Idee der Repräsentation aber auch für den Bereich »jenseits« des Nationalstaates erhalten, schütze sie »doch vor der Reduktion von Demokratie auf Vernünftigkeit, Richtigkeit oder Effizienz« und fungiere somit als »die alt gewordene Wächterin« des demokratischen Voluntarismus. Doch es gibt Probleme. Das Modell der Repräsentation vertraue nicht allein auf Verfahrenskonzeptionen demokratischer Legitimation, drohe diese vielmehr zu unterlaufen und verenge die Möglichkeiten demokratischer Mitbestimmung, wenn sich damit ein Ausschluss direktdemokratischer oder partizipativer Verfahren mangels Repräsentativität mit der Folge verbindet, dass dort, wo Repräsentation in einem staatsanlogen Sinne nicht möglich ist, mangels eines demokratischen Subjekts auch keine demokratische Herrschaftsorganisation möglich sei. Definiert man Repräsentation zu anspruchsvoll, bleibt für überstaatliche Legitimation nur Partizipation ohne Mitentscheidung übrig. Das ist zumindest für die Europäische Union, die inzwischen auch – an relativ niedrige Quoren gebundene, wenn auch keine Entscheidungsbefugnisse vermittelnde[228] – direktdemokratische Elemente in der Form der Europäischen Bürgerinitiative kennt (Art. 11 Abs. 4 EUV), keine plausible Erklärung. Ähnliches gilt für die – der Abbildungsmetaphorik nahekommende – Betonung repräsentativer Gleichheit, die im Europäischen Parlament nicht erfüllt werde und deshalb dem BVerfG als demokratisch vernachlässigenswerte Größe erscheint (BVerfGE 123, 267/376 ff.). Überhöht man das Repräsentationskonzept nicht in einer urheberorientierten Perspektive (Herbst 2003), wird erkennbar, dass zwischen Repräsentation und Partizipation kein Widerspruch besteht, zur Verbesserung der Repräsentation vielmehr die Einräumung von Partizipationsrechten angezeigt sein kann (Lübbe-Wolff 2001: 280 f.; Franzius/Preuß 2012a: 105).[229]

228 Siehe aber Franzius/Preuß (2012a: 133 f.).

229 Anders Rosanvallon (2010: 210 ff.), demzufolge Repräsentation die Sicherung von Distanz verlange, Partizipation aber der Herstellung von Nähe diene.

Gerade die prekäre Normativität des Völkerrechts, das sich häufig den durch politisches Handeln geschaffenen Tatsachen beugt, lässt sich aus dem Fehlen einer distanzierenden Repräsentativität zwischen Rechtsautoren und Rechtsunterworfenen erklären. Es gebe keine völkerrechtssubjektive Allgemeinheit, die aus der internationalen Gemeinschaft ein handelndes Subjekt machen könne (Ley 2012b: 150 f.). Das schließt es aber nicht aus, über die Einrichtung von Verfahren die Pluralität der Gesellschaften als Legitimationssubjekte diesseits aller Vorstellungen eines Weltparlaments auch repräsentativ in pragmatische Formen zu übersetzen, aus denen völkerrechtliche Normativität herzuleiten ist. Ein »Repräsentations- und Konfliktartikulationsdefizit« entstehe nicht erst, wenn Völkerrecht unmittelbar auf den Einzelnen durchgreift und der Beteiligung nationaler Parlamente nicht mehr bedarf, sondern schon dann, wenn »die Gestaltungsfreiheit der transformierenden normsetzenden Organe« stark beschränkt und in den autonomen Nachvollzug anderswo getroffener Entscheidungen getrieben werde (Ley 2012b: 153 f.). Wird der Einzelne nicht isoliert als Träger von liberalen Abwehrrechten, sondern »im Kontext seiner Rechtsbeziehungen zu anderen und zur öffentlichen Gewalt« verstanden, dann könne

> »nicht erst die unmittelbare Betroffenheit des Einzelnen das Legitimationserfordernis auslösen, sondern eben die Beschränkung gesellschaftlicher Selbstgestaltungsmöglichkeit, insbesondere dann, wenn sie politisch umstritten ist« (Ley 2012b: 154).

Gerade dann sei die Repräsentation unterschiedlicher Positionen auch auf der überstaatlichen Ebene erforderlich. Das aber wird, verabschiedet man sich nicht zugunsten expressiver Ausdrucksformen demokratischer Praktiken ganz vom idealistischen Überschuss demokratischer Repräsentation (Möllers 2008c: 167 ff.), nur pluralistisch gedacht werden können. Danach stellen

> »die verschiedenen Teilungen der Souveränität Mechanismen der Repräsentation und Vermittlung eines in sich pluralen, nach vielfältigen, teilweise auch verschränkten Konfliktlinien gespaltenen Legitimationssubjekts [dar] und sind insofern unterschiedliche Ausdrucksformen eines ebenfalls heterogenen öffentlichen Willens« (Ley 2012b: 155).

Demzufolge gehe es nicht darum, diese Widersprüche zu nivellieren, sondern darum, sie »produktiv zu nutzen – für eine zunehmend inklusive Gemeinwohlbildung, aber auch als Ressource für Kritik und Erneuerung.«

Man muss die legitimationstheoretisch leichter als verfassungsrechtlich begründbare These des *einen*, wenn auch pluralistisch gedachten Legitimationssubjekts nicht teilen, um zu sehen, dass sich die öffentliche Gewalt aus der Dichotomie von heterogener Gesellschaft und einheitlichem Staat herauslöst und »als dialektischer Zusammenhang von Einheit und Vielfalt« denken lässt. Eben diese Teilung des öffentlichen Willens muss im supra- oder internationalen Parlamentarismus durch die Repräsentation von Opposition zum Ausdruck kommen (Ley 2012b: 159 ff.). In den Mehrebenenkontext sind nicht nur die Gerichte und die Verwaltung gestellt, er gewinnt auch für die Parlamente theoretische wie praktische Relevanz.

d) Transnationalismus und Funktionswandel der Grenzen

Zu verarbeiten ist auch der Funktionswandel von Grenzen. Dass sich zum Beispiel die Grenze zwischen verfassungsrechtlicher Dogmatik und verfassungspolitischer Gestaltung nicht verlässlich ziehen lässt, verdeutlichen die intergouvernementalen Euro-Rettungsmaßnahmen, denen eine Doppelnatur zugesprochen wird (Nettesheim 2011b: 765). Auf der einen Seite sind es Maßnahmen der Mitgliedstaaten im Rahmen der Wirtschafts- und Währungsunion, wodurch sie an die Grenzen des Vertrags gebunden sind. Auf der anderen Seite greifen sie darüber hinaus und können als politischer Versuch gelesen werden, den Rechtsrahmen weiterzuentwickeln. Daraus ergibt sich eine paradoxe Situation: Um die Bindung an das Recht zu ermöglichen, scheint es der Souveränität der Mitgliedstaaten zu bedürfen, im Rahmen des Völkerrechts ihre europäische Selbstbindung zu reformulieren. So mag sich die Europäische Union auf ihren Wegen aus der Staatsschuldenkrise von idealistischem Überschuss des Rechts befreien, möglicherweise aber auch vom konstitutionellen Ansatz, der sich mit den Worten von Armin v. Bogdandy und Jürgen Bast (2009: 1) von der Verrechtlichung zwischenstaatlicher Beziehungen zu einer liberaldemokratischen Politisierung der Union gewandelt hat.[230] Der schwer zu ändernde Rechtsrahmen erlaubt keine beliebigen Erweiterungen, provoziert zur Verarbeitung des politischen Handlungsdrucks aber die »Flucht« in völkerrechtliche

230 Zum liberaldemokratischen Paradigma für die Verfassungsentwicklung v. Bogdandy (2013).

Nebenregime, die sich nicht so einfach wie erhofft in die allgemeine Strukturen des Unionsrechts re-integrieren lassen dürften.[231]

Dass Grenzen bestehen bleiben, steht außer Frage. Eine Verschmelzung der Rechtsordnungen steht ebensowenig zu erwarten wie eine Verschmelzung der unterschiedlichen Diskurse (v. Bogdandy 2013: 33), in denen jeweils ein eigener Blick auf die transnationalen Verknüpfungen der Ordnungen geworfen wird. Selbst innerhalb einer Disziplin – wie der Staatsrechtslehre – lässt sich eine Pluralisierung der Perspektiven beobachten, was durchaus als Gewinn verbucht werden kann (Schulze-Fielitz 2007). Insoweit bewirkt der Transnationalismus einen Funktionswandel der Grenzen: An die Stelle territorialer Einheitsgrenzen, umschrieben mit der Souveränität des Staates nach innen und außen, treten entterritorialisierte, stärker funktional gezogene Grenzen zwischen Recht und Politik, also zwischen zu unterscheidende, aber aufeinander bezogene Prozesse der Verrechtlichung und Politisierung. Die territoriale Fragmentierung des Rechts werde in der Weltgesellschaft um eine funktionale Fragmentierung des Rechts ergänzt (Fischer-Lescano/Teubner 2006: 36 f.). Die Differenz von Innen und Außen wird nicht mehr in unterschiedlichen Rechtsordnungen – hier das Staatsrecht, dort das Völkerrecht – gespiegelt, sondern muss in der jeweiligen Ordnung verarbeitet werden, indem die Außenorientierung in die innere Ordnung »eingebaut« und der politischen Gestaltung gesellschaftlicher Konflikte ein Raum gegeben wird. Das bedeutet, dass auch das überstaatliche, sich traditionell als unpolitisch verstehende Recht auf Möglichkeiten seiner Politisierung zu befragen ist.

Was aber bedeutet Politisierung in diesem Zusammenhang? Die realistische Verwendungsweise benutzt den Politisierungsbegriff[232] zur Bezeichnung dessen, was die Staaten machen. Herausgestellt wird die strategische Interessenverfolgung, wobei das Recht eher als Hindernis begriffen und eine effektive rechtliche Bindung abgelehnt wird. Demgegenüber versteht der liberale Ansatz unter Politisierung keine »nackte« Interessenpolitik, sondern das Verhandeln von Interessen in demokratischen Verfahren, die einen Rechtfertigungszusammenhang aufspannen. Weil diese Voraussetzungen für eine Politisierung auf der internationalen Ebene zu erfüllen prekär werde, könne ein diskurstheoretisches Verständnis von Politisierung

---

231 So auch Möllers, Wir stehen vor Jahrzehnten der institutionellen Schizophrenie, www.verfassungsblog.de (1.2.2013).

232 Zum unscharfen Politikbegriff Isensee (1992: 5 ff.). Übersichten bei Volk (2010) und Marchart (2010).

weiterhelfen. Gemeint ist damit die »Schaffung oder verstärkte Nutzung multilateraler und rechtlich gehegter Räume, in denen verschiedene politische Akteure ihre Interessen und Überzeugungen einbringen und diskutieren« können (v. Bogdandy/Venzke 2010: 35). In dem Maße, wie es in transnationalen Regelungszusammenhängen zu einer Vervielfältigung politischer Akteure kommt und die Rechtserzeugungsebenen miteinander verknüpft werden, könnten sich Verfahren politischer Rechtssetzung für den Umgang mit regelungsbedürftigen Sachverhalten gegenüber gerichtlichen Verfahren als vorteilhaft erweisen.

Eine Politisierungsstrategie sehen Armin v. Bogdandy und Ingo Venzke (2010: 36) deshalb auch in der Praxis internationaler Gerichte, wenn diese von der materiellen Deutung der Norm absehen und ihr stattdessen verfahrensrechtliche Vorgaben entnehmen, die zu einer diskursiven Bearbeitung des Konflikts durch politische Akteure und Streitparteien führen. Insoweit komme verfassungsrechtlichen Organen eine entlastende Funktion zu: Indem internationalen Entscheidungen – anders als im politisierten Europarecht – eine direkte Wirkung in der nationalen Rechtsordnung abgesprochen wird, es vielmehr zur Umsetzung der »Zwischenschaltung« des internen politischen Systems bedarf, haben es die nationalen Demokratien im Konflikt mit internen Verfassungsprinzipien selbst in der Hand, die Reichweite inter- oder transnationaler Normen in der nationalen Rechtsordnung zu bestimmen. Dieser Einbau des jeweiligen politischen Systems mindert Legitimationslasten der Völkerrechtsordnung, trage zur Wahrung demokratischer Selbstbestimmung bei und helfe, indem nationalen Organen die Begründung der Nichtbefolgung internationaler Gerichtsentscheidungen auferlegt wird, das überstaatliche Recht unter demokratischen Gesichtspunkten fortzuentwickeln (v. Bogdandy/Venzke 2010: 47 f.).

Es ist nicht allein eine rechtliche Aufgabe, gesellschaftliche Konflikte zu verarbeiten. Auch dort, wo ein Konflikt der gerichtlichen Kontrolle offen steht, können rechtliche Verfahren und gerichtliche Entscheidungen dazu beitragen, den Streitparteien einen Raum politischer Konfliktbewältigung zu belassen.[233] Dann aber liegt die Aufgabe von Verfassungsgerichten bei der Wahrung des demokratischen Prinzips darin, einen fairen politischen Prozess zu fördern und das Vertrauen in deren Offenheit zu sichern, weniger in der Vorgabe substanzieller Interpretationen mit der Inanspruchnahme letzter Worte, deren Funktion in der transnationalen Mehrebenen-

233 Für ein »Gebot der Rückverweisung« an den politischen Prozess auch Volkmann (2013: 137).

demokratie, soll diese, um in Verfahren legitimierende Wirkungen zu entfalten, von den Gewaltunterworfenen in einer demokratischen Praxis getragen sein, von zweifelhafter Qualität ist.

An dieser Stelle seien die Überlegungen zusammengefasst: Das Legitimationssubjekt schafft sich selbst und muss dies auch tun, um als demokratisch relevante Einheit in Erscheinung zu treten.[234] Weil das für den Einzelnen aber nicht bedeutet, andere Zugehörigkeiten aufzugeben, kann es durchaus Sinn machen, auf mehreren Ebenen, denen unterschiedliche politische An- oder Zugehörigkeiten des Einzelnen korrespondieren, demokratische Verfahren der Rechtserzeugung einzurichten, d.h. zu politisieren. In der deutschen Verfassungspraxis überwiegt demgegenüber der gerichtliche Ebenenschutz durch eine dichte Kompetenzkontrolle, verstanden als Schranke des Gesetzgebers, der selbst mit verfassungsändernder Mehrheit an die Beachtung der individuell für einklagbar erklärten Verfassungsidentität gebunden wird (BVerfGE 123, 267 Leitsatz 4). An die Stelle der Politisierung supra- oder internationaler Herrschaft tritt ihre Verrechtlichung unter dem Leitbild im Staat konzentrierter Herrschaft (krit. Nettesheim 2012c). In der Hand von Gerichten ist die Demokratie aber schlecht aufgehoben, soweit es den Schutz vor, nicht aber die Sicherung von demokratischen Prozessen in der ihnen eigenen Veränderungsoffenheit provoziert. Das Recht in der Wahrung und Fortentwicklung durch die Gerichte muss die Bedingungen demokratischer Selbstherrschaft offen lassen oder anders gesagt: Es muss der Demokratie ein Entfaltungsraum belassen sein, um das Auseinanderfallen von Rechtsunterworfenheit und -autorenschaft zu vermeiden und die Diskrepanz von Betroffenheit und Mitwirkungsmöglichkeit zu verringern (Held 1995: 99; Groß 2011a: 136 f.). Dieser normative Entfaltungsraum kann als Politikvorbehalt bezeichnet werden.

Was folgt daraus für das Verfassungsdenken? Es wäre eine verkürzte Sicht, die Verfassung mit dem Staat zu identifizieren oder im Staat zum Erhalt der Demokratie zu konservieren. Umgekehrt lässt sich der Verfassungsbegriff aber auch nicht beliebig erweitern, sondern verlangt für die Legitimation überstaatlicher Herrschaftsausübung die Einrichtung egalitärer Verfahren, die ein Legitimationssubjekt entstehen lassen, das sich der

---

234 Ähnlich Kotzur (2010: 197 f.). Auch der Kantische Kosmopolitismus kennt keine Präferenz zugunsten einer bestimmten institutionellen Ausformung (Kleingeld (2011: 67 f.). Die Offenheit der transnationalen Konstellation ist so gesehen eine Bedingung ihrer Demokratisierung.

»Belange« annehmen, ihnen einen »institutionellen« Ort geben und wiederum in demokratischen Verfahren legitimieren kann. Zumindest für die Europäische Union ist ungeachtet aller Zweifel an überkommenen Integrationslogiken dieser Entwicklungspfad normativ angelegt. Offen ist dabei, inwieweit sich das Legitimationssubjekt entsprechend der individualistischen Lesart im einheitlich verstandenen Individuum rekonstruieren lässt oder in der Doppelrolle als Angehöriger eines Staatsvolkes auf der einen Seite und – akzessorisch und komplementär (Art. 9 EUV) – als Unionsbürger auf der anderen Seite verbleibt. Vieles spricht dafür, dass wir es mit einem pluralen Legitimationssubjekt *in konkurrierenden Sichtweisen* (ähnlich Habermas 2011: 68 f., 86 f.) auf den Herrschaftsverbund zu tun haben, der gerade im Offenhalten der (kompetenziellen) Grenzziehungen zwischen den mitgliedstaatlichen Rechtsordnungen und der sie in den Überformungen »intakt« haltenden Unionsrechtsordnung mit Legitimation versehen wird.

3. Institutionalisierung kontestatorischer Legitimation

Es bleibt nach Mechanismen politischer Konfliktverarbeitung zu suchen. Deren Bedeutung in der fragmentierten Ordnung des Völkerrechts wächst und anzuschließen wäre an den Wandel, der von »compliance«, verstanden als Normbefolgung, zu »contestation« als der Möglichkeit, Widerspruch zu artikulieren und Alternativen formulieren zu können, vollzogen wird (Wiener 2004: 200 ff.). Es geht nicht um Rechtstreue, sondern um kontestatorische Legitimation. Das setzt veränderungsoffene Prozesse politischer Rechtserzeugung voraus, wie sie idealtypisch in autonomen Rechtsordnungen erwartet werden, aber auf die wechselseitigen Ebenenverschränkungen zu beziehen sind, um das Legitimationspotential im Aufzeigen von Alternativen in der Verfahrenspraxis transnationaler Rechtserzeugung auszuschöpfen (Ley 2012b). Zwar lässt sich auf der internationalen Ebene nicht mit der Innen-Außen-Grenze (Ley 2009b) arbeiten, doch das schließt weder eine Politisierung der Rechtserzeugung noch – über ein reflexives Verständnis der Grundrechte[235] – die stärkere Rückbindung an gesellschaftliche Konflikte aus.[236]

Im Ausgangspunkt steht zunächst eine Verlustdiagnose. Das, was moderne Demokratien auszeichnet, nämlich die »Spaltung der Spitze« durch die Trennung zwischen Regierung und Opposition (Luhmann 2005: 132 f.), fehlt in transnationalen Rechtserzeugungszusammenhängen.[237] Das Ziehen einer Trennlinie zwischen dem Legitimen und dem Illegitimen, was politische Entscheidungen in der Offenheit für Kontroversen ausmacht, wird nicht unerheblich erschwert. Das mag die Suche nach anderen Foren der Auseinandersetzung »jenseits« des Politischen auslösen. Aber kann der Ausweg in der Moral liegen? Kann direkt auf die gesellschaftlichen Konflikte zurückgegriffen werden? Können Grundrechte übernehmen, was Demokratie nicht mehr zu leisten vermag? Es ist schon vermerkt worden (oben C.I.1, D.I.1.a), dass zur Legitimation nicht nur demokratische Verfahren beitragen, es aber Bedenken gibt, vorschnell funktionale Äquivalente auszurufen[238] oder zur Kompensation demokratischer Defizite auf rechtsstaatliche oder grundrechtliche Legitimationsmechanismen zu setzen, mag es auch im deutschen Verfassungsrecht in dieser Hinsicht eine gewisse Tradition geben, die sich im Rechtsvergleich ebenso wie das objektivrechtliche Verständnis der Grundrechte (Wahl 2004) als ein historisch erklärbarer, aber eben deshalb auch nur schwer zu verallgemeinernder »Sonderweg« erweist. Betont wird rechtlicher Konsens, nicht politischer Konflikt. Trotz oder wegen der Redeweise vom demokratischen Rechtsstaat bleiben der starke Eigenwert und die Stabilität des Rechts mit einem Vorrang gegenüber dessen Grenzen und Revisionsoffenheit ausgestattet.

Ein anderes Bild vermitteln die Demokratietheorie und republikanische Lesarten des Politischen, die helfen könnten, die Wechselbezüglichkeit von Recht und Politik auch dort zu sichern, wo sie – wie in der transnationalen

235 Fischer-Lescano/Möller (2009: 366) sehen darin eine »Re-Politisierung des Rechts und die Ausdehnung der demokratischen Partizipation in den Rechtsprozess« hinein.

236 Kotzur (2013) spricht von »moments of contestation« und sieht in den Menschenrechtsregimen »kontestierte Ordnungen« im Widerstreit um Inhalte und Verfahren.

237 Und damit das Bewusstsein für die Kontingenz des Rechts. Das gilt bereits für das Völkerrecht, das ähnlich wie privat geschaffenes transnationales Recht einer funktionalen Rechtfertigungslogik folgt und politische Alternativität zu bestehenden Regelungen nicht herzustellen vermag.

238 Etwa mit der Horizontalwirkung der Grundrechte als »funktionalem Äquivalent« für die Staatsverfassung, wie es Viellechner (2012b: 220 f.) für transnationale Regelungsarrangements annimmt.

Konstellation – auseinandertreten. Der Blick sei zunächst auf Europa geworfen: Aus der Sicht eines »pluralistischen Republikanismus« weisen der Bürgerschafts-, der Konstitutionalisierungs- und der Repräsentationsdiskurs noch eine deutliche Nähe zur liberalen Theorie auf (Thiel 2011: 229). Das ändert sich, nimmt man die Dezentralisierung und Pluralisierung von Beteiligungsmöglichkeiten in den Blick, womit der Republikanismus der Pluralität des Politischen einen Ausdrucksraum zu geben versucht. Neu ist der Hinweis auf die Unhintergehbarkeit der Umkämpftheit politischer Entscheidungen, womit liberale Kategorien wie Effizienz, Konsens oder Rationalität um republikanische Werte der Kontingenz[239] beziehungsweise des Konflikts erweitert und über die Institutionalisierung von Kontestationsmöglichkeiten eine Öffnung des politischen Raums bewirkt werden soll (Thiel 2011: 196 ff., 232 ff.). Traditionell werden Alternativen und Konflikte im Parlament erörtert und ausgetragen. Hier konstituiert sich Opposition, der vor allem in politischen Systemen die Alternativenformulierung obliegt, wo dies von der parlamentarischen Mehrheit, welche die Regierung trägt, typischerweise nicht erwartet werden kann.[240]

Eine Perspektive, die sich von der Fokussierung auf vorrechtliche oder vorpolitische Bedingungen einer Demokratisierung politischer Ordnungen distanziert, hat sich, soll das geschaffene Recht eine politische Rechtfertigung erhalten, den Kontestationsmöglichkeiten in der Artikulation von Widerspruch und Alternativen zu widmen, über die der Entpolitisierung eines funktionalistischer Logik preisgegebenen Rechts vorgebeugt werden kann.[241] Herrschaft muss öffentlich kritisierbar sein, der Raum für Kontestation, verstanden als die Artikulation von Meinungen und Gegenmeinungen, muss in demokratischen Ordnungen stets offen gehalten werden. Die Kontingenz des Rechts im Bewusstsein, dass die Entscheidung auch anders hätte ausfallen können, die Veränderungsoffenheit demokrati-

239 Zur Kontingenz des liberalen Gemeinwesens Rorty (1992: 84 ff.).

240 Die Einbeziehung der Minderheit in den politischen Prozess dient mit der Infragestellung der Mehrheitsposition nicht bloß der Legitimation von Herrschaft, sondern der Inklusion unterlegener, aber ihr gegenüber verantworteten Positionen. So gelinge die »Repräsentation der Einheit eines Systems als Moment einer Differenz« (Luhmann 2005: 69).

241 Koskenniemi (2008) sieht in der Entwicklung von Institutionen zu Regimen, von Regeln zur Regulierung, von der Regierung zu Governance, von der Verantwortlichkeit zur Übereinstimmung, vom normativen zum empirischen Vokabular und von den Juristen zu Experten der Internationalen Beziehungen eine Abkehr vom kantianischen Rechtsbegriff. Einen Ausweg biete eine Kultur des Formalismus.

schen Rechts und das performative Moment des Politischen erklären den Widerstand gegen die Redeweise von vermeintlich alternativloser Politik, hinter der sich zumeist ein exekutiver Zugriff auf das – konfliktreicher Auseinandersetzung für nicht zugänglich erklärte – Thema verbirgt. Und kann sich eine starke Opposition im Europäischen Parlament nicht herausbilden, weil sich dieses als institutionelle Opposition gegenüber dem Rat und Europäischen Rat versteht und deshalb nach außen einheitlich aufzutreten versucht, ventilliert sich Opposition im vertikalen Verhältnis zwischen den Mitgliedstaaten. Hier geht es aber nicht primär um Alternativen, sondern um den Erhalt nationaler Interessen.

Jedoch ist eine Politisierung auf Unionsebene nicht unmöglich. Mit den europaskeptischen Parteien im Europäischen Parlament ist durchaus eine Opposition vorhanden und viele Reformen wie die Einführung transnationaler Wahllisten, eines europäischen Wahlrechts oder »echter« europäischer Parteien (Franzius/Preuß 2012a: 118 ff.) scheitern schlicht und ergreifend an den gegenwärtigen Mehrheitsverhältnissen im Europäischen Parlament, wo das Spektrum an europapolitischen Ansichten und Zielen besser als in vielen nationalen Parlamenten gespiegelt wird, die ihre Rolle in der – Konflikte nicht gleich als europafeindlich zu diskreditierender – Mitgestaltung europäischer Politik häufig erst noch finden müssen. Unter dem Strich stellt sich die Europäische Union – und die Euro-Krise scheint es paradoxerweise zu beweisen – als eine politische und erstaunlich defragmentierte Ordnung dar (Möllers 2010), der strukturell keine unüberwindbaren Demokratisierungshindernisse in den Weg gestellt sind. Auch zivilgesellschaftlicher Kontestation wird bei allen einzufordernden Verbesserungen ein vergleichsweise breiter Raum gegeben.[242] Damit politisches Handeln eine reale Option bleibe, so formuliert es Thorsten Thiel (2011: 204 f.), die

> »von den Bürgern wahrgenommen und genutzt wird, muss das politische System Kontestation in sich selbst eingeschrieben haben. Institutionelle Rahmenbedingungen – Gewaltenteilung, Rechtsbindung, institutionalisierte Opposition, zivilgesellschaftliche Oppositionsräume – sind dafür zentral. Erst eine Kontestation betonende Ordnung bringt dann den anti-autoritären, selbstgewissen Typus von Bürger hervor, welcher seine Meinungen äußert und auch bereit ist, im öffentlichen Gespräch seine Position zu prüfen und gegebenenfalls zu revidieren.«

242 Kritischer Thiel (2011: 198 ff., 232 f.), der zwischen rechtlicher, interinstitutioneller und zivilgesellschaftlicher Kontestation unterscheidet, aber in allen drei »Kontestationsräumen« politische Auseinandersetzungen und bürgerschaftliches Engagement vermisst.

Kann die geforderte Politisierung der Institutionen im unionsrechtlichen Kontext als erfüllbar angesehen werden, so ist das im transnationalen Kontext zweifelhaft, fällt doch hier schon die Lokalisierung von Orten und Verfahren, in denen sich aktive Freiheit institutionell verwirklichen ließe, schwer. Die internationale Politikformulierung und Rechtserzeugung erfolgt sektoral und der »intersektorale Versammlungsort bleibt auf der internationalen Ebene charakterisch leer« (Bast 2009a: 188). Deshalb allein auf Protest zu setzen, griffe jedoch zu kurz. Politik und Recht sind auf Institutionen[243] angewiesen, mag es auch den *einen* Gesetzgeber oder *eine* Regierung in der transnationalen Konstellation so nicht geben. Die im Verfassungsstaat herausgebildete und diesen kennzeichnende Allgemeinheit der politischen Form, in der sich der gesellschaftliche Pluralismus und die organisatorische Vielfalt des *einen* Verbands im Rahmen *einer* verfassungsrechtlichen Ordnung verarbeiten lässt, eben diese demokratische Allgemeinheit als Widerlager des funktionell Besonderen, wie sie in der Europäischen Union mit erheblichen Binnendifferenzierungen unter einem einheitlichen institutionellen Rahmen nicht nur symbolisch angelegt ist (Bast 2005: 1434 ff.), fehlt in der Ausübung internationaler Herrschaftsgewalt. Nach herkömmlichen Verständnis stellt sich die Fragmentierung der internationalen Ordnung als ein Demokratieproblem dar (Bast 2009a: 188 f.).

Einerseits löst sich die bürokratische Rechtserzeugung auf internationaler Ebene aus den Legitimationszusammenhängen des auf der nationalen Ebene eingerichteten politischen Prozess. Andererseits erschwert die Selektivität der Aufgabenwahrnehmung – wie sie für den Welthandel, für den Umweltschutz oder für die Bewältigung sozialer Probleme charakteristisch ist – den Weg einer Demokratisierung internationaler Gewalt durch die Einrichtung von Entscheidungsverfahren, die sich an der politischen Gleichheit der gewaltunterworfenen Bürger orientieren. Kurz: Nicht kollektive Selbstbestimmung, sondern individuelle Mitbestimmung prägen die demokratischen Szenarien, in denen sich jene Ergebnisoffenheit für alle möglichen Regelungsgegenstände nicht herstellen lässt, die ungeachtet aller

243 Politische Macht, wird sie nicht institutionell eingebettet und dadurch in Herrschaft transformiert, hat nicht nur zerstörerische Wirkungen, sie wäre ohne rechtliche Einfassung auch auf Dauer weitgehend wirkungslos. Das scheint Deitelhoff (2012: 63 ff.) zu übersehen. Zur Notwendigkeit einer institutionellen Verankerung des »Prinzips der Umstrittenheit« von Normen Wiener (2007: 193).

konzeptionellen Unterschiede im Detail als wesentlich für Demokratien angesehen werden.[244]

Jürgen Bast (2009a: 190 f.) sieht die Lösung nicht in einer globalen Ordnung, auf die sich die aus dem nationalen Kontext bekannte Figur des Gesetzgebers transportieren ließe. Das spreche aber nicht gegen eine stärkere Politisierung internationaler Verrechtlichung am Maßstab demokratischer Allgemeinheit und verlange

»die Entwicklung und Erprobung institutioneller Arrangements, die ein höheres Maß an Multiperspektivität auch im Rahmen eines sektoriellen Regimes ermöglichen, gewissermaßen als Substitut eines echten demokratischen Prozesses, der auf politischer Gleichheit beruht, so dass die freie Perspektivenwahl der politischen Subjekte entscheidet.«

Seine Beispiele, etwa Verfahrensregelungen für Kontrastinformationen durch Gegenexpertise oder Transparenzregeln, die »Kanäle für eine Politisierung vermeintlich technischer Fragen durch Nicht-Experten« öffnen, weisen bereits auf die Etablierung von Kontestationsmechanismen im Verfahrens- und Organisationsrecht hin, das aus dem Gründungsvertrag der internationalen Organisation zu entwickeln vorgeschlagen wird. Hinsichtlich der Annahme entsprechender »Steuerungsleistungen« für die Aktivitäten der Organe kann man indes skeptisch sein, scheint insoweit doch ein voraussetzungsvolles und schon auf nationaler Ebene vermehrt in Zweifel gezogenes Modell seine »Wiederentdeckung« auf inter- beziehungsweise transnationaler Ebene zu finden. Hier hat sich der Governance-Modus als entwicklungsoffenerer Ansatz erwiesen, der über die Anerkennung der demokratischen Qualität des Gründungsvertrags hinausgeht.

Während im Europarecht ein prinzipiell behebbares Demokratiedefizit gesehen wird, scheint im Völkerrecht also schon ein politisches Defizit zu bestehen, nämlich »ein Defizit, die Rechtsordnung überhaupt als politische wahrzunehmen und diese politische Qualität der Völkerrechtsordnung auch angemessen abzubilden« (Ley 2013). Die Lösung zur Behebung demokratischer Defizite müsste deshalb *früher* ansetzen und in einer Politisierung des Völkerrechts gesucht werden. Diese Suche muss in kein Weltparlament münden, das mit beschränkten Kompetenzen und eingeschränkter

244 Einem »auf eine Perspektive festgelegten Sektor-Verband, wie er für die internationale Sphäre typisch ist, fehlt es an eben jener Indeterminiertheit des politischen Prozesses, die die Demokratie ausmacht« (Bast 2009a: 189 im Anschluss an Möllers 2005a).

Repräsentationsfunktion keine demokratische Allgemeinheit verkörpern könnte.[245] Der dezentralen Struktur des Völkerrechts entspricht es eher, parlamentarische Versammlungen wie die des Europarates zu stärken (Peters 2009: 322 ff.). Sie dienen auch anderen internationalen Organisationen als parlamentarische Kontrollinstanz mit Kontestationsfunktionen und zeigen, dass der internationale Parlamentarismus keine unerwünschte Zentralisierung bewirken muss (Ley 2012a).

Parlamentarische Oppositionen sind eine Möglichkeit, zu einer »Politisierung in Form der Institutionalisierung von Alternativität und Reversibilität« (Isabelle Ley) beizutragen. Gesellschaftliche Konflikte, die sich in völkerrechtlichen Regelungen häufig fortsetzen und nicht repräsentativ aufgefangen werden können, verlangen Artikulationsmöglichkeiten, um Legitimationslücken durch die fehlenden Mitgestaltungsmöglichkeiten der Opposition bei der Zustimmung zu völkerrechtlichen Verträgen zu mildern. Die nachrangige Parlamentsbeteiligung kann dieses Defizit nicht beheben. Aus der Sicht der berechtigten Sorgen vor einer weitergehenden Entparlamentarisierung, verstanden als Entpolitisierung, ist eine Zurückhaltung gegenüber der Anerkennung von Legitimationsleistungen durch nicht-parlamentarische Institutionen verständlich. Aber das Völkerrecht lässt sich nicht wie das Europarecht parlamentarisieren und es erscheint geboten, die strukturellen Unterschiede hervorzuheben. Mit anderen Worten: Die politischen Defizite in transnationalen Rechtserzeugungsprozessen verlangen Kontestationsmöglichkeiten, die nicht auf parlamentarische Funktionen beschränkt bleiben können.

Deshalb fragt sich, ob in der Fragmentierung ein unüberwindbares Demokratieproblem gesehen werden muss. Zumindest eine Politisierung und Legitimierung fragmentierter Teilordnungen mit »ihrem« Recht erscheint möglich. Wie in der Praxis zu beobachten ist, steckt auch in der sektoralen Gliederung des Völkerrechts mit seinen Regimekonflikten ein Politisierungspotential, dass zwar nicht an eine institutionalisierte Opposition (Ley 2012b: 159 ff.), wohl aber an Formen der Kontestation anknüpfen kann. Längst scheint aus dem inter-souveränen Völkerrecht eine Rechtsordnung entstanden zu sein, die Ausdrucksformen inter-funktionaler Politisierung kennt. Die soeben als Demokratieproblem beschriebene Fragmentierung könne, so umschreibt es Isabelle Ley (2012b: 67, 88, 213 ff.), als Chance für eine stärker pluralistische Repräsentation des Legi-

245 Anders auf der Grundlage des hier nicht geteilten menschenrechtlichen Demokratiekonzepts Groß (2011a: 146 ff.).

timationssubjekts mit seinen Anliegen und Interessen gelesen werden. Dem korrespondiert eine Offenheit für neue Formen kontestatorischer Legitimation, die ohne Vorbilder aus dem nationalen Recht auskommen und »jenseits« parlamentarischer Blaupausen die nicht länger zentral zu steuernden »Eigenarten« transnationaler Rechtserzeugung im jeweiligen Kontext unter Beweis stellen.

Legitimation kann nicht aus materiellen Konzepten oder funktionalen Notwendigkeiten abgeleitet werden, sondern verlangt ergebnisoffene und Alternativen herstellende Verfahren. Die Forderung, das zu entwerfende Recht, wer auch immer die Akteure sein mögen, nicht von politischen Auseinandersetzungen fernzuhalten, sondern diesen zu öffnen, sollte sich von pauschalen Vorstellungen eines Primats der Politik lösen. In dem Maße, wie Recht regulatorische Wirkungen gegenüber dem Einzelnen erzielt, wird die Annahme problematisch, es aus außerpolitischen Quellen gewinnen zu können und von der Politik konzeptionell zu distanzieren. So kann aber noch heute, wurzelnd in der Geschichte des Völkerrechts, der *mainstream* der Völkerrechtswissenschaft gelesen werden, die auf »eine Überwindung des Politischen und seine weitgehende Eliminierung aus dem Recht« setzt.[246] Umgekehrt darf die Forderung nach einer Politisierung des Rechts nicht als neuer Realismus missverstanden werden. Recht bleibt Recht und ist kein bloßes Instrument der Politik. Amerikanische Kritik am Völkerrecht (Goldsmith/Posner 2005) findet im kontinentalen Europa so gut wie kein Gehör. Zur Legitimation der inter- oder transnationalen Rechtserzeugung ist aber – und dafür mag angelsächsisches Rechtsdenken eine stärkere Affinität aufweisen – eine Zuwendung zum Politischen angezeigt, verstanden als verfahrensmäßiger Einbau von Reversibilität, Alternativität und Kontestabilität (Krisch 2010: 271 ff.). Die Nutzbarmachung der Produktivität von Konflikten in der transnationalen Konstellation geht über die traditionellen Ansätze deliberativer Demokratietheorie hinaus.

Es gibt unterschiedliche Formen von Kontestation, wie sie in der Idee der *contre-démocratie* (Rosanvallon 2006: 22 ff.) als Ausdrucks- und Widerspruchsrecht der Minderheit, die ihren Willen im Rechtsetzungsverfahren nicht durchsetzen konnte, angelegt sind. Mit der Thematisierung einer größeren Bandbreite an politischen Positionen in der Rechtserzeugung wird die Repräsentativität erhöht und die Bildung eines legitimen Mehrheitswillens – unter Beachtung der »non domination« (Pettit 1997: 21 ff.;

246 Krit. Ley (2012b: 108) mit dem Hinweis auf Hans Kelsen, Georges Scelle und Hersch Lauterpacht.

Niederberger 2009: 405 ff.) – gegenüber politischen Minderheiten ermöglicht. Es handelt sich um politische Ausdrucksformen, die von naturwüchsigen Formen verfahrensexterner Opposition mit dem Ziel der Herstellung von Gegenhegemonie (Buckel/Fischer-Lescano 2007) ebenso zu unterscheiden sind wie von individuellem Protest im Gerichtsverfahren, das keinen Raum für die politische Diskussion von Alternativen schafft (Ley 2012b: 169 f.). Kontestation als Minderheitenrecht setzt die (elektorale) Konstitution einer politischen Mehrheit beziehungsweise Regierung voraus, steigert aber deren Begründungs- und Rechtfertigungslasten und bietet mit der Möglichkeit der Wiedereröffnung des politischen Prozesses einen Neuanfang mit der Chance auf einen anderen Ausgang. Der kaum zu unterschätzende Vorteil institutionalisierter Kontestabilität liegt darin, für öffentliche Willensbildungsprozesse auf die Konstruktion eines einheitlichen Legitimationssubjekts zur Rechtfertigung pluralisierter Herrschaftsausübung verzichten zu können. Das umfasst private Machtbildungsprozesse, deren grundrechtliche Abstützung sie gegebenenfalls vor demokratischen Legitimationsanforderungen bewahren mag, nicht aber öffentlicher Kritik, politischer Thematisierung und hoheitlicher Regulierung entziehen kann.

Zwar sieht sich auch das innenpolitische und gesellschaftliche Konflikte regulierende Völkerrecht einer Parlamentarisierung ausgesetzt. Parlamentarische Versammlungen wie die des Europarates besitzen im Vergleich zu intergouvernementalen Institutionen ein höheres Maß an Repräsentativität, vertreten aber keine transnationale Bürgerschaft. Immerhin gelingt es in dem Maße, wie sie auch Vertreter der innerstaatlichen Opposition repräsentieren, die unitarische Staatenrepräsentation mit der Vorstellung zu durchbrechen, dass ein einzelner Regierungsvertreter das ganze Volk vertreten könne. Die Regierung verliert ihren Alleinvertretungsanspruch und kann nicht mehr für sich beanspruchen, für die Einheit aus Staat und Gesellschaft zu sprechen. Um sich jedoch gegenüber dem intergouvernementalen Gremium behaupten zu können, treten Parlamente – und das gilt auch für das Europäische Parlament gegenüber dem Europäischen Rat – als Einheit auf, um einen internen Konsens über institutionelle Ziele herzustellen, was eher präsidialen Systemen entspricht, die Legitimationswirkungen einer Trennung von Regierung und Opposition aber relativiert und die Frage aufwirft, ob nicht gerade auch in den Regimekonflikten der dezentralen Völkerrechtsordnung, die sich aus fragmentierten Teilordnungen zusammensetzt, ein Politisierungs- und Legitimationspotential liegen könnte (Ley 2012b: 209 ff.; Krisch 2010: 271 ff.).

An dieser Stelle schlägt institutionalisierte Opposition in kollisionsrechtliche Kontestation um, die sich nach der vorliegend gewählten Perspektive als ein funktionales Äquivalent für demokratische Allgemeinheit verstehen lässt, aber ein Verhältnis von Perspektive und Gegenperspektive im transnationalen Kontext zu institutionalisieren versucht. Dabei wird die Pluralität sektoraler und funktional ausdifferenzierter Regime zum Anlass genommen, diese nicht als rechtlich zu überwindende Gefährdungen der Einheit zu sehen (Fischer-Lescano/Teubner 2006), sondern in ihrer Gesamtheit für die Frage, ob sie füreinander Funktionen der Alternativität, Reversibilität und Kontestabiltät erfüllen, also politische Wege der Konfliktlösung bereithalten können. Statt das Welthandelsrecht zu ökologisieren oder das Umweltvölkerrecht für wirtschaftliche Interessen zu öffnen, statt also die fremden Interessen und Perspektiven in die jeweiligen Teilordnungen zu integrieren, mag bereits in einer Politik der Fragmentierung (Koskenniemi/Leino 2002: 574) eine gewisse Sicherung gegenüber der Übermacht eines Teilregimes angelegt sein. Diese Wege scheinen insgesamt erfolgversprechender als die Überantwortung der Konflikte an eine zentrale Entscheidungsinstanz, von der eine rationale Kollisionsentscheidung kaum erwartet werden könne. Isabelle Ley (2012b: 222 ff.) sieht Chancen einer solchen Kontestabilität für interfunktionale Regimekonflikte:

»Kontestation als Artikulation unterschiedlicher Prioritäten und einer Abbildung der politischen Qualität von Recht kann ebenso wie zwischen parteipolitischen auch zwischen funktionalen Konfliktlinien stattfinden und einen zugrunde liegenden Wertkonflikt abbilden [...]. Setzt man inter-funktionale Regimes auf eine Art und Weise miteinander in Verbindung, die wechselseitige Beobachtung und Reaktion ermöglicht, wird das Problem, dass auf Vertragskonferenzen meist nur Vertreter des je zuständigen Ressorts entsandt werden und die daraus entstehende Gefahr der Vernachlässigung anderer Interessen abgemildert [...]. Gehört ein Staat unterschiedlichen internationalen Institutionen an, deren Ziele sich möglicherweise widersprechen, so kann dies als Abbildungsform gesellschaftlicher Pluralität auf internationaler Ebene gewertet werden, vergeichbar der Repräsentation gesellschaftlicher Heterogenität, wie sie im Staat das Parlament oder in der funktional gegliederten Ressortverteilung in der Regierung gewährleistet wird. Damit würde das one state – one vote Prinzip zumindest teilweise gelockert. Gleichzeitig würde ein Ort geschaffen werden, an dem die verschiedenen funktionalistisch geprägten Sichtweisen internationaler Institutionen aufeinander stoßen und ihre Vertreter miteinander ins Gespräch kommen könnten.«

Inter-funktionale Kontestabilität könne als legitimationsspendendes Element auf dem Weg zu einer Demokratisierung des Völkerrechts gesehen werden, ohne dass eine globale Demokratisierung vorausgesetzt werden müsste. Die Einheit des Völkerrechts werde nicht rechtsinterpretativ unterstellt, sondern soll in Anerkennung politischer Differenzen durch die politische Institutionalisierung von Ausgleichsmechanismen angestrebt werden (Ley 2012b: 224). So sieht sich das Recht der Welthandelsorganisation seit langer Zeit kollidierenden Ansprüchen anderer völkerrechtlicher Regimes ausgesetzt, die aber zumeist rechtlichen und nicht politischen Konfliktverarbeitungsmechanismen unterworfen wurden. Systemkonflikte lassen sich in den Streitbeilegungsverfahren aber nur begrenzt auflösen und die Formulierung von Alternativen im Rahmen der WTO nicht anregen. Politisch lassen sich zwar Gegenkonventionen formulieren und durchsetzen, so etwa das UNESCO-Abkommen über kulturelle Vielfalt. Aber das WTO-Recht kennt mit dem so genannten *waiver*-Mechanismus auch ein Beispiel für eine institutionalisierte Form interfunktionaler Alternativität und Kontestabilität (Ley 2012b: 255 ff.), indem die Möglichkeit eröffnet wird, durch politische Entscheidung ein Mitglied von einer Verpflichtung aus dem WTO-Abkommen zu entbinden (Art. IX Abs. 3 WTO). Dieser *waiver*-Mechanismus beeinhaltet eine Ausnahmegenehmigung, die hinter Regimekollisionen stehenden Interessenkonflikten eine Plattform liefert, in der um eine politische Lösung gerungen und eine kollektive Entscheidung für eine Vielzahl von Staaten getroffen werden kann (Feichtner 2011: 124 ff.). *Waiver* erlauben das Anprangern der Vernachlässigung sozialer, menschenrechtlicher und anderer Aspekte, erzwingen deren Berücksichtigung und institutionalisieren ein Maß an Reversibilität, das in den schwerfälligen Vertragsänderungsverfahren mit dem Ratifikationserfordernis kaum erreichbar ist (Ley 2012b: 262).

Und Europa? Isabelle Ley (2013), die sich mit dem Erfordernis von Opposition im »überstaatlichen« Kontext auseinandergesetzt hat, meint:

»Um derart weitreichende Maßnahmen wie die Rettungspakete in einer so heterogenen Ordnung wie der EU durchzusetzen, bedürfte es […] einer starken und institutionalisierten Opposition. Da eine solche auf europäischer Ebene – insbesondere im derzeit präsenten, wieder stärker intergouvernementalen Modus – nicht zugelassen wird, kommt das Bedürfnis nach oppositioneller Artikulation an anderer Stelle zum Ausdruck.«

Eine Reihe nationaler Regierungen wurde durch die europäische Finanzkrise weggespült. Die Bürger Europas scheinen keine andere Wahl zu haben. Dies zeige:

»Aus einer regierungsmechanischen Perspektive scheint die EU gegenwärtig zwar wieder stärker völkerrechtlich zu funktionieren. Angemessen und tragfähig ist ein solcher Modus jedoch nicht. Dauerhaft beschädigt intensives Regieren ohne institutionalisierte Opposition sowohl die Legitimation als auch die Stabilität einer Ordnung.«

Eine Systematik zivilgesellschaftlicher Kontestation kann an dieser Stelle nicht geleistet werden. Hier ging es lediglich darum zu zeigen, dass sich eine demokratische Legitimation »überstaatlichen« Rechts nicht nach ganz anderen Regeln herstellen ließe, wie sie für staatliche Rechtsordnungen entwickelt worden sind. Konzeptionelle Ansätze einer transnationalen, ebenentranszendierenden Demokratie, so ist festzuhalten, werden die für den Staat entwickelten Muster nicht einfach in die transnationale Konstellation »verlängern« können, was schon durch die Zweifel der Repräsentationsfunktion des Europäischen Parlaments bestätigt wird und zu der Frage führt, ob der amerikanische Schlachtruf »No taxation without representation« nicht umzukehren und für die Europäische Union gefordert werden müsste: *No representation without taxation.* Jedenfalls kann der Mangel an Repräsentation nicht einfach durch Partizipation ersetzt werden, sondern bedarf der Verfahren, in denen es ermöglicht wird, die regierungsamtliche Politik zu kritisieren und mit Alternativen zu konfrontieren.

II. Transnationale Rechtsstaatlichkeit: Bausteine justizieller Kollisionsbewältigung

Was aber ist mit den Gerichten? Welche Rolle kommt ihnen in der transnationalen Konstellation zu? Transnationale Rechtsstaatlichkeit (Bryde 2011) setzt voraus, dass man sich über die Mechanismen der Kollisionsverarbeitung in »überlappenden« Rechtsordnungen klar wird. Damit wird nicht behauptet, dass mit einer Systematisierung justizieller Bausteine der Ebenenkoordinierung alles gesagt sei. Rechtsprechungskonflikte spiegeln jedoch Rechtsordnungskonflikte und liefern Aufschlüsse über die wechselseitige Anschlussfähigkeit der Argumentationsmuster mit den in konfligierenden Rechtsordnungen tradierten Grundüberzeugungen (1.). Woran es bislang fehlt, ist eine halbwegs zufriedenstellende Systematik »vergerichtlichter« Konfliktverarbeitungsmechanismen. In der europäischen Rechtsordnung lassen sich immerhin einige »Bausteine« ausmachen (2.). Daran schließt – mit der gebotenen Vorsicht – die Frage nach Prinzipien konstitutioneller Pluralität an (3.).

1. Rechtssprechungs- als Rechtsordnungskonflikte

Die Internationalisierung der Rechtsstaatlichkeit (Zangl 2006; Frerichs 2008) stellt Recht und Politik vor andere Fragen als die soeben beschriebenen Probleme transnationaler Demokratie. Es geht nicht um die Politisierung des Rechts, sondern um die Verrechtlichung der Politik. Dies kann nicht zentral bewerkstelligt werden. Wir haben es mit einer Pluralität konstitutioneller Teilordnungen in einer Polyarchie, aber mit keiner übergreifenden Hierarchie zu tun. Das gilt auch für den »Nationalstaat« und die in ihm ausgetragenen Rechtssprechungskonflikte, die sich nach dem Suprematiedenken rechtsordnungsübergreifender Vorrangrelationen als Kollisionen zwischen Teilrechtsordnungen darstellen. Für diese sind in der Rechtsprechung eigene Antworten zu finden, die sich mit dem Rückgriff auf die Souveränität der »eigenen« politischen Ordnung nur schlecht begründen lassen.

2. Vielfalt der Konfliktverarbeitungsmechanismen

Schaut man genauer hin, so zeigt sich in der transnationalen Konstellation eine Vielfalt an Konfliktverarbeitungsmechanismen. Dazu gehören neben der Kompetenzscheidung (unten a) und den Vorrangregeln (unten b) etwa die Solange-Vorbehalte (unten c), die sich als ein *cornerstone of European constitutional pluralism and diversity* (v. Bogdandy u.a. 2012: 513) als hinreichend anpassungsfähig erwiesen haben und vielleicht auch in der umgekehrten Richtung zum Schutz vor innerstaatlichen Aushöhlungen grundlegender Rechtsgarantien wirksam werden könnten. Ein weiterer Konfliktverarbeitungsmechanismus ist die Konformauslegung (unten d), mit der Verpflichtungen der nationalen Gerichte zur unionsrechtskonformen Auslegung, aber nach Art. 4 Abs. 2 EUV auch die Verpflichtung der Unionsgerichte zur nationalverfassungskonformen Auslegung erfasst werden.

Kommt eine Konformauslegung nicht in Betracht, weil sie nur *contra legem* durchgeführt werden könnte, eine subsidiäre Vorrangregel aber fehlt, schält sich als eigene Kollisionsregel die Figur der Berücksichtigungspflicht (unten e) als ein »Mechanismus loser Kopplung« heraus. Härtere Konfliktverarbeitungsmechanismen stellen die *ultra vires*- und die Identitätskontrolle (unten f) dar, die bereits Grenzen des Rechts markieren. So spricht vieles dafür, die Sorge um die Verfassungsidentität nicht den Gerichten zu überlassen, sondern in die Hände der politischen Organe zu legen. Eine rechtliche Identitätskontrolle setzt die wechselseitige Rücksichtnahme der Gerichte voraus. Ältere Vorstellungen eines »absoluten Vorrangs« werden überwunden. Die europäische Rechtseinheit ist komplexer geworden. Sie nimmt den Selbstbehauptungswillen der Mitgliedstaaten in den »Lesarten« der eigenen Verfassungsordnungen (Volkmann 2011: 847 f.) auf und ist über Vorrangrelationen nicht mehr abzusichern. Letzte Worte kann es im konstitutionellen Pluralismus nicht geben. Auch das Vorlageverfahren (unten g) sollte als prozessualer Mechanismus der Konfliktverarbeitung nicht unterschätzt werden. Auf dem Erfolg dieses Verfahrens beruhen zu einem guten Teil der Stand und die Singularität des Unionsrechts.

a) Kompetenzordnung

Grundbaustein der Konfliktvermeidung ist eine saubere Kompetenzscheidung zwischen den Ebenen. Je trennscharfer die Kompetenzen geschieden sind, für desto konfliktfreier wird das Verhältnis der Gerichtsbarkeiten der verschiedenen Ebenen gehalten (Oeter 2007a: 381). Ein Beispiel liefert Art. 31 GG mit der apodiktischen Aussage, das Bundesrecht »breche« Landesrecht. Hierdurch kann die differenzierte Kompetenzverteilung des Grundgesetzes nicht überspielt werden. Die Vorschrift hat deshalb praktisch kaum noch eine Bedeutung.

Nicht immer sind die Verbandskompetenzen klar verteilt. Gerade das Unionsrecht zeichnet sich durch eine Vielzahl geteilter Kompetenzen und paralleler Zuständigkeiten aus, die zu Rechtsprechungskonflikten führen können. So lassen sich dann auch die Grundrechtsmaßstäbe nicht mehr sauber nach der Kompetenzverteilung trennen. Ein prinzipielles Unterlaufen der im Unionsrecht wegen der Hürden des Vertragsänderungsverfahrens nicht statisch zu verstehenden Kompetenzverteilung ist aber nicht festzustellen. Vielmehr lässt der EuGH häufig eine gewisse Sensibilität erkennen.[247]

Die Frage nach einem kompetenziellen Handlungsmandat spielt auch für die Ebenenkoordinierung zwischen europäischem Menschenrechtsschutz und internationaler Friedenssicherung eine Rolle: Grundsätzlich gilt die EMRK nur im Territorium der Konventionsstaaten. Eine extraterriorale Anwendung der EMRK kommt in Betracht, soweit der Konventionsstaat eine *effektive Kontrolle* über das Handeln seiner Staatsangehörigen im Ausland ausübt (EGMR, Urt. v. 12.12.2001, 52207/99 Bankovic/Belgien). Handelt es sich um Einsätze mit einem Mandat des UN-Sicherheitsrates, sperrt eine *Zurechnung* des Handelns zu den Vereinten Nationen die Verantwortlichkeit des Konventionsstaates gegenüber der EMRK. Kollidieren Verpflichtungen der ERMK mit Verpflichtungen aus der UN-Charta, gehen letztere nach Art. 103 UN-Charta vor. So muss sich der Truppen entsendende Staat gegenüber Tötungen und Inhaftierungen nur vor dem EGMR verantworten, wenn das Handeln dem Konventionsstaat und nicht der internationalen Einrichtung zuzurechnen ist. Anders als der EGMR noch in den Fällen Behrami und Saramati (EGMR, Urt. v. 2.5.2007, 71412/01 Behrami und 78166/01 Saramati) anzunehmen schien, ist das durch die Errichtung einer internationalen Übergangsverwaltung oder das Vorliegen eines allgemeinen Mandats, die »notwendigen Maßnahmen« zu treffen, nicht ausgeschlossen. Liegt keine detaillierte Ermächtigung vor, bleibt eine Verantwortlichkeit der Truppen stellenden Nationen gegenüber den EMRK-Verpflichtungen bestehen. Dann steht einer Anwendung der EMRK-Garantien der Vorrang der UN-Charta nicht entgegen.[248]

---

247 EuGH, Urt. v. 5.10.2010, Rs. C. 400/10 McB, Slg 2010, I-8965 Rn. 52 ff. Zum Erhalt der Maßstäblichkeit der Unionsgrundrechte aber EuGH Rs. C-411/10 u. C-493/10, N.S./Secretary of State for the Home Department, Rn. 61 ff.

248 EGMR (GK), Urt. v. 7.7.2011, 27021/08 Al-Jedda/Vereinigtes Königreich. Die relevanten Resolutionen des Sicherheitsrates enthielten danach keine Verpflichtung, eine als Sicherheitsrisiko angesehene Person unbefristet und ohne Anklage zu internieren. Somit bestand kein Konflikt zwischen Art. 103 UN-Charta und Art. 5 EMRK, weshalb sich die Frage des Verhältnisses der EMRK und der UN-Charta nicht stelle. Die Verletzung von Art. 5 Abs. 1 EMRK wurde bejaht und damit die Reichweite des »cosmopolitan constitutionalism« auf einen Bereich »beyond the ECHR« ausgedehnt (Stone Sweet 2012: 82). Zur Entwicklung der Judikatur Peters (2010b), die von »komplexer Hoheitsgewalt« und mit Blick auf die Anwendbarkeit der EMRK von einem Prinzip der Grundrechtstoleranz spricht.

b) *Hierarchische Vorrangregeln*

Im europarechtlichen Schrifttum wird häufig undifferenziert mit Vorrangregeln argumentiert. Vorrang kann jedoch nur kompetenzgemäß erlassenes Recht beanspruchen. Auch geht es in den Ebenenkonflikten nicht um einen normhierarchischen Geltungsvorrang, sondern um einen funktionssichernden Anwendungsvorrang, der – verstanden als Prinzip, nicht als Regel (Franzius 2010a: 38 ff.) – gegenüber anderen Koordinierungsmechanismen subsidiär ist. Wie sehr eine politische Ebene über Vorrangregeln marginalisiert werden kann, zeigt in der föderalen Ordnung Deutschlands der Bedeutungsschwund der Landesverfassungsgerichtsbarkeit. Das mag mit dem Bindungsanspruch des Art. 1 Abs. 3 GG gerechtfertigt werden können. Für die Verteilung der materiellen Grundrechtsmaßstäbe im Anwendungsbereich des Unionsrechts liegt jedoch mit Art. 51 GRCh eine differenzierte Regelung vor, die einer Unitarisierung der Standards entgegenwirkt. Zugunsten der umstrittenen, aber richtigerweise parallelen Anwendbarkeit von Unionsgrundrechten und nationalen Grundrechten (Michael/Morlok 2012: 74, 86 ff.) können wechselseitige »Sperrwirkungen« nicht überzeugen. Dennoch entstehen aus der Verzahnung der Rechtsordnungen in der Umsetzung von Richtlinien nicht unerhebliche Schwierigkeiten bei der Zuordnung von Grundrechtsmaßstäben und gerichtlicher Prüfungskompetenz (Calliess 2009; Terhechte 2011; Franzius 2013a; Kingreen 2013).

Unionsrecht haben typischerweise die nationalen Akteure anzuwenden. Die Rechtsanwendung bleibt unter der Vorherrschaft der jeweiligen nationalen Verfassung, die ihrerseits einen Vorrang des Unionsrechts anordnet. Auch soweit der Vorrang normhierarchisch verstanden werden sollte, bleibt das Konfliktpotential zu nationalen Verfassungsgerichten gering.[249] Denn nationale Verfassungsgerichte sind nicht in einen ebenenübergreifenden Vorrangmechanismus eingeschaltet.[250] Sie operieren in einem Parallelmechanismus hierarchischer Vorrangregeln, indem sie die Fachgerichte in der Anwendung des Unionsrechts überwachen und das willkürliche Unterlassen einer Vorlage zum EuGH als Verstoß gegen das Gebot des gesetzlichen Richters (Art. 101 Abs. 1 S. 2 GG) sanktionieren (Michael

249 Zu sprachlichen Missverständnissen in der Vorrangfrage Ziller (2012: 37 ff.).

250 Wie an Art. 4 Abs. 2 EUV deutlich wird. Darin eine »explizite Absage an hierarchische Ordnungsvorstellungen im Verhältnis zwischen Unionsrecht und mitgliedstaatlichem Recht« erkennend: v. Bogdandy/Schill (2010: 733). Zur Figur des »Grundrechtsföderalismus« vor dem Hintergrund neuerer Entscheidungen des EuGH Kingreen (2013).

2012: 870 ff.). Bei hinreichend qualifizierten Verstößen nationaler Gerichte gegen Unionsrecht kommt ein Staatshaftungsanspruch in Betracht (EuGH Rs. C-224/01 Köbler, Slg 2003, I-10239).

Während der Vorrang des Unionsrechts gegenüber dem nationalen Gesetzesrecht weitgehend anerkannt ist, gilt dies nur unter Einschränkungen für den beanspruchten Vorrang gegenüber nationalem Verfassungsrecht. Dabei handelt es sich um kein hierarchisches Vorrangverhältnis. Weder in dem Sinne, dass sich Unionsrecht stets gegenüber nationalem Verfassungsrecht durchsetzt noch in dem Sinne, das aus der Rückführung des unionsrechtlichen Geltungsgrundes auf das nationale Verfassungsrecht folge, im Kollisionsfall einen Vorrang der Verfassung anzunehmen (Wendel 2011a: 434 f.). Während Art. 4 Abs. 2 EUV den Vorrang des Unionsrechts unter den Vorbehalt der Wahrung nationaler Verfassungsidentität (oben C.III.1.b) stellt, schränken Integrationsermächtigungen der nationalen Verfassungen wie Art. 23 Abs. 1 S. 1 GG mit der Öffnung gegenüber dem Unionsrecht und deren Kollisionsregeln einen behaupteten Vorrang der Verfassung im kollisionsrechtlichen Sinne ein.[251]

Die nationalen Gerichte gehen mit dem Vorrang als Kollisionsnorm unterschiedlich um.[252] Drei Strategien lassen sich unterscheiden (Wendel 2011a: 436 ff.; Franzius 2010a: 42 ff.). Eine bekannte, aber aufgrund der anderen Verfassungslage keineswegs von allen Mitgliedstaaten genutzte Strategie ist die Inanspruchnahme gerichtlicher Prüfungsvorbehalte mit einem Letztentscheidungsrecht. Dafür steht exemplarisch das BVerfG, dass sich scheinbar unabhängig davon, ob ein völkerrechtlicher oder ein unionsrechtlicher Akt vorliegt, das »letzte Wort« vorbehält (BVerfGE 123, 267/400; dazu Lübbe-Wolff 2011). Die Existenz einer starken Verfassungsgerichtsbarkeit ist jedoch kein Indiz für die Inanspruchnahme eines gerichtlichen Letztentscheidungsrechts in der Vorrangfrage.[253] So löst – stellvertretend für die zweite Strategie im Umgang mit dem Vorrangpro-

251 Dies wird nur vereinzelt angenommen, etwa durch den polnischen Verfassungsgerichtshof mit Urteil v. 11.5.2005 Beitrittsvertrag, EuR 2006, 236 ff.

252 Kumm (2005: 262 ff.); Pernice (2006: 39 ff.); Claes (2006: 594 ff.); Sauer (2008: 179 ff.); Sadurski (2008); Mayer (2009). Ein Überblick zu den Lissabon-Entscheidungen mitgliedstaatlicher Verfassungsgerichte bei Wendel (2011b).

253 Deutlich etwa das tschechische Verfassungsgericht in der zweiten Lissabon-Entscheidung v. 3.11.2009, Pl ÚS 29/09, EuGRZ 2010, 209 Rn. 146 ff. mit der Hervorhebung der legislativen Einschätzungsprärogative in Distanz zum BVerfG. Ley (2010: 165) sieht darin einen Beitrag zur Parlamentarisierung des Primärrechts, krit. Wendel (2011a: 137 mit Fn. 180).

blem – das spanische Verfassungsgericht die Unentschiedenheit des Vorrangs mit einer Unterscheidung nach der betreffenden Ordnung (Tribunal Constitucional, Erklärung v. 13.12.2004, DTC 1/2004; Becker 2005). Während die Verfassung einen normhierarchischen Vorrang im Sinne einer *supremacía* habe, beziehe sich der kollisionsrechtliche Vorrang im Sinne einer *primacía* auf die Wahlentscheidung zwischen Normen aus unterschiedlichen, aber koexistierenden Rechtsordnungen.[254] Nicht nur, dass die Verfassung als Rechtsquelle an der Spitze der innerstaatlichen Normenhierarchie ihre eigene kollisionsrechtliche Verdrängung zulassen könne. Auch der Rekurs auf ein Letztentscheidungsrecht ist hypothetisch, weil Verstoße gegen spanisches Verfassungsrecht zugleich einen Verstoß gegen Unionsrecht darstellen und deshalb bereits auf Unionsebene sanktioniert werden können. Verstöße werden somit in den Zuständigkeitsbereich des EuGH »vorverlegt« (Wendel 2011a: 489). Bemerkenswert ist schließlich eine dritte Strategie im Umgang mit dem Vorranganspruch des Unionsrechts, den zu befolgen der französische Conseil constitutionnel (Entscheidung v. 10.6.2004, Nr. 2004/496) im französischen Verfassungsrecht angelegt sieht: Die Verpflichtung zur Umsetzung einer Richtlinie resultiere nicht nur aus dem Unionsrecht, sondern auch aus den Erfordernissen der französischen Verfassung, womit das Unionsrecht aus dem Völkerrecht »herausgelöst« werde (Mayer 2004: 929). Die innerstaatliche Konstitutionalisierung des Unionsrechts erlaubt es jedoch, dem Vorrang widerstreitende Prinzipien aus der Verfassung entgegen zu halten. Der Conseil d' Etat, als Fachgericht um seinen Einfluss besorgt, formuliert in seiner Leitentscheidung v. 8.2.2007 (Nr. 287110 Arcelor) Grenzen des Vorrangs am Maßstab des französischen *bloc de constitutionnalité* (Wendel 2011a: 497 ff.).

c) Ebenenverklammernde Solange-Vorbehalte

In vielen Mitgliedstaaten wird der Anwendungsvorrang des Unionsrechts nur unter einem verfassungsrechtlichen Vorbehalt anerkannt. Als »Erfinder« des ebenenverklammernden Solange-Vorbehalts gilt das BVerfG, das mit

254 Vgl. Wendel (2011a: 486) »Während primacía eine ordnungsübergreifende Normanwendungsregel mit Kollisionslösungfunktion bezeichnet, meint supremacía ein ordnungsinternes Normerzeugungsregime mit Subordinationsfunktion.« Der »spanische« Weg (Schutte 2005) steht damit für ein kollisionsrechtliches Verständnis des Vorrangs, wie es Joerges (2009) entgegen kommt.

Solange I und Solange II einen Konfliktvermeidungsmechanismus[255] entwickelt hat, der nicht nur in Art. 23 Abs. 1 S. 1 GG kodifiziert, sondern in vielen europäischen Rechtsordnungen aufgenommen wurde (Sadurski 2008: 1) und modifizierend auch Eingang in die Rechtsprechung des EGMR[256] gefunden hat. Inwieweit die *Kadi*-Rechtsprechung des EuGH[257] hierunter fällt, ist demgegenüber unsicher (Halberstam/Stein 2011: 13; Fischer-Lescano/Renner 2011: 58; v. Bogdandy 2013: 23). Das EuG, das sich in der Überprüfung von durch UN-Sicherheitsratsresolutionen determinierten Unionsrechtsakten dem Solange-Argument zunächst nicht anzuschließen vermochte, interpretiert den EuGH in diesem Sinne: Solange die auf internationaler Ebene geschaffenen Überprüfungsverfahren offenkundig nicht die Garantien eines wirksamen gerichtlichen Rechtsschutzes bieten, müsse eine umfassende Kontrolle der Rechtmäßigkeit am Maßstab der Unionsgrundrechte erfolgen (EuG, Urt. v. 30.9.2010, Rs. T-85/09 Kadi III, Slg. 2010, II-5177 Rn. 127). Inzwischen wirkt diese Rechtsprechung auf die partikularistische Rechtsprechung des BVerfG zurück (BVerfGE 123, 267/400 f.).

Die Solange-Doktrin als ein *cornerstone of European constitutional pluralism and diversity* (v. Bogdandy u.a. 2012: 513) ist den praktischen Koordinationsproblemen anzupassen. Im Urteil des BVerfG zur Vorratsdatenspeicherung wird das mit der neuen *jedenfalls*-Formel deutlich.[258] Bislang hatte das Gericht eine Prüfung der Umsetzungen zwingenden Sekundärrechts abgelehnt und Verfassungsbeschwerden, die sich gegen die Anwendung von in diesem Sinne verbindlichem Unionsrecht richten, unter Berufung auf die *Solange*-Rechtsprechung für grundsätzlich unzulässig erklärt. Auf die Grundrechte des Grundgesetzes können sich Beschwerdeführer nur inso-

---

255 BVerfGE 37, 271 Solange I (1974); 73, 339 Solange II (1986); 102, 147 Bananenmarkt (2000).

256 EGMR (GK), Urt. v. 30.6.2005, 45036/98 Bosphorus, Rn. 156 f. mit einer widerlegbaren Vermutung der Einhaltung der EMRK-Standards durch die Rechtsprechung des EuGH. Von einer »Migration« des Modells in andere nationale Verfassungsordnungen, etwa nach Schweden, Ungarn und Tschechien, spricht Wendel (2011a: 449).

257 EuG Rs. T-315/01 Kadi I, Slg 2005, II-3649; EuGH Rs. C-402/05 Kadi II, Slg 2008, I-6351 Rn. 322; EuG, Urt. v. 30.9.2010, Rs. T-85/09, Slg. 2010, II-5177 Kadi III. Die »Kadi-Literatur« ist nicht mehr überschaubar, statt vieler Besson (2009: 237); de Búrca (2010); Fassbender (2010).

258 Zu den Unterschieden zwischen der traditionell als »europarechtsfreundlich« angesehenen Rechtsprechung des Ersten Senats und dem stärker »souveränitätsbetonten« Zweiten Senat van Ooyen (2011: 45) mit einem Überblick zur jüngeren Europajudikatur des BVerfG.

weit berufen, soweit der Gesetzgeber bei der Umsetzung von Unionsrecht über Gestaltungsfreiheit verfügt, die unionsrechtlich nicht determiniert ist. Nunmehr sollen auch Umsetzungen zwingenden Sekundärrechts gerügt werden können, um eine Vorlage zum EuGH zu erzwingen und mit einer entsprechenden Nichtigkeitserklärung den Weg für eine Überprüfung der angegriffenen Vorschriften am Maßstab der deutschen Grundrechte frei zu machen.

»Jedenfalls ist auf diesem Weg eine Prüfung der angegriffenen Vorschriften am Maßstab der Grundrechte des Grundgesetzes nach dem Begehren der Beschwerdeführer nicht von vornherein ausgeschlossen« (BVerfGE 125, 260/307).

Danach ist die Verfassungsbeschwerde *nicht unzulässig*, soweit die angegriffenen Vorschriften in Umsetzung der Richtlinie ergangen sind. Es müsse aber *entscheidungserhebliches* Unionsrecht vorliegen, damit der Vorrang vor innerstaatlichem Recht ausgelöst wird.[259] Das BVerfG prüft also, ob ein Grundrechtsverstoß vorliegt. Ist das der Fall, müsste es dem EuGH vorlegen. Verwirft der EuGH die Norm, kann auch das Umsetzungsgesetz für nichtig erklärt werden. Auf diese Weise verschiebt sich der Solange-Vorbehalt von der Prüfungs- auf die Verwerfungskompetenz (Bäcker 2011: 107 ff.; kritisch Calliess 2010: 348 ff.; differenzierend Augsberg 2010: 157 ff.).

Auch in der umgekehrten Richtung ließe sich ein *Solange*-Vorbehalt formulieren (v. Bogdandy u.a. 2012: 508 ff.). Solange beispielsweise die Medienfreiheit in einem Mitgliedstaat systematisch verletzt wird, dürfte sich dieser Mitgliedstaat gegenüber der Union nicht mehr begründungslos auf seine Autonomie, Souveränität oder Identität berufen. Außerhalb des Anwendungsbereichs der Grundrechte-Charta ist zwar zu vermuten, dass nationale Behörden in Übereinstimmung mit den Verpflichtungen aus den in Art. 2 EUV niedergelegten Grundwerten handeln. Diese Vermutung sei jedoch widerlegbar. Systematische Verletzungen des Standards würden den Kernbestand der Unionsbürgerschaft im Sinne der *Ruiz Zambrano*-Recht-

---

259 Die bloß potentiell grundrechtskonforme Umsetzung der Richtlinie reicht dem Ersten Senat aus, um den Vorrang des Unionsrechts für *nicht entscheidungserheblich* zu halten. Eine Vorlage sei nur zulässig und geboten, wenn es auf die Auslegung beziehungsweise Wirksamkeit des Unionsrechts ankomme. Die Wirksamkeit der Richtlinie und ein sich hieraus möglicherweise ergebender Vorrang des Unionsrechts vor deutschen Grundrechten sei wegen der bestehenden Möglichkeit einer grundgesetzkonformen Umsetzung aber nicht entscheidungserheblich: BVerfGE 125, 260/308 f. Vorratsdatenspeicherung.

sprechung des EuGH betreffen.[260] Es sei dann Sache des angerufenen nationalen Gerichts, dafür die Tatsachen zu ermitteln. Bestehen Zweifel an der Übereinstimmung mit den europäischen Standards, kann oder muss das nationale Gericht dem EuGH vorlegen, um den Gehalt der Art. 2 EUV zu konkretisieren.[261] Durch seine Stimme, so formulieren es Armin v. Bogdandy und sein Team, könnten nationale Gerichte in kritischen Situationen gestärkt werden. Ein solches Vorgehen sei gegenüber dem politischen Sanktionsverfahren nach Art. 7 EUV oder der Staatenklage nach Art. 259 AEUV gegebenenfalls vorteilhafter.[262]

d) Verfassungsrechtliche Konformauslegung

Bei den vorstehenden Bausteinen handelt es sich um vergleichsweise *harte* Konfliktlösungsmechanismen, die in der transnationalen Konstellation an Grenzen stoßen. Es gibt auch kollisionsvermeidende Interferenzregeln, die einen Rekurs auf den Vorrang – sei es normhierarchisch oder funktionssichernd – entbehrlich machen. Dazu gehört die Konformauslegung nationalen oder internationalen Rechts. Sie setzt keine unmittelbare Anwendbarkeit der Norm voraus[263] und nimmt den Vorrangregeln manche Schär-

---

260 EuGH, Urt. v. 8.3.2011, Rs. C-34/09 Ruiz Zambrano, Slg 2011, I-1177 Rn. 42; krit. Hailbronner/Thym (2011: 2008); positiver Nettesheim (2011a); Wallrabenstein (2013).

261 Art. 2 EUV bindet jede Hoheitsgewalt, auch die mitgliedstaatliche Hoheitsgewalt. Deshalb ist die Sanktionierbarkeit durch den EuGH kein Verstoß gegen die Verbandskompetenz, sondern eine Akzentuierung beziehungsweise Neuverteilung der Organkompetenzen: v. Bogdandy u.a. (2012: 515). Zwar sollte nicht jeder Wert »in die Hand von Gerichten« gelegt werden. Wo es um den (individuellen) Menschenrechtsschutz geht, spricht das jedoch nicht gegen seine gerichtliche Durchsetzung.

262 Zu einer Alternative am Beispiel von EuGH, Urt. v. 21.12.2011, verb. Rs. C-411/10 u. C-493/10 N.S./Secretary of State for Home Departement, Rn. 99 ff. das europäische Asylrecht betreffend: Canor (2013: 259 ff.), wonach eine »horizontale Solange-Prüfung« vorgenommen werde, indem der überstellende Mitgliedstaat zu prüfen habe, ob im aufnehmenden Mitgliedstaat eine systematische Verletzung der Unionsgrundrechte stattfinde. Ist das der Fall, dürfe die Verordnung unabhängig davon, ob darin eine Ausnahme vorgesehen oder Ermessen eingeräumt sei, nicht angewendet werden. Anderenfalls riskiere der Mitgliedstaat für Grundrechtsverletzungen eines anderen Mitgliedstaates haftbar gemacht zu werden.

263 EuGH Rs. C-105/03 Pupino, Slg 2005, I-5285 Rn. 34 erstreckte das Gebot der richtlinienkonformen Auslegung auf unionsrechtliche Rahmenbeschlüsse und zeigte, dass die europarechtliche Konformauslegung nicht an die Direktwirkung anknüpft. Vielmehr wird diese »kompensiert« und die vertikale Tiefendimension auf eine Breitenwirkung umgestellt, die auch die horizontale Dimension umfasst: Umgekehrt schien bislang aner-

fe. Dieser Koordinationsmechanismus ist für die Verklammerung der Rechtsordnungen wichtig (Oeter 2007a: 382 f.). Er ist jedoch nicht ohne Brisanz, tritt die Wahl einer Auslegungsvariante deutungsoffener Handlungsspielräume doch in Konkurrenz zur legislativen Programmierung, an deren Stelle die Gerichte nicht ohne Legitimationseinbußen treten können (Lembke 2009; Di Fabio 1990). Abgesehen von theoretischen, insbesondere demokratietheoretischen Einwänden, hat die Konformauslegung als Konfliktvermeidungsansatz aber den Vorteil, dass sie auf allen Ebenen zum Einsatz kommen kann. Zur Konformauslegung greift auch der EGMR zur der Interpretation von UN-Sicherheitsratsresolutionen zurück, wenn es in *Al-Jedda* heißt:

»In the event of any ambiguity in the terms of a Security Council Resolution, the Court must (therefore) *choose the interpretation which is most in harmony with the requirements of the Convention and which avoids any conflict of obligations.* In the light of the United Nations' important role in promoting and encouraging respect for human rights, it is to be expected that clear and explicit language would be used were the Security Council to intend States to take particular measures which would conflict with their obligations under international human rights« (EGMR, Urt. v. 7.7.2011, 27021/08 Al-Jedda/Vereinigtes Königreich, Rn. 102, Hervorhebung von mir).

Die Konformauslegung umfasst nicht nur Verpflichtungen der nationalen Gerichte zur europarechtskonformen Auslegung. Man wird auch eine Verpflichtung der europäischen Gerichte zur nationalverfassungskonformen Auslegung anerkennen müssen (Peters 2001: 281 ff.), wofür es in der Rechtsprechung Beispiele (etwa EuGH Rs. C-445/03 Omega, Slg 2004, I-9609 Rn. 37 f. mit Blick auf die Menschenwürde) und in Art. 4 Abs. 2 EUV auch einen normativen Bezugspunkt gibt. Demgegenüber ist eine Erweiterung zur richtlinienkonformen Rechtsfortbildung (zB BGH v. 26.11.2008, VIII ZR 200/05 Quelle) unnötig, wenn man die Wortlautgrenze nicht als Rechtserzeugungsverbot versteht (Pötters/Christensen 2011: 387). Schließlich macht eine Konformauslegung nur Sinn, wo sie Auslegungsmöglichkeiten im nationalen Recht reduziert und nicht neu begründet, was zu einer Verschleierung von Normkollisionen führen kann. Nicht jeder Widerspruch oder Spannung ist eine Kollision und die Vorstellung von der Konformauslegung als »Wunderwaffe« der vollständigen Kollisionsvermeidung erweist sich als undemokratisch, soweit dadurch die Anpassungspflicht des Gesetzgebers umgangen wird (Desens 2011: 213).

---

kannt, dass es auf nationale Kontrollmaßstäbe nicht ankommen könne, wo das Umsetzungsrecht vollständig durch Unionsrecht determiniert ist.

Was, so stellt sich dann die Frage, passiert, wenn eine Konformauslegung scheitert, weil sie nur *contra legem*[264] durchgeführt werden könnte, eine subsidär anwendbare Vorrangregel aber fehlt. Das ist die Situation im Verhältnis von BVerfG und EGMR sowie tieferliegend im Verhältnis von Verfassungsrecht und – im Rang nicht übergeordnetem – Völkerrecht, insbesondere in mehrpoligen Grundrechtsverhältnissen, wie sie die Caroline-Entscheidungen ausgezeichnet haben, aber typischerweise die Kollision zwischen (vergleichsweise statischem) Verfassungsrecht und (dynamischem) Völkerrecht prägen. Dafür schält sich als eigene Kollisionsregel die Berücksichtigungspflicht heraus.

e) Berücksichtigungspflichten

EMRK und EGMR sind auf der Ebene des völkerrechtlichen Menschenrechtsschutzes nicht so zu verstehen wie das Grundgesetz unter der Kontrolle durch das BVerfG. Jedoch ist auch der EGMR nicht zur authentischen, sondern allenfalls zur autoritativen Interpretation der EMRK aufgerufen (Grabenwarter 2010: 50). Nationale Gerichte sind an die EMRK, nicht aber in gleicher Weise an die Entscheidungen des EGMR gebunden, für die Art. 46 EMRK eine Befolgungspflicht nur *inter partes* vorsieht. Urteile, die nicht gegen Deutschland ergangen sind, entfalten eine faktische, ohne Transformation der völkerrechtlichen Menschenrechtsgarantien aber keine rechtlichen Wirkung in Deutschland.[265] Es gibt im Verhältnis Verfassungsrecht – Völkerrecht keine anerkannte Kollisionsnorm. Der innerstaatliche Vorrang der Verfassung vor der Konvention ist völkerrechtlich unbeachtlich, der völkerrechtliche Achtungsanspruch der Konvention schlägt aber nicht unmittelbar auf das innerstaatliche Recht durch (Sauer 2011a: 198).

---

264 Schärfer im Anschluss an EuGH Rs. C-91/92 Faccini Dori, Slg 1994, 3325 Rn. 26; Rs. 14/83 von Colson und Kamann, Slg 1984, 1891 Rn. 28 verlangt Generalanwältin Kokott, Rs. C-105/03 Pupino, Slg 2005, I-5285 Rn. 39 das Vorliegen eines Beurteilungsspielraums. Damit steuert der nationale Gesetzgeber innerhalb der Zielvorgaben des Unionsrechts den Aktionsradius der Konformauslegung durch die Gerichte selbst. Zum methodischen Problem der Auslegungsgrenzen Christensen/Böhne (2009: 285 ff.).

265 So spricht BVerfGE 128, 326/368 Sicherungsverwahrung II, von einer »jedenfalls« oder »zumindest faktische(n) Orientierungs- und Leitwirkung«. Gehalte der Konvention müssen im Wege eines aktiven Rezeptionsvorgangs in den Kontext der aufnehmenden Verfassungsordnung »umgedacht« werden (Payandeh/Sauer 2012: 295; Voßkuhle 2012c: 23 ff.; Grabenwarter 2012: 509 ff.).

Hier hat das BVerfG in der Görgülü-Entscheidung[266] aus dem Grundsatz der Völkerrechtsfreundlichkeit des Grundgesetzes eine verfassungsrechtliche Pflicht staatlicher Behörden und Gerichte abgeleitet, die EMRK in der Auslegung durch den EGMR bei den Entscheidungen zu *berücksichtigen*. Diese Berücksichtungspflicht hat noch keine scharfen Konturen erhalten und die Formulierungen des Ersten Senats lassen eine methodische, eine verfahrensrechtliche, aber auch eine materielle Deutung zu (Viellechner 2012a: 136 ff.). Die Begründung trägt eine verwaltungsrechtliche Handschrift, wenn es heißt, die Bestimmungen völkerrechtlicher Verträge und die Entscheidungen internationaler Gerichte müssen »zur Kenntnis genommen werden und in den Willensbildungsprozess des zu einer Entscheidung berufenen Gerichts, der zuständigen Behörde oder des Gesetzgebers« einfließen (BVerfGE 111, 307/324). Berücksichtigung meint damit – dem Verständnis aus dem Planungsrecht entsprechend – nicht zwingende Beachtung, sondern einen in der Abwägung unter besonderen Begründungserfordernissen überwindbaren Belang. Alternativ könnte an eine Verpflichtung zur Auseinandersetzung mit einer besonderen Begründungslast im Fall der Abweichung gedacht werden. Dafür spricht die Formulierung, die staatlichen Behörden und Gerichte müssten sich mit den Entscheidungen internationaler Gerichte »erkennbar auseinander setzen und gegebenfalls nachvollziehbar begründen, warum sie der völkerrechtlichen Rechtsauffassung« gleichwohl nicht folgen (BVerfGE 111, 307/324).

Wie die EMRK – jenseits der Rechtskraft eines EGMR-Urteils – als Auslegungshilfe in der nationalen Rechtsordnung zu berücksichtigen ist, bleibt nach der Rechtsprechung des BVerfG undeutlich. Immerhin formuliert das Urteil des Zweiten Senats zur Sicherungsverwahrung (BVerfGE 128, 326 Sicherungsverwahrung II), mit dem das Gericht auf Veranlassung des EGMR (Urteil v. 17.12.2009 M./Deutschland, Nr. 19359/04) seine frühere Rechtsprechung (BVerfGE 109, 133 Sicherungsverwahrung I) korrigierte, einige Grenzen der Berücksichtigungspflicht. So wird keine schematische Parallelisierung, sondern eine »ergebnisorientierte« Vermeidung von Völkerrechtsverletzungen verlangt. Eine Schranke der völkerrechtsfreundlichen Interpretation liegt auch darin, dass im »aktiven Rezeptionsvorgang« die Substanz der nationalen Verfassung geschont werden solle. Ferner weist das Gericht dem Grundsatz der Verhältnismäßigkeit

266 BVerfGE 111, 307 Görgülü. Vergleich: Proelß (2011: 179); zur eingeschränkten Wirkung völkerrechtlicher Verträge in der amerikanischen Rechtsordnung: US Supreme Court Medellín v. Texas, 128 S. Ct. 1346 (2008); dazu McGuiness (2008).

eine besondere Rolle für die Rezeption der EMRK und der Rechtsprechung des EGMR zu:

»Heranziehung als Auslegungshilfe« kann [...] bedeuten, die vom Europäischen Gerichtshof für Menschenrechte in seiner Abwägung berücksichtigten Aspekte auch in die verfassungsrechtliche Verhältnismäßigkeitsprüfung einzubeziehen« (BVerfGE 128, 326/372).

Hier scheint der Zweite Senat ein weiches Meta-Prinzip als »verfassungsimmanenten Grundsatz« für das Verhältnis zwischen Verfassungsrecht und EMRK gefunden zu haben, das dem Gericht erhebliche Spielräume belässt (Grabenwarter 2012: 511, 513). So kann die Berücksichtigungspflicht als eine Kollisionsnorm verstanden werden, die abgeleitet aus dem Grundsatz der Völkerrechtsfreundlichkeit des Grundgesetzes dann zum Zuge kommt, wenn die soeben geschilderte Konformauslegung als Konfliktvermeidungsregel mangels mehrerer Deutungsvarianten nicht greift. Als Mechanismus zur Handhabung der Rechtsordnungskonkurrenz im transnationalen Rechtsraum stellt die Kollisionsregel einen »Mittelweg jenseits der Extreme von weltstaatlicher Universalität, staatlicher Souveränität und radikalem Pluralismus« dar (Viellechner 2012a: 156). Besondere Bedeutung erhält die Berücksichtigungspflicht durch ihr komplementäres Pendant auf völkerrechtlicher Ebene, wo mit der margin of appreciation, also der Anerkennung von Beurteilungsspielräumen der Mitgliedstaaten bei der Einschränkung von Konventionsrechten, ebenfalls ein »Mechanismus loser Kopplung« (Oeter 2007a: 385 f.) vorliegt. Dabei könnte es sich um ein funktionales Äquivalent zur Achtung der nationalen Verfassungsidentität handeln, wie sie für das Unionsverfassungsrecht – wohl durch die Rechtsprechung des BVerfG initiiert (v. Bogdandy/Schill 2010a: 718 f., 725) – in Art. 4 Abs. 2 EUV einen Niederschlag gefunden hat.

Bedeutung erhält die Anerkennung von Beurteilungsspielräumen der Mitgliedstaaten vor allen in mehrpoligen Rechtsverhältnissen, wo Grundrechtspositionen in einen Ausgleich zu bringen sind. Hier, also im Rahmen der Berücksichtigung in horizontalen Grundrechtskonflikten, dürfe keine schematische Vollstreckung der EGMR-Urteile erfolgen.[267] Es könne schon deshalb keine einzig richtige Entscheidung geben, weil vor dem EGMR nicht alle Betroffenen gehört werden. Mit Wolfgang Hoffmann-

267 BVerfGE 111, 307/323; weicher BVerfGE 128, 326/370 f. Sicherungsverwahrung II, mit dem Verbot »schematischer Parallelisierung« beziehungsweise »unreflektierter Adaption«.

Riem (2006: 497) und Gertrude Lübbe-Wolff (2010: 202 f.) bietet es sich an, einen Korridor vertretbarer, gleichermaßen konventionskonformer Auflösungen des grundrechtlichen Spannungsverhältnisses anzuerkennen.[268] Bleibt ein Mindeststandard für alle Rechte gewahrt, entscheidet die EMRK den Konflikt nicht zugunsten einer Partei des horizontalen Konflikts. Das ist vielmehr Sache des innerstaatlichen Rechts und hier primär der Fachgerichte, jedenfalls nicht der Verfassungsgerichte. Für den weiten Beurteilungsspielraum nationaler Stellen und die Unmöglichkeit, mehrpolige Grundrechtskonflikte allein durch den EGMR entscheiden zu lassen, gibt es vor allem zwei Gründe:

– Die Menschenrechte der EMRK sind anders als die Grundrechte des Grundgesetzes nicht in den systematischen Zusammenhang eines Staatsorganisationsrechts, die Rechtserzeugung internationaler Gerichte nicht in gleicher Weise wie die nationaler Gerichte in ein politisches System eingebettet. Darauf ist bereits hingewiesen worden.[269] Der EGMR verfolgt deshalb auch keine funktionelle Grundrechtskonzeption, die auf überstaatliche Demokratie zielt. Mit dem in den Schrankenregeln der Art. 8–11 EMRK enthaltenen Kriterium der »Notwendigkeit in einer demokratischen Gesellschaft« zielt die EMRK vielmehr auf die jeweilige Gesellschaft und liefert einen dogmatischen Ansatzpunkt für eine Abwägung, welche die kulturellen, religiösen und politischen Besonderheiten im jeweiligen Konventionsstaat umfasst (Grabenwarter/Pabel 2012: 18 ff.).
– Ein zweiter Grund kommt hinzu: Der Menschenrechtsrichter ist kein Tatrichter. Er kann den Sachverhalt nicht umfassend ermitteln und kontrollieren. Das ist die Aufgabe des nationalen Richters, vor dem die Beteiligten des Rechtsstreits erscheinen und angehört werden. Fällt die

268 Anders wohl Stone Sweet (2012: 74 f., 79), Wie hier Peters (2010a). Plastisch auch Voßkuhle (2012c: 26) »Die europäischen Verfassungsgerichte müssen ›Verbundstrategien‹ entwickeln, die zur ressourcenschonenden Konzentration auf das ›spezifisch Eigene‹ führen.«

269 Oben B.I.3. Die fundamentalen Menschenrechte unterscheiden sich von anderen Normen des Völkerrechts dadurch, dass sie zwar im Hinblick auf ihre *Geltungsform*, nicht aber im Hinblick auf ihren *Geltungsgrund* auf das Zusammenwirken der Staaten als Völkerrechtssubjekte angewiesen sind: de Wet/Kalla (2013). Danach gehen die in Verträgen niedergelegten Menschenrechte auf den Konsens von Staaten zurück. Diese Tatsache liege jedoch allein in der Form des Vertrags begründet, der innere Geltungsgrund der fundamentalen Menschenrechte sei der personale Achtungsanspruch des Individuums selbst. Zum menschenrechtlichen Kosmopolitismus Benhabib (2011).

Begründung eines nationalen Verfassungsgerichts in der Beurteilung gesetzlicher Regelungen mit Blick auf die demokratische Legitimation des Gesetzgebers zurückhaltend aus, muss das kein Nachteil sein und sollte akzeptiert werden können (anders wohl Stone Sweet 2012: 73 ff.). Hier liegt eine generell zu beachtende Grenze verfassungsgerichtlicher Selbstermächtigung. Sie gilt auch für den EGMR.

Dennoch scheint die Berücksichtigungspflicht als Bauform zur Kompatibilisierung unterschiedlicher Rechtsordnungen einer Dogmatisierung für und in der transnationalen Konstellation zugänglich zu sein. Jüngere Arbeiten zur Transnationalisierung des Rechts heben die Funktion einer solcher Berücksichtigungspflicht ausdrücklich hervor (Renner 2012: 287 ff.; Viellechner 2012a). Verschiedentlich ist auch von der Methode einer »default deference« die Rede. Sie ist gegenüber der formalen Präjudizienbildung schwächer, da sie nur eine Bindungsvermutung anordnet, aber stärker als ein persuasiver Präzedenzfall, da sie Abweichungen nur unter einem starken Begründungszwang erlaubt (Ladeur/Viellechner 2008: 72). Die Figur spielt auch im Verwaltungsrecht, aus dem sie vom BVerfG für die Ebenenverkoppelung entwickelt worden zu sein scheint, eine Rolle. Auch hier geht es weniger um eine schematische Vollstreckung des »fremden« Rechtsbefehls, sondern um die Einpassung in die tradierte Struktur der »eigenen« Rechtsordnung durch eine flexibel handhabbare, systematisch erst noch zu entfaltende Berücksichtigungspflicht, die es erlaubt, aus überzeugenden Gründen von der Vorentscheidung abzuweichen.

f) Ultra vires- und Identitätskontrolle

Quer zu den bisher genannten Konfliktverarbeitungsmechanismen liegt der Anspruch des BVerfG, an einer Kontrolle von Unionsrechtsakten am Maßstab der Kompetenzordnung festzuhalten und »ausbrechenden Rechtsakten« die innerstaatliche Geltung zu versagen (BVerfGE 89, 155/182 ff.). Eine solche *ultra vires*-Kontrolle ist bereits als *querelle allmande* (Craig 2011) bezeichnet worden, denn anders als beim *Solange*-Argument, das ein Zurücktreten des Anwendungsvorrangs zugunsten des effektiven Schutzes individueller Rechte plausibel macht, verbindet sich mit der Feststellung eines europäischen Rechtsakts als *ultra vires* ein Vorwurf an die europäischen Gesetzgeber, die Verträge missachtet zu haben. So ist es eine Sache, die Kontrolle von Grundrechtsverstößen nicht aufzugeben, aber eine ganz andere, sich zum Wahrer der europäischen Kompetenzordnung aufzuschwingen (Mayer 2000). Kompetenzen unterliegen in Deutschland einer starken gerichtlichen Kontrolle. Das ist aber keineswegs ein gemeineuropäischer Standard. Verstanden als politische Rechtsmacht, hat eine trennscharfe Abgrenzung der Verbandskompetenzen in anderen Mitgliedstaaten keine vergleichbare Bedeutung, mag das BVerfG auch seine Rolle als europäisches Gericht zum Schutz der nationalen Ebenenbelange sehen und gefunden haben (Mayer 2009: 596 ff.; Wendel 2011a: 521 f.).

Hier könnte ein Grund für das BVerfG im Lissabon-Urteil gelegen haben, einen flexibleren Maßstab mit der Identitätskontrolle einzuführen (BVerfGE 123, 267/353 f.). Ganz klar ist zwar nicht, ob ein neuer Maßstab geschaffen wurde.[270] Voßkuhle (2010a: 6 f.) spricht von Anreicherung beziehungsweise Ergänzung, ohne »befürchten zu müssen, häufiger in prekäre Konfliktsituationen zu geraten«. In der Folgezeit verzichtete der Zweite Senat jedoch auf eine Konkretisierung der Maßstäbe. Vielmehr wurden in Honeywell die Kriterien für die Inanspruchnahme der *ultra vires*-Kontrolle erheblich verschärft.[271] Die Rechtsfortbildung der Verträge sei grundsätzlich Sache des EuGH und richterliches *lawmaking* könne nur *ultra vires* sein, wenn es zu strukturellen Verschiebungen im Kompetenzgefüge führt. Deshalb komme eine *ultra vires*-Kontrolle nur in Betracht, wenn der Kompetenzverstoß europäischer Organe hinreichend qualifiziert ist. Das setzt voraus, dass das kompetenzwidrige Handeln der Unionsgewalt nicht nur *ersichtlich*, wie es in Lissabon hieß, sondern *offensichtlich* ist und der angegriffene Akt im Kompetenzgefüge zu einer *strukturell bedeutsamen Verschiebung* zulasten der Mitgliedstaaten führt (BVerfGE 126, 286/305 f.). Damit ist der seit Maastricht immer wieder an die Wand gemalte Verfassungskonflikt deutlich entschärft und der »Notanker« hat sich in die bislang weitgehend kriterienlos gebliebene Identitätskontrolle verschoben. Dieser Vorbehalt klingt dann auch schärfer als er tatsächlich ist:

270 Zu den Unterschieden Wendel (2011a: 474 ff.). Anders als der *ultra vires*-Vorbehalt umfasst die Identitätskontrolle nur die Frage, ob der Akt des Unionsrechts in Deutschland anwendbar ist, dürfte aber kaum als Ermächtigung zur unilateralen Durchbrechung der Unionsrechtsbindung verstanden werden.

271 Das BVerfG hat noch keinen europäischen Rechtsakt für *ultra vires* erklärt. Im Gegenteil: Es hat das im Schrifttum teilweise für einen ausbrechenden Rechtsakt gehaltene Mangold-Urteil des EuGH (Rs. C-144/04, Slg. 2005, I-9981) im Honeywell-Urteil zum Anlass genommen, sich aus dieser Kontrolle weitgehend zurückzuziehen. Anders das tschechische Verfassungsgericht, das eine Kammerentscheidung des EuGH (Rs. C-399/09 Landtová v. 22.6.2011) in einem Parallelverfahren für *ultra vires* erklärt hat, vgl. Urteil v. 31.1.2012, Pl. ÚS 5/12 Slovakische Pensionen. Verallgemeinern lässt sich diese Rechtsprechung jedoch nicht (Komárek 2012).

Dass an der Identitätskontrolle ein Rechtsakt bislang nicht gescheitert ist, sollte von der politischen Tragweite dieses Kontrollvorbehalts nicht ablenken. Bewahrende Interessen erhalten verfassungsrechtliches Gewicht, könnten der Europapolitik den Schwenk zur intergouvernementalen »Unionsmethode« erleichtern und im Vergleich zur Entscheidung von Einzelfällen eine ungleich größere Wirksamkeit entfalten. Das macht das Identitätsargument zu einem gefährlichen Instrument in der Hand der politischen Organe. Es lediglich als Bremse (Gärditz 2010b: 283 ff.) zu verstehen, griffe allerdings zu kurz. Der mehrdimensionale Identitätsbegriff mag einen semantischen Ersatz für den in Deutschland zu keiner Zeit problemlosen Souveränitätsbegriff[272] darstellen (v. Bogdandy 2003c: 184, 186; Franzius 2010a: 68 ff.). Mit den »Tiefen des Politischen« aufgeladen, droht der Schutz nationaler Identität an überwunden geglaubte Homogenitätsvorstellungen angeschlossen zu werden.[273] Art. 4 Abs. 2 EUV führt mit der Verfassungsidentität jedoch einen unionsrechtlichen Begriff mit der Folge ein, dass »das, was als nationale Identität Achtung verlangen kann, den in Art. 2 EUV normierten Grundprinzipien entsprechen« muss (v. Bogdandy/Schill 2010a: 715). Es handelt sich um die Grundlage für den konstitutionellen Pluralismus und dient nicht der Abwehr europäischer Zumutungen. Weniger Entgegensetzungen als vielmehr Verschränkungen prägen die europäische Verfassungsidentität im rechtlichen Bestand und seinen politischen Inhalten. Damit dokumentiert die »Achtung der nationalen Identität« mit den Worten von Armin v. Bogdandy und Stephan Schill (2010a: 709)

> »die erreichte Tiefe der europäischen Integration und die fundamentale Transformation, die ein Staat als *Mitgliedstaat* der Union vollzieht«.

Die Identitätsklausel ist, wie ihre systematische Stellung in Art. 4 EUV unterstreicht, eine der grundlegenden Verbundtechniken zum wechselseitigen Ausgleich und zur kooperativen Abstimmung zwischen unionaler und nationaler Ebene, nicht aber zur unilateralen Durchbrechung des Unionsrechts (Wendel 2011a: 577 f., 582 f.). Die Inhaltsbestimmung dessen, was die nationale Verfassungsidentität ausmacht, erfolgt auf nationaler Ebene,

---

272 Zum Ineinanderweben von Verfassungsidentität und Staatssouveränität BVerfGE 123, 267 Lissabon und für ein Festhalten am (ungeteilten) Souveränitätsbegriff Grimm (2009: 111 ff.). Anders das tschechische Verfassungsgericht im zweiten Lissabon-Urteil v. 3.11.2009, Pl. ÚS 29/09, Rn. 110 ff. und Ley (2010: 166 ff.).

273 Krit. Hanschmann (2008: 88 ff.); Franzius/Preuß (2012a: 41 ff., 61 ff.). Zur Identitätsdebatte Fligstein (2008); Caporaso/Kim (2009); Mayer (2011).

die Entscheidung über die Reichweite der Achtungsverpflichtung im konkreten Einzelfall indes auf Unionsebene. Weil die tatbestandliche Bestimmung den Mitgliedstaaten obliegt, nicht aber die Entscheidung über die Rechtsfolge, bleibt das Vorabentscheidungsverfahren (unten g) wichtig, zumal auf diese Weise nationale Verfassungsgerichte die Möglichkeit der Mitgestaltung und Impulsgebung haben, wie es Fachgerichte schon seit langer Zeit praktizieren (zum Beispiel das BVerwG im Vorlagebeschluss in der Rechtssache Omega). Eine neue – übergreifende – Instanz (Weiler 1997: 155) ist entbehrlich.

Problematisch ist die potentielle Identitätskontrolle durch das BVerfG deshalb, weil sie dazu einladen könnte, die im Lissabon-Urteil entwickelte Sicht auf die Union zum unaufgebbaren, gleichsam vorverfassungsrechtlichen Identitätskern der Bundesrepublik Deutschland zu erklären. Der Zweite Senat argumentiert von den Grenzen des Art. 23 Abs. 1 S. 3 GG und etatisiert die individuelle Selbstbestimmung (krit. Grefraht 2010: 241; Nettesheim 2009: 2867; Schönberger 2009: 540) in einer Aufweichung der Maßstäbe, wie sie in Art. 23 Abs. 1 S. 1 GG für die Öffnung der staatlichen Verfassungsordnung (Jestaedt 2009b: 497; Franzius 2010c: 432 ff.) zugunsten der Einbindung in eine durchaus partikulare, aber weder auf delegierte Selbstverwaltung (BVerfGE 123, 267/349; krit. Oeter 2009: 424) zu verkürzende noch im allgemeinen Völkerrecht aufgehende Rechtsordnung als *politischer* oder doch zumindest *politisierbarer* Ordnung angelegt ist. Hier liegt ein für die Akzeptanz des Gerichts nicht ungefährlicher (Ruffert 2009: 1197) Dissens zu weiten Teilen in der Rechtswissenschaft.

Es spricht vieles dafür, die Sorge um die Verfassungsidentität in die Hände der politischen Organe zu legen. Der politische Dialog im Rat, so hat es Ingolf Pernice (2011: 213) jüngst wieder hervorgehoben, sei der primäre Ort der Identitätsdebatte. Hier könne das Gebot zur Achtung der nationalen Identität am Anfang des Entscheidungsprozesses wirken. Werden die politischen Organe ihrer Integrationsverantwortung nicht gerecht, könne ein politischer Konflikt zum Rechtskonflikt werden. Eine rechtliche Identitätskontrolle setzt jedoch die wechselseitige Rücksichtnahme der Gerichte voraus. Dass der EuGH durchaus behutsam mit der nationalen Verfassungsidentität umzugehen weiß, hat er zum Beispiel im Fall des österreichischen Adelsaufhebungsgesetzes bewiesen (Walter 2012: 198). Danach gehöre zur nationalen Identität der Mitgliedstaaten auch die republikanische Staatsform, was Einschränkungen der Unionsbürgerrechte rechtfertigen könne (EuGH, Urt. v. 22.12.2010, Rs. C-208/09 Sayn-Wittgenstein, Slg 2010, I-13693 Rn. 92 ff.). In den unionsrechtlich akzeptierten Möglichkeiten nationaler Höchstgerichte, sich auf die nationale Identität zu berufen, wird die Überwindung älterer Vorstellungen eines »absoluten Vorrangs« erkennbar (v. Bogdandy/Schill 2010a: 727 f., 732 f.; anders Pernice 2011: 215). Die Einheit des Unionsrechts ist komplexer geworden. Sie nimmt den Selbstbehauptungswillen der Mitgliedstaaten in den »Lesarten« der jeweils eigenen Verfassungsordnungen auf und kann über einfache Vorrangrelationen nicht mehr abgesichert werden (Franzius 2009a: 176 ff.). Die Bedeutung nationaler Institutionen für die Entwicklung überstaatlichen Rechts nimmt zu (Sadurski 2008: 1; Benvenisti/Downs 2009: 59). Einerseits kann es »letzte Worte« im Verbund der sich wechselseitig öffnenenden Rechtsordnungen nicht geben.[274] Andererseits bleibt fraglich, inwieweit an die Stelle eines materiellen Kompetenzkerns, der vor dem Leerlaufen der Souveränität schützen soll, die Prinzipien der Verhältnismäßigkeit und Subsidiarität treten können (so Paulus 2010: 146 ff.). Versteht man die im Lissabon-Urteil hervorgehobenen »politischen Primärräume souveräner Staatlichkeit« als Subsidiaritätsgrundsätze (Voßkuhle 2012c: 28), so ist doch zu bedenken, dass sie mit deren Festlegung in den Rang nationalen Überverfassungsrechts erhoben und damit der politischen Auseinandersetzung im Alltag entzogen sind.

g) Vorlageverfahren

Konflikte werden im richterlichen Dialog nach Art. 267 AEUV kleingearbeitet. In jüngeren Entscheidungen erkennt das BVerfG die eigene Vorlageverpflichtung ausdrücklich an (BVerfGE 125, 260 Vorratsdatenspeicherung; 126, 286 Honeywell). Das gilt vor allem für Grundrechtskonflikte, soweit sie sich nicht anders auflösen lassen. Kommt das BVerfG zum Ergebnis, dass ein Umsetzungsakt im Einklang mit dem Grundgesetz steht, könnte es auf diese Weise einen gegebenenfalls unionsrechtswidrigen Umsetzungsakt bestätigen, obwohl dieser wegen des Vorrangs der Unionsgrundrechte nicht anwendbar sein dürfte. Hier gebietet der Grundsatz europarechtsfreundlichen beziehungsweise unionsrechtskonformen Ver-

---

274 Vgl. Mayer/Wendel (2012: 138 ff.); krit. Bergmann (2006: 101); unklar Landau/Trésoret (2012: 1329 ff.), die für den Menschenrechtsschutz im Europäischen Mehrebenensystem das Fehlen einer »allgemeinen Hierarchisierung der Gerichte« diagnostizieren, aber dennoch eine Letztentscheidungskompetenz des BVerfG annehmen.

haltens eine Prüfung der Unionsgrundrechte. Zweifel am Schutzgehalt begründen die Vorlagepflicht.

Für die Unionsrechtsordnung ist das Vorabentscheidungsverfahren ein grundlegender Mechanismus, der zwischen den Rechtsordnungen vermittelt. Berühmte Entscheidungen des EuGH gehen häufig auf Vorlagen erstinstanzlich entscheidender nationaler Gerichte zurück (Skouris 2008: 348). Es greift zu kurz, in den Rechten und Pflichten nationaler Gerichte, eine Rechtssache dem EuGH vorzulegen, dessen Letztentscheidungsmacht begründet zu sehen. Über das Vorlagerecht kann das Fachgericht vielmehr die Rechtsprechung des nationalen Höchstgerichts unterlaufen, indem es den EuGH zu einer für alle Mitgliedstaaten verbindlichen Entscheidung zwingt. Der Gerichtshof erhält seine »Fälle« nur ausnahmsweise über Direktklagen der Unionsbürger. In der Regel sind es Vorlagen aus den Mitgliedstaaten. Sie, die Mitgliedstaaten, haben den Gerichtshof zur Wahrung des Rechts (Art. 19 EUV) errichtet und damit in Grenzen auch zur Rechtsfortbildung ermächtigt. Jede Schaffung neuer Organe muss deren Eigendynamik einkalkulieren.[275]

Der Erfolg des Vorlageverfahrens hängt von beiden Seiten ab. Auf der einen Seite muss der EuGH auf die nationalen Fachgerichte hinreichend Rücksicht nehmen, damit diese vorlegen. Denn das Unionsrecht kann die Vorlage nicht erzwingen und erst über die Vorlage, also die Initiative des örtlich und sachlich zuständigen Gerichts, kommt es zu Weiterentwicklungen der Europarechtspraxis, die anschließend Niederschlag in der europäischen Gesetzgebung finden können. Auf der anderen Seite bringt das Vorabentscheidungsverfahren den hierarchischen Instanzenzug durcheinander, indem es dem Fachgericht die Möglichkeit verleiht, das proklamierte »letzte Wort« des nationalen Verfassungsgerichts in Frage zu stellen. Eine Verletzung der Vorlagepflicht ist über die unionsrechtliche Staatshaftung auch sanktionierbar. Der EuGH sieht den Staat insoweit als Einheit, wonach es prinzipiell keinen Unterschied macht, welches Organ den Unionsrechtsverstoß begeht. Zwar kann die Haftung für judikatives Unrecht das BVerfG wohl nur theoretisch treffen. Tatsächlich legen aber eine Reihe staatlicher

275 Gegenüber dem Maastricht-Urteil, das auf das vom Zustimmungsgesetz »gedeckte« Integrationsprogramm fokussiert ist, macht das Lissabon-Urteil auf die Eigendynamik aufmerksam, die mit der Errichtung europäischer Organe durch die Mitgliedstaaten einkalkuliert werden musste. Wer auf Integration baut, müsse mit der eigenständigen Willensbildung der Unionsorgane rechnen: BVerfGE 123, 267/351.

Verfassungsgerichte vor (Mayer 2009: 560 ff.) und die Nicht-Vorlagepraxis des BVerfG wird sich auf Dauer kaum halten lassen.[276]

Auch der Hinweis darauf, dass das BVerfG die Nichtvorlagen der Fachgerichte sanktioniert, darf über die Maßstabsdivergenz im »europäischen Verfassungsgerichtsverbund« (Andreas Voßkuhle) nicht hinwegtäuschen. Nach der Rechtsprechung des EuGH entfällt die Vorlagepflicht letztinstanzlich entscheidender Gerichte nur, wenn »kein Raum für vernünftige Zweifel« besteht. Anders als nach der *acte-claire*-Doktrin[277] hält das BVerfG die Verfassungsbeschwerde gegen den fachgerichtlichen Entzug des gesetzlichen Richters im Sinne des Art. 101 Abs. 1 S. 2 GG jedoch nur im Falle einer *willkürlich* unterbliebenen Vorlage für zulässig. Dieser Maßstab ist strenger (krit. Desens 2011: 212). Zwar besteht in Deutschland noch die Möglichkeit, die Sachentscheidung als Grundrechtsverstoß mit der Verfassungsbeschwerde anzugreifen. Der Rechtsschutz für den Einzelnen ist über die Fachgerichte und dessen Vorlage zum EuGH unter Umständen effektiver als der Weg über das BVerfG mit der Rüge einer Vorlagepflichtverletzung.

Es ist ein Kennzeichen des europäischen Rechtsschutzsystems, dass über das Unionsrecht die Vorlagepflicht der Fachgerichte praktisch nicht durchsetzbar ist. Umso wichtiger wird die Frage, inwieweit Nichtvorlagen an den EuGH verfassungsrechtlich rügefähig sind. Hier bestehen Unterschiede in der Rechtsprechung der beiden Senate des BVerfG, die Lothar Michael (2012) jüngst herausgearbeitet hat. Einigkeit besteht zwar darin, dass Art. 101 Abs. 1 S. 2 GG keine Vollkontrolle, sondern nur eine Willkürkontrolle verlangt. Während der EuGH mit der *acte-claire*-Doktrin Gewissheit fordert, lässt das BVerfG Vertretbarkeit genügen. Dahinter steht die zutreffende Überlegung, dass den Fachgerichten hinsichtlich der Frage, ob das Unionsrecht zur Vorlage zwingt, Auslegungsspielräume verbleiben müssen. Während der Zweite Senat die Vertretbarkeitskontrolle auf die entscheidungserhebliche, materielle Frage selbst bezieht, erstreckt der Erste Senat die Kontrolle jedoch auf die Ablehnung der prozessualen Vorlagepflicht. Es komme für die Prüfung

276 Siehe jetzt aber die Vorlage des Zweiten Senats zum OMT-Programm, vgl. BVerfG, Beschl. v. 14.1.2014, 2 BvR 2728/13 mit lesenswerten Sondervoten von Lübbe-Wolff und Gerhardt; krit. Mayer (2014).

277 Darin, dass die Entscheidung über die Voraussetzungen der Entbehrlichkeit der Vorlage beim nationalen Richter liegt, sieht Rennert (2008: 388 f.) eine strukturelle Schwäche.

»einer Verletzung des Art. 101 Abs. 1 S. 2 GG nicht in erster Linie auf die Vertretbarkeit der fachgerichtlichen Auslegung des für den Streitfall maßgeblichen materiellen Unionsrechts an, sondern auf die Vertretbarkeit der Handhabung der Vorlagepflicht nach Art. 267 Abs. 3 AEUV« (BVerfG v. 25.1.2011, 1 BvR 1741/09 Abs.-Nr. 104).

Damit sind die Ausgangspunkte beider Senate für die Kontrolle der Vorlagepflicht verschieden. Der Zweite Senat stellt auf die materielle Vorlagefrage, der Erste Senat auf die prozessuale Vorlagepflicht ab (Michael 2012: 872, 874, 876). Art. 101 Abs. 1 S. 2 GG will aber nicht (erst) willkürliche Sachentscheidungen verhindern, sondern schützt (schon) vor Entscheidungen durch den sich willkürlich für zuständig erklärenden Richter. Insoweit überzeugt die Einschränkung des Instruments der Verfassungsbeschwerde für die Geltendmachung des Art. 101 Abs. 1 S. 2 GG zur Durchsetzung der unionsrechtlichen Vorlagepflicht nicht.

Eine andere Frage betrifft die Forderung, das BVerfG möge die Kontrolldichte erhöhen. Eine generelle Verschärfung der Kontrolle von Vorlagepflichten ist weder unionsrechtlich noch verfassungsrechtlich geboten. Anders ist dies aber bei Zweifeln an der Gültigkeit von Unionsrecht, die eine Vorlage zum EuGH notwendig machen, um die Grundrechte des Einzelnen wirksam zu schützen. Wenn und weil dem BVerfG eine Grundrechtskontrolle europäischer Rechtsakte zugunsten des EuGH versperrt ist, muss letzterer die Grundrechtsfälle auch »auf den Tisch« bekommen. Für Michael (2012: 878 f.) stellt Art. 101 Abs. 1 S. 2 GG einen solchen »Hebel« dar, um die prozessuale Einbindung des EuGH auch verfassungsrechtlich zu gewährleisten. Denn wendet ein deutsches Fachgericht trotz bestehender Zweifel an der Gültigkeit eines Unionsrechtsaktes diesen ohne Vorlage an den EuGH an, bleibt den Parteien zwar die Möglichkeit, Art. 101 Abs. 1 S. 2 GG mit der Verfassungsbeschwerde als verletzt zu rügen. Ist die Nichtvorlage an den EuGH aber noch vertretbar, dürfte eine materielle Grundrechtskontrolle durch das BVerfG an der Solange II-Rechtsprechung scheitern. Deshalb sollte die verfassungsrechtliche Kontrolldichte der unionsrechtlichen Vorlagepflicht in diesen Fällen erhöht werden.

Konflikte zwischen BVerfG und EuGH sind nicht zu überhöhen. Eine saubere »Sphärenabgrenzung« ist im europäischen Rechtsschutzverbund nicht möglich. Nicht durchsetzen konnten sich Vorschläge *verfahrensrechtlicher* Entschärfung: Auf der einen Seite stand die Anregung des BVerfG, der Gesetzgeber möge ein zusätzliches, speziell auf die *ultra vires*- und Identitätskontrolle zugeschnittenes verfassungsgerichtliches Verfahren zur Absicherung der Verpflichtung deutscher Organe schaffen, kompetenzüberschreitende oder identitätsverletzende Unionsrechtsakte im Einzelfall unangewendet zu lassen (BVerfGE 123, 267/355). Die hieran geübte Kritik[278] darf nicht übersehen, dass die partikularistische Sicht in der Logik transnationaler Rekonstruktion liegt, die Inanspruchnahme des Letztentscheidungsrechts auf den Prüfungsgegenstand beschränkt wäre und nationale Gerichte als europäisierte Gerichte fungieren.[279] Gleichwohl hat der Gesetzgeber die »Anregung« des Zweiten Senats nicht aufgegriffen. Das gilt aber auch für den Appell, über eine Änderung des BVerfGG das Bundesverfassungsgericht zwangsweise in das Vorlageverfahren zu integrieren (Bergmann/Karpenstein 2009). Zwar könnte eine gesetzliche Vorlageverpflichtung sicherstellen, dass Kompetenzüberschreitungen nur vom EuGH festgestellt werden. Ob ein solches Verfahren, das einzuführen dem demokratisch legitimierten Gesetzgeber kaum abgesprochen werden dürfte, die erhoffte Rechtssicherheit bringen würde, ist jedoch zweifelhaft. Man möge warten, bis ein geeigneter Fall dem BVerfG vorliegt. Das wird wohl eher eine technische Frage betreffen, nicht aber eine spektakuläre Frage wie das Handeln der EZB im Zusammenhang mit der Euro-Rettung, das von den Klägern erwartungsgemäß für *ultra vires* gehalten wird. Deren Überprüfung hat das Gericht jedoch – soweit nicht bereits prozessuale Hürden bestehen (BVerfGE 129, 124/172 f. EFSF) – an strenge Voraussetzungen (BVerfGE 126, 286/301 ff. Honeywell) geknüpft.

Konzeptionell operieren ein »Integrationskontrollverfahren« und eine gesetzliche Vorlageverpflichtung auf der gleichen Grundlage. Beide Vorschläge ziehen eine Grenze zur politischen Kontrolle, indem die Aufgabe juridifiziert wird. Ob BVerfG oder EuGH: es entscheidet ein Gericht. Dann aber überrascht es, dass die Konkurrenz zwischen den Gerichten nicht als Ausdruck einer strukturell angelegten Polyzentrik, sondern als störend empfunden wird (Oeter 2007a: 375 ff.). Insbesondere gerät aus dem Blick, dass eine Hierarchisierung die Ordnungskonflikte nicht nur lösen, sondern auch befördern kann (v. Bogdandy 2008: 397). Daran än-

278 Man kann zweifeln, ob die Einführung eines Verfahrens, dass die Überprüfung der Anwendbarkeit europäischer Rechtsakte in die Hand eines nationalen Gerichts legt, mit europäischem Primärrecht vereinbar ist: Classen (2009: 888). Anders Gärditz/Hillgruber (2009: 873 f.).

279 Zu dieser Funktionsverdoppelung (dédoublement fonctionnel) grundlegend Georges Scelle (1932: 47).

dert auch die Schärfung des Prüfungsgegenstandes nichts. Vielmehr muss stärker in Rechnung gestellt werden, dass die Rechtsordnungen übergreifende Letztentscheidungsfrage unbeantwortet bleibt.[280] Sie darf im verfassungsrechtlichen Pluralismus nicht beantwortet werden (mit unterschiedlichen Begründungen v. Bogdandy/Schill 2010a: 733; Krisch 2010: 93 ff.; Stone Sweet 2012: 62). In Demokratien kann es keine »letzten« Worte geben (anders BVerfGE 123, 267/353 f., 400 f. Lissabon). Dass entschieden werden muss, darf nicht verdecken, dass es konkurrierende Entscheidungen sind, denen auch als Letztentscheidungen eine Reversibilität eingebaut ist.[281]

3. Prinzipien konstitutioneller Pluralität

Mit diesen »Bausteinen« liegt keine abschließende Systematisierung vor. Zu suchen wären weitere Mechanismen justizieller Konfliktverarbeitung, die »jenseits« des europäischen Rechtsraums auch anders aussehen können. Hier sollen vielmehr Prinzipien konstitutioneller Pluralität – vor allem in Europa – genannt werden.[282] Inwieweit darüber eine demokratische Legitimation transnationaler Hoheitsgewalt herstellbar ist, bleibt jedoch zweifelhaft. Die Leistungen der Rechtsprechung im Aufbau demokratischer Gesellschaften brauchen keineswegs ignoriert zu werden. Aber das empirisch nachweisbare Vertrauen in nicht-majoritäre Einrichtungen der Rechtserzeugung setzt deren Einbettung in politische Zusammenhänge

280 Siehe auch Hofmann (2005: 185). Soweit die Union als Bund betrachtet wird, in dem die Souveränitätsfrage in der Schwebe gehalten wird, ist das keine Überraschung. Selbst Carl Schmitt (1928: 371) hielt das unter falschen Prämissen für möglich. Zur verminderten Erklärungskraft staatstheoretischer Leitbegriffe nochmals Wahl (2005: 916).

281 Die Staats- und Rechtstheorie des 20. Jahrhunderts operiert zwischen individueller Präferenz und einem staatlichen Dezisionismus, der den infiniten Regress zu überwinden sucht. Darin kommt die Sorge vor der Kontingenz zum Ausdruck, die in den Strudel der Begründungslosigkeit zu führen droht, weil Vernunft und Willen nicht in Einklang zu bringen sind, auf die Metaphysik des Glaubens oder politische Theolologie aber nicht (mehr) gesetzt werden kann. Als Platzhalter des Glaubens hält die Dogmatik die Begründungstiefe erträglich, erlaubt den Ausstieg aus der Begründung und macht den Wiedereinstieg von theoretischen Argumenten abhängig, die der juristische Diskurs aber nicht einfach vorfindet, sondern selbst zu entwickeln und zu verarbeiten hat.

282 Verallgemeinernd v. Bogdandy (2013: 15 ff.).

voraus. Es gilt stets den demokratischen Kontext zu beachten, in den auch unabhängige Organe wie die Rechtsprechung gestellt sind.[283]

Lassen sich in der transnationalen Konstellation überhaupt konstitutionelle Prinzipien benennen? Ulrich K. Preuß (2011) nähert sich dieser Frage in fünf Punkten:

- Was den europäischen Rechtsraum betrifft, so habe der Rechtspluralismus über die normativ gestaltete Kooperation der Gerichte zu einer »(quasi-) verfassungsrechtlichen Ordnung der Wechselseitigkeit« geführt, die in der Lage sei, Interpretationskonflikte zufriedenstellend zu lösen. Das mag eine optimistische Einschätzung sein. Sie erhält aber vor dem Hintergrund der Abgrenzung des Verhältnisses von nationalem zu internationalem Recht eine gewisse Plausibilität.
- Zwar gibt es partielle globale Rechtsstandards, die gegenüber der Völkerrechtsgemeinschaft insgesamt – und nicht nur gegenüber anderen Staaten – gelten. Es sind jedoch nur wenige fundamentale Normen, die nicht notwendigerweise auch private oder transnationale Akteure binden. Insoweit laufe die Konstitutionalisierung des internationalen Rechts der realen Entwicklung voraus, bleibe aber ein taugliches Ordnungsmuster.
- Der Pluralität von konkurrierenden Rechtsnormen entspreche eine Pluralität von Gerichten und Spruchkörpern (Oeter 2007b: 149). So mag man eine Konfliktvermeidung oder -milderung durch die interinstitutionelle Anwendung des Prinzips praktischer Konkordanz befürworten (krit. Fischer-Lescano 2008c). Hier ist die Kooperation von geringerer Dichte, aber Gebote der wechselseitigen Kenntnisnahme, Beobachtung, Lernbereitschaft und Rücksichtnahme ließen sich auch ohne eine Meta-Autorität gegenüber der normativen Heterogenität und einer »globalen règne des judges« formulieren.
- Ein solcher diskursiver Pluralismus trete an die Stelle einer Harmonisierung postnationaler Normenvielfalt im Sinne des konstitutionellen Ideals der Einheit und Konsistenz. Wird der Pluralismus als Alternative zur konstitutionellen Struktur (Krisch 2010; Berman 2012; Avbelj 2012: 404 ff.) verstanden, bleibe jedoch unklar, wie dann überhaupt noch die

---

283 Zur »Kultur des Rechtsvertrauens« und der Erkennbarkeit der Grenzen des Rechts, mit Blick auf das BVerfG und dem Plädoyer auf die »Engführung eines normativen Mandats, das (Gerichten) der Kläger liefert«: Möllers (2011a: 406).

rechtliche Hegung von Macht- und Herrschaftspositionen möglich sein soll (Baer 2011: 116 f.).

– So setzt die Aufgabe, Prinzipien konstitutioneller Pluralität zu entwickeln, hinter die Rücknahme des normativen Regelungsanspruchs auf die Eindämmung von Rationalitätskonflikten ein Fragezeichen. Werde das Recht auf eine Restfunktion »in der Verwaltung« unvermeidlicher Kollisionen beschränkt, drohe unter Umständen mehr als nur der idealistisch überhöhte Primat des Rechts aufgegeben zu werden (Preuß 2011).

Gewiss sollte einem Prinzipiendenken, wie es nationalem Verfassungsrecht geläufig ist, in der transnationalen Konstellation mit Vorsicht begegnet werden. Dass sich gemeinsame Prinzipien finden lassen, bedeutet nicht, dass sie unabhängig von der Rechtsordnung, in der sie zur Anwendung gelangen, stets dasselbe bedeuten. Auch geht es nicht darum, die Identifizierung von Prinzipien zur Einheits- und Systembildung zu nutzen. Was einst die Souveränität für das Staats- und das Völkerrecht ausmachte – und hier als Argument in der Hand der Staaten bedeutsam bleibt – weicht in der transnationalen Konstellation einem Prinzipienpluralismus (v. Bogdandy 2013). So wenig es nach dem hier zugrunde gelegten Verständnis eine Meta-Autorität in transnationalen Regelungsarrangements gibt, so wenig Sinn macht es, nach Meta-Prinzipien zu suchen, die sich wie die Rule of Law als abstraktes Bekenntnis zur rechtlichen Durchdringung der Regelungsfelder eignen mag, aber nur wenig zur konkreten Konfliktbewältigung beitragen können.[284] Auf einer mittleren Abstraktionsebene lassen sich aber Prinzipien benennen, um deren Konturierung es in der transnationalen Konstellation gehen müsste:

Verhältnismäßigkeit und Subsidiarität: Im Zuge der Auseinandersetzungen um das Lissabon-Urteil des BVerfG ist gefordert worden, an die Stelle eines materiellen Kompetenzkerns, der vor dem Leerlaufen der Souveränität schützen soll, die Prinzipien der Verhältnismäßigkeit und Subsidiarität treten zu lassen (Paulus 2010: 146 ff.). Der Rückgriff auf das Verhältnismäßigkeitsprinzip entspricht bundesverfassungsgerichtlicher Tradition. Dem Grundsatz der Verhältnismäßigkeit wird eine besondere Rolle für die Rezeption der EMRK und der Rechtsprechung des EGMR zugesprochen,

284 Das gilt auch für ein Prinzip der Umstrittenheit von Normen, wie es im Anschluss an die Vorstellung von Rechtsregimen als »contested order« etwa von Wiener (2007) formuliert wird.

wenn die in seiner Abwägung berücksichtigten Aspekte auch in die verfassungsrechtliche Verhältnismäßigkeitsprüfung einzubeziehen sind (BVerfGE 128, 326/372 Sicherungsverwahrung II), also die von einem Gericht getroffene Abwägung nach menschenrechtlichen Maßstäben unter den Vorbehalt der Abwägung eines anderen Gerichts nach verfassungsrechtlichen – gegebenenfalls komplexeren – Maßstäben (Hoffmann-Riem 2006: 497 f.; krit. Ress 2007: 321 ff.) gestellt wird, jedenfalls dem nationalen Gericht bei der Berücksichtigung internationaler Gerichtsentscheidungen einen relativ breiten Spielraum zur Wahrung verfassungsrechtlicher Prinzipien belässt. Es mehren sich aber die Zweifel, ob das schon im nationalen Recht strapazierte Abwägungsparadigma (Ladeur 2004: 12 ff.; Christensen/Lerch 2007: 438) insoweit nicht überreizt wird. Was für die Sicherung individueller Rechte entwickelt worden ist, muss für die Verarbeitung von Strukturproblemen nicht in gleichem Maße sinnvoll sein.

Das gilt auch für das Subsidiaritätsprinzip. Subsidiarität, so heißt es, lege eine Kultur des Dialogs nahe, die auf Anerkennung, Koordination, wechselseitige Kompatibilität und größtmögliche Autonomie gerichtet ist (Kadelbach/Günther 2011: 37). Im Europarecht, in dem es häufig angemahnt wird, handelt es sich lediglich um eine Kompetenzausübungsregel und eignet sich damit nur begrenzt zur Anleitung der Konfliktverarbeitung. Es ist, wie sich an der neuen Subsidiaritätsrüge nationaler Parlamente gegenüber Rechtsetzungsvorhaben der Kommission zeigt, ein politisches Instrument, dessen Justiziabilität begrenzt ist. Aber auch im nationalen Verfassungsrecht ist die Konfliktverarbeitungsfunktion des Subsidiaritätsprinzips eher gering. Demokratietheoretische Aufladungen mit dem Hinweis auf den Wert von Nähe (Rosanvallon 2010: 209 ff.) drohen die Offenheit demokratischer Verfahren zu verspielen. Eine Regel – oder auch nur ein Prinzip – wonach Entscheidungen nach Möglichkeit auf nationaler oder lokaler Ebene zu treffen sind, mag der katholischen Soziallehre zu entnehmen sein, ist verfassungsrechtlich aber nur schwer zu begründen. Ohne nähere Qualifizierung ist ein normativer Mehrwert des floskelhaft benutzten Subsidiaritätsprinzips (v. Staden 2012) für die gerichtliche Bewältigung der transnationalen Konstellation wohl nicht zu erkennen (Möllers 2011b: 772 f.).

Responsivität: Anders sieht das für die Idee der Responsivität aus, die zu einem Prinzip konstitutioneller Pluralität für transnationale Regelungszusammenhänge auszubauen wäre. Responsivität zielt mit den Worten von Lars Viellechner (2012b: 269) auf »die Vernetzung der staatlichen Rechtsordnungen, völkerrechtlichen Regimes und transnationalen Regelungsarrangements durch ein Kollisionsrecht als horizontales Verfassungsrecht.«

»Ist die Errichtung einer universalen Rechtsordnung tatsächlich ebenso aussichtslos wie die Abschirmung der staatlichen Rechtsordnungen vor äußeren Einflüssen und normativ für viele ebenso unannehmbar wie ein radikaler Pluralismus, so bleibt nur ein vierter Weg, um zumindest eine relative Kohärenz des Rechts zu gewährleisten. Die erforderliche Abstimmung zwischen den verschiedenen Rechtsordnungen, Rechtsregimes und Regelungsarrangements kann dann allein durch horizontale Koordination gelingen. Damit ist eine Form von ›intersystemic governance‹ gemeint, die auch mit früheren Verständnissen von Föderalismus kaum noch vergleichbar ist. Ein entsprechendes Ordnungsprinzip lässt sich als ›Responsivität‹ bezeichnen. Es bedeutet, dass die verschiedenen Rechtsordnungen, Rechtsregimes und Regelungsarrangements sich füreinander empfänglich zeigen und gegenseitig so weit wie möglich berücksichtigen müssen. Die emphatische Orientierung nach außen wird danach als Selbstverpflichtung in die innere Ordnung eingebaut. Die Rechtsordnungen, Rechtsregimes und Regelungsarrangements legen sich also ›interne Restriktionen‹ auf, welche unter dem Gesichtspunkt des notwendigen Zusammenhangs und der unverzichtbaren Koordination des Ganzen reziproke Rücksichtnahmen auf die jeweiligen Bestandsbedingungen der anderen Teile erfordern […]. Die ›disorder of normative orders‹ verwandelt sich in einen ›pluralisme ordonné‹ (Viellechner 2012b: 266 f.).

Ein responsiver Pluralismus, so Viellechner, gründe auf der Annahme, dass die verschiedenen Rechtsordnungen, Rechtsregimes und Regelungsarrangements »zu einem transnationalen Rechtsraum gehören, der in der Tradition westlicher Rechtstradition« stehe. Zwischen den Teilordnungen entstehe ein Spannungsverhältnis von Independenz und Interdependenz: »Einerseits beanspruchen alle Teilordnungen das Recht zur Letztentscheidung in eigenen Angelegenheiten. Andererseits eröffnet ihre Überlappung und Überlagerung in negativer Hinsicht die Gefahr von einseitiger Missachtung ebenso wie in positiver Hinsicht die Gelegenheit zu arbeitsteiliger Problemlösung.« Responsivität bestehe

»in einer Kombination aus Komplementarität und Subsidiarität. Einerseits dürfen die verschiedenen Rechtsordnungen, Rechtsregimes und Regelungsarrangements ihren Anwendungsbereich ausdehnen, soweit infolge von Lücken in fremdem Recht der Bedarf zur Ergänzung besteht. Andererseits müssen sie ihren Anwendungsbereich zurücknehmen, soweit infolge von Überschneidungen die Notwendigkeit zur Beschränkung besteht. In keinem Fall ist dabei jedoch die Preisgabe der eigenen Identität verlangt« (Viellechner 2012b: 268 f.).

Will man sich nicht mit informalen Abstimmungen zwischen den zuständigen Stellen begnügen, so bedarf es zur rechtlichen Implementation von Responsivität eines neuartigen Kollisionsrechts.[285] Ansätze zu solchen Kollisionsregeln, ob sie nun als »default rules« (Martinez 2003: 435), als »legal mechanisms of managing hybridity« (Berman 2007: 1192) oder als rechtliche Formen für »relations of interconnection and interaction« (Walker 2008: 378) bezeichnet werden, haben sich in der »Praxis« (Viellechner 2012b: 276 ff.) bereits herausgebildet, weshalb einem responsiven und prozeduralen Recht auch mehr als nur eine »Schadensbegrenzung« (Fischer-Lescano/Teubner 2006: 170 f.) zugetraut werden sollte. Die genannten Mechanismen des Vorrangs, der Solange-Vorbehalte und der Berücksichtigungspflicht (oben D.II.2) sind ebenso wie die Anerkennung von Beurteilungsspielräumen keine Spezifika der einen Rechtsordnung, sondern als Bausteine eines Prinzips der Responsivität verallgemeinerungsfähig. So mag für transnationale Regelungsregime, die sich nicht abseits, sondern komplementär zu den staatlichen Rechtsordnungen entwickeln, die Ergänzung durch eben diese staatlichen Rechtsordnung »erforderlich (sein), solange die transnationalen Regelungsarrangements einen hinreichenden Grundrechtsschutz nicht gewährleisten, weil sich eine Eigenkonstitutionalisierung noch nicht oder nicht vollständig vollzogen« hat (Viellechner 2012b: 285).

Eine ganz andere Frage ist es, ob unter der Annahme, dass »überzeugende Entwürfe für funktionale Äquivalente von Demokratie jenseits des Staates bislang nicht entwickelt werden konnten« und in Ermangelung eines Dritten, der »auch nur die Rolle eines Vermittlers« zwischen den verschiedenen Teilordnungen übernehmen könnte (Viellechner 2012b: 210, 274), von demokratischer auf grundrechtliche Responsivität umgestellt werden kann. Wenn es transnationalen Regelungsarrangements

»an einem Gesetzgeber fehlt, der in der Lage wäre, Recht mit kollektiver Verbindlichkeit zu setzen, besteht einerseits kein Bedarf an demokratischer Legitimation. Andererseits mangelt es dadurch aber an einer Instanz, die zwingendes Recht schaffen könnte, um den ›horizontalen Freiheitsgefährdungen‹ in und von transnationalen Regelungsarrangements entgegenzuwirken […]. Die Lösung kann ein neues Verständnis der ›Horizontalwirkung‹ von Grundrechten als Grund und Grenze transnationaler Regelungsarrangements bieten. Wenn Grundrechte als ›Grundsatznormen‹ des Rechtssystems zu verstehen sind, dann gewährleisten sie

285 Das Kollisionsparadigma wird als der »aussichtsreichste Formkandidat für ein transnationales Recht« angesehen (Amstutz 2009: 333).

die umfassende Verwirklichung von Freiheit auch im transnationalen Kontext« (Viellechner 2012b: 213 f.).

Das mag deutscher Verfassungstradition entsprechen, einer soziologischen Rekonstruktion der Grundrechte als Institution (auch) zum Schutz von »Prozessen der Selbstorganisation« in den jeweiligen Sozialbereichen (Ladeur 1990) entgegenkommen und für die Kommunikationsfreiheiten zur Abwehr von »Expansionstendenzen« gesellschaftlicher Teilsysteme (Teubner 2006: 161 ff.) angenommen werden können. Ob horizontal wirkende Grundrechte (Sajó/Uitz 2005; Ladeur/Viellechner 2008: 49 ff.; Teubner 2012: 189 ff.; Preuß 2012), die negative wie positive, insbesondere Responsivität erzeugende Funktionen erfüllen, eine angemessene Lösung für das »Verfassungsproblem transnationaler Regelungsarrangements« bieten (Viellechner 2012b: 220 f.), ist als verallgemeinerungsfähige Aussage jedoch zweifelhaft. Zwar besteht ein Bedürfnis für eine solche Grundrechtsfunktion, die mit der Drittwirkungslehre nur schlecht zu begründen ist. Ob Grundrechte aber »dieselbe Funktion wie die Staatsverfassung in Bezug auf die politische Gesetzgebung« erfüllen sollen, erscheint fraglich. Das spricht nicht gegen die Heranziehung von Grundrechten durch staatliche Gerichte und andere Streitbeilegungsorgane in transnationalen Regelungsstrukturen.[286] Wie im Falle technischer Normen und deren »steuernder Rezeption« durch die Gerichte vielfach beschrieben (Schmidt-Preuß 1997: 203 f.; Kloepfer 2003: 142 f.; Franzius 2009a: 347 f., 398 f.), sehen sich private Akteure auch in transnationalen Regelungszusammenhängen wie dem ICANN-Regime durch grundrechtliche Anforderungen gezwungen, solche »Normen zu produzieren, von denen sie annehmen können, dass die Gerichte sie akzeptieren« (Viellechner 2012b: 223 im Anschluss an Gunther Teubner).

Damit ist das Problem benannt. Grundrechte führen zu den Gerichten, die sich vornehmlich durch dessen Schutz legitimieren (Möllers 2011a). Diese können und sollen nicht die Rolle des Gesetzgebers übernehmen, aber dennoch Orientierung für die sozialen Akteure leisten. Einwänden, ein grundrechtlicher Transnationalismus in der Hand der Gerichte überspanne die Leistungsfähigkeit der – in Deutschland überschätzten – Grundrechtstheorie und stelle eine legitimationstheoretisch problematische Kompensationsstrategie (oben C.I.1) dar, kann nur begrenzt mit dem Ar-

286 Unabhängig von ihrer Qualifizierung als Verfassungsgericht oder internationales Gericht legitimieren sich Gerichte durch den Schutz individueller Rechtspositionen, nicht aber durch angenommene Vorzüge einer Verrechtlichung (Möllers 2012a: 401 ff., 411 ff.).

gument begegnet werden, es brauche auf einen Gesetzgeber keine Rücksicht genommen werden, weil es einen solchen in transnationalen Regelungsarrangements nicht gebe (Viellechner 2007: 51 f.; 2012b: 213, 220, 274; Franzius 2009b: 645 f.). Denn ein Modell, das der Beschreibung der vielfältigen Rechtsvernetzungen implizit nur »staatliche Politik« zugrundelegt, wird dem Bedürfnis nach einer Politisierung transnationaler Rechtserzeugung nicht gerecht.[287] Zwar mögen die Gerichte in transnationalen und damit grenzüberschreitenden Sachverhalten auch aus einer demokratischen Perspektive wegen der externen Wirkungen zur Berücksichtigung fremder Normen angehalten sein. Grundrechte können aber nicht an die Stelle der Demokratie treten, sondern müssen in »bescheidener« Dosierung politische Räume für die Selbstdemokratisierung der Weltgesellschaft belassen.[288]

Loyalität und Kohärenz: Im europäischen Rechtsraum sind als wichtige Prinzipien die wechselseitige Loyalität und prozedurale Kohärenzvorsorge zu nennen (Franzius 2013b: 18). Dem Loyalitätsprinzip wird in der nichthierarchischen Unionsrechtsordnung[289] eine Schlüsselposition zugeschrieben (v. Bogdandy 2003a: 201 f.; vorsichtiger Franzius 2010a: 129). Es verpflichtet die Mitgliedstaaten zur loyalen Zusammenarbeit. Kraft ihrer Mitgliedschaft in einer föderalen Ordnung, als welche die Union auch ohne einen entsprechenden Staatsgründungswillen verstanden werden muss, sind die Mitgliedstaaten rechtliche Bindungen eingegangen, die von ihnen ein Verhalten verlangen, das einen einheitlichen Vollzug des Unionsrechts

---

287 Die Verfassung dürfe nicht als externe Grenze politischer Prozesse begriffen werden, so Thornhill (2011: 213 ff.) mit dem Hinweis auf die Verwandtschaft der Konzeptionen, die zwischen der Verfassung des Staates (Dieter Grimm) und der Verfassung der Gesellschaft (Gunther Teubner) liegen. Danach verschließen sich beide Positionen der Einsicht in die Funktion der Verfassung als internem Bestandteil des politischen Systems, der Variabilität politischer Begriffe und – als ein Kennzeichen jeder Verfassung – der Ermöglichung einer adäquaten Politisierung der Gesellschaft. Wie das Grundrechte als Konstruktionen, die »über alle historischen Variationen in der Gesellschaftsstruktur die verfassungsmäßig generalisierte Bereitstellung der Macht ständig befördern« (217), leisten sollen, bleibt offen.

288 Es ist kein Zufall, dass eine stärkere Rolle den Gerichten von Vertretern aus posttotalitären Staaten eingeräumt wird. Als ein Beispiel: Cassese (2010: 45 ff.).

289 Auch für das abgeleitete Recht enthält das Unionsverfassungsrecht eine Strukturentscheidung zugunsten einer nicht-hierarchischen Einheit: Bast (2009b: 512 f., 529 ff.) mit dem Hinweis auf einen Gleichrang der Rechtsetzungsorgane und der Rechtsetzungsverfahren, aber auch von vertragsunmittelbaren Rechtsakten und Durchführungsrechtsakten auf Grundlage eines Basisrechtsakts. Der Vertrag von Lissabon hat nur eine partielle Hierarchisierung der Handlungsformen gebracht.

sicherstellt. Allerdings darf die »Unionstreue« nicht eindimensional als Einfallstor für den harmonisierenden Umbau der nationalen Rechtsordnungen durch den EuGH missverstanden werden. Art. 4 Abs. 3 EUV verdeutlicht wechselseitige Verpflichtungen: Adressaten sind die Mitgliedstaaten und die Union.[290] Dem entspricht in der Anlage das in Art. 7 AEUV eine Abstützung findende Kohärenzprinzip.[291] Es legt eine Distanz zu überzogenen Einheitsvorstellungen nahe, bedarf zur Herleitung konkreter Pflichten jedoch der näheren Entfaltung (Ruffert 2010b: 1397) unter Berücksichtigung des Achtungsgebotes (Art. 4 Abs. 2 S. 1 EUV) der unterschiedlichen Verfassungsrechtsordnungen der Mitgliedstaaten (oben C.III. 1.b).

Permeabilität: Die Besonderheit der Europäischen Union besteht darin, dass formell voneinander getrennte Teilrechtsordnungen bestehen, die gleichzeitig einfordern, jeweils auf einem autonomen Geltungsgrund im Sinne rechtlicher Unabgeleitetheit zu beruhen. Das mag von den Mitgliedstaaten für die Verfügungsgewalt über die eigene Rechtsordnung als Souveränität bezeichnet werden, lässt aber mit Blick auf das Verhältnis zur Unionsrechtsordnung eine wechselseitige Permeabilität erkennen (Wendel 2011a: 14 ff.), die als Ausdruck der Reflexivität der miteinander verflochtenen Rechtsordnungen den scharfen Gegensatz von Innen und Außen teilweise aufhebt.[292]

Als ein Prinzip konstitutioneller Pluralität basiert die Möglichkeit normativer Permeabilität auf der verbleibenden Souveränität der Mitgliedstaaten, die in den Integrationsermächtigungen die potentielle Allzuständigkeit staatlicher Hoheitsgewalt zurücknehmen, aber dadurch keine Geltungsanordnung des Unionsrechts bestimmen (Wendel 2011a: 144 ff., 371 ff.). Diese Rücknahme vermeidet Kollisionen, löst sie aber nicht. Unter dem pluralistischen Paradigma, das in eine Distanz zur Figur der hierarchisch organisierten und auf Widerspruchsfreiheit angelegten Einheit der Rechtsordnung tritt, könne die »Parallelität inkommensurabler Autonomiepostulate und die potentielle Kollisionslage […] als wechselseitig stabilisierendes Kräftespiel« verstanden werden, soweit – wie Mattias Wendel (2011a: 43) einschränkend meint – grundsätzliche Kohärenz »durch Kompetenzab-

---

290 Sauer (2008: 345 ff.) versucht über Kooperations- und Loyalitätspflichten den Jurisdiktionskonflikten in Mehrebenensystemen gerecht zu werden.

291 Von »Kohärenzvorsorge« hinsichtlich verfassungsrechtlicher Maßstäbe spricht Hoffmann-Riem (2008: 749).

292 Di Fabio (2008: 412) spricht von »komplementärer Permeabilität«.

grenzung, wechselseitige Permeabilität und materiell-rechtlichen Wertekonsens« vorausgesetzt werden können. Ob die Überwindung von Monismus und Dualismus – als den »intellektuellen Zombies« des 19. Jahrhunderts zur Verhältnisbestimmung von nationalem und internationalem Recht (v. Bogdandy 2008: 400) – durch einen solchen, eher schwachen und der Ordnungsidee des Verbundes unterworfenen Pluralismus tragfähig ist, mag dahingestellt bleiben.[293] Richtig aber ist, dass

»mitgliedstaatliche Verfassungen […] das Einfließen unionsrechtlicher Rechtsakte und Normgehalte in den innerstaatlichen Rechtsraum im Wege einer normativen Selbstbeschränkung [ermöglichen]. Verfassungsrechtliche Grundlage der so entstehenden Permeabilität ist die jeweilige Integrationsermächtigung. Sie begründet nicht nur die Rechtsmacht zur verfassungsrechtlichen Mitwirkung an der Konstituierung supranationaler Hoheitsgewalt, sondern zugleich auch die Rechtsmacht zur verfassungsrechtlichen Autolimitation. Für sich allein genommen sagt sie jedoch noch nichts über die normative Verortung des Unionsrechts im innerstaatlichen Rechtsraum aus. Sie gibt weder eine Antwort auf die Frage nach der innerstaatlichen Geltung und Anwendung des Unionsrechts noch auf die Frage der Auflösung etwaiger Normkollisionen« (Wendel 2011a: 371).

Richtig ist auch, dass es um eine ebenenneutrale Ausrichtung des Permeabilitätsparadigmas gehen muss. Damit werde das Prinzip von der staatlichen Verfassungsordnung abgekoppelt und für Rechtsordnungen auf unterschiedlichen Ebenen anwendbar. Der Vorteil liegt darin, einerseits die mit der Öffnung mitschwingende Durchbrechung nationalstaatlicher Souveränität nicht erst konzeptionell überwinden zu müssen (Wendel 2011a: 32). Andererseits erlaubt die Permeabilität der Rechtsordnungen auch die Aufnahme staatlichen Verfassungsrechts in die Unionsrechtsordnung. Die »supranationale Verfassungsebene ist in ihrer Durchlässigkeit für das nationale Recht nicht auf ein einheitliches, sondern auf ein plurales Einbindungsobjekt« ausgerichtet (Wendel 2011a: 529). Permeabilität ist danach eine »rechtliche Verbundtechnik« oder ein »Mechanismus rechtsnormativer Verflechtung« mit der Aufgabe, die mitgliedstaatlichen Verfassungsordnungen als Reservoir für die Interaktion untereinander sowie mit dem Unionsrecht zu vergleichen. Der Vergleich macht deutlich, dass die Grenzen der Permeabilität nationalen Verfassungsrechts, wie sie von nationalen

293 Deutliche Zurückhaltung gegenüber kollisionsrechtlichen Ansätzen bei Wendel (2011a: 520 ff.), der aus den Beschreibungen des Pluralismus keine normativen Folgerungen zieht und an dem traditionellen Bild eines Regel-Ausnahme-Verhältnisses zugunsten des Unionsrechts festhält.

Verfassungsgerichten im Grundrechtsschutz, der Kompetenzordnung und in der Verfassungsidentität gesehen werden, zu einem guten Teil auf Unionsebene gespiegelt werden. Hier spielen mit der Bildung allgemeiner Rechtsgrundsätze, der nationalverfassungskonformen Auslegung und dem Verfassungsvergleich zwar einheitsbildende Figuren eine wichtige Rolle. Daneben gewinnen in der Praxis aber auch vielfaltwahrende Elemente, dokumentiert durch den Textbefund des Art. 4 Abs. 2 EUV, an Bedeutung.[294]

Ein Vielfalt wahrendes Element ist zum Beispiel in den mitgliedstaatlichen Beurteilungsspielräumen im grundfreiheitlichen Bereich zu erkennen, wo das Unionsrecht die Grenzen eines normativen Raums absteckt, innerhalb dessen die Wertungen eines einzelnen Mitgliedstaaten in gewissem Umfang durchschlagen können (EuGH Rs. 41/74 van Duyn, Slg 1974, 1337 Rn. 18 f.). An Stelle der nicht ohne Grund kritisierten Urteile Viking, Laval und Rüffert (Joerges/Rödl 2009) sei zur Verdeutlichung das Urteil in der Rechtssache Omega genannt (EuGH Rs. C-36/02, Slg. 2004, I-9609). Hier ging es um die Frage, inwieweit die Garantie der Menschenwürde nach dem Grundgesetz der Anwendung der Grundfreiheiten im Einzelfall entgegensteht. Zwar kann die Menschenwürde problemlos als allgemeiner Rechtsgrundsatz und damit als legitimes Ziel zur Einschränkung der Grundfreiheiten ausgewiesen werden. Allerdings ist der deutsche Gewährleistungsgehalt der Menschenwürde trotz aller Unsicherheiten von einer größeren dogmatischen Tiefenschärfe als die entsprechende Garantie des Unionsrechts und mit dieser nicht gleichzustellen. Deshalb konnte nicht auf die Menschenwürde als Unionsgrundrecht zurückgegriffen werden. Der EuGH, wo dem Vernehmen nach um die Lösung gerungen wurde, es aber bedauerlicherweise keine dissenting opinions gibt, stützte sich auf den Rechtfertigungsgrund der öffentlichen Ordnung gemäß Art. 52 AEUV, in dessen Rahmen die rechtlichen Erwägungen der Behörde auf der Basis von

294 Zur Verknüpfung von Einheit und Vielfalt v. Bogdandy (2003a: 184 ff.); Joerges (2007: 719 ff.); Franzius (2010a: 123 ff.). Das von Wendel (2011a: 594) angenommene Stufenverhältnis widerspricht der von ihm herausgestellten »rechtspluralistischen Grundannahme«, soll diese nicht nur ein Placebo sein und dem in der deutschen Europarechtswissenschaft vorherrschenden Verbundparadigma eine international anschlussfähige Begrifflichkeit verleihen. Mit einem an Hegel angelehnten Verständnis, wonach die Einräumung von Vielfalt das Vorhandensein von Einheit voraussetze oder umgekehrt, dass der »Verfassungsverbund« den Pluralismus vorausetze und »die einheitsbildende Fähigkeit der polyzentrischen Ordnungswelt sichtbar« mache, dürfte man nur begrenzt weiterkommen.

Art. 1 Abs. 1 GG berücksichtigt werden konnten. Hier schlägt, obwohl nicht so genannt, die nationale Verfassungsidentität, zu der das abwägungsfeste Gebot der Menschenwürde zählt, im Rahmen eines unionsrechtlich eingeräumten Beurteilungsspielraums durch. Es findet gerade keine Abwägung zwischen nationaler Menschenwürde und europäischer Dienstleistungsfreiheit statt, sondern der EuGH akzeptiert die besondere, weil abwägungsfeste Ausgestaltung der Menschenwürde, wie es das BVerwG im Vorlagebeschluss vorgetragen hatte (BVerwGE 125, 189). Der Gerichtshof lässt das Menschenwürdeverständnis des Grundgesetzes unangetastet, die Achtung der nationalen Verfassungsidentität lässt Unionsrecht zurücktreten. Das bringt einen aus der Sicht des »klassischen« Europarechts keineswegs selbstverständlichen Befund zu Tage. Der Menschenwürde des Grundgesetzes kommt ein Vorrang vor der Dienstleistungsfreiheit zu, selbst wenn das in Deutschland vorherrschende breite Verständnis der Menschenwürde keineswegs von allen Mitgliedstaaten geteilt wird.

Zusammengefasst: Weniger übergreifende Prinzipien wie die Verhältnismäßigkeit und Subsidiarität, sondern die *wechselseitige Responsivität* der Teilrechtsordnungen untereinander bestimmen die Konfliktverarbeitung in der transnationalen Konstellation. Ergänzend zu den Prinzipien der Loyalität und Kohärenz, ihren normativen Anspruch dabei ebenso voraussetzend wie zugleich modifizierend, tritt im europäischen Rechtsraum das Prinzip *wechselseitiger Permeabilität* hinzu, das einer pluralistischen Verarbeitung von Normkollisionen gegenüber hierarchischen Lösungen einen Vorrang einräumt.

Mit Responsivität und Permeabilität sind hier zwei neue Prinzipien des konstitutionellen Pluralismus benannt. Wie lassen sich weitere Prinzipien konstitutioneller Pluralität finden? Dazu wären *induktiv* die Rechtsordnungen oder -regime auf die Entwicklung von Koordinierungsmechanismen zu befragen.[295] Das kann nicht auf die enge Perspektive gerichtlicher Konflikte und deren Bearbeitung beschränkt bleiben, sondern muss alternative Konfliktverarbeitungen in den Blick nehmen. Auch die verwaltungsrechtliche Verkoppelung von Recht und Politik – wie die Verfahren der Komitologie und andere Verfahren exekutiver Normsetzung – versprechen wichtige Einsichten in die normative Architektur der transnationalen Konstellation. Was die Transnationalisierung der Europäischen Union betrifft,

295 Für transnationale Regelungsarrangements am Beispiel der Internetregulierung mit dem Vorschlag einer »Fremdkonstitutionalisierung« durch die Entfaltung einer »transnationalen Grundrechtsdimension« etwa Viellechner (2012b: 285 ff.).

spiegeln sich in den Grenzen des Rechts bei der Euro-Rettung die Herausforderungen zwischen rechtlicher Bindung und politischem Handlungsdruck. In der Krise, so scheint es (Schorkopf 2012: 204 ff.; Nettesheim 2013: 16), nähert sich das Europarecht dem flexibleren Völkerrecht wieder an.[296] Aber auch die Anrufung der verfassunggebenden Gewalt unter dem Leitbild eines europäischen Bundesstaates[297] oder vergleichbarer Arrangements wäre auf die Tauglichkeit einer solchen – radikalen – Politisierung der auf die eigene Abschaffung gerichteten Rechtsordnung zu be- und hinterfragen. Ob sich demokratische Legitimation »transnationaler Hoheitsgewalt« durch Verfassungsgerichte herstellen oder sichern lässt, bleibt demgegenüber zweifelhaft.[298] Das sieht für eine auf Grundrechte abgestützte Responsivität anders aus. Verallgemeinern lässt sich eine grundrechtliche »Fremdkonstitutionalisierung« hybrider Regelungsstrukturen (Ladeur/Viellechner 2008: 62 ff.) durch die Gerichte aber nicht. Auch dem *ordre public* als kollisionsrechtlichem Rückkopplungsmechanismus des rechtlichen an den politischen Diskurs (Maurer/Renner 2010) wird man nur begrenzte Koordinationsleistungen zusprechen können.

Inwieweit *deduktiv* Prinzipien für jenen konstitutionellen Pluralismus entwickelt werden können, der nicht bloß einzelne Sonderregime, sondern im Kern das Verhältnis zwischen nationaler, europäischer und internationaler Ebene »kompatibel« halten könnte, bleibt offen. In der Europäischen Union mag das Souveränitätsparadigma zugunsten von Prinzipien wie der Verhältnismäßigkeit, Subsidiarität, Loyalität, Kohärenz und wechselseitiger Permeabilität zurückgestellt werden können. Eine hinreichende Legitimation überstaatlicher, hier transnational verstandener Hoheitsgewalt wird auf Dauer nur pluralistisch zu haben sein. Es fragt sich aber, ob es für die Unionsrechtsordnung nicht doch weitergehender politisch zu erzeugender Prozesse bürgerschaftlicher Anerkennung bedarf, die ein horizontales Vertrauen als soziale Legitimation *of the people* (Franzius 2010b: 165, 176)

296 Die Unionsrechtsordnung braucht keine intergouvernementale Transformation. Ich halte es für falsch, der Union in der Krise aus demokratischen Gründen eine Annäherung an das Völkerrecht zu empfehlen. Woran es fehlt, sind politische Prozesse bürgerschaftlicher Anerkennung. Diese könnten ein horizontales Vertrauen für die in Europa vermisste Solidarität stärken – und zugleich deren Grenzen verdeutlichen.

297 BVerfGE 123, 267/331 f. mit dem Hinweis auf Art. 146 GG. Das ist einer der problematischsten Aspekte des in der überschießenden Begründung wenig überzeugenden Urteils.

298 Vgl. Zürn (2011b: 625). Zum in Deutschland unterbelichteten Spannungsverhältnis zwischen Verfassungsgerichtsbarkeit und Demokratie: Riecken (2003).

für die in den mitgliedstaatlichen Verfassungsordnungen häufig vorausgesetzte, aber in der Union vermisste Solidarität stärken könnten (ähnlich Maduro 2007: 814; Möllers 2013: 67). Nicht ohne Grund knüpft hier auch die Governance-Perspektive an: Vertrauensbildung setzt eine rechtliche Infrastruktur voraus, die von der Politik bereitzustellen ist. Ihren Bewährungstest liefert aber erst die Praxis der Rechtsakteure. Diese Einsicht führt uns zur Frage nach einem transnationalen Verwaltungsrecht.

III. Transnationales Verwaltungsrecht

Es sei zunächst nochmals festgehalten: Das neue an der transnationalen Dimension liegt nicht einfach in einer Rückkehr zur staatengegliederten Welt. Es überzeugt auch nicht, die transnationalen Vernetzungen für die heterarchische oder polyarchische Welt *jenseits* der europäischen Ordnung zu reservieren. Die »europäische« Öffnung der Staaten, erzwungen über die Grundfreiheiten als subjektiver Rechte, diente von Anfang an der Verbindung der Völker und hatte stets eine horizontale Dimension.

Deren Beschreibung als transnational ist nicht länger Ausdruck einer Integration durch Recht, wie es das Florentiner Projekt in den 80er Jahren[299] beschrieb (Graser 2008: 102 ff., 300 ff.). Es geht vielmehr um die Thematisierung wechselseitigen Vertrauens als einer Legitimitätsbedingung europäischer Politik. Ein solches Vertrauen zum Kern des europäischen Projekts zu erklären, ist kein Plädoyer für kulturwissenschaftliche Analyse. Es soll auch nicht, wie es der Vertrauensgedanke in der Regierungslehre John Lockes nahelegen könnte, an vormoderne Demokratietheorien anknüpfen. Vielmehr wird Vertrauen als eine kollektive Legitimitätsbedingung überstaatlicher Rechtsordnungen verstanden.

Nach dem hier zugrunde gelegten Verständnis, wonach sich jede Rechtsordnung in der Beobachtung und Auseinandersetzung mit anderen Rechtsordnungen als eine politische Ordnung darstellt, ist ein solches Vertrauen nicht Ausdruck kommunitaristischer Zweifel, sondern wechsel-

299 Cappeletti/Secombe/Weiler (1985). Dem entsprach die Unterscheidung zwischen polyzentrischer Politik und normativem Supranationalismus in der Logik eines vertikalen Konstitutionalismus für die Absicherung europäischen Rechts gegenüber mitgliedstaatlicher Obstruktion. Inzwischen wird die rechtliche Architektur der Union stärker in einer Vernetzung der Rechtsregime gesehen. Dem entspricht eine Relativierung des Trennungsmodells zugunsten einer Verbundverfassung, in der sich die Verfassungsordnungen wechselseitig spiegeln.

seitiger Anerkennungsprozesse der europäischen Bürger. Es handelt sich um keine vorpolitische Bedingung des Integrationsprojekts, sondern um seinen politischen Modus. Deshalb muss Europa als Gegenstand »transnationaler Verfassungspolitik« (Fischer-Lescano 2010) verstanden werden.

Aber nicht nur das. Transnationalität verarbeitet auch das Verwaltungsrecht. Transnationales Verwaltungsrecht fragt nach den Herausforderungen der Vernetzungen mit Blick auf private Akteure und das ebenenübergreifende Handeln der Verwaltungsakteure untereinander (enger Glaser 2011: 27 ff.). Im europäischen Verwaltungsrecht tritt an die Stelle einer dem Nationalstaat nachgebildeten Verantwortungsstruktur eine relativ komplizierte Organstruktur, die einfache Zuordnungen zu einer Verwaltungsebene erschwert. Das schließt eine Hierarchisierung über Veto-Rechte und andere Kontrollen der Verwaltungsspitze nicht aus. Sie sind aber nicht durchgängig erfolgversprechend, soweit es an zentralen Steuerungskapazitäten fehlt und eine konditionierte Autonomie auf beiden Seiten – als Voraussetzung für das Hierarchiemodell (Trute 2012: 39) – nicht angenommen werden kann.

Wo Entscheidungen nationaler Verwaltungen transnationale Wirkungen in der Union zugesprochen werden, scheint Legitimation über ein durch Verfahrens- und Organisationsregeln konstituiertes Netzwerk von Verwaltungen geleistet zu werden, was sich formell in einer Verflechtung der Kompetenzen niederschlägt und materiell auf das Erfordernis eines belastbaren Vertrauens in die rechtsstaatliche und demokratische Struktur der jeweils »anderen« mitgliedstaatlichen Verwaltung verweist (Franzius 2009a: 202 ff.; zust. Schmidt-Aßmann 2012b: 19).

Dafür gibt es in der europäischen Rechtsordnung zahlreiche Beispiele, etwa aus dem Migrations- und dem Umweltverwaltungsrecht, vor allem aber aus dem bereits angesprochenen Regulierungsrecht, das an dieser Stelle wieder aufzugreifen ist (1.).

Unter welchen Voraussetzungen der eine Mitgliedstaat vom anderen Mitgliedstaat die Anerkennung seiner Verwaltungsentscheidung erwarten darf, wird wegen der unterschiedlich dichten gesetzlichen Programmierung, aber auch wegen der variierenden Verfassungsbindungen in den Mitgliedstaaten nur differenziert beantwortet werden können. Mit der wechselseitigen Anerkennung von Rechtsakten wird den Rechtsadressaten ein Vertrauen abverlangt, das sich nicht allein als soziologische Kategorie darstellt, sondern als ein politischer Governance-Modus verstanden werden kann. Geschaffen werden Orte und Verfahren transnationaler Vertrauensbildung, um aufzubauen helfen, was in föderalen Ordnungen vorausgesetzt zu werden pflegt (2.).

Das wirft eine Reihe von Rechtsschutzfragen auf. Bleibt die Rechtsschutzgarantie des Art. 19 Abs. 4 GG auf das Handeln des eigenen Hoheitsträgers beschränkt, droht der Rechtsschutz durch die Maschen der aufgespannten Netze »interagierender« Verwaltungen zu fallen. Das Verwaltungsrecht lässt jedoch keine isolierende Behandlung der Rechtsschutzprobleme nach dem Prinzip der Staatenimmunität zu. Der dem Territorialitäts- und Trennungsprinzip folgende Rechtsschutz gegenüber transnationalen Verwaltungsvorgängen bleibt ein rechtswissenschaftliches Desiderat (3.).

1. Beispiele

Legt man keine rechtsakt- oder verhaltensbezogene, sondern die Governance-Perspektive (oben C.II.1) zugrunde, wird im Verwaltungsrecht die transnationale Dimension deutlich:

a) Migrationsrecht

Ein gutes Beispiel für eine solche Transnationalisierung liefert das Migrationsrecht, das, hervorgetrieben durch das Europarecht, transnationale Regelungsstrukturen herausbildet. Was im Binnenmarkt entwickelt wurde, hat längst souveränitätssensible Politikfelder wie das Asylrecht, etwa über die Dublin-II-Verordnung, erreicht. Als transnational lassen sich die Regelungsstrukturen deshalb bezeichnen, weil Verwaltungsentscheidungen eines Mitgliedstaates kraft europarechtlicher Vorgaben rechtliche Wirkungen in den übrigen Mitgliedstaaten gewinnen. Die Frage, wie ein gemeinsamer Migrationsraum in Abwesenheit einer zentralen Behörde – wie einem European Immigration Office – dezentral, jedoch ohne Einbußen an Kohärenz und Effektivität verwaltet werden kann, findet hier eine Antwort.

In seiner horizontalen Dimension sind transnationale Phänomene weder durch das Völkerrecht noch durch das Verfassungsrecht richtig zu greifen. Extraterritoriale Wirkungen einer Rechtsordnung verlangen eine vertragliche Vereinbarung oder setzen für die innerstaatliche Wirkung eine Norm des nationalen Rechts voraus. Der Staat öffnet sich aber nicht bloß in dieser vertikalen, sondern auch in der horizontalen Dimension. Das zeigt das Migrationsrecht. Zu nennen ist nicht nur die bemerkenswert detaillierte Verfassungsnorm des Art. 16a GG, die alle Mitgliedstaaten der Europäischen Union zu sicheren Drittstaaten erklärt. Mit der unmittelbar anwendbaren Dublin II-Verordnung und der Ermöglichung einer gegenseitigen Anerkennung von Asylentscheidungen im europäischen Rechtsraum entstehen nicht unerhebliche Probleme. Die Dublin II-Verordnung über Kriterien und Verfahren des zuständigen Asylstaates begründet eine Regelungsstruktur, bei der im Rahmen einer supranational begründeten Zuständigkeitsordnung dezentral entschieden wird. Die Dublin-Staaten nehmen ihre nach der Genfer Flüchtlingskonvention bestehende Pflicht, ein Verfahren zur Feststellung der Flüchtlingseigenschaft durchzuführen, kollektiv wahr. Auf diese Weise entfaltet das einzelstaatliche Asylverfahren transnationale Wirkungen (Bast 2007a).

Anders als im Binnenmarkt gibt es im Raum der Freiheit, der Sicherheit und des Rechts kein Verfassungsprinzip gegenseitiger Anerkennung. Weil dieser »Raum« weiterhin durch den Erhalt mitgliedstaatlicher Kompetenzen einerseits und politischer Rechtssetzung andererseits geprägt ist, eröffnet sich ein Anwendungsbereich von Governance, d.h. einer Vielfalt von Koordinierungsmechanismen, mit denen Flüchtlingsströme und die Einwanderung »gesteuert« werden sollen. Aber ist das wirklich als Steuerung zu bezeichnen? Die semantische Anmaßung, über Recht und Politik soziale Migrationsphänomene »steuern« zu wollen, mag der Selbstbeschreibung der Organe entsprechen. So ist im »Arbeitsmigrationssteuerungsgesetz« oder in der Übersetzung englischer Texte zur europäischen Innenpolitik von Steuerung, etwa der »gut gesteuerten legalen Zuwanderung« die Rede. Das deutet Handlungsmöglichkeiten an, die es vielleicht so gar nicht mehr gibt. Das Problem besteht darin, dass die Rechtswissenschaft die Selbstbeschreibung der handelnden Organe nicht unbesehen übernehmen kann, will sie nicht die Distanz zum Beobachtungsgegenstand verlieren. Im europäischen, hier transnationalen Kontext kann »Governance« im Vorfeld der Handlungen die Struktur beschreiben, also die eigentümliche Kombination von funktionaler Zentralisierung und organisatorischer Dezentralisierung.

Denn die Intensität transnationaler Rechtswirkungen, die eine staatliche Referenzentscheidung entfaltet, hängt nicht mehr unmittelbar von der Intensität ihrer vertikalen Determinierung ab. Es sind vielmehr Governance-Strukturen, welche die Bandbreite der kontingenten Policy-Optionen des Gesetzgebers widerspiegeln, Harmonisierungsstrategien ausdifferenzieren und unterschiedliche Grade des abverlangten Vertrauens in die im Erststaat getroffene Entscheidung verdeutlichen. Je weniger dicht die vertikale Determinierung mangels Kompetenz oder fehlenden politischen Willens reicht, desto höher muss das investierte Vertrauen sein, um fremde Entscheidungen als eigene Entscheidung akzeptieren zu können. Konkret: Die Annahme eines blinden Vertrauens, von dem Christian Tomuschat (1996: 381) hinsichtlich der Drittstaatenregelung des Grundgesetzes für Mitgliedstaaten der Union spricht, ist mit der Rechtsprechung des EGMR nur schwer zu vereinbaren. Deutsche Gerichte haben die EGMR-Rechtsprechung im Sinne eines Berücksichtigungsgebotes (oben II.2.e) zu beachten. Die unwiderlegbare Vermutung eines sichernden Drittstaates, soweit es sich um einen Mitgliedstaat der Europäischen Union handelt, erweist sich nicht als konventionskonform. Hier darf man gespannt sein, ob das BVerfG das Konzept normativer Vergewisserung (BVerfGE 94, 49) weiterentwickelt und auf europäische Sachverhalte zur Anwendung bringt.

Kohärenz wird freilich weniger über eine Unitarisierung des Grundrechtsschutzes als vielmehr dadurch erzielt werden können, dass eine Infrastruktur für transnationale Verwaltungskommunikation zur Verfügung gestellt wird. Diese muss über bilaterale Abstimmungspflichten hinausgehen. Statt alle Hoffnungen in ein kompetenzrechtlich problematisches »one stop government« zu setzen, müsste es mehr um »network governance« gehen. Die Governance-Forschung lenkt den Blick auf jene, eher schwachen Institutionalisierungsformen, die durch horizontale Informationsverbünde eine Zentralisierung vermeidbar machen. Erst diese transnationale Zwischenebene, wie sie föderalen Ordnungen eigen ist, aber durch die Governance-Perspektive von der Betonung eines exklusiven Koordinationsmodus, sei es der Hierarchie oder der Kooperation, weggeführt wird, verhindert, die Europäische Union auf der Folie des Bundestaates zu betrachten, wie es das BVerfG im Lissabon-Urteil getan hat.

b) Umweltverwaltungsrecht

Verdeutlichen lässt sich die Transnationalisierung des Verwaltungsrechts auch im Umweltrecht, das in zentralen Fragen eine Mehrebenenordnung darstellt. Es kommt hier nicht bloß zu den bekannten »Hochzonungseffekten« auf die höhere politische Ebene, sondern, angestoßen vom Völkerrecht und vermittelt über das Unionsrecht, zu einer Aktivierung privater Akteure für die Ziele des Umweltschutzes. Dass sich über klassisches Ordnungsrecht eine »Steuerung« des Umweltverhaltens nicht stets optimal erreichen lässt, sondern durch die Nutzbarmachung privater Initiative und der Eigenlogik des Wirtschaftssystems flankiert werden muss, ist eine längst verarbeitete Erfahrung des nationalen Umweltrechts (Franzius 2000), das sich der grenzüberschreitenden Dimension der Umweltprobleme, aber auch der Rechtsprobleme bewusst ist (Kment 2010).

Allerdings hat gerade über das Umweltrecht der Steuerungsgedanke Einzug in das deutsche Verwaltungsrecht gefunden (Voßkuhle 2012a). Zur Bewältigung der Umweltprobleme genießt der Staat unverändert hohe Wertschätzung und für die Verarbeitung der transnationalen Herausforderungen geht man häufig gegenüber der Governance-Perspektive auf Distanz (Kment 2010). Das bedeutet nicht, dass die Ebenenverschränkungen nicht in den Blick gerieten, aber was sich mit der Europäisierung und Internationalisierung des Umweltrechts beobachten ließ, setzt sich mit der zunehmenden Transnationalisierung der Rechtsbeziehungen fort: Sie wird regelmäßig als Bedrohung für die auf den »steuerungsmächtigen« Staat zugeschnittene Dogmatik empfunden, in der sich weder der durch die Transnationalisierung hervorgerufene Wandel der Öffentlichkeit noch der Wandel des subjektiven öffentlichen Rechts problemlos verarbeiten lässt.

Es geht ja nicht nur darum, für grenzüberschreitende Umweltprobleme ein passendes Regime zu entfalten. Und es geht auch nicht um die Frage, auf welcher Regelungsebene ein Problem besser zu regulieren ist, sondern – wie sich an der Aarhus-Konvention, einem völkerrechtlichen Vertrag zur Stärkung des Informationszugangs, der Öffentlichkeitsbeteiligung und des Zugangs zu den Gerichten (Bunge/Schlacke/Schrader 2010), ablesen lässt – um die Einsicht in die rechtliche Veränderung der Kommunikation zwischen den Teilregimen. Umweltakteure – etwa die Umweltverbände, aber auch die Einzelnen – werden in den nationalen Rechtsordnungen zur Durchsetzung gesetzlicher Umweltbelange gestärkt (Schlacke 2008). Die Transnationalisierung des Umweltrechts nimmt die nichtstaatlichen Akteure als Gemeinwohlakteure in den Blick und relativiert die Vorstellung, die staatliche Verwaltung sei allein aufgrund ihrer Gesetzesgebundenheit zur »Steuerung« des Umweltverhaltens imstande. Ihrem »Bewirkungs- und Effektuierungsauftrag« (Franzius 2006a: 351 ff.) wird die Verwaltung in der Rechtsanwendungspraxis nur gerecht, wenn der erleichterten Rechtsdurchsetzungsfunktion privater und öffentlicher, nicht notwendig staatlicher Akteure zugleich eine Rechtserzeugungsfunktion zugeschrieben wird. In der transnationalen Konstellation erodiert das staatliche Rechtssetzungsmonopol mit Blick auf andere – europäische oder internationale – Hoheitsträger, aber auch zur Seite, indem der Öffentlichkeit eine eigenständige Rolle in der Rechtserzeugung zugesprochen wird.

Private Akteure erhalten nicht bloß die Rechtsmacht, ihre eigenen Interessen durchzusetzen, sondern eine Mobilisierungsfunktion für objektive Belange durch die Verwaltung. Deren Handeln beruht auf einer Wissensbasis, die sie notwendigerweise mit privaten Akteuren teilt. Nichtstaatliche Akteure werden aus rechtsstaatlichen, aber auch aus demokratischen Gründen in die Verfahren der Rechtsanwendung einbezogen. Da in jeder Rechtsanwendung ein Moment der Rechtserzeugung enthalten ist, partizipieren die einbezogenen Akteure an der behördlichen Rechtserzeugung und tragen im Rahmen der Gesetzesbindung der Verwaltung zur Transnationalisierung der Rechtsverwirklichung bei. Das wirft neue Rechtsschutzfragen auf (unten III.3).

Aber es fragt sich, ob die Transnationalisierung nicht weitergehend an den überkommenen Figuren staatlichen Umweltrechts zerrt. Für Andreas Fischer-Lescano (2008a: 374 ff.) verdeutlicht die Aarhus-Konvention mit der Erweiterung des Behördenbegriffs um private Akteure zur Einordnung der informationspflichtigen Umweltverwaltung eine Funktionalisierung des Verwaltungsbegriffs. Mit der Ermöglichung eines »weiten Zugangs zu den Gerichten« ergänzt die Konvention die öffentliche Partizipation an den Entscheidungsprozessen durch Zugangsrechte auf der gerichtlichen Durchsetzungsebene. So erlaube es die »advokatorische Verbandsklage« mit der in Art. 9 Abs. 2 Aarhus-Konvention angeordneten Fiktion subjektiver Rechte für Umweltverbände (Franzius 2013d), dass »gesellschaftliche Strukturfragen im Recht« thematisiert werden können. Das entstehende »Verwaltungskollisionsrecht« umfasse weit mehr als die Konflikte, die beispielsweise daraus entstehen, dass einer nicht-deutschen Nichtregierungsorganisation bestimmte Informations- oder Klagerechte gegen eine deutsche Aktiengesellschaft zukommen, die umweltrelevante Tätigkeiten im Bereich der Daseinsvorsorge übernommen hat.[300] Es gehe nicht bloß um Kollisionen zwischen den mitgliedstaatlichen Verwaltungsordnungen untereinander oder mit dem europäischen beziehungsweise internationalen Verwaltungsrecht. Zu verarbeiten seien vielmehr Regime-Kollisionen, die auf unhintergehbare Rationalitätenkonflikte der Weltgesellschaft selbst zurückzuführen sind, denen also »nicht bloß Policy-Konflikte, sondern

300 Siehe etwa BVerwGE 75, 285/286 ff. Emsland. Zum »transnationalen« Planungsrecht Kment (2010: 369 ff.).

gesellschaftliche Systemkonflikte« zugrundeliegen (Fischer-Lescano 2008a: 381).

Transnationalität meint in diesem Zusammenhang, dass die Normierung der Umweltprobleme nicht lediglich der Regulierungslogik internationaler Organisationen unterworfen werden könne. Vielmehr gelte es, die Kollisionen mit den anderen Partiallogiken eines sektoralisierten Weltrechts ernstzunehmen. Der Ausgleich dieser Eigenlogiken sei immer nur aus der jeweiligen Regimeperspektive möglich.[301] Ein transnationales Umweltrecht müsse verhindern, dass es infolge der Expansionstendenzen anderer Rationalitätsbereiche – vor allem der globalisierten Wirtschaft – zu »destruktiven Übergriffen und Schädigungen von Menschen und Umwelten« komme (Fischer-Lescano 2008a: 382). Umgekehrt wird freilich ein transnationales Verwaltungsrecht dafür Sorge tragen müssen, dass sich auch die Handlungsrationalität umweltbezogener Administrativnetzwerke nicht »ungefiltert« zu Lasten anderer Rationalitäten durchsetzt.[302]

c) Regulierungsrecht

Die stärksten Impulse für das transnationale Verwaltungsrecht liefert das Regulierungsrecht, ungeachtet aller Schwierigkeiten, es als eigenständiges Rechtsgebiet (Fehling/Ruffert 2010) zwischen öffentlichem und privatem Recht auszuweisen. Jedoch lassen sich zwei Einsichten verallgemeinern: Zum einen die Beobachtung, dass sich das für die Verwaltungsentscheidung erforderliche Wissen nicht mehr auf einer Ebene *zentral* verorten lässt. Es verteilt sich vielmehr auf die globale, die europäische und die nationale Ebene und muss regelmäßig unter der Berücksichtigung aller Ebenen generiert werden. Zum anderen aber auch, dass sich das Entscheidungswissen der Verwaltung nicht hoheitlich »vorhalten« lässt, sondern die *Kooperation* mit privaten Akteuren verlangt. Das lässt sich im Umweltrecht seit längerer Zeit beobachten, ist für das Regulierungsrecht aber prägend und kennzeichnet seine transnationale Ausrichtung.

Das Musterbeispiel ist die hybride Standardbildung bei der Regulierung der Finanzmärkte. Eine viel beschriebene Rolle spielen der Basler Ausschuss (»Basel Commitee on Banking Supervision«) und die für die Bör-

301 Zur systemtheoretischen Grundeinsicht, dass das »Fremde« im »Eigenen« konstruiert werden muss: Teubner (2012).

302 Es spricht deshalb vieles für den Erhalt der Ausgleichsfunktion nationaler Parlamente bei der Einpassung des Umweltvölkerrechts in das nationale Recht (Walter 2005).

senaufsicht zuständigen nationalen Behörden in der »International Organization of Securities Commission« als Richtliniengeber. Entstanden aus informellen Absprachen in transnationalen Behördennetzwerken (Raustiala 2002: 31 ff.; Möllers 2005b: 351 ff.; Franzius 2009a: 457 ff.) sind die Normen dieser Organisationen rechtlich nur selten verbindlich, aber faktisch von größter Bedeutung. Häufig übernimmt das Unionsrecht mit der Übernahme der Standards in das Sekundärrecht eine Vermittlung zwischen den globalen Standards und ihrer Einpassung auf nationaler Ebene. Auf diese Weise wird die Herkunft der Standards für das Handeln privater Banken aus – wenig transparenten – Verwaltungsnetzwerken hinter dem Unionsrecht versteckt und der Spielraum für ein eigenständiges Überprüfungs- und Anerkennungsverfahren im nationalen Recht – mit dem hier vorhandenen Legitimationspotential – verringert.

Dass die Verwaltung in der globalen Praxis das Recht »selbst« entwickelt, ist weniger bemerkenswert als der Umstand, dass es auf eine Netzwerkstruktur nationaler Verwaltungsbehörden zurückgeht, die sich in den Gremien eigene Verfahrensregeln geben und für ihre Regelungen einen breiten Konsens suchen. Vielfach lassen die Abstimmungsregeln eine Regelung bereits zustande kommen, wenn eine größere Minderheit nicht erkennbar widerspricht (Calliess/Zumbansen 2010: 96 ff.). Dieses »Recht« nicht als global, sondern als transnational auszuweisen, verlangt die Einbeziehung der staatlichen Reaktionsmöglichkeiten, die von der schlichten Übernahme der Standards bis zur begründeten Abweichung reichen können, regelmäßig aber die Anerkennung eines behördlichen Beurteilungsspielraums erfordern, der es der staatlichen Behörde erlaubt, in die Kooperation mit anderen Behörden und privaten Akteuren zu treten (Ladeur 2012a: 374). Mit der Zunahme exekutiver Rechtserzeugung durch organisatorisch verfestigte Netzwerke wächst das Bedürfnis und die Notwendigkeit, solche Spielräume anzuerkennen und zu strukturieren. Das Telekommunikationsrecht hat dies gezeigt (oben C.III.2.c), es betrifft im Grunde aber das gesamte Regulierungs- und Infrastrukturrecht.

Vielfach verweist das nationale Recht unmittelbar auf internationale Regelwerke, etwa auf die vom »International Accounting Standards Board« gesetzten Standards für die Rechnungslegung. Diese sind nicht aus sich selbst heraus rechtsverbindlich. Werden sie jedoch nach § 342 Abs. 2 HGB vom Bundesministerium der Justiz bekannt gemacht, begründet dies eine Vermutung, dass mit der Einhaltung dieser Normen den gesetzlichen Anforderungen entsprochen ist. Auch hier wird die Rechtswirkung »privater«

Regeln nicht über einen gesetzlich definierten Standard, sondern über europäisches Sekundärrecht in dessen Bindungen, also ohne scharfe »public private divide« erreicht. Wo demgegenüber nur völkerrechtliche Verweisungen auf globale Standards, wie zum Beispiel den Codex Alimentarius im Lebensmittelrecht, bestehen, bleibt die Verpflichtungswirkung ungewiss. Die Bundesregierung hat die »anerkannten internationalen Lebensmittelstandards« lediglich zu berücksichtigen, was gegen eine Bindung spricht und lediglich eine Pflicht zur Begründung von Abweichungen beinhalten dürfte (Ladeur 2012a: 375). Aufschlussreich ist auch die Transnationalisierung der Arzneimittelregulierung (Engelke 2010: 619) mit einem Kommentierungs- und Konsultationsverfahren. Hier wird das Wissen nach dem »Stand der wissenschaftlichen Erkenntnis« aus den Leitlinien der »International Conference on Harmonization of Technical Requirements for Registration of Pharmaceuticals for Human Use« gewonnen. Dieses Gremium, das aus Vertretern der nationalen Arzneimittelzulassungsbehörden und privaten Interessenvertretern besteht, veröffentlicht Entwürfe im Internet und lädt zu öffentlicher Kommentierung ein. Gesucht wird ein Konsens, der noch vor der Verabschiedung von ICH-Guidelines die im Regulierungsrecht inzwischen typisch gewordenen (Herzmann 2010) Konsultationen folgen. Obwohl in Deutschland lediglich eine allgemeine Verwaltungsvorschrift auf die Leitlinien verweist, erhalten diese in einer Mischung aus zugesprochenem Sachverstand und Internationalität faktische Verbindlichkeit, die von den Gerichten kaum hinterfragt wird. Insoweit lassen nationale Verwaltungsbehörden den ihnen verbleibenden Spielraum bei der transnationalen Normkonkretisierung für die Sicherung transparenter Entscheidungsverfahren und angemessener Interessenrepräsentation in dem Gremium weitgehend ungenutzt. Es liegt an den nationalen Behörden, die eigenen »Standards« in den Prozess transnationaler Normbildung einzubringen und die Anwendung der Normen an die Einhaltung grundlegender »Herstellungsbedingungen« zu knüpfen.[303]

303 Nicht nur das Regulierungsrecht kennt solche Phänomene. Auch in souveränitätssensiblen Bereichen wie dem Strafrecht lässt sich eine Transnationalisierung beobachten, etwa mit der Financial Action Task Force (FATF) für die Standardsetzung eines koodinierten Vorgehens zur Bekämpfung der Geldwäsche und Terrorismusfinanzierung. In diesem institutionell nicht verfestigten Gremium sind 34 Staaten beteiligt, deren Empfehlungen unverbindlich sind, aber für Änderungen des innerstaatlichen Rechts überwiegend befolgt werden (Krämer 2008). Verrechtlicht die Kommission diese Empfehlungen, gelangen sie über europäische Rechtsakte unter Beteiligung des europäischen Parlaments in innerstaatliches Recht. Hier kommt dem Europäischen Parlament eine wichtige Kon-

In diesem Sinne ist das Regulierungsrecht ein Beispiel für den Bedeutungsanstieg von Verfahrens- und Organisationsrecht im Verwaltungsrecht. Der Gesetzgeber setzt im Energierecht, im Eisenbahnrecht oder im Telekommunikationsrecht, aber auch in anderen Sektoren vermehrt auf eine verfahrensrechtliche und organisationsbezogene Steuerung, die transnationalen Abstimmungsprozeduren geöffnet wird. Das gilt nicht nur für die herkömmlichen Komitologie-Verfahren, sondern auch für die neuen Verfahren der Konsultation privater Akteure und der Konsolidierung von Regulierungsmaßnahmen mit öffentlichen Akteuren, die sich auf einer dritten Verwaltungsebene jenseits der Dichotomie von direktem und indirektem Vollzug organisatorisch vernetzen. Selbst die organisatorische Figur der Agentur in ihren unterschiedlichen Ausprägungen scheint, wie am Beispiel des Gremiums europäischer Regulierungsstellen für die elektronische Kommunikation (GEREK) deutlich wird (oben C.III.2.c.cc), keine durchgehend erfolgversprechende Strategie dezentralen Verwaltungsvollzugs mehr zu sein. Das europäische Regulierungsrecht bildet auch in organisatorischer Hinsicht sektorale Sonderwege mit dem Ziel heraus, für eine aufgabengerechte Kooperation eine passende »Vertrauensinfrastruktur« zu schaffen.

2. Vertrauen als Modus von Politik und Recht

Aufgezeigt wurde, dass im europäischen Raum das transnationale Vertrauen eine wichtige Rolle spielt. Es geht nicht nur um das vertikale Vertrauen in die europäische Politik und das Recht, dessen Förderung für wesentlich gehalten wird (oben C.III.1.c). Das horizontale Vertrauen der europäischen Bürgerinnen untereinander, so ist argumentiert worden, sei für das »Wir-Bewusstsein« konstitutiv und markiere zugleich deren Grenzen (oben D.I.2.b). Einerlei, ob von Vertrauen oder gegenseitiger Anerkennung gesprochen wird,

> »the only acceptable ethic and political responsibility for the new Europe is one that is premised upon mutual recognition and respect between national and supranational authorities« (Walker 2002: 337).

---

trollfunktion zu, die es – wie die Auseinandersetzungen um das SWIFT-Abkommen zeigen – auch wahrnimmt, die Beteiligung nationaler Parlamente aber in einen Nachvollzug drängt.

Ja, es kann sogar noch einen Schritt weitergegangen und das Vertrauen als sozialer Funktionsmodus von Netzwerken verstanden werden. In dem Maße, wie der Rechtspluralismus zur Beschreibung des »globalen Rechts« (Teubner 1996: 257 ff.) konzeptionell erhärtet wird, gewinnt der – ebenfalls der Vormoderne zugeschriebene – Topos des Vertrauens »in die jeweils andere Rechtsordnung« an Bedeutung. Der Rechtspluralismus gibt die Staatszentriertheit des Rechts auf, verabschiedet aber keineswegs das staatliche Recht. Für Ralf Michaels (2009) legt der Rechtspluralismus vielmehr eine dritte Dimension nahe, nämlich

»how legal systems create, through recognition, other legal systems, and how the mutual recognition among legal systems in turn creates stability (or the illusion of it).«

Es ist aber auch hervorgehoben worden, dass es Sinn macht, der »Vertrauensdimension« im Verwaltungsrecht nachzugehen (oben C.II.1, D.II.3 und III.1). Vertrauen als Realisierungsbedingung des Prinzips gegenseitiger Anerkennung[304] ist ungeachtet aller konstitutioneller Vorprägungen oder »Erwartungen« nicht nur ein Modus des Politischen, sondern auch ein Thema des Rechts im Zugriff auf die Realbedingungen hoheitlichen Handelns. Das gilt für ein »liberales« Verwaltungsrecht, das auch ohne jeden kommunitarischen »Überschuss« auf Vertrauen fördernde Mechanismen in der Strukturierung gegenseitiger Anerkennung setzen kann. Für die Transnationalisierung des Rechts erweist sich ein Kooperation abstützendes Vertrauen als zentral.[305]

a) *Vormoderne Kategorie?*

Doch geht es in demokratischen Rechtsordnungen nicht eher um die Institutionalisierung von Misstrauen? Handelt sich beim Vertrauen nicht um eine Kategorie, die erfolgreich überwunden wurde (Frevert 2003)? Was im nationalen Kontext durch das moderne Recht verdrängt wurde (Luhmann

---

304 Maduro (2007: 814) spricht von einem Paradox: Die Beziehung zwischen wechselseitiger Anerkennung und wechselseitigem Vertrauen »highlights the extent to which the recognition of diversity entailed in mutual recognition atually depends in a certain degree of common identity, as only the latter can provide the basis for the mutual trust necessary to implement mutual recognition.«

305 Vertrauen setzt »Kommunikation« voraus. Für das »private ordering« spricht Schuppert (2011: 405 ff.) im Anschluss an Amitai Aviram (2003) von »governance by reputation« in sozialen Netzwerken, worüber die Normbefolgung sichergestellt werde.

1968: 36) und im internationalen Kontext kaum belastbar erscheint, gewinnt im europäischen Verwaltungsrecht besondere Bedeutung und trägt seinen transnationalen Umbau (Franzius 2010b: 159 ff.).

Reste des Vertrauens enthält das Grundgesetz, wenn Art. 92 GG von einem »Anvertrauen« der rechtsprechenden Gewalt an die Richter spricht. Im vorliegenden Zusammenhang geht es nicht darum oder, um eine andere Redeweise zu erwähnen, um das »Anvertrauen« von Herrschaft auf Zeit (Hennis 1962: 56 ff.; Franzius 2011: 127 ff.). Anders gesagt: Es geht nicht um die Ausformung des Vertrauens im Recht, sondern um den Aufbau vertrauensfördernder Regelungsstrukturen durch Recht (Schmidt-Aßmann/Dimitropoulos 2011: 139 ff.). Dazu gehört – um ein wichtiges Beispiel zu nennen – Transparenz (Eifert 2008b: 330 f.). Vertrauen kann in unterschiedlichen Dimensionen gedacht werden (Franzius 2009a: 254 ff.), etwa in der vertikalen Dimension gegenüber Politik und Recht, aber auch in der horizontalen Dimension wechselseitiger Anerkennung als sozialer »Gelingensbedingung« für demokratische Politik »jenseits« des Staates. Im europäischen Verwaltungsrecht wird dem Vertrauen jedenfalls eine strukturelle Legitimationsfunktion zugesprochen (Röhl 2000: 44 ff.), ohne das sich der Raum der Freiheit, der Sicherheit und des Rechts kaum realisieren ließe (Kaufhold 2012: 408). Die sozialen und rechtlichen Beziehungen in der Europäischen Union weisen trotz aller beklagten »Vertrauenskrisen« einen strukturellen Vertrauensgrad auf, der im internationalen Verwaltungsrecht kaum erwartet oder unterstellt werden kann (Möllers 2012b: 67).

b) Horizontales Vertrauen als Legitimationsressource?

Im Rahmen der bündischen Konstituierung eines »Wir der Anderen« wurde bereits das Vertrauen darauf, mit den jeweils »eigenen« Zugehörigkeiten von und in der Europäischen Union respektiert zu werden, hervorgehoben (oben D.I.2.b). Was hier noch abstrakt erscheint, wird im europäischen Verwaltungsrecht konkret. Es geht um das gegenseitige Vertrauen, das für Einzelmaßnahmen, aber auch als Struktur relevant wird und auf die soziale Legitimation des europäischen Projekts zu beziehen ist. Als Rechtsfigur ist das Vertrauen für die unterschiedlichen Formen der Verwaltungskooperation (Sydow 2004) nur schwach ausgeprägt, aber es mehren sich die Rechtstexte, die auf Vertrauen – als gesteigerter Form oder Bedingung wechselseitiger Anerkennung – verweisen (Kaufhold 2012: 412 ff.).

In diesem Zusammenhang ist offen, inwieweit es sich beim Vertrauen um einen föderalen oder demokratischen Modus handelt (Franzius 2010b: 172). Gesehen wurde, wie verlockend es in europäischen Fragen ist, föderale und demokratische Legitimation als »Struktur« auszuweisen (Pernice u.a. 2012: 12 ff.) und mit dem föderalen Argument die Frage nach demokratischer Rechtfertigung supranationaler Herrschaft zu entschärfen (oben C.III.1.c.cc) oder, wie es das BVerfG im Lissabon-Urteil (BVerfGE 123, 267/376 f.) getan hat, mit der Annahme einer Überföderalisierung die Demokratiefrage zu verschärfen.

Soweit von dem Prinzip der gegenseitigen Anerkennung, wie es der EuGH in der Entscheidung Cassis de Dijon entwickelt hat, die Rede ist, spricht vieles für ein föderales Prinzip, mit dem an die Stelle der vollständigen Detailharmonisierung von Produktzulassungsregeln die wechselseitige Anerkennung von Zulassungen durch einen Mitgliedstaat nach nationalem Recht tritt. Das Herkunftslandprinzip basiert auf dem Grundsatz des gegenseitigen Vertrauens zwischen den Mitgliedstaaten, soweit die nationalen Regelungen eine Vergleichbarkeit aufweisen. Inwieweit sich dieses für den Binnenmarkt entwickelte Prinzip auf den Raum der Freiheit, der Sicherheit und des Rechts erstrecken lässt, ist fraglich, mag das Vertrauen auch als Instrument und Ziel zugleich ausgewiesen werden können (Kaufhold 2012: 413). Da die Zweifel an der Belastbarkeit eines wechselseitigen Vertrauens in »souveränitätssensiblen Politikfeldern« gewachsen sind und der Verzicht auf die Kontrolle der Entscheidungen anderer Mitgliedstaaten an (gegebenenfalls menschenrechtliche) Grenzen stößt, stellt sich die Frage nach den Bedingungen einer gezielten Förderung und Stärkung des Vertrauens. Insoweit hat das horizontale Vertrauen einen demokratischen Wert und wird zum Bestandteil europäischer Legitimitätspolitik.

In einer akephalen Ordnung wie der Europäischen Union (Franzius 2010b: 164) mit prinzipiell dezentralen Verwaltungsstrukturen ersetzt Vertrauen das Fehlen von Hierarchie. In dem Maße, wie auf Unwissenheit und – Unwissen voraussetzendes – Vertrauen (Rossen-Stadtfeld 1999: 229 ff.; Kaufhold 2012: 419 f.) gesetzt werden kann, ist eine zentrale Harmonisierung entbehrlich. So gesehen stabilisiert Vertrauen die transnationale Verwaltung. Vertrauen ist zwar keine Geltungs- und auch keine Wirksamkeitsbedingung des Rechts, sollen dem Recht nicht in einer – hier nicht geteilten – Perspektive »vorrechtliche Gelingensvoraussetzungen« (Kaufhold 2012: 418) untergeschoben werden. Vertrauen mag in erster Linie ein soziologischer Topos und dem Recht eine förmliche Kontrafaktizität zueigen sein. Dennoch können dem Recht die sozialen Grundlagen seiner Wirksamkeit in legitimationstheoretischer Hinsicht nicht gleichgültig sein. Vertrauen und Recht werden in komplementären Funktionsweisen wirksam (Schmidt-Aßmann/Dimitropoulos 2011: 149). Vertrauen kann vom Recht nicht angeordnet oder einfach erwartet werden. Das ist kein normativer Fatalismus, sondern die soziale Basis »integrationistischen« Rechts und die fragile Grundlage einer auf der sozialen Anerkennung der handelnden Akteure beruhenden Regelungsstruktur, die, fällt sie weg, auch den Verzicht auf zentrale Steuerung brüchig werden lässt.

Materiell aufgeladenen Begriffen wie der Verantwortung, dem Gemeinwohl oder auch dem Vertrauen sollte die Rechtswissenschaft mit einer gewissen Vorsicht begegnen. Das bedeutet aber nicht, dass solche »Großformeln« keine Bedeutung für das Verwaltungsrecht haben könnten, das sich in der transnationalen Konstellation kaum einfach auf die positive Form zurückziehen kann. Allerdings – dieses caveat sei ausdrücklich vermerkt – kann die Diagnose oder Behauptung fehlenden Vertrauens sich unter der Hand schnell als »Integrationsgrenze« entpuppen. Die integrationspolitische »noch nicht« Rhetorik scheint dann vertrauensfördernden Maßnahmen schnell eine innere Rechtfertigung zu geben und kann sich nur schwer der positiven oder negativen Staatsanalogie entziehen. Auf der Folie von »Staatlichkeit oder Nichtstaatlichkeit« lässt sich für die transnationale Konstellation in den wechselseitigen Bezugnahmen des »sowohl als auch« aber nur wenig aussagen.

Mit der Institutionalisierung von vertrauensfördernden – und deshalb an der Verwaltungspraxis ansetzenden – Prozessen, die auf die Eigenlegitimation nationaler Verwaltungen rekurrieren, schafft die Europäische Union solche Regelungsstrukturen, mit Hilfe derer die horizontale Legitimität des Integrationsprojekts gesichert werden kann. Vor diesem Hintergrund muss die organisationsrechtliche Ausdifferenzierung gesehen werden. Die Reduzierung inhaltlicher Steuerung durch eine verantwortliche Exekutivspitze ist der europäischen Architektonik geschuldet, in der mit der organisatorischen Vernetzung der Verwaltungen eigenständige Legitimationsmittler eingebunden werden, auf die es solange ankommen wird, wie die Kommission als entpolitisiertes »Sekretariat« nicht stärker an politische Prozesse rückgebunden und damit »wählbaren« Alternativen eröffnet ist. Hier liegt der Grund, warum eine formale Vertikalisierung der Zurechnungszusammenhänge mit der Kommission als einer »als ob« Regierung an Grenzen stößt. Bis auf weiteres wird die legitimationstheoretische Antwort auf den »Vernetzungsbedarf« der Exekutive, in dessen Entscheidungen auch Willensentscheidungen »fremder« Behörden einfließen, in der Pluralisierung von Legitimationsbausteinen liegen.

c) Orte und Verfahren der Vertrauensbildung

Warum also Vertrauen (Franzius 2010b)? Vertrauen spielt in unterschiedlichen Kontexten eine Rolle, die sich danach unterscheiden lassen, ob es um die vertikale Vertrauensbeziehung zu politischen Akteuren oder um die horizontalen Vertrauensbeziehungen der Bürgerinnen untereinander geht.[306] Vertrauenserosionen sind nicht per se schlecht, dürften sie doch eine wesentliche Bedingung für gesellschaftlichen Wandel sein. So können institutionalisierte Formen des Misstrauens jenes Vertrauen zu generieren helfen, das als Sozialkapital für die Ausübung von Herrschaft fungiert. Ob die Ausübung von Herrschaft durch individuelles Misstrauen in Grenzen gesetzt oder durch ein kollektives Vertrauen in Bewegung gebracht wird, hängt von der Perspektive ab. Bei aller Wertschätzung für den flüchtigen Begriff (Baier 1986) des Vertrauens (Bertelsmann Stiftung 2009) sei an dieser Stelle lediglich festgehalten: Vertrauen wird durch die Möglichkeit des Misstrauens aufgebaut wie umgekehrt die Kundgabe von Misstrauen ein basales Grundvertrauen voraussetzt.[307]

Kooperation ist ohne Vertrauen nicht möglich (Röhl 2000: 46 ff). Deshalb spielt Vertrauen nicht nur im Rahmen der interkulturellen Verständigung, sondern als Wirksamkeitsbedingungen auch dort eine Rolle, wo eine Rechtspflicht zur Kooperation besteht. Was im nationalen Recht noch als Ausnahmeerscheinung gelten mag, ist mit den Verfahren administrativer Kooperation in der europäischen Verbundverwaltung der Regelfall und stößt im internationalen Verwaltungsrecht auf souveränitätsfixierte Vorbehalte, hinter denen sich zumeist die fehlende Bereitschaft der Investition von Vertrauen in die »Nachbarordnung« verbirgt. Inter-administratives Vertrauen meint mit Schmidt-Aßmann (2012b: 19) ein

---

306 Quer dazu stehen die Maßnahmen von Unternehmen im Rahmen der Corporate Social Responsibility (CSR), mit denen das Vertrauen der Kunden in das Unternehmen befördert werden.

307 Stärker auf den output abstellend: Röhl (2000: 49) mit dem Hinweis auf die Errichtung von sekundären Strukturen, die Misstrauen institutionalisieren, so dass sich Vertrauen auf deren Leistungen richten kann. Solche »Strukturen determinieren die Entscheidungen der Handlungsebene nicht inhaltlich, sondern garantieren die Einhaltung der Organisations- und Verfahrensregeln«.

»Sichverlassenkönnen auf eine hinreichend ausgebildete und ausgestattete, kompetente, unparteiische und loyale Verwaltung«.

Anders als es die Praxis der Unionsorgane mitunter vermuten lässt, geht es dabei nicht allein um die Einhaltung der vereinbarten Rechtsregeln, sondern auch um die Wahrung von Qualitätsstandards der Verwaltungspraxis. Art. 197 AEUV, der die effektive Durchführung des Unionsrechts durch die Mitgliedstaaten »als Frage von gemeinsamem Interesse« ausweist, kann in dem Sinne verstanden werden, dass die Mitgliedstaaten mit innerstaatlichen Mitteln eine »vertrauenswürdige« Verwaltung sicherstellen und die Kommission ihre Aufsicht wahrnimmt. Gesetzgebung, Rechtsprechung und Verwaltungsrechtswissenschaft haben mit Schmidt-Aßmann (2012b: 22) die Aufgabe, eine »vertrauensfördernde Dogmatik« zu entwickeln:

»Eine Dogmatik der Kooperation muss stets auch für den Fall des Konflikts, eine solche des Vertrauens stets auch für den Fall des Vertrauensbruchs Sorge tragen und Ausnahmeregelungen vorsehen. So ist die Pflicht zu gegenseitiger Anerkennung von Verwaltungsentscheidungen keine Selbstverständlichkeit; sie ist mit dem Gedanken eines Europäischen Verwaltungsverbundes nicht automatisch mitgegeben. Vielmehr existieren Anerkennungspflichten nur, soweit sie durch besondere Rechtssätze des primären oder des sekundären Unionsrechts festgelegt sind. Der allgemeine Grundsatz der Solidarität verpflichtet die Mitgliedstaaten dagegen nicht dazu, ihre Verwaltungsentscheidungen durchgängig gegenseitig anzuerkennen. Soweit Anerkennungspflichten durch Sekundärrecht festgelegt werden sollen, muss darauf geachtet werden, dass entsprechende Kontrollmechanismen geschaffen werden oder die Anerkennung unter einschränkende Voraussetzungen gestellt wird.«

Wie zum Migrationsrecht ausgeführt, kann das Unionsrecht kein »blindes« Vertrauen unter den Mitgliedstaaten verlangen (Hailbronner/Thym 2012: 406 ff.; Canor 2013: 269 ff.). Einem grenzenlosen Vertrauen stehen unabhängig von der Frage, ob es innerstaatlich vorausgesetzt oder überstaatlich erwartet wird, bereits die Menschenrechte entgegen.[308] Wird den mitgliedstaatlichen Verwaltungen jedoch der Vollzug von Unionsrecht »anvertraut« und kann auf der nationalen Ebene von hinreichend gemeinwohlverträglichen Strukturen ausgegangen werden, dann bedarf es für die Zuwei-

---

308 Føllesdal (2009: 598) spricht mit Blick auf die gerichtliche Kontrolle der Menschenrechte von »contingent compliers with a sense of justice […]. Citizens must […] have a resaon to trust in the future compliance of other citizens and authorities with […] fair institutions. Otherwise, even a group of persons known to be contingent compliers will have no reason to comply; rather, they will prefer to not comply unless institutions provide such assurance.«

sung grenzüberschreitender Verwaltungsbefugnisse keiner Rückbindung an eine zentrale Aufsicht durch die Kommission. An die Stelle punktueller Legitimation über das Hierarchieprinzip trete in dezentralen Entscheidungszusammenhängen eine strukturelle Verwaltungslegitimation durch das Vertrauensprinzip (Röhl 2000: 46 ff.; Trute 2012: 115 f.). Zu fordern ist allerdings ein *gerechtfertigtes* Vertrauen in die rechtsstaatliche und demokratische Grundstruktur der jeweils »anderen« mitgliedstaatlichen Verwaltung. Dafür reicht die organisatorische Zugehörigkeit zur Verwaltung nicht aus, begründet sie doch den Verdacht einer Bevorzugung nationaler Interessen, was in Frankreich zur vermehrten Schaffung unabhängiger Behörden geführt hat (Masing 2008: 408 ff.). Was mit der Einrichtung unabhängiger Behörden im innerstaatlichen Recht (oben C.III.2.c) nach herkömmlichem Verständnis befremdlich anmutet, erweist sich aus europäischer Perspektive mit der institutionellen Distanz gegenüber dem politischen Zugriff der Regierung als vertrauensgenerierendes Element (Röhl 2000: 48 f.) und lädt zu einem Überdenken des traditionellen Legitimationsmodells der Verwaltung ein (Rosanvallon 2010: 7 ff.).

Vertrauen wird durch Organisation und Verfahren generiert. Eine gemeinwohlfähige Governance-Struktur setzt voraus, dass die Verwaltungsträger durch ihre Kompetenz die Gewähr für eine effektive Aufgabenwahrnehmung bieten, eine hinreichende Sicherung der Neutralität der entscheidenden Stellen gegeben und die Einhaltung der Anforderungen institutionell abgesichert ist. Hans Christian Röhl (2000: 49 f.) hat darauf aufmerksam gemacht, dass sich das Ziel, ein gegenseitiges Vertrauen in die jeweils andere mitgliedstaatliche Verwaltung zu erzeugen, mit den herkömmlichen Mitteln der Gemeinwohlsicherung kaum erreichen lässt. Denn Aufsicht, Weisung und hierarchische Kontrolle sind auf die Behördenspitze und das klassische Legitimationsmodell ausgerichtet. Für die dezentralen Verwaltungsstrukturen der Union müssten die Verwaltungsorganisationen um Vertrauensstrukturen ergänzt werden:

»Eine Verwaltung, die sich wegen der internationalen und innerstaatlichen Verfechtung auf kooperatives Handeln einlässt, wird vertrauensfördernde Mechanismen einrichten müssen, um ihre Kompetenz nicht mehr nur gegenüber Hierarchiespitze und Gerichten, sondern ebenso gegenüber ihren Kooperationspartnern, etwa in der (Union), nachweisen zu können. Dokumentations- und Konzeptpflichten oder auch Qualitätssicherungssysteme als Kennzeichen einer Organisation, die gegenüber Dritten ihre Gemeinwohlausrichtung unter Beweis stellen kann, müssen dementsprechend in die nationalen Verwaltungsstrukturen und ebenso in die Konzepte zur Verwaltungslegitimation Einzug halten. Solange die

Verwaltung im Rahmen der (Union) nicht auf diese Weise auf die Legitimationserfordernisse einer dezentralen Verwaltung umgestellt ist, wird eine Ausweitung transnationaler Verwaltungsbefugnisse, die nicht dem Modell der Verwaltungskooperation folgt, nur für Entscheidungen in Betracht kommen, deren politischer Gehalt gering ist. Sie wird umso problematischer, je stärker die Zahl der EU-Mitgliedstaaten ansteigt und je heterogener sich deren Verwaltungsstrukturen darstellen« (Röhl 2000: 50).

Die Europäische Union vertraut auf die Durchsetzung des Unionsrechts durch die mitgliedstaatlichen Behörden. Auf das entstehende Kohärenzbedürfnis wird mit der Installation des Verwaltungsverbundes reagiert (Ruffert 2010b). Soweit sich Behördennetzwerke herausbilden, was im Kartellrecht, aber auch anderswo beobachtet werden kann, mag die Zurechnung von Verwaltungsbeiträgen nach dem Trennungsprinzip erfolgen, so dass für die Elemente jeweils für sich rechtsstaatliche und demokratische Verantwortung eingefordert werden kann. Ähnlich wie im Bundesstaat handelt es sich auch in der Union mit dem Blick auf das »Gesamtprodukt des Verwaltungshandelns« um eine mehrdimensionale Legitimationsstruktur, in der unionale und mitgliedstaatliche Legitimationsstränge miteinander verknüpft sind (Röhl 2006: 1073). Anders als im Bundesstaat ist für die europäische Verwaltung ein Grundsatz der eigenverantwortlichen Aufgabenwahrnehmung aber nicht nachweisbar. Die Zurechnung von Handlungsbeiträgen wird zum Problem, was im Falle transnationaler Verwaltungstätigkeit, etwa mit Blick auf die Vernetzung der Regulierungsbehörden im Regulierungsverbund der Telekommunikation auch das Verantwortungskonzept an Grenzen stößen lässt. In einem Netzwerk von Verwaltungen verschwimmt die Verantwortung der einzelnen Verwaltung und kann deshalb auch nicht mehr exklusiv gesetzlich gesteuert, parlamentarisch kontrolliert und gerichtlich überwacht werden. Die Bundesnetzagentur ist nach außen für Entscheidungen verantwortlich, deren Inhalt aber durch andere Stellen maßgeblich mitgeprägt wurden (Röhl 2006: 1078). Wenn und weil für die mitgliedstaatliche Verwaltung des europäischen Rechtsraums und eine unionsweit geltende Entscheidung der mitgliedstaatlichen Verwaltung das Vertrauen in die »fremde« Verwaltung selten unterstellt werden kann, bedarf es besonderer Vorkehrungen, um es der mitgliedstaatlichen Behörde zu ermöglichen, die in einem anderen Mitgliedstaat getroffene Entscheidung als für sich verbindlich akzeptieren zu können.

Nicht stets wird auf ein vereinfachtes Anerkennungsverfahren im Mitgliedstaat, wo die »fremde« Verwaltungsentscheidung wirksam werden soll, verzichtet. Insoweit entfalten Referenzentscheidungen, zum Beispiel im

Recht der Arzneimittelzulassung, nur eine schwache transnationale Wirkung. Im Streitfall entscheidet die Kommission über die Anerkennungspflicht, wobei die nationale Entscheidung durch eine Beteiligung an der Kommissionsentscheidung im Rahmen des Komitologieverfahrens ersetzt wird (Röhl 2006: 1078). Die Beteiligung des Mitgliedstaates an einer für ihn »fremden« Verwaltungsentscheidung kann in stärker transnationalisierten Verwaltungsvorgängen auch in einem Einspruchsrecht liegen, womit die Entscheidungsbefugnis ebenfalls auf die Kommission verlagert wird. Im Regulierungsrecht finden sich nun aber auch häufig unionsrechtliche Regelungen, die einer behördlichen Entscheidung ohne Beteiligung des anderen Mitgliedstaates oder der Kommission transnationale Wirkungen zukommen lassen.[309] Die Basisermächtigung liegt zwar im Unionsrecht, doch die daraus folgende Legitimation für die Verwaltungshandlung ist schwach. Vorgeschlagen wird, für diese Fälle besondere Instrumente einer strukturellen Europäisierung zu schaffen, mit deren Hilfe eine »gemeinwohlkonforme Aufgabenerfüllung« sichergestellt werden könne. Denn in einer genuin föderalen Verwaltungsstruktur gerate »die Leistungsfähigkeit des Verantwortungsprinzips an seine Grenze«. Möglicherweise, so heißt es bei Hans Christian Röhl (2006: 1079), zeige dies,

> »dass die Idee der Verantwortung doch zu sehr an intersubjektiven Verhältnissen gebildet ist und sich daher für strukturelle Herausforderungen [...] nicht eignet. Ersetzt werden könnte die Verantwortungsidee durch eine an dem Vertrauensgedanken orientierte strukturelle Europäisierung nationaler Verwaltungen.«

Diese Anregung sollte in der Tat gut überdacht werden (Franzius 2009d: 126). Transnationale Behördennetzwerke funktionieren nach dem Vertrauensprinzip, sind dadurch aber noch nicht demokratisch legitimiert. Wird den Instrumenten demokratischer Legitimation über das Gebot klarer Zurechnungen von Verantwortlichkeit hinaus eine Präferenz für eine Zentralisierung von Verantwortung entnommen (was die reale Entwicklung von Bundesstaaten bestätigen mag), dann könnte ein solcher Legitimationsansatz formal-hierarchischer Zurechnung der Verwaltung das soziale Substrat rauben. Auf eine grundlegende input-Legitimation der transnationalen Verwaltung – und damit eine unionsrechtliche Ermächtigung – wird man nicht zugunsten ergebnisorientierter output-Ansätze verzichten können (Trute 2012: 53). Aber der Rückgriff auf das in den Verwaltungen

309 In diesem »Transnationalitätsmodell« dient die vorgelagerte Kooperation der Kompensation des Kompetenzverlustes (Sydow 2004: 121 f.).

nicht zu unterstellende, sondern erst zu generierende Vertrauen in die jeweils andere Verwaltungspraxis könnte jene Hochzonungs- und Zentralisierungseffekte zu vermeiden helfen, die »klassischen« Legitimationsansätzen der Verwaltung zugrundeliegen, durch die transnationale Verbundverwaltung jedoch überwunden werden sollen. In dieser Horizontalisierung, nämlich der Herausbildung europäischen Vertrauens in den Verwaltungsvollzug des anderen, dadurch nicht »fremden« Mitgliedstaates liegt eine wesentliche Governance-Struktur transnationalen Verwaltens (Franzius 2009b: 637 ff.).

Soll auf einer vorgelagerten Ebene nach strukturellen Legitimationsmechanismen und vertrauensgenerierenden »Orten« und Verfahren transnationaler Verwaltung gesucht werden, lassen sich Ansätze im europäischen Wirtschafts- und Regulierungsrecht finden. In organisationsrechtlicher Hinsicht kann auf die informellen Foren, Gruppen und Gremien hingewiesen werden, die im europäischen Verwaltungsrecht den Nukleus einer dritten Verwaltungsebene »jenseits« der nationalen und »diesseits« der supranationalen Verwaltung markieren (Franzius 2009a: 487; 2009b: 640 ff.). Entstehende »Netzwerke« im europäischen Kartell- und Regulierungsrecht dienen gerade nicht der schleichenden oder bewussten »Hochzonung« von Regulierungskompetenzen auf die Unionsebene, sondern sind Ausdruck des erklärten Willens der Mitgliedstaaten, an einem dezentralen, aber kohärenten und deshalb »transnational« auszuformenden Vollzug des Unionsrechts festhalten zu wollen. Im europäischen Verwaltungsrecht sind transgouvernementale und private Akteure einbeziehende transnationale Regulierungsnetzwerke keine Vorstufe ihrer Zentralisierung oder Abschaffung durch eine »Superregulierungsbehörde«. Sie werden deshalb als solche organisatorisch und rechtlich verstetigt, wie am Beispiel des Gremiums europäischer Regulierungsstellen für die elektronische Kommunikation (GEREK) deutlich wird (oben C.III.2.c.cc). Im Telekommunikationsrecht ist für alle wesentlichen Entscheidungen der nationalen Regulierungsbehörden und der Kommission die Mitwirkung dieses neuen transnationalen Gremiums vorgesehen. Insoweit sichert die Zuständigkeit nationaler Regulierungsbehörden die für die Marktregulierung nötige Flexibilität, ihre prozedurale und organisatorische Vernetzung mit den anderen Regulierungsbehörden und der Kommission die erforderliche Kohärenz (Trute 2004).

Es geht also nicht um ein abstraktes Vertrauen in die Marktkräfte und die Selbstregulierungsfähigkeit privater Akteure, nicht um die Akzeptanz der »Anmaßungen staatlichen Wissens« und ein Vertrauen auf die »unsichtbare Hand« menschlicher Ordnungsbildung, wie es pluralistische Konzeptionen des Rechts kennzeichnen mag. Aber es wäre eine verkürzte Perspektive, das horizontale Vertrauen im Nationalstaat zu konservieren und das »Vertrauen in die eigene Rechtsordnung« (BVerfGE 113, 273/294) zu überhöhen (Franzius 2010b: 168; Hartmann 2011: 636 f., 651 ff.). Das nationale Verwaltungsrecht bleibt in inter- oder transnationalen Konzeptionen unverzichtbar, akzeptiert aber die Internalisierung »fremder« Entscheidungen als »eigene« Entscheidungen, soweit einer entsprechenden Anordnung oder Pflicht ein praktisch belastbares Vertrauen in die Wahrung der geteilten Grundannahmen des Verwaltens im europäischen Rechtsraum entgegen gebracht werden darf (Schmidt-Aßmann 2012b: 22). Das lässt sich auch so formulieren: Die rechtspluralistische Grundeinsicht eines Nebeneinander von Teilrechtsordnungen muss durch eine entsprechende Verwaltungspraxis »verdient« werden. In dem Maße, wie das wechselseitige Vertrauen verfahrens- und organisationsrechtlich abgesichert wird, kann eine dezentrale – und transnationale – Vollzugsstruktur auf Dauer gestellt und der formal einfache, aber die soziale Legitimation »of the people« vernachlässigende Weg einer Zentralisierung von Vollzugskompetenzen vermieden werden. Namentlich die Kommission wird im Bereich der Marktregulierung mit »Vertrauensvorschüssen« arbeiten müssen und ihre Rolle als harmonisierender Regulierer zu überdenken haben.

Insoweit zeigt das Regulierungsrecht, wie an die Stelle einer unerwünschten Hierarchisierung auf die Erzeugung von wechselseitigem Vertrauen gerichtete Verfahren und »Orte« treten. Schon die viel gescholtene Komitologie, aber auch die Agenturen, Ausschüsse und andere Gruppen (zum Beispiel die European Regulators Group im Energierecht) oder Gremien (wie das angesprochene Gremium europäischer Regulierungsstellen für elektronische Kommunikation im Telekommunikationsrecht) schaffen solche Orte der Vertrauensbildung und erscheinen ungeachtet aller Probleme hinreichender Verantwortungsklarheit in einem weniger bedrohlichen Licht. Hier wird nicht bloß eine »Begegnungsstätte« hochrangiger Verwaltungsbeamter abseits des Brüsseler Betriebs – das GEREK hat seinen Sitz in Riga – geschaffen, in der aus Kommunikation ein Menschen entgegen gebrachtes Vertrauen entstehen kann. Herausbilden kann sich darüber aber auch ein »Systemvertrauen« mit dem Ziel, durch vertrauensbasierte Kooperation die Wahrscheinlichkeit einer Hierarchisierung der Regelungsstruktur zu minimieren. Damit wird die hierarchische Aufsicht der Kommission nicht entbehrlich, aber in einen verfahrens- und organsiationsrechtlichen Kontext gestellt, vor dem sich der Zugriff – durch den Mangel an horizontalem Vertrauen – rechtfertigen muss.

3. Rechtsschutzprobleme

Neben der Handlungs- und Strukturperspektive (Franzius 2009b: 645 f.) bleibt die Kontrollperspektive für die Verwaltungsrechtswissenschaft konstitutiv. Hierzu gehört der verwaltungsgerichtliche Rechtsschutz.

Im Umweltrecht lässt sich das verdeutlichen. Hier bewirkt die angesprochene Öffentlichkeit (oben I.b) nicht nur eine Politisierung der zu treffenden Entscheidungen. Sie ist auch eine (neue) Kategorie des Verwaltungsrechtsschutzes: Wo eine unionsrechtliche Pflicht zur Beteiligung der Öffentlichkeit besteht, erhält diese die Möglichkeit, das Ergebnis einer umfassenden Rechtmäßigkeitskontrolle durch die Gerichte zu unterwerfen. Das wirft die Frage auf, ob den durch Völker- und Unionsrecht erweiterten Rügemöglichkeiten auf der einen Seite mit Reduzierungen der gerichtlichen Kontrolldichte auf nationaler Seite begegnet werden kann. Das Umweltrecht räumt der Verwaltung, wie im Ausbau der Planungsinstrumente deutlich wird, eine Vielzahl von Ermessens- und Gestaltungsspielräumen ein, die eine weitergehende Zurücknahme der gerichtlichen *Kontrolldichte* zweifelhaft erscheinen lassen.

Mit der Erweiterung der Verbandsklagerechte wächst der *Kontrollumfang* der Gerichte, die auch die behördliche Einhaltung des objektiven Umweltrechts – wie nach der Schutznormlehre bislang nicht für rügefähig gehaltenen Vorsorgenormen (Franzius 2013d; Hong 2012: 386 ff.) – zu überprüfen haben. Damit ist noch nicht gesagt, ob die im europäischen Vergleich weitgehende *Kontrolltiefe* im deutschen Verwaltungsrechtsschutz aufrechterhalten bleiben kann. Das hat aber weniger mit den erweiterten Zugangsmöglichkeiten der »Öffentlichkeit« als vielmehr damit zu tun, dass der Gesetzgeber auf »verfahrensrechtliche Steuerungen« setzt, die Problemlösung also gedanklich nicht vorwegnimmt und deshalb auch nur begrenzt Rechtmäßigkeitsmaßstäbe für die gerichtliche Kontrolle bereitstellt.

An dieser Stelle knüpft die Prozeduralisierungsthese (Schulze-Fielitz 2008: 147 ff.) an. Sie besagt, dass in dem Maße, wie materielle Maßstäbe fehlen, unsicher oder umstritten sind, den Verfahren eine besondere

Funktion in der Erzeugung des materiellen Rechts zukommt.[310] Liegt eine besondere Funktion des Verwaltungsverfahrens darin, das für die Sachentscheidung erforderliche Wissen zu generieren, spricht manches dafür, dem Verfahren einen stärkeren »Eigenwert« als Rechtserzeugungsverfahren unter Unsicherheitsbedingungen zuzusprechen (Appel 2012: 74 ff.) Denn ist sicher, dass es nach der verfahrensabschließenden Entscheidung keine restlose Gewissheit geben kann, bleibt für die Erkenntnis der richtigen oder unrichtigen Entscheidung kein Raum. Das kann für die gerichtliche Kontrolle nicht folgenlos bleiben und erfordert einen besser akzentuierten Verfahrensrechtsschutz.

Damit ist noch nicht gesagt, dass eine erhöhte Beachtlichkeit von Verfahrensfehlern die Reduzierung der materiellen Ergebniskontrolle durch die Gerichte gebietet. Die Zurücknahme materieller Kontrolle stößt in der Praxis auf wenig Gegenliebe.[311] Sie mag auch nicht im Sinne einer »nachholenden Modernisierung« durch Unionsrecht geboten sein.[312] Normativ erwünschten Steuerungswirkungen von Verfahren in komplexen Entscheidungssituationen sollen die Verwaltungsgerichte bei der Überprüfung der Sachentscheidung durch eine faktische Reduzierung der Kontrollintensität hinreichend Rechnung tragen können.[313] Anders gesagt: Unionsrechtlich

---

310 Verfahren sollen im Umwelt- und Risikorecht das Fehlen materieller Vorgaben auszugleichen helfen. Weder wird sich der traditionelle Vorrang der Ergebnisfixierung des deutschen Verwaltungsrechts auf Dauer halten noch deren prinzipieller Nachrang gegenüber der Verfahrensgerechtigkeit und -kontrolle proklamieren lassen, wie es insgesamt kein »allgemeines Substitutions-, Kompensations- oder auch Substraktionsverhältnis zwischen Verfahrens-, Organisations- und materiellen Regeln« gebe (Möllers 2008a: 502).

311 BVerwGE 100, 238/243 ff.; 100, 370 ff. Die Gerichte sehen das Problem. Behandelt wird es aber vom »Normalfall« der Ergebniskontrolle. Verdient die materielle Rechtskontrolle keine Abschwächung, kann es auf der verfahrensrechtlichen Seite keine Zugeständnisse geben. Im Anschluss an § 2 Abs. 3 BauGB wäre immerhin eine Vermutungsregel denkbar: Ist das Verfahren fehlerfrei durchgeführt worden, besteht eine Vermutung für die materielle Richtigkeit.

312 Gegen eine Verallgemeinerung Fehling (2011b: 280, 304 ff., 328 f.). Dass sich weite Teile des Verwaltungsrechts der umfassenden materiell-rechtlichen Determinierung (mit dem Erhalt einer entsprechend hohen Kontrolldichte) entziehen, zeige lediglich, dass »theoretisch nur zweitbeste Lösungen bei pragmatischer Betrachtung gelegentlich überlegen sein können«.

313 Zu den hier zugrundegelegten Unterscheidungen bei der Kontrolldichte Wahl (2009: 53 ff.) mit Kritik an der einfachen Vorstellung eines Kompensationsverhältnisses zwischen (mehr) Klagebefugnis und (weniger) Kontrolldichte. Aber es bleibt offen, ob sich mit der europarechtlichen Aufwertung des Verfahrensrechts die hohe Kontrolltiefe

gebotenen Erweiterungen der *Kontrollbreite* müssen keine Erweiterungen der *Kontrolltiefe* korrespondieren.[314]

Dieses Beispiel zeigt, dass es für zentrale Fragen eines transnationalen Mehrebenenverwaltungsrechts im Rechtsschutz zum Schwur kommt. Die Steuerungs- und Governance-Perspektive hatte Rechtsschutzfragen zurückgestellt und insoweit eine methodische Korrektur vollzogen. Richtig ist, dass Verwaltung und Verwaltungsrecht nicht vom Rechtsschutz aus gedacht werden können. Ebenso richtig ist aber auch, dass Verwaltungsrechtsfragen immer auch Rechtsschutzfragen aufwerfen, deren Ausblendung ein transnationales Verwaltungsrecht auf den falschen Weg führte. So ist für die hier beispielhaft herangezogene Transnationalisierung im Telekommunikationsrecht der Rechtsschutz als offene Flanke bezeichnet worden (Franzius 2012c: 130). Beobachtet werden Verschiebungen der Rechtsschutzparameter, etwa im Zuge der beschriebenen Ausweitung administrativer Gestaltungsermächtigungen, aber auch mit der Zunahme informationsbezogener statt entscheidungsbasierter Handlungsweisen.[315] Deren Rechtswirkungen sind häufig unklar. Als zentrale Herausforderung werden die ebenenübergreifenden Vernetzungen der Verwaltungsakteure identifiziert, auf die der Rechtschutz bislang nur unzureichend zugeschnitten ist (Schoch 2013: 16 ff., 367 ff.).

Dass der Rechtsschutz in Mehrebenenordnungen nicht kapitulieren muss, zeigen Verbesserungen der gerichtlichen Kontrollmöglichkeiten europäischen Verwaltungshandelns, wozu auch das Handeln »unabhängiger« Agenturen gehört (Art. 265 Abs. 5 AEUV). Dennoch bleiben Fragen des Rechtsschutzes gegen operative Maßnahmen von Agenturen wie FRONTEX (European Agency for the Management of Operational Cooperation at the External Borders of the Member States of the European Union) offen (Schmidt-Aßmann 2011b: 112; Groß 2012: 1092 f.). Auch die hervorgehobenen Verbundhandlungen mit der vertikalen »Steuerung« durch Unionsinstanzen und einer horizontalen »Koordinierung« zwischen nationalen Verwaltungen (Röhl 2012: 50 ff., 67 ff.) werden aus der Perspektive des traditionell dem Territorialitäts- und Trennungsprinzip

des (erst im Verwaltungsverfahren unter dessen Eigenrationalitäten herzustellenden) Ergebnisses halten lässt.

314 Der Gesetzgeber versucht dies mit der Anerkennung bestehender Beurteilungsermächtigungen an die Verwaltung zu verdeutlichen, etwa in § 4a Umwelt-Rechtsbehelfsgesetz.

315 Zum Rechtsschutz im Regulierungsrecht knapp Schneider (2010: 5 ff.); Knauff (2007: 382 ff.).

folgenden Rechtsschutzes (krit. Schmidt-Aßmann 2012a: 28, 82 f.; Schoch 2013: 17 ff.) zu wenig thematisiert.[316] Für die transnationale Verwaltung bleibt der Rechtsschutz ein Desiderat.

Zwar hat der Vertrag von Lissabon die administrative Dimension der Europäischen Union geschärft. Allerdings ist der primärrechtliche Rahmen in hohem Maße interpretationsbedürftig, insbesondere im Bereich der exekutiven Normsetzung in der Form von Leitlinien und anderem Tertiärrecht durch die Kommission. Das wirft Fragen nach dem Vorbehalt des Gesetzes (Rieckhoff 2007) für eine kohärente Rechtsanwendung in der Verbundverwaltung auf und es fragt sich, ob das Kohärenzprinzip für den Verwaltungsrechtsschutz fruchtbar gemacht werden könnte.[317] Jedenfalls bezieht sich das Kohärenzprinzip, wie es in Art. 7 AEUV eine positive Normierung gefunden hat, nicht bloß auf politische Maßnahmen unter Wahrung der Verbandskompetenzen. Von der Maßnahmenkohärenz ist die Rechtskohärenz zu unterscheiden, für deren Wahrung der EuGH zuständig ist (Lenaerts 2007). Art. 256 Abs. 2 AEUV verdeutlicht, dass (transnationale) Kohärenz *nicht* (supranationale) Einheit meint. Kohärenz zielt auf die Verzahnung des Unionsrechtsschutzes mit den nationalen Rechtsschutzsystemen und spiegelt die grundlegende Verklammerung der Rechtsordnungen in der dualistischen Vollzugsstruktur (Art. 291 AEUV). Den Kohärenzgedanken enthält auch Art. 19 Abs. 1 EUV, der seinerseits als Ausprägung des wechselseitige Pflichten generierenden Loyalitätsprinzips (Art. 4 Abs. 3 EUV) verstanden werden kann.

Dessen systematische Stellung im Unionsvertrag ist bemerkenswert (Franzius 2013b: 18). Zwischen den allgemeinen Wert- und Zielbestimmungen (Art. 2 f. EUV) auf der einen Seite und der Verpflichtung auf die Grund- und Menschenrechte (Art. 6 f. EUV) sowie den Vorschriften zu den demokratischen Grundsätzen (Art. 9 ff. EUV) und den politischen Organen (Art. 13 ff. EUV) auf der anderen Seite steht der Grundsatz der loyalen Zusammenarbeit in unmittelbarer Nähe zum Achtungsgebot nationaler Identität (Art. 4 Abs. 2 EUV), das, wie ausgeführt wurde, dem

---

316 Zu den Schwierigkeiten der Verbundperspektive für den Verwaltungsrechtsschutz Hofmann (2004: 215 ff.); Siegel (2009: 73 ff.); v. Danwitz (2008: 642 ff.).

317 Entsprechende Überlegungen bei Schmidt-Aßmann (2011: 115 ff.; skeptisch Schoch (2009: 28). Zum Topos der Kohärenz Ruffert (2010b: 1397). Zum Problem, die Rechtsschutzlösung unbesehen aus der einen in die andere Rechtsordnung zu übertragen, siehe Wegener (2008: 319 ff.)

BVerfG zur Bekräftigung seiner »Identitätsrechtsprechung« als Integrationsgrenze dient (oben C.III.1.b und D.II.2.f).

Entsprechend einer universalistischen oder stärker partikularistischen Lesart der Rechtsordnungen lassen sich zentrale von dezentralen Rechtsschutzkonzeptionen unterscheiden. Im Rechtsschutz stellen sich die Ebenenprobleme vernetzter Verwaltung in besonderer Weise. Exemplarisch sei auf die viel besprochene Kadi-Rechtsprechung zum Listing-Verfahren des UN-Sicherheitsrates verwiesen.[318] Danach lässt sich eine Kohärenz der Rechtsschutzebenen nicht im »Durchgriff« auf die »fremde« Ebene zentral dadurch herstellen, dass Rechtsakte des UN-Sicherheitsrates auf ihre Vereinbarkeit mit zwingendem Völkerrecht einer Kontrolle durch europäische Gerichte unterworfen werden. Der EuGH setzt vielmehr auf eine »Entkoppelung« der eigener Jurisdiktion unterworfenen Umsetzungsakte von den völkerrechtlichen Vorgaben und prüft allein Unionsakte auf ihre Vereinbarkeit mit höherrangigem Unionsverfassungsrecht.[319] Im Hintergrund mag die Sorge gestanden haben, ein mitgliedstaatliches Verfassungsgericht werde sich nicht mit völkerrechtlichen Maßstäben begnügen und den nationalen Grundrechtsmaßstab anwenden (Kotzur 2006: 19). Ob die Sprengkraft dieser partikularistischen Logik richtig gesehen wurde, bleibt unsicher.[320] Jedenfalls folgt auch das BVerfG im Lissabon-Urteil dem »Entkoppelungsmodell« und verweist zur Bekräftigung der eigenen Position auf das Kadi-Urteil des Gerichtshofs, um im Grenzfall die Selbstbehauptung eigener Identität als Rechtsgemeinschaft über die ansonsten respektierte Bindung« an das Unionsrecht zu stellen (BVerfGE 123, 267/400 f.).

Hier kann kein Rechtsschutzmodell für die transnationale Verwaltung entwickelt werden. Sind Kohärenzanforderungen auf die Rechtsschutzgarantien des nationalen, des europäischen und des internationalen Rechts zu beziehen, so stellt sich die Frage, inwieweit darüber auch die ebenen- und grenzüberschreitende Dimension erfasst wird. Die deutsche Rechtsschutzdogmatik erweist sich gegenüber den Herausforderungen der transnationalen Konstellation als weitgehend veränderungsfest. Noch immer wird die

318 Monografisch Feinäugle (2011).

319 EuGH Rs. C-412/05 und C-415/05 Kadi und Al Barakaat, Slg 2008, I-6351 Rn. 285. Begriffe des »Durchgriffs« und der »Entkoppelung« bei Schmidt-Aßmann (2011: 116 f.).

320 Die Diskussion kreist um Variationen des »Solange«-Arguments, mit dem auf die Entfaltung effektiver Rechtsschutzstandards auf völkerrechtlicher Ebene hingewirkt werden könnte: Halberstam/Stein (2009: 13); de Búrca (2010: 1). Auch EuG, Urt. v. 30.9.2010, Rs. T-85/09 Kadi II, Slg. 2010, II-5177 Rn. 127 interpretiert den EuGH im Sinne eines Solange-Vorbehalts. Besser ist es, von einer Komplementaritätsregel zu sprechen.

– als Krönung des Rechtsstaates apostrophierte – Rechtsschutzgarantie des Art. 19 Abs. 4 GG auf das Handeln des eigenen Hoheitsträgers beschränkt.[321] Dann droht ein wirksamer Rechtsschutz durch die Maschen des aufgespannten Netzes »interagierender« Verwaltungen zu fallen.[322] Gerade die transnationale Konstellation lässt – das sollte deutlich geworden sein – keine isolierende Behandlung der Rechtsschutzprobleme nach dem überkommenen Prinzip der Staatenimmunität zu (Schoch 2013: 18). Für Eberhard Schmidt-Aßmann (2011b: 119) müssen

> »den Grundstock einer auszubauenden Kohärenzdogmatik […] beweglichere Regeln zu Jurisdiktionskonflikten bilden.«

Ansätze sind oben (D.II.2) herausgearbeitet worden. Inwieweit sich ein »gesellschaftliches« Verwaltungskollisionsrecht (Fischer-Lescano 2008a: 380 ff.) nicht nur für die politische Bearbeitung von Konflikten, sondern auch für den Verwaltungsrechtsschutz fruchtbar machen lässt, sei an dieser Stelle dahingestellt.

Politische Entscheidungen ohne administrative Mediatisierung sind für den Rechtsschutz ein Problem. Der unmittelbare politische Zugriff auf die Individuen ohne zwischengeschaltete Konkretisierungsebene provoziert einen »Selbsteintritt von Gerichten« (Möllers 2013: 64), um den Individualrechtsschutz zu wahren. Vernetzen sich die Verwaltungen auf »überstaatlicher« Ebene und drängen hier auf politische Lösungen mit individueller Wirkung wie im Fall des Listing-Verfahrens zur Bekämpfung der Terrorismusfinanzierung, ist eine von der politischen Legitimation der Verwaltung unabhängige Kontrolle durch die Gerichte unverzichtbar, was die Fülle an Entscheidungen zu den »Kadi-Fällen« erklären mag. Nationale Gerichte (UK Supreme Court v. 27.1.2010 Ahmed u.a./Her Majesty‹s Treasury, UKSC 2/2010), der Europäische Gerichtshof (EuGH Rs. C-402/05 P Kadi, Slg. 2008, I-6351) und der Europäische Gerichtshof für Menschenrechte (EGMR v. 12.9.2012, 10593/08 Nada/Schweiz) unterstreichen die Notwendigkeit, zwischen Politik und Recht, also zwischen die politischen Entscheidungen und die individualrechtlichen Wirkungen mit der Verwaltung eine »Ebene« einzuziehen, um die abstrakte Regel auf die konkreten Sachverhalte anzuwenden. Ist dies nicht der Fall, müssen die

---

321 Für die h.M. Papier (2010: 28); krit. Schmidt-Aßmann (2011a: 48); Fassbender (2007: 261 ff.).

322 Zu überschießenden Effekten des Netzwerkbegriffs Franzius (2009a: 480 ff.). Zum Nutzen des Netzwerkbegriffs für die internationale Verwaltung Glaser (2010: 263 ff.).

Gerichte »unmittelbar« auf die politischen Entscheidungen zugreifen, um Individualrechtsschutz zu gewährleisten.[323]

323 Die Kadi-Fälle zeigen, dass die Gerichte nach jeweils eigenen Maßstäben zu einer einheitlichen Linie gelangen können. Der EuGH hat sein Kadi-Urteil im Sinne einer Grundrechtsprüfung völkerrechtlich determinierter Unionsrechtsakte bestätigt, vgl. EuGH, Urt. v. 18.7.2013, verb. Rs. C-584/10 P, C-593/10 P und C-595/10 P. Im Verhältnis zum Völkerrecht bleibt das Europarecht – betreffend das Listing-Verfahren allen Verbesserungen der Rechtsverteidigung des Einzelnen auf internationaler Ebene zum Trotz – auf dem Stand von »Solange I«.

E. Konstitutioneller Pluralismus und transnationales Vertrauen

Was lässt sich als Ertrag der Überlegungen festhalten? Eine transnationale Demokratie wird sich, will sie mehr als ein formales Zurechnungsprinzip sein und gesellschaftliche Konflikte verarbeiten, mit den Spezifika des Politischen zu beschäftigen haben, die in der transnationalen Konstellation nicht einfach als Verlängerungen des Politischen verstanden werden können, wie es sich im und für den Staat entwickelt hat.

Im Vordergrund dieser Untersuchung stand die Europäische Union. Sie unter dem Paradigma des konstitutionellen Pluralismus zu verstehen, bedeutet, dass auf die Staaten und damit auf das heterogene Verständnis des Staatlichen nicht verzichtet werden kann. Die staatliche Verfassungsordnung bleibt wichtiger als es bisweilen den Anschein hat (Grimm 2012a). Hier – und gegenüber der traditionellen Europarechtswissenschaft – liegt der Kern des »pluralistischen« Arguments, das jedoch nicht gegen den Konstitutionalismus gewendet werden muss, sondern von der Vorstellung, nur eine politische Einheit könne sich eine Verfassung geben, befreit. Anderenfalls würde man die Europäische Union in der Ausübung eigener Herrschaftsgewalt in »Staatswerdungsprozesse« drängen, was mehrheitlich nicht erwünscht ist. Die Union muss nicht selbst ein Staat sein, um demokratischer verfasst zu werden. Aber es sind die wechselseitigen Vertrauensbeziehungen in den Blick zu nehmen. Das Recht darf nicht ausblenden, unter welchen Bedingungen der Herrschaftsverbund demokratisch ausgestaltet werden kann. Was nicht irgendwie zu legitimieren, sondern als *demokratisch* legitimierungsbedürftig ausgewiesen werden muss, unterliegt Zweifeln, wo es nicht gelingt, sich hinter dem letzten Wort einer zentralen Instanz zu verstecken.

Demokratische Herrschaft zeichnet sich nach der berühmten Gettysburg-Rede Abraham Lincolns als government by the people, for the people und of the people aus. Das *by the people* lässt sich als input-Legitimation behandeln und das *for the people* als output-Legitimation ausweisen (Höreth

1999). Dann, so schlage ich vor, ist das häufig vernachlässigte *of the people* die soziale Legitimation, die sich aus gegenseitigem Vertrauen speist (Franzius 2009a: 243, 246, 254 f.). Demokratische Legitimation basiert nicht allein auf dem Wahlakt, dem Willen eines Subjekts. Für viele, aber längst nicht alle Politikfelder, tritt zum Willen das Wissen, die Expertise hinzu (Halberstam 2009: 326). Der Wille schließt es nicht aus, die Ergebnisse, vermittelt über das Wissen, wie auch immer die Verfahren seiner Herstellung aussehen, in den Blick zu nehmen. Worauf es ankommt, ist, dass selbst für eine politische Entität wie die Europäische Union die Verklammerung von *input* und *output* nicht einfach unterstellt werden kann, vielmehr die soziale Verklammerung *of the people* neu zu justieren ist. Darin liegt der Wert der scheinbar vormodernen Kategorie des Vertrauens als einem sozialen Verbindungsstück, das von außen den Blick auf Recht und Politik zu werfen erlaubt und als gesellschaftlicher Maßstab für das Verhältnis von Recht und Politik fungiert.

Ohne eine Schärfung der Facetten des Vertrauensbegriffs wird es allerdings kaum gelingen, das Vertrauen als »link« zwischen Recht und Politik zu begreifen. Die Suche nach dem sozialen oder transnationalen Vertrauen kann nicht an die Stelle des politisch-rechtlichen Konstitutionalisierungsprozesses treten. Vertrauen ersetzt nicht verfassungsrechtliche Bindungen, aber eine Verfassung, die das *wir* durch ein *ich* ersetzt, bleibt metaphorisch und ohne die Prägekraft, die den Verfassungsstaat ausgezeichnet hat. Das *wir* erzeugen Recht und Politik in ihrer jeweils eigenen Logik nicht als ein singuläres Kollektivsubjekt, sondern als eine Vielzahl von Menschen. Diese Vielzahl ist keine universelle Größe. Sie setzt sich aus Unions- und Staatsbürgern zusammen, die in der transnationalen Konstellation, in die auch die europäische Rechtsordnung gestellt ist, weder zur einen noch zur anderen Seite aufgehoben werden können. Konflikte bleiben deshalb nicht aus (Habermas 2011: 68 f.), haben in einer Demokratie aber eine unverzichtbare Funktion, indem sie Alternativen aufzuzeigen helfen.

Es geht mir nicht um eine bloße Addition von Pluralismus und Vertrauen und auch nicht um ein theoretisches Versöhnungsangebot. So wenig der konstitutionelle Pluralismus zwingend in der liberalen Theorie steht, so wenig ist das Erfordernis transnationalen Vertrauens ein Ausweis kommunitarischen Denkens. Das Vertrauen soll auch nicht als Plädoyer für vorrechtliche oder vorpolitische Voraussetzungen eines Gemeinwesens missverstanden werden. Mit guten Gründen sollte die Rechtswissenschaft gegenüber materiellen Aufladungen ihrer Ordnungsbemühungen skeptisch sein. Über das Maß des real belastbaren Vertrauens wird vor dem Hintergrund der Erfahrungen aus Bundesstaaten immer gestritten werden können und müssen. Kann zum Beispiel die katholische Minderheit in Deutschland darauf vertrauen, in ihren Eigenarten von der protestantischen Mehrheit akzeptiert zu werden? In der pluralistisch verfassten Union kann und darf ein verfahrensrechtlich und organisatorisch abgesichertes Vertrauen in den Erhalt und das Bewahren des Anderssein – dokumentiert im Achtungsgebot nationaler Identität nach Art. 4 Abs. 2 EUV – vorausgesetzt werden.

Auch mit Blick auf transnationale Rechtsstaatlichkeit haben sich in der Europäischen Union vorbildliche Mechanismen der Ebenenverkopplung herausgebildet. Von politischen Problemlösungen, wie sie demokratische Verfahren erzeugen, unterscheidet sich die gerichtliche Konfliktverarbeitung grundlegend. Und doch lassen sich unter einem »Systemvertrauen« die Verkopplung der Rechtsordnungen beschreiben: In zeitlicher Hinsicht sind zum Beispiel die Solange-Vorbehalte der Rechtsprechungsorgane zu nennen, die sich unschwer als Vertrauensvorschüsse begreifen lassen. Umso bemerkenswerter ist dann, wo auf eine Solange-Argumentation verzichtet wird. Das ist etwa in der jüngeren Rechtsprechung des EuGH der Fall, wenn dieser entgegen der Schlussanträge von Miguel Maduro in der Rechtssache Kadi und Al Barakaat (EuGH Rs. C- 402/05 P und C-415/05, Slg. 2008, I-6351) die Figur für das Verhältnis zur internationalen Ebene nicht verwendet, vielmehr die Europäische Union auf dem Weg zur eigenen Rechtspersönlichkeit der Idee des partikularen Konstitutionalismus unterwirft und damit zu verhindern sucht, dass die Union sich der Bedingungen ihrer »eigenen« Demokratisierung entledigt (Ley 2009b: 110).

Auch das Vorabentscheidungsverfahren nach Art. 267 AEUV enthält nicht bloß eine wichtige Kommunikations-, sondern auch eine Vertrauensdimension. Der Hinweis auf das »Netzwerk der Gerichte« mag an dieser Stelle genügen.[324] Ob es ratsam ist, das BVerfG über eine gesetzliche Verpflichtung zur Vorlage daran zu beteiligen (Bergmann/Karpenstein 2009), sei allerdings bezweifelt (Franzius 2010a: 119). Ein Zwang zum Vertrauen widerspricht der Idee des gerichtlichen Lernverbundes, der auf einem »Systemvertrauen« gerichtlicher Streitbeilegung basiert. Zu schärfen sind vor allem die in dieser Studie hervorgehobenen Berücksichtigungs-

324 Statt vieler Slaughter (2003: 191). Zur Konfliktentschärfung durch Wissensvernetzung Posner/Sunstein (2007: 1309). Die Vielfalt der Spruchkörper ist keine neuere Entwicklung, sondern eine Grundkonstante der Völkerrechtsgeschichte (Oeter 2007b: 149).

pflichten. Eine solche Pflicht entnimmt das BVerfG der Völkerrechtsfreundlichkeit des Grundgesetzes. In der wegweisenden Görgülü-Entscheidung (BVerfGE 111, 301/311 f.) diente der Hinweis auf die Autorität des letzten Wortes einer – im Lissabon-Urteil (BVerfGE 123, 267) für das Unionsrecht noch verschärften – Souveränitätsromantik, mit der die anerkannte Bindung an Gesetz und Recht im Sinne von Art. 20 Abs. 3 GG »erkauft« zu werden scheint. Tatsächlich müssen Techniken der Vernetzung eine wechselseitige Beobachtung, Anerkennung und Anpassung der verschiedenen Rechtsartikulationen sicherstellen. In die »Praxis« der Berücksichtigungspflichten fließt das zu erwartende Vertrauen ein, das Abweichungen von »fremden« Entscheidungen nicht stets an ein eigenes Verfahren koppelt, aber unter unterschiedlich weitreichende Begründungszwänge stellt.

Auch das europäische Verwaltungsrecht wird sich »transnational« weiterentwickeln. Mit diesem Schwenk rückt die horizontale Perspektive des mitgliedstaatlichen Vollzugs »zur Seite« in den Vordergrund. Solange es um die Schaffung eines gemeinsamen Marktes ging, konnte das im Wege einer »Integration durch Recht« noch relativ gut beschrieben und normativ eingefordert werden. Das neue an der transnationalen Dimension der Europäischen Union liegt nicht in einer Rückkehr zur Gliederung in die Welt der Staaten. Die transnationalen Vernetzungen können auch nicht für die Welt jenseits der europäischen Ordnung reserviert werden. Es gilt in Erinnerung zu rufen, dass die Öffnung der Staaten, erzwungen über die Grundfreiheiten, der Verbindung der Völker diente und insoweit stets eine horizontale Dimension hatte. Deren Beschreibung als transnational erfordert ein Vertrauen in die Verwaltungspraxis der »anderen« Verwaltungen. Im Duktus von Governance bedeutet das: Vertrauensbildung setzt eine rechtliche Infrastruktur voraus, die von der Politik bereitzustellen ist, mag den Bewährungstest auch erst die Praxis der Rechtsakteure liefern.

Demokratie, Rechtsstaatlichkeit und das Verwaltungsrecht werden die Transnationalisierung, also die wechelseitige Öffnung der Rechtsordnungen nach eigenen Kriterien verarbeiten müssen. Dabei wird es um die »Übersetzung« transnationalen Vertrauens in Rechtsbegriffe gehen, von denen ihrerseits erwartet werden kann, dass sie einen vertrauensfördernden Beitrag zu leisten imstande sind. Politische Akteure bedürfen des Rechts, um bestimmte Ziele zu realisieren. Umgekehrt bedarf das Recht in der transnationalen Konstellation der politischen Legitimation, also der Reversibilität und Kontestabilität. Dafür müssen Orte und Verfahren bereitgestellt werden. Das sind nicht stets Parlamente und Gerichte. Ohne eine parlamentarische Abstützung politischer Prozesse und gerichtliche Verfahren rechtlicher Konfliktbewältigung wird aber auch in der transnationalen Konstellation nicht auszukommen sein.

Um abschließend nochmals auf die Folgen hinzuweisen, die sich aus dem konstitutionellen Pluralismus unter dem Topos des horizontalen Vertrauens für die transnationale Konstellation ergeben, sei auf das Bemühen um einen ausgewogenen Grundrechtsschutz in der Europäischen Union hingewiesen. Hierfür lohnt der Blick auf das Urteil des EuGH in der Rechtssache N.S.[325] Danach ist ein Mitgliedstaat gehindert, einen Asylbewerber gemäß den Vorgaben der Dublin II-Verordnung an einen anderen Mitgliedstaat zu überstellen, wenn es im aufnehmenden Mitgliedstaat systemische Fehlentwicklungen im Asylverfahren und der Aufnahmebedingungen gibt, aus denen sich ein ernsthaftes Risiko für den Asylbewerber ergibt, einer unmenschlichen oder erniedrigenden Behandlung unterworfen und damit einer Verletzung europäischer Grundrechte ausgesetzt zu werden. Was können wir daraus für die Topoi des konstitutionellen Pluralismus und des Vertrauens lernen?

Anders als man nach der Foto-Frost-Doktrin des »klassischen« Europarechts erwarten könnte, wonach es mitgliedstaatlichen Gerichten untersagt ist, europäisches Sekundärrecht einer Grundrechtsprüfung zu unterziehen und für ungültig zu erklären, weil die Nichtanwendung des Unionsrechts dessen Einheit gefährde, bleiben die politischen Entscheidungen des Sekundärrechts zwar unter der Kontrolle des EuGH, der über deren Vereinbarkeit mit den Unionsgrundrechten wacht. In der konstitutionellen Architektur ist der EuGH für den Ausgleich von europäischer Einheit und mitgliedstaatlicher Vielfalt zuständig. Wo das Sekundärrecht den Mitgliedstaaten zu seiner Durchführung ein Ermessen einräumt, sollen diese Handlungsspielräume (auch) nach Maßgabe der Unionsgrundrechte ausgefüllt werden. Dass der EuGH nicht jedes Sekundärrecht die Grundrechte »passieren« lässt, hat er mit der Bestätigung seiner Kadi-Rechtsprechung ge-

325 EuGH, Urt. v. 21.12.2011, Rs. C-411/10 und C-493/10 N.S./Secretary of State for Home Departement. Es ging um die Entscheidung einer englischen Behörde, einen Asylbewerber nach Griechenland zurückzuschicken, weil nach den Vorgaben der Dublin II-Verordnung über die Flüchtlingseigenschaft im Einreisestaat zu entscheiden ist. Zuvor hatte der EGMR entschieden, dass die Vertragsparteien mit der Abschiebung eines Asylbewerbers von Belgien nach Griechenland unter den dortigen Haftbedingungen gegen Art. 3 EMRK verstoßen haben, vgl. EGMR v. 21.1.2011, 30699/09 M.S.S. v. Belgien u. Griechenland.

genüber dem Völkerrecht unter Beweis gestellt.[326] Was das Verhältnis zu den Mitgliedstaaten betrifft, können manche Urteile des Gerichtshofs für den fehlenden Respekt gegenüber den nationalen Verfassungsordnungen kritisiert werden.[327] Andere Urteile aus jüngerer Zeit – die Heterogenität der Union spiegelt sich in den Spruchkörpern des Gerichtshofs – lassen sich aber als Bestätigung des konstitutionellen Pluralismus lesen.

Dazu gehört das Urteil im Fall des nach Griechenland zurückgeschickten Asylbewerbers. Zwar ist der Gestaltungsspielraum, den der EuGH den Mitgliedstaaten in der Durchführung von Unionsrecht zur Vermeidung eines Verstoßes gegen Unionsgrundrechte belässt, deutlich geringer als der Spielraum, den der EGMR den Vertragsstaaten einräumt. Statt nach dem Vorbild der weitgehenden Kassationsbefugnis des BVerfG jedoch die politische Entscheidung der Dublin II-Verordnung eines gegenseitigen Vertrauens unter den Mitgliedstaaten für unwirksam zu erklären, verpflichtet der EuGH die Mitgliedstaaten in der horizontalen Zusammenarbeit eine systematische Verletzung von Unionsgrundrechten zu prüfen und bejahendenfalls die Vorgaben der Verordnung unangewendet zu lassen. Eine unwiderlegbare Vermutung, dass andere Mitgliedstaaten die Grundrechte einhalten, ist danach unvereinbar mit der Verpflichtung jedes Mitgliedstaates, europäisches Sekundärrecht grundrechtskonform auszulegen und anzuwenden.[328] Die transnationale Koordination der national definierten Politiken und Kompetenzen steht unter einem horizontalen Solange-Vorbehalt. Unter der Kontrolle von EuGH und EGMR wacht jeder Mitgliedstaat über den anderen (Canor 2013: 264).

Für horizontale Konflikte nimmt der EuGH den Anspruch auf Vorrang des Unionsrechts zugunsten der Beibehaltung eines Gleichgewichts unter den Realbedingungen eines transnationalen Vertrauens zurück. Zwar

---

326 Zuletzt EuGH, Urt. v. 18.7.2013, verb. Rs. C-584/10 P, C-593/10 P u. C-595/10 P Kadi IV, Rn. 97 ff.

327 Falsche Signale sendet mit Blick auf den europäischen Haftbefehl EuGH, Urt. v. 26.2.2013, Rs. C-399/11 Melloni, wo mit dem Vorrang des Europarechts die Sorgen des vorlegenden spanischen Verfassungsgerichts zurückgewiesen wurden, das durch den Rahmenbeschluss abverlangte Vertrauen in die rechtsstaatliche Praxis des italienischen Strafrechts könne mit grundlegenden Werten der spanischen Verfassung kollidieren.

328 In der Akzentsetzung aber anders – unter Zurückweisung einer »horizontalen Solange-Prüfung« – für den Europäischen Haftbefehl EuGH Rs. C-303/05 Advocaten voor de Wereld, Slg. 2007, I-3633 Rn. 57; für die Vollstreckung familienrechtlicher Entscheidungen auch EuGH Rs. C-491/10 PPU Zarraga, Slg. 2012, I-14247 Rn. 74; siehe aber Generalanwältin J. Kokott, Stellungnahme v. 28.03.2012, Rs. C-92/12 PPU Health Service Insurance, Rn. 73 ff.

lässt sich der Rechtsprechung auch eine scharfe Gegenüberstellung von Grundrechtsschutz und Vertrauen entnehmen, wenn es beispielsweise zum Rahmenbeschluss über den Europäischen Haftbefehl unter dem Verweis auf den Vorrang des Unionsrechts heißt, die Durchsetzung eigener Verfassungsgarantien würde »die Einheitlichkeit des im Rahmenbeschluss festgelegten Grundrechtsschutzes« in Frage stellen, zu einer Verletzung der Grundsätze des gegenseitigen Vertrauens führen und die Wirksamkeit des Rahmenbeschlusses beeinträchtigen.[329] Richtigerweise wird man die Kontrolle der Einhaltung grundlegender Grundrechtsstandards weniger als Ausdruck von Misstrauen, sondern als Bedingung der Herausbildung von belastbarem Vertrauen unter den Mitgliedstaaten ansehen müssen. Ohne die Einbeziehung der nationalen Gerichte wird dieses – unter den Vorbehalt der Wahrung elementarer Grundrechtsgarantien gestellte – Vertrauen schwach bleiben müssen. Das sieht der EuGH in der Rechtssache N.S. Zwar verpflichtet nicht jeder Verstoß, sondern nur die systematische Verletzung wesentlicher Grundrechte[330] durch einen Mitgliedstaat den anderen – einer entsprechenden Prüfpflicht unterliegenden – Mitgliedstaat zur Aufkündigung des Vertrauens und der Befreiung von Verpflichtungen aus politisch ausgehandeltem Sekundärrecht.

Institutionell handelt es sich aber um kein »entweder-oder« entlang der Kompetenzverteilung, sondern um ein »sowohl als auch« im Aufbau eines justiziellen Netzwerks in der transnationalen Konstellation. Nationalen Gerichten wird die Prüfung abverlangt, ob vertraut werden darf. Ein »blindes« Vertrauen in die politische Rechtserzeugung provoziert nicht bloß Verstöße gegen nationales Verfassungsrecht, sondern auch – nicht zuletzt vermittelt über Orientierungen an der EMRK-Rechtsprechung des EGMR – gegen grundlegende Rechtsgarantien des Unionsverfassungsrechts.

---

329 EuGH, Urt. v. 26.2.2013, Rs. C-399/11 Melloni, Rn. 63. Ähnlich Generalanwalt Y. Bot, Schlussanträge v. 19.3.2013, verb. Rs. C-584/10 P, C-593/10 P u. C-595/10 P Kadi IV, Rn. 85. Aus der Perspektive nationalen Grundrechtsschutzes für das Familienrecht auch Britz (2013: 110), wonach sich »nationale Rechtssetzungsautonomie für das Familienrecht und der Binnenmarktlogik folgende ungehinderte Vollstreckung über die Grenzen nationaler Familien und Prozessordnungen hinweg nicht vertragen, wenn man nicht Gefahr laufen will, in grenzüberschreitenden Sachverhalten unter Umständen eigene Grundrechtsstandards preisgeben zu müssen«.

330 Dieser Standard ist bislang nur vage umrissen und birgt in der Rechtsanwendung erhebliche Risiken (Canor 2013: 273 ff.). Die Ausdifferenzierung der Grundrechtsstandards ist in Mehrebenenordnungen aber unvermeidbar (v. Bogdandy 2001) und wird durch die konstitutionelle Pluralität der Union unter der Achtungsverpflichtung nationaler Identität (Art. 4 Abs. 2 EUV) gleichsam erzwungen.

Nationale Gerichte werden entsprechend der Idee des »dédoublement fonctionell« zu Hütern der Unionsgrundrechte, indem ihnen eine Überprüfungskompetenz »fremden« Rechts am groben Maßstab gemeinsamer Rechtsgarantien in der Anwendung europäischen Sekundärrechts zugesprochen wird.[331] Aufgegriffen wird damit die alte Einsicht aus dem Integrationsprozess, dass es auf die nationalen Institutionen ankommt, soll »überstaatliches« Recht gesellschaftliche Anerkennung finden. Dass der EuGH den für ihn relativ neuen Grundrechtsdiskurs zur Absicherung der Autonomie des Unionsrechts und seiner eigenen Macht instrumentalisiert, mag so sein, ist aber auch bei anderen Gerichten zu beobachten und wirft die generelle Frage nach der Legitimation gerichtlicher Entscheidungen auf.[332] Der konstitutionelle Pluralismus entwirft insoweit keinen normativen Zukunftsentwurf für die Lösung von Konflikten, erlaubt es aber, sich von staatsanalogen Einheitsvorstellungen für alle Ebenen des Verbundes zu verabschieden und politische Lösungen im Recht zu erhalten.

Die Rechtsprechung des EuGH zeigt, dass er auf hierarchische Vorranglösungen und einen »starken« Konstitutionalismus in Grundrechtsfragen nicht verzichten will.[333] Das kann aber nicht darüber hinwegtäuschen, dass er im Bereich der justiziellen Zusammenarbeit auch eine Form des »sanften» Konstitutionalismus zu etablieren sucht und mit der Einbindung der nationalen Gerichte am Solange-Test die »Tür zum institu-

331 Zur umgekehrten Konstellation, wo der EuGH als Hüter der nationalen Verfassung fungieren kann: EuGH, Urt. v. 6.11.2012, Rs. C-286/12 Kommission/Ungarn, Rn. 40 ff.; dazu Vincze (2013); Franzius, Über Sinn und Unsinn einer Kopenhagen-Kommission, www.verfassungsblog.de (8.5.2013).

332 Canor (2013: 289) vermutet eine Erneuerung der politikgestaltenden Funktion, indem der EuGH auf grundrechtlich motivierten Korrekturbedarf des Sekundärrechts aufmerksam macht. Das liegt im Fall des europäischen Asylrechts nahe, macht den EuGH aber noch nicht zum politischen Akteur (Grimmel 2012).

333 Eine Abschichtung der maßgeblichen Grundrechtsstandards nimmt Art. 51 Abs. 1 S. 1 GRC vor. Versteht man diese Kollisionsregel weit und eröffnen nationale Sachverhalte mit dem EuGH, Urt. v. 26.2.2013, Rs. C-617/10 Åkerberg Fransson, Rn. 24 ff. schon bei mittelbarer Berührung mit Sekundärrecht den Anwendungsbereich des Unionsrechts, dann könnten mit der Aktivierung der Unionsgrundrechte und einer restriktiven Interpretation der Schutzverstärkungen nach Art. 53 GRC, wie es der EuGH in Melloni (Fn. 327) andeutet, die nationalen Grundrechtsmaßstäbe verdrängt werden. Das versetzt der Hoffnung auf eine Doppelgeltung der Grundrechte aus Mindeststandards der Charta und gegebenenfalls weiterreichenden nationalen Standards einen Dämpfer und provoziert nationale Verfassungsidenitätsvorbehalte; drohend ohne erkennbaren Fallbezug auch der Erste Senat des BVerfG, Urt. v. 24.4.2013, 1 BvR 1215/07 Antiterrordatei, Abs.-Nr. 91.

tionellen Pluralismus« geöffnet hat. Dieser horizontale Teil des Tests füge der israelischen Rechtswissenschaftlerin Iris Canor (2013: 293) zufolge

»dem konstitutionellen Verständnis der Europäischen Union eine völlig neue Perspektive hinzu. Er wird nicht nur dahingehend verstanden, dass er die Beziehung zwischen verschiedenen Rechtsordnungen reguliert, sondern er betrifft auch die gegenseitige Kontrolle der Mitgliedstaaten bezüglich ihrer verfassungsmäßigen Ordnungen. Jedes damit befasste nationale Gericht kann andere Rechtssysteme kontrollieren und in Reaktion auf das Verhalten eines Staates eine einzuhaltende Regel vorschlagen. Diese Reaktion wird selbst Teil des Diskurses. Dies ist der Fall, da die Prinzipien bezüglich des horizontalen Solange für alle involvierten Gerichte den besten Weg bieten, in einem pluralistischen Kontext das Versprechen von Konstitutionalismus, an dessen Einhaltung sie gebunden sind, zu erfüllen. Die horizontale Dimension fügt eine zusätzliche, pluralistische, Dimension von verfassungsrechtlicher Argumentation hinzu bezüglich der Art, in der Dinge in anderen Mitgliedstaaten gehandhabt werden. Dennoch garantiert das horizontale Solange-Prinzip keinen uneingeschränkten Pluralismus, da das Risiko verfassungsrechtlicher Konflikte letztlich vom EuGH unter Kontrolle gehalten wird.«

Sollte dies zutreffend sein und dafür spricht nach dem Vorstehenden vieles, dann trägt die Perspektive des konstitutionellen Pluralismus in der Hervorbringung und Stabilisierung transnationalen Vertrauens zum Umbau des supranationalen Gemeinwesens bei. Nicht nur der Staat, sondern auch die Europäische Union sieht sich Veränderungen ausgesetzt, die mit dem Topos der transnationalen Konstellation umschrieben wurden. Ausgehend von der in diesem Buch zugrundegelegten Trennung und Verknüpfung von Recht und Politik in der Verfassung sowie der Einsicht in die wechselseitige Verwiesenheit von Verrechtlichung und Politisierung der Verwaltung liegt eine zentrale Herausforderung in der Entwicklung von Ordnungsmustern für die transnationale Konstellation. Deren Behandlung sollte nicht der Privatrechtswissenschaft überlassen bleiben. In der Analyse transnationaler Öffnungen und Begrenzungen geht es auch nicht um die Verdrängung des supra- oder internationalen Rechts, sondern um die Beschreibung der heterarchischen Vernetzungen von Rechtsordnungen unter der Wahl einer schwächeren Einheitsfolie, wie sie mit der Verbundbegrifflichkeit zum Ausdruck gebracht wird. Auf den Begriff des Verbundes braucht nicht verzichtet zu werden, solange klar ist, dass es sich um eine Ordnungsidee *rechtlicher* Ebenenverschränkungen handelt. Ist aber alles Recht, verschwimmen die Funktionsgrenzen und das Recht löste sich in der Totalitätsperspektive auf. Der Einschätzung *all is law* ließe sich ein *all is politics* entgegenhalten und wechselseitige Missachtung wäre die Folge.

Ebenso richtig ist allerdings auch, dass Recht nicht einfach an einen politischen Integrationsstand gebunden ist. Es strukturiert vielmehr politische Räume und verpflichtet vor dem Hintergrund der Kontingenzerfahrung der Moderne die politischen Akteure zur Einhaltung bestimmter Verfahrensanforderungen. Liegt eine Aufgabe des Rechts darin, das Vertrauen in politische Prozesse zu stabilisieren, dann müssen die bereitgestellten Verfahren für die Artikulation von Widerspruch und die Formulierung von Alternativen offen gehalten werden. Auf diese Weise ermöglicht Recht in der transnationalen Konstellation demokratische Politik.

Literatur

von Achenbach, Jelena (2012), »Vorschläge zu einer Demokratietheorie der dualen demokratischen Legitimation europäischer Hoheitsgewalt«, in: Stephan Kirste u.a. (Hg.), *Interdisciplinary Research in Jurisprudence and Constitutionalism*, Archiv für Rechts- und Sozialphilosphie, Beihefte, Bd. 127, S. 205–218.

Ahlhaus, Svenja/Niesen, Peter (2013), »Der Axtmörder und die Menschenrechtsgerichtsbarkeit. Überlegungen zum Fall Hirst des Europäischen Gerichtshofs für Menschenrechte«, in: Claudio Franzius/Franz C. Mayer/Jürgen Neyer (Hg.), *Grenzen der europäischen Integration*, Baden-Baden, S. 149–171.

Albert, Mattias/Stichweh, Rudolf (2007), *Weltstaat und Weltstaatlichkeit. Beobachtungen globaler politischer Strukturbildung*, Wiesbaden.

Alexy, Robert (2002), Verfassungsrecht und einfaches Recht – Verfassungsgerichtsbarkeit und Fachgerichtsbarkeit, *Veröffentlichungen der Vereinigung der Deutschen Staatsrechtslehrer*, Bd. 61, S. 7–32.

Amstutz, Marc (2009), »Métissage. Zur Rechtsform in der Weltgesellschaft«, in: Andreas Fischer-Lescano/Florian Rödl/Christoph U. Schmid (Hg.), *Europäische Gesellschaftsverfassung. Zur Konstitutionalisierung sozialer Demokratie in Europa*, Baden-Baden, S. 333–352.

Anter, Andreas (2003), »Im Schatten des Leviathan – Staatlichkeit als Ordnungsidee und Ordnungsinstrument«, in: Petra Bendel/Aurel Croissant/Friedbert W. Rüb (Hg.), *Demokratie und Staatlichkeit*, Wiesbaden, S. 35–55.

Antpöhler, Carlino (2012), Emergenz der europäischen Wirtschaftsregierung. Das Six Pack als Zeichen supranationaler Leistungsfähigkeit, *Zeitschrift für ausländisches öffentliches Recht und Völkerrecht*, Jg. 72, S. 353–393.

Appel, Ivo (2008), Das Verwaltungsrecht zwischen klassischem dogmatischen Verständnis und steuerungswissenschaftlichem Anspruch, *Veröffentlichungen der Vereinigung der Deutschen Staatsrechtslehrer*, Bd. 67, S. 226–285.

— (2012), »Staat und Bürger im Umweltverwaltungsverfahren«, in: Gesellschaft für Umweltrecht (Hg.), *Dokumentation zur 35. Wissenschaftlichen Fachtagung der Gesellschaft für Umweltrecht e.V.*, Berlin, S. 69–128.

Arendt, Hannah (1960/2002), *Vita activa oder Vom tätigen Leben*, München/Zürich.

— (1963), *On Revolution*, New York, dt. 1965, *Über die Revolution*, München.

— (2003), *Was ist Politik? Fragmente aus dem Nachlaß*, hrsg. von Ursula Ludz, München.

Ash, Timothy Garton (2013), The New German Question, The New York Review of Books v. 15.8.2013, http://www.nybooks.com/articles/archives/2013/aug/15/new-german-question/?pagination=false.

Augsberg, Ino (2012), Von einem neuerdings erhobenen empiristischen Ton in der Rechtswissenschaft, *Der Staat*, Jg. 51, S. 117–125.

— (2013), *Informationsverwaltungsrecht*, Münchener Habilitationsschrift.

Augsberg, Steffen (2010), Von der Solange- zur Soweit-Rechtsprechung: Zum Prüfungsumfang des Bundesverfassungsgerichts bei richtlinienumsetzenden Gesetzen, *Die Öffentliche Verwaltung*, Jg. 63, S. 153–160.

— (2012), Wer ist das Volk? Die Pluralität demokratischer Entscheidungsverfahren im Bundesstaat als Herausforderung für Verfassungsrecht und Demokratietheorie, *Zeitschrift für Gesetzgebung*, Jg. 27, S. 251–265.

Avbelj, Matej (2009), *Theory of European Bund*, Florenz, European University Institute (PhD Thesis).

— (2012), »Can European Integration be Constitutional and Pluralist – Both at the Same Time?«, in: ders./Jan Komárek (Hg.), *Constitutional Pluralism in the EU and Beyond*, Oxford, S. 381–409

— /Komárek, Jan (2012), *Constitutional Pluralism in the EU and Beyond*, Oxford.

Aviram, Amitai (2003), The Paradox of Spontaneous Formation of Private Legal Systems, Univerity of Chicago Law School, John M. Olin & Economics Working Paper 192.

Bäcker, Matthias (2011), Solange IIa oder Basta I? Das Vorratsdaten-Urteil des Bundesverfassungsgerichts aus europarechtlicher Sicht, *Europarecht*, Jg. 46, S. 103–120.

Baer, Susanne (2011), *Rechtssoziologie. Eine Einführung in die interdisziplinäre Rechtsforschung*, Baden-Baden.

Baier, Annette (1986), Trust and Anti-Trust, *Ethics*, Jg. 92, S. 231–260.

Balibar, Etienne (1993), »Was ist eine Politik der Menschenrechte?«, in: ders., *Die Grenzen der Demokratie*, Hamburg, S. 195–220.

Baranger, Denis (2012), Sur la manière française de rendre la justice constitutionnelle. Motivations et raisons politiques dans la jurisprudence du Conseil constitutionnel, Jus Politicum 7, http://www.iuspoliticum.com/Sur-la-maniere-francaise-de-rendre.html.

Bast, Jürgen (2005), The Constitutional Treaty as a Reflexive Constitution, *German Law Journal*, Jg. 6, S. 1433–1452.

— (2007a), Transnationale Verwaltung des europäischen Migrationsraums, *Der Staat*, Jg. 46, S. 1–32.

— (2007b), »Internationalisierung und De-Internationalisierung der Migrationsverwaltung«, in: Christoph Möllers/Andreas Voßkuhle/Christian Walter (Hg.), *Internationales Verwaltungsrecht*, Tübingen, S. 279–312.

— (2009a), »Das Demokratiedefizit fragmentierter Internationalisierung«, in: Hauke Brunkhorst (Hg.), *Demokratie in der Weltgesellschaft*, Soziale Welt, Sonderband 18, S. 185–193.

— (2009b), »Handlungsformen und Rechtschutz«, in: Armin v. Bogdandy/ders. (Hg.), *Europäisches Verfassungsrecht*, 2. Aufl. Berlin, S. 489–557.

— (2012), Diskussionsbeitrag, in: *Veröffentlichungen der Vereinigung der Deutschen Staatsrechtslehrer*, Bd. 71, S. 467–468.

— /Rödl, Florian (2012), Jenseits der Koordinierung? Zu den Grenzen der EU-Verträge für eine Europäische Wirtschaftsregierung, *Europäische Grundrechte Zeitschrift*, Jg. 39, S. 269–278.

Beaud, Olivier (2007), *Théorie de la fédération*, 1. Aufl. Paris.

Beck, Ulrich (2012), *Das deutsche Europa. Neue Machtlandschaften im Zeichen der Krise*, Berlin.

Becker, Anne (2005), Vorrang versus Vorherrschaft, *Europarecht*, Jg. 40, S. 353–363.

Bellamy, Richard (2007), *Political Constitutionalism. A Republican Defence of the Constitutionality of Democracy*, Cambridge.

Benhabib, Seyla (2008), *Kosmopolitismus und Demokratie. Eine Debatte*, Frankfurt am Main.

— (2009), »Menschenwürde, Kosmopolitismus und Demokratie«, in: Kritische Justiz (Hg.), *Verfassungsrecht und geselllschaftliche Realität*, Baden-Baden, S. 24–39.

— (2011), *Dignity in Adversity. Human Rights in Troubled Times*, Cambridge.

Benvenisti, Eyal/Downs, George W. (2007), The Empire's New Clothes: Political Economy and the Fragmentation of International Law, *Stanford Law Review*, Jg. 60, S. 595–631.

— /— (2009), National Courts, Domestic Democracy, and the Evolution of International Law, *European Journal of International Law*, Jg. 20, S. 59–72.

Bergmann, Jan (2006), Diener dreier Herren? Der Instanzrichter zwischen BVerfG, EuGH und EGMR, *Europarecht*, Jg. 41, S. 101–115.

— /Karpenstein, Ulrich (2009), Identitäts- und Ultra vires-Kontrolle durch das Bundesverfassungsgericht, *Zeitschrift für europarechtliche Studien*, Jg. 11, S. 529–542.

Berliner, Markus (2012), *Informationsbefugnisse der Bundesnetzagentur im Telekommunikationsrecht*, Baden-Baden.

Berman, Paul Schiff (2007), Global Legal Pluralism, *Southern California Review*, Jg. 80, S. 1155–1237.

— (2012), *Global Legal Pluralism: A Jurisprudence of Law Beyond Borders*, Cambridge.

Bertelsmann Stiftung (2009), Vertrauen in der Krise. Task Force »Perspektive 2020 – Deutschland nach der Krise«, Diskussionspapier.

Besson, Samantha (2009), European Legal Pluralism after Kadi, *European Constitutional Review*, Jg. 5, S. 237–264.

Bier, Wolfgang (2009), Aktuelle materiellrechtliche und verfahrensrechtliche Entscheidungen des BVerwG zum Telekommunikationsrecht, *Netzwirtschaften & Recht*, Jg. 6, S. 25–32.

Blümel, Willi (1972), » ›Demokratisierung der Planung‹ oder rechtsstaatliche Planung?«, in: Roman Schnur (Hg.), *Festschrift für Ernst Forsthoff zum 70. Geburtstag*, München, S. 9–36.

Böckenförde, Ernst Wolfgang (1967), »Die Entstehung des Staats als Vorgang der Säkularisation«, in: *Säkularisation und Utopie. Ebracher Studien. Ernst Forsthoff zum 65. Geburtstag*, Stuttgart, S. 75–94.

— (1998), »Ist Demokratie eine notwendige Forderung der Menschenrechte?«, in: Stefan Gosepath/Georg Lohmann (Hg.), *Philosophie der Menschenrechte*, Berlin, S. 233–243.

— (2004), »Demokratie als Verfassungsprinzip«, in: Josef Isensee/Paul Kirchhof (Hg.), *Handbuch des Staatsrechts*, Bd. 2, 3. Aufl. Heidelberg, § 24.

von Bogdandy, Armin (2001), Grundrechtsgemeinschaft als Integrationsziel?, *Juristen-Zeitung*, Jg. 56, S. 157–171.

— (2003a), »Europäische Prinzipienlehre«, in: ders. (Hg.), *Europäisches Verfassungsrecht*, 1. Aufl. Berlin, S. 149–203.

— (2003b), Demokratie, Globalisierung, Zukunft des Völkerrechts – eine Bestandsaufnahme, *Zeitschrift für internationales öffentliches Recht und Völkerrecht*, Jg. 63, S. 853–877.

— (2003c), Europäische und nationale Identität: Integration durch Verfassungsrecht?, *Veröffentlichungen der Vereinigung der Deutschen Staatsrechtslehrer*, Bd. 62, S. 156–190.

— (2005), Parlamentarismus in Europa: eine Verfalls- oder Erfolgsgeschichte?, *Archiv des öffentlichen Rechts*, Bd. 130, S. 445–464.

— (2008), Pluralism, Direct Effect and the Ultimate Say: On the Relationship between International and Domestic Constitutional Law, *International Journal of Constitutional Law*, Jg. 6, S. 397–413.

— (2009), »Grundprinzipien«, in: ders./Jürgen Bast (Hg.), *Europäisches Verfassungsrecht*, 2. Aufl. Berlin, S. 13–71.

— (2011), «Verwaltungsrecht im europäischen Rechtsraum – Perspektiven einer Disziplin«, in: ders./Sabino Cassese/Peter M. Huber (Hg.), *Handbuch Ius Publicum Europaeum*, Bd. 4, Heidelberg, § 57.

— (2012), The European Lesson for International Democracy: The Significance of Articles 9–12 EU Treaty for International Organizations, *European Journal of International Law*, Jg. 22, S. 315–334.

— (2013), »Grundprinzipien von Staat, supranationalen und internationalen Organisationen«, in: Josef Isensee/Paul Kirchhof (Hg.), *Handbuch des Staatsrechts*, Bd. 11, Heidelberg, § 232.

— u.a. (2012), Reverse Solange. Protecting the Essence of Fundamental Rights Against EU Member States, *Common Market Law Review*, Jg. 49, S. 489–520.

— /Bast, Jürgen (2010), »The Constitutional Approach to EU Law: From Taming Intergovernmental Relationships to Framing Political Processes«, in: dies. (Hg.), *Principles of European Constitutional Law*, 2. Aufl. Oxford und München.

— /Dann, Philipp/Goldmann, Matthias (2010), Völkerrecht als Öffentliches Recht: Konturen eines rechtlichen Rahmens für Global Governance, *Der Staat*, Jg. 49, S. 23–50.

— /Dellavalle, Sergio (2008a), Universalism and Particularism as Paradigms of International Law, Institute of International Law and Justice Working Paper 2008/03.

— /— (2008b), »Ad hostes docere – zu den Ursprüngen und zur Präsenz partikularistisch-holistischen Denkens«, in: Andreas Fischer-Lescano/Hans-Peter Gasser/Thilo Marauhn/Natalino Ronzitti (Hg.), *Frieden in Freiheit. Festschrift für Michael Bothe*, Baden-Baden, S. 847–863.

— /— (2009), Universalism Renewed: Habermas' Theory of International Order in Light of Competing Paradigms, *German Law Journal*, Jg. 10, S. 5–29.

— /Hinghofer-Szalkay, Stephan (2013): Das etwas unheimliche Ius Publicum Europaeum. Begriffsgeschichtliche Analysen im Spannungsfeld von europäischem Rechtsraum, droit public de l'Europe und Carl Schmitt, *Zeitschrift für ausländisches öffentliches Recht und Völkerrecht*, Jg. 73, S. 209–248.

— /Schill, Stephan (2010a), Die Achtung der nationalen Identität unter dem reformierten Unionsvertrag, *Zeitschrift für ausländisches öffentliches Recht und Völkerrecht*, Jg. 70, S. 701–734.

— /— (2010b), »Kommentierung zu Art. 4 EUV«, in: Eberhard Grabitz/Meinhard Hilf/Martin Nettesheim (Hg.), *Das Recht der Euroäischen Union*, 41. Ergänzungslieferung, München.

— /Venzke, Ingo (2010), Zur Herrschaft internationaler Gerichte: Eine Untersuchung internationaler öffentlicher Gewalt und ihrer demokratischen Rechtfertigung, *Zeitschrift für ausländisches öffentliches Recht und Völkerrecht*, Jg. 70, S. 1–49.

Börzel, Tanja A. (2013), »EU-Staatlichkeit – Ein Oxymoron?«, in: Andreas Voßkuhle/Christian Bumke/Florian Meinel (Hg.), *Verabschiedung und Wiederentdeckung des Staates im Spannungsfeld der Disziplinen*, Der Staat, Beiheft 21, S. 221–235.

Britz, Gabriele (2010), »Vom kulturellen Vorbehalt zum Kulturvorbehalt in der bundesverfassungsgerichtlichen Demokratietheorie des Lissabon-Urteils?«, in: Armin Hatje/Jörg Philipp Terhechte (Hg.), *Grundgesetz und europäische Integration*, Europarecht, Beiheft 1, S. 151–170.

— (2013), Grundrechtsschutz in der justiziellen Zusammenarbeit – zur Titelfreizügigkeit in Familiensachen, *Juristen-Zeitung*, Jg. 68, S. 105–111.

Brohm, Winfried (1987), Verwaltung und Verwaltungsgerichtsbarkeit in einem polyzentrischen System der Rechtserzeugung, *Die Öffentliche Verwaltung*, Jg. 40, S. 265–271.

Brunkhorst, Hauke (2010), »Europa zwischen Ende und Anfang der Demokratie. Rechtsevolution und revolutionäre Konstitutionalisierung in der Europäischen Union«, in: Claudio Franzius/Franz C. Mayer/Jürgen Neyer (Hg.), *Strukturfragen der Europäischen Union*, Baden-Baden, S. 181–203.

Bryde, Brun-Otto (1994), Die bundesrepublikanische Volksdemokratie als Irrweg der Demokratietheorie, *Staatswissenschaften und Staatspraxis*, Jg. 5, S. 305–330.

— (2000), »Das Demokratieprinzip des Grundgesetzes als Optimierungsaufgabe«, in: Kritische Justiz (Hg.), *Demokratie und Grundgesetz*, Baden-Baden, S. 59–70.

— (2011), »Transnationale Rechtsstaatlichkeit«, in: Christine Hohmann-Dennhardt/Peter Masuch/Mark Villiger (Hg.), *Grundrechte und Solidarität. Festschrift für Renate Jaeger*, Kehl, S. 65–73.

Buchanan, Ruth (2008), Reconceptualizing Law and Politics in the Transnational: Constitutional and Legal Pluralist Approaches, *Socio-Legal Reviews*, Jg. 5, S. 21–39.

Buckel, Sonja/Fischer-Lescano, Andreas (2007), *Hegemonie gepanzert mit Zwang. Zivilgesellschaft und Politik im Staatsverständnis Antonio Gramscis*, Baden-Baden.

Bull, Hans Peter (2010), Die »völlig unabhängige« Aufsichtsbehörde. Zum Urteil des EuGH vom 9.3.2010 in Sachen Datenschutzaufsicht, *Europäische Zeitschrift für Wirtschaftsrecht*, Jg. 21, S. 488–494.

Bumke, Christian/Röthel, Anne (2012), »Auf der Suche nach einem Recht des Privates Rechts«, in: dies. (Hg.), *Privates Recht*, Tübingen, S. 1–16.

Bunge, Thomas/Schlacke, Sabine/Schrader, Christian (2010), *Informationsrechte, Öffentlichkeitsbeteiligung und Rechtsschutz im Umweltrecht: Aarhus-Handbuch*, Berlin.

Calliess, Christian (2004), Europa als Wertegemeinschaft – Integration und Identität durch europäisches Verfassungsrecht?, *Juristen-Zeitung*, Jg. 59, S. 1033–1045.

— (2009), Europäische Gesetzgebung und nationale Grundrechte – Divergenzen in der aktuellen Rechtsprechung von EuGH und BVerfG, *Juristen-Zeitung*, Jg. 64, S. 113–121.

— (2010), *Die neue Europäische Union nach dem Vertrag von Lissabon*, Tübingen.

— (2012), Der Kampf um den Euro: Eine »Angelegenheit der Europäischen Union« zwischen Regierung, Parlament und Volk, *Neue Zeitschrift für Verwaltungsrecht*, Jg. 31, S. 1–7.

— /Schoenfleisch, Christopher (2012), Auf dem Weg in die europäische Fiskalunion? Europa- und verfassungsrechtliche Fragen einer Reform der Wirtschafts- und Währungsunion im Kontext des Fiskalvertrags, *Juristen-Zeitung*, Jg. 67, S. 477–487.

Calliess, Gralf-Peter (2013), *Transnationalisierung des Rechts*, Tübingen, im Erscheinen.

— /Mahlmann, Matthias (2002), »Einleitung«, in dies. (Hg.), *Der Staat der Zukunft*, Archiv für Rechts- und Sozialphilosophie, Beiheft 83, S. 11–26.

— /Steffek, Jens (2010), Transnationalismus in Politik und Recht: Versuch einer interdisziplinären Begriffsklärung, Manuskript, Sonderforschungsbereich Staatlichkeit im Wandel, Universität Bremen.

— /Zumbansen, Peer (2010), *Rough Consensus and Running Code. A Theory of Transnational Private Law*, Oxford.

Cancik, Pascale (2013), Wahlrecht und Parlamentsrecht als Gelingensbedingungen repräsentativer Demokratie, *Veröffentlichungen der Vereinigung der Deutschen Staatsrechtslehrer*, Bd. 72, S. 268–328.

Canor, Iris (2013), Solange horizontal – Der Schutz der EU-Grundrechte zwischen Mitgliedstaaten, *Zeitschrift für ausländisches öffentliches Recht und Völkerrecht*, Jg. 73, S. 249–294.

Caporaso, James/Kim, Min-hyung (2009), The Dual Nature of European Identity: Subjective Awareness and coherence, *Journal of European Public Policy*, Jg. 16, S. 19–42.

Cappeletti, Mauro/Seccombe, Monica/Weiler, Joseph (1985), »Integration through Law«, in: dies. (Hg.), *Integration through Law*, Bd. 1, Berlin.

Cassese, Sabino (2010), *When Legal Orders Collide: The Role of Courts*, Sevilla.

Chayes, Abram/Ehrlich, Thomas/Loewenfeld, Andreas F. (1968), *International Legal Process: Materials for an Introductory Course*, Boston.

— /Chayes, Antonia Handler (1995), *The New Sovereignty – Compliance with International Regulatory Agreements*, Cambridge.

Chiti, Edoardo (2004), Decentralisation and Integration into Community: A new Perspective on European Agencies, *European Law Journal*, Jg. 10, S. 402–438.

Christensen, Ralph/Böhne, Markus (2009), Europas Auslegungsgrenzen. Das Zusammenspiel von Europarecht und nationalem Recht, *Rechtstheorie*, Jg. 40, S. 285–311.

— /Fischer-Lescano, Andreas (2007), *Das Ganze des Rechts. Vom hierarchischen zum reflexiven Verständnis deutscher und europäischer Grundrechte*, Berlin.

— /Lerch, Kent D. (2007), Dass das Ganze das Wahre ist, ist nicht ganz unwahr, *Juristen-Zeitung*, Jg. 62, S. 438–444.

— /Kudlich, Hans (2008), *Gesetzesbindung. Vom vertikalen zum horizontalen Verständnis*, Berlin.

Claes, Monica (2006), *The National Courts' Mandate in the European Constitution*, Oxford.

Classen, Claus Dieter (2009), Legitime Stärkung des Bundestags oder verfassungsrechtliches Prokrustesbett?, *Juristen-Zeitung*, Jg. 64, S. 881–889.

Cotterrell, Roger (2008), Transnational Communities and the Concept of Law, *Ratio Juris*, Jg. 21, S. 1–18.

Craig, Paul (2010), »Political Constitutionalism and Judical Review«, in: Christopher F. Forsyth/Mark Elliott/Swati Jhaveri (Hg.), Effective Judicial Review: A cornerstone of good governance, Oxford Legal Studies Research Paper No. 58/2009.

— (2011), The ECJ and ultra vires action: A conceptual analysis, *Common Market Law Review*, Jg. 48, S. 395–437.

— (2012), The Stability, Coordination and Governance Treaty: Principle, Politics and Pragmatism, *European Law Review*, Jg. 37, S. 231–248.

Cruz-Villalón, Pedro (2010), »Legitimität durch Verfassungsgerichte? Vier Thesen«, in: Claudio Franzius/Franz C. Mayer/Jürgen Neyer (Hg.), *Strukturfragen der Europäischen Union*, Baden-Baden, S. 274–282.

von Daniels, Detlef (2010), »Theoretische Perspektiven auf die Verrechtlichung politischer Konflikte«, in: Wibke Frey/Lorenz Kahler/Edward Schramm/Sabine Müller-Mall (Hg.), *Konflikte im Recht – Recht der Konflikte, Archiv für Rechts und Sozialphilosophie*, Beiheft 125, S. 13–27.

Dann, Philipp (2004), *Parlamente im Exekutivföderalismus. Eine Studie zum Verhältnis von föderaler Ordnung und parlamentarischer Demokratie in der Europäischen Union*, Berlin.

— (2009), »Die politischen Organe«, in: Armin v. Bogdandy/Jürgen Bast (Hg.), *Europäisches Verfassungsrecht*, 2. Aufl. Berlin, S. 335–387.

— (2011), Verfassungsgerichtliche Kontrolle gesetzgeberischer Rationalität, *Der Staat*, Jg. 49, S. 630–646.

— (2013), »Für die Direktwahl eines EU-Präsidenten: Überlegungen zur Legitimation im unionalen Institutionensystem«, in: Claudio Franzius/Franz C. Mayer/Jürgen Neyer (Hg.), *Grenzen der europäischen Integration*, Baden-Baden, S. 251–261.

Davidson, Basil (1992), *The Black Man's Burden: Africa and the Curse of Nation-State*, New York.

von Danwitz, Thomas (2008), *Europäisches Verwaltungsrecht*, Berlin.

De Búrca, Gráinne (2008), Developing Democracy Beyond the State, Columbia *Journal of Transnational Law*, Jg. 48, S. 101–158.

— (2010), The EU, the European Court of Justice and the International Legal Order after Kadi, *Harvard International Law Journal*, Jg. 51, S. 1–49.

Deitelhoff, Nicole (2006), *Überzeugung in der Politik. Grundzüge einer Diskurstheorie internationalen Regierens*, Frankfurt am Main.

— (2012), »Leere Versprechungen? Deliberation und Opposition im Kontext transnationaler Legitimitätspolitik«, in: Anna Geis/Frank Nullmeier/Christopher Daase (Hg.), *Der Aufstieg der Legitimitätspolitik*, Leviathan Sonderband 27, S. 63–82.

— /Steffek, Jens (2009), *Was bleibt vom Staat? Demokratie, Recht und Verfassung im globalen Zeitalter*, Frankfurt am Main.

Dellavalle, Sergio (2011), »›Von oben‹ oder ›von unten‹? Der Schutz der Menschenrechte – zwei Interpretationsansätze«, in: Gret Haller/Klaus Günther/Ulfrid Neumann (Hg.), *Menschenrechte und Volkssouveränität in Europa*, Frankfurt am Main, S. 123–158.

— (2013), »Verfassungsrecht und die Ermöglichung von Politik«, in: Claudio Franzius/Franz C. Mayer/Jürgen Neyer (Hg.), *Grenzen der europäischen Integration*, Baden-Baden, S. 173–193.

Desens, Marc (2011), Auslegungsdivergenzen im europäischen Mehrebenensystem, *Europäische Grundrechte-Zeitschrift*, Jg. 38, S. 211–214.

Di Fabio, Udo (1990), Richtlinienkonformität als ranghöchstes Normauslegungsprinzip? Überlegungen zum Einfluss des indirekten Gemeinschaftsrechts auf die nationale Rechtsordnung, *Neue Juristische Wochenschrift*, Jg. 43, S. 947–954.

— (2004), Diskussionsbeitrag, *Veröffentlichungen der Vereinigung der Deutschen Staatsrechtslehrer*, Bd. 63, S. 72–73.

— (2008), Verfassungsstaat und Weltrecht, *Rechtstheorie*, Jg. 39, S. 399–418.

— (2011), Ewige Bindung oder flüchtige Liason?, *Frankfurter Allgemeine Zeitung* v. 6.12.2011, S. 8.

Dörr, Oliver (2005), »Privatisierung« des Völkerrechts, *Juristen-Zeitung*, Jg. 60, S. 905–916.

Dreier, Horst (2007), »Grundlagen und Grundzüge staatlichen Verfassungsrechts: Deutschland«, in: Armin v. Bogdandy/Pedro Cruz-Villálon/Peter M. Huber (Hg.), *Handbuch Ius Publicum Europaeum*, Bd. 1, Heidelberg, § 1.

— (2008), »Integration durch Verfassung? Rudolf Smend und die Grundrechtsdemokratie«, in: Friedhelm Hufen (Hg.), *Verfassungen zwischen Recht und Politik. Festschrift für Hans-Peter Schneider*, Baden-Baden, S. 70–96.

Dullien, Sebastian/Joebges, Heike (2011), Keine Angst vor EZB-Käufen von Staatsanleihen, Friedrich-Ebert-Stiftung, http://library.fes.de/pdf-files/id/ipa/08692.pdf.

Durner, Wolfgang (2011a), Schutz der Verbraucher durch Regulierungsrecht, *Veröffentlichungen der Vereinigung der Deutschen Staatsrechtslehrer*, Bd. 70, S. 391–447.

— (2011b), Möglichkeiten der Verbesserung förmlicher Verwaltungsverfahren am Beispiel der Planfeststellung, *Zeitschrift für Umweltrecht*, Jg. 22, S. 354–363.

Dworkin, Ronald (2012), *Gerechtigkeit für Igel*, Berlin.

Eberl, Oliver (2011), *Transnationalisierung der Volkssouveränität. Radikale Demokratie diesseits und jenseits des Staates*, Stuttgart.

— /Rödl, Florian (2010), Kritische Politische Ökonomie und radikale Demokratietheorie: eine Begegnung auf der Suche nach der postneoliberalen Weltrechtsordnung, *Kritische Justiz*, Jg. 43, S. 416–430.

Ecker-Ehrhardt, Matthias/Zürn, Michael (2007), Die Politisierung internationaler Institutionen, *Aus Parlament und Zeitgeschichte*, Jg. 57, 20–21/2007, S. 24–30.

Eder, Klaus (2004), »Europäische Öffentlichkeit und multiple Identitäten – das Ende des Volksbegriffs?«, in: Claudio Franzius/Ulrich K. Preuß (Hg.), *Europäische Öffentlichkeit*, Baden-Baden, S. 61–80.

Eifert, Martin (2008a), Das Verwaltungsrecht zwischen klassischem dogmatischen Verständnis und steuerungswissenschaftlichem Anspruch, *Veröffentlichungen der Vereinigung der Deutschen Staatsrechtslehrer*, Bd. 67, S. 286–333.

— (2008b), »Legitimationsstrukturen internationaler Verwaltung«, in: Hans-Heinrich Trute/Thomas Groß/Hans Christian Röhl/Christoph Möllers (Hg.), *Allgemeines Verwaltungsrecht – zur Tragfähigkeit eines Konzepts*, Tübingen, S. 307–331.

— (2010), Die gerichtliche Kontrolle der Entscheidungen der Bundesnetzagentur, *Zeitschrift für Handesrecht*, Jg. 174, S. 449–485.

Elias, Norbert (1976), *Über den Prozess der Zivilisation. Soziogenetische und psychogenetische Untersuchungen*, Bd. 2: *Wandlungen der Gesellschaft, Entwurf zu einer Theorie der Zivilisation*, Frankfurt am Main.

Ely, John Hart (1980), *Democracy and Distrust: A Theory of Judicial Review*, Cambridge.

Engelke, Karsten (2010), Transnationalisierung der Arzneimittelregulierung: Der Einfluss der ICH-Guidelines auf das deutsche Arzneimittelzulassungsrecht, *Medizinrecht*, Jg. 28, S. 619–624.

Everson, Michelle/Joerges Christian (2011), Reconfiguring the Politics-Law Relationship in the Integration Project through Conflicts Law Constitutionalism, RECON Online Working Paper 2011/31.

Falk, Richard/Strauss, Andrew (2000), On the Creation of a Global Peoples Assembly: Legitimacy and the Power of Popular Sovereignty, *Stanford Journal of International Law*, Jg. 36, S. 191–219.

Fassbender, Bardo (2007), Art. 19 Abs. 4 GG als Garantie innerstaatlichen Rechtsschutzes gegen Individualsanktionen des UN-Sicherheitsrates, *Archiv des öffentlichen Rechts*, Bd. 132, S. 257–286.

— (2010), Triepel in Luxemburg. Die dualistische Sicht des Verhältnisses zwischen Europa- und Völkerrecht in der »Kadi-Rechtsprechung des EuGH als Problem des Selbstverständnisses der Europäischen Union, *Die Öffentliche Verwaltung*, Jg. 63, S. 333–341.

Fehling, Michael (2011a), »Europäisches Verwaltungsverfahren und Verwaltungsprozessrecht«, in: Jörg Philipp Terhechte (Hg.), *Verwaltungsrecht der Europäischen Union*, Baden-Baden, § 12.

— (2011b), Eigenwert des Verfahrens im Verwaltungsrecht, *Veröffentlichungen der Vereinigung der Deutschen Staatsrechtslehrer*, Bd. 70, S. 278–337.

Feichtner, Isabel (2011), *The Law and Politics of WTO-Waivers. Stability and Flexibility in Public International Law*, Cambridge.

Feinäugle, Clemens A. (2011), *Hoheitsgewalt im Völkerrecht. Das 1267-Sanktionsregime der UN und seine rechtliche Fassung*, Berlin.

Fischer-Lescano, Andreas (2005), *Globalverfassung. Die Geltungsbegründung der Menschenrechte*, Weilersvist.

— (2008a), Transnationales Verwaltungsrecht. Privatverwaltungsrecht, Verbandsklage und Kollisionsrecht nach der Aarhus-Konvention, *Juristen-Zeitung*, Jg. 63, S. 373–383.

— (2008b), »Monismus, Dualismus? Pluralismus. Selbstbestimmung des Weltrechts bei Hans Kelsen und Niklas Luhmann«, in: Hauke Brunkhorst/Rüdiger Voigt (Hg.), *Rechts-Staat. Staat, Internationale Gemeinschaft und Völkerrecht bei Hans Kelsen*, Baden-Baden, S. 205–231.

— (2008c), Kritik der praktischen Konkordanz, *Kritische Justiz*, Jg. 41, S. 166–178.

— (2010), Europäische Rechtspolitik als transnationale Verfassungspolitik, ZERP-Diskussionspapier 2/2010, Universität Bremen.

— /Liste, Philip (2005), Völkerrechtspolitik. Zu Trennung und Verknüpfung von Politik und Recht in der Weltgesellschaft, *Zeitschrift für Internationale Beziehungen*, Jg. 12, S. 209–249.

— /Möller, Kolja (2009), »Europäische Grundrechte und die Konstitutionalisierung sozialer Demokratie in Europa«, in: Andreas Fischer-Lescano/Florian Rödl/Christoph U. Schmid (Hg.), *Europäische Gesellschaftsverfassung. Zur Konstitutionalisierung sozialer Demokratie in Europa*, Baden-Baden, S. 353–372.

— /Oberndorfer, Lukas (2013), Fiskalvertrag und Unionsrecht. Unionsrechtliche Grenzen völkervertraglicher Fiskalregulierung und Organleihe, *Neue Juristische Wochenschrift*, Jg. 69, S. 9–14.

— /Renner, Moritz (2011), »Europäisches Verwaltungsrecht und Völkerrecht«, in: Jörg Philipp Terhechte (Hg.), *Verwaltungsrecht der Europäischen Union*, Baden-Baden, § 10.

— /Teubner, Gunther (2006), *Regime-Kollisionen. Zur Fragmentierung des globalen Rechts*, Berlin.

— /Viellechner, Lars (2010), Globaler Rechtspluralismus, *Aus Politik und Zeitgeschichte*, Jg. 60, 34–35/2010, S. 20–26.

Fligstein, Neil (2008), *Euroclash: The EU, European Identity, and the Future of Europe*, Oxford.

Føllesdal, Andreas (2009), The Legitimacy of International Human Rights Review: The Case of the European Court of Human Rights, *Journal of Social Philosophy*, Jg. 40, S. 595–607.

Forst, Rainer/Günther, Klaus (2010), Die Herausbildung normativer Ordnungen. Zur Idee eines interdisziplinären Forschungsprogramms, Normative Orders Working Paper 01/2010, www.normativeorders.net.

Frankenberg, Günther (2000), »Alexis de Tocquevilles Frage: Zur Rolle der Verfassung im Prozess der Integration«, in: Gunnar Folke Schuppert/Christian Bumke (Hg.), *Bundesverfassungsgericht und gesellschaftlicher Grundkonsens*, Baden-Baden, S. 31–58.

— (2003), »Feindes Wiederkehr? Zur Verfassung des unbequemen Verhältnisses von Recht und Politik«, in: ders., *Autorität und Integration*, Berlin, S. 13–45.

Franzius, Claudio (2000), *Die Herausbildung der Instrumente indirekter Verhaltenssteuerung im Umweltrecht der Bundesrepublik Deutschland*, Berlin.

— (2006a), Funktionen des Verwaltungsrechts im Steuerungsparadigma der Neuen Verwaltungsrechtswissenschaft, *Die Verwaltung*, Jg. 39, S. 335–371.

— (2006b), Governance und Regelungsstrukturen, *Verwaltungs-Archiv*, Bd. 97, S. 186–219.

— (2008), Grundrechte als Verfassungsgefährdung? Der Vertrag von Lissabon aus deutscher Perspektive, *Die Öffentliche Verwaltung*, Jg. 61, S. 933–940.

— (2009a), *Gewährleistung im Recht. Grundlagen eines europäischen Regelungsmodells öffentlicher Dienstleistungen*, Tübingen.

— (2009b), »Horizontalisierung als Governance-Struktur. Der europäische Regulierungsverbund in den Netzwirtschaften«, in: Sebastian Botzem/Jeanette Hofmann/Sigrid Quack/Gunnar Folke Schuppert/Holger Straßheim (Hg.), *Governance als Prozess*, Baden-Baden, S. 635–651.

— (2009c), Wer hat das letzte Wort im Telekommunikationsrecht? Zum behördlichen Gestaltungsauftrag für die Zugangs- und Entgeltregulierung nach §§ 21, 30 TKG, *Deutsches Verwaltungsblatt*, Jg. 124, S. 409–416.

— (2009d), Neue Organisationsformen im Verwaltungsrecht, *Verwaltungsblätter für Baden-Württemberg*, Jg. 30, S. 121–126.

— (2010a), *Europäisches Verfassungsrechtsdenken*, Tübingen.
— (2010b), Europäisches Vertrauen? Eine Skizze, *Humboldt Forum Recht*, Jg. 12, S. 159–176.
— (2010c), Vom Nationalstaat zum Mitgliedstaat und wieder zurück? Modifikationen des Leitbildes »offener Staatlichkeit« durch das Lissabon-Urteil des Bundesverfassungsgerichts, *Leviathan*, Jg. 38, S. 429–464.
— (2011), »Vertrauen in der Gesetzgebung«, in: Michael Kloepfer (Hg.), *Gesetzgebung als wissenschaftliche Herausforderung*, Baden-Baden, S. 123–135.
— (2012a), »Modalitäten und Wirkungsfaktoren der Steuerung durch Recht«, in: Wolfgang Hoffmann-Riem/Eberhard Schmidt-Aßmann/Andreas Voßkuhle (Hg.), *Grundlagen des Verwaltungsrechs*, Bd. 1, 2. Aufl. München, § 4.
— (2012b), Stuttgart 21: Eine Epochenwende?, *Gewerbe-Archiv*, Jg. 58, S. 225–236.
— (2012c), Das TKG 2012, *Netzwirtschaften & Recht*, Jg. 9, S. 126–140.
— (2013a), »Europäische Verfassung als Rahmenordnung demokratischer Politik. Zur sozialen Gestaltungsfreiheit der europäischen Gesetzgeber«, in: Jürgen Bast/Florian Rödl (Hg.), *Wohlfahrtsstaatlichkeit und soziale Demokratie in der Europäischen Union*, Europarecht, Beiheft 1, S. 155–178.
— (2013b), »Rolle des Verfassungsrahmens«, in: Stefan Leible/Jörg Philipp Terhechte (Hg.), *Europäisches Rechtsschutz- und Verfahrensrecht*, Enzyklopädie Europarecht, Bd. 3, Baden-Baden, § 4.
— (2013c), »Demokratisierung der Europäischen Union«, *Europarecht*, Jg. 48, S. 655–668.
— (2013d), »Aktuelle Probleme des Umweltrechtsschutzes«, in: Claudio Franzius u.a. (Hg.), *Beharren. Bewegen. Festschrift für Michael Kloepfer zum 70. Geburtstag*, Berlin, S. 377–397.
— /Mayer, Franz C./Neyer, Jürgen (2010), »Strukturfragen der Europäischen Union«, in: dies. (Hg.), *Strukturfragen der Europäischen Union*, Baden-Baden, S. 13–34.
— /— /— (2013), *Grenzen der europäischen Integration: Herausforderungen für Recht und Politik*, Baden-Baden, S. 11–25.
— /Preuß, Ulrich K. (2004), *Europäische Öffentlichkeit*, Baden-Baden.
— /— (2012a), *Die Zukunft der europäischen Demokratie*, Baden-Baden.
— /— (2012b), Lebendige Demokratie: Die Zukunft der Europäischen Union, *Blätter für deutsche und internationale Politik* Jg. 57, Heft 11, S. 77–89.
Fraser, Nancy (2007), »Die Transnationalisierung der Öffentlichkeit. Legitimität und Effektivität der öffentlichen Meinung in einer postwestfälischen Welt«, in: Peter Niesen/Benjamin Herborth (Hg.), *Anarchie und kommunikative Freiheit*, Berlin, S. 224–253.
Frerichs, Sabine (2008), *Judicial Governance in der europäischen Rechtsgemeinschaft. Integration durch Recht jenseits des Staates*, Baden-Baden.
Frevert, Ute (2003), *Vertrauen. Historische Annäherungen*, Göttingen.
— (2009), Wer um Vertrauen wirbt, weckt Misstrauen, *Merkur*, Jg. 63, S. 21–28.

Frenzel, Eike Michael (2010), »Völlige Unabhängigkeit« im demokratischen Rechtsstaat, *Die Öffentliche Verwaltung*, Jg. 63, S. 925–931.

Friedman, Lawrence M. (1996), Borders: On the Emerging Sociology of Transnational Law, *Stanford Journal of International Law*, Jg. 32, S. 65–90.

Gärditz, Klaus Ferdinand (2010a), Keine gesetzliche Regulierungsfreistellung für neue Märkte im Telekommunikationsrecht, *Juristen-Zeitung*, Jg. 65, S. 198–201.

— (2010b), Europäisches Regulierungsverwaltungsrecht auf Abwegen, *Archiv des öffentlichen Rechts*, Bd. 135, S. 251–288.

— (2011), Angemessene Öffentlichkeitsbeteiligung bei Infrastrukturplanungen als Herausforderung im demokratischen Rechtsstaat, *Gewerbe-Archiv*, Jg. 57, S. 273–279.

— /Hillgruber, Christian (2009), Volkssouveränität und Demokratie ernst genommen – Zum Lissabon-Urteil des BVerfG, *Juristen-Zeitung*, Jg. 64, S. 872–881.

Gaus, Daniel (2004), »Demokratie zwischen Konflikt und Konsens. Zur politischen Philosophie Claude Leforts«, in: Oliver Flügel/Reinhard Heil/Andreas Hetzel (Hg.), *Die Rückkehr des Politischen – Demokratietheorien heute*, Darmstadt, S. 65–86.

Geiger, Rudolf (2010), »Kommentierung zu Art. 4 EUV«, in: ders./Daniel Erasmus Khan/Markus Kotzur, *EUV/AEUV*, 5. Aufl. München.

Gerhardt, Michael (2008), »Verfassungsgerichtliche Kontrolle der Verwaltungsgerichtsbarkeit als Parameter der Konstitutionalisierung des Verwaltungsrechts«, in: Hans-Heinrich Trute/Thomas Groß/Hans Christian Röhl/Christoph Möllers (Hg.), *Allgemeines Verwaltungsrecht – zur Tragfähigkeit eines Konzepts*, Tübingen, S. 735–748.

Glaser, Markus A. (2011), *Internationale Verwaltungsbeziehungen*, Tübingen.

Goldmann, Matthias (2007), »Der Widerspenstigen Zähmung, oder: Netzwerke dogmatisch gedacht. Eine Darstellung am Beispiel der OECD«, in: Sigrid Boysen u.a. (Hg.), *Netzwerke*, Baden-Baden, S. 225–246.

Goldoni, Marco (2012), Two internal critiques of political constitutionalism, *International Journal of Constitutional Law*, Jg. 10, S. 926–949.

Goldsmith, Jack L./Posner, Eric A. (2005), *The Limits of International Law*, Oxford.

Görisch, Christoph (2009), *Demokratische Verwaltung durch Unionsagenturen*, Tübingen.

Grabenwarter, Christoph (2010), »Die Verfassung in der Hierarchie der Rechtsordnung«, in: Otto Depenheuer/ders. (Hg.), *Verfassungstheorie*, Tübingen, § 11.

— (2011), Grundrechtsvielfalt und Grundrechtskonflikte im europäischen Mehrebenensystem – Wirkungen von EGMR-Urteilen und der Beurteilungsspielraum der Mitgliedstaaten, *Europäische Grundrechte-Zeitschrift*, Jg. 38, S. 229–232.

— (2012), Die deutsche Sicherungsverwahrung als Treffpunkt grundrechtlicher Parallelwelten, *Europäische Grundrechte-Zeitschrift*, Jg. 39, S. 507–514.

— /Pabel, Katharina (2011), *Europäische Menschenrechtskonvention*, 5. Aufl. München.

Graser, Alexander (2008), *Gemeinschaften ohne Grenzen? Zur Dekonzentration der rechtlichen Zugehörigkeiten zu politischen Gemeinschaften*, Tübingen.

Grawert, Rolf (2012), Homogenität, Identität, Souvernität. Positionen jurisdiktioneller Begriffsdogmatik, *Der Staat*, Jg. 51, S. 189–213.

Grefraht, Holger (2010), Exposé eines Verfassungsprozessrechts von den Letztfragen? Das Lissabon-Urteil zwischen actio pro socio und negativer Theologie, *Archiv des öffentlichen Rechts*, Bd. 135, S. 221–250.

Griffiths, John (1986), What is Legal Pluralism? *Journal of Legal Pluralism*, Jg. 24, S. 1–55.

Grimm, Dieter (1991), *Die Zukunft der Verfassung*, Berlin.

— (2004), Integration durch Verfassung. Absichten und Aussichten im europäischen Konstitutionalisierungsprozess, *Leviathan*, Jg. 32, S. 448–463.

— (2005), »Entwicklung und Funktion des Verfassungsbegriffs«, in: Thomas Cottier/Walter Kälin (Hg.), *Die Öffnung des Verfassungsrechts*, Bern, S. 7–10.

— (2009a), *Souveränität. Herkunft und Zukunft eines Schüsselbegriffs*, Berlin.

— (2009b), »Zur Bedeutung nationaler Verfassungen in einem vereinten Europa«, in: Detlef Merten/Hans-Jürgen Papier (Hg.), *Handbuch der Grundrechte* Bd. VI/2, Heidelberg, § 168.

— (2009c), »Gesellschaftlicher Konstitutionalismus – Eine Kompensation für den Bedeutungsschwund der Staatsverfassung?«, in: Matthias Herdegen/Hans Hugo Klein/Hans-Jürgen Papier/Rupert Scholz (Hg.), *Staatsrecht und Politik. Festschrift für Roman Herzog zum 75. Geburtstag*, München, S. 67–81.

— (2011a), »Verfassungsbilanz«, in: Thomas Vesting/Stefan Korioth (Hg.), *Der Eigenwert des Verfassungsrechts*, Tübingen, S. 379–394.

— (2011b), Was das Grundgesetz will, ist eine politische Frage, *Frankfurter Allgemeine Zeitung* v. 22.12.2011, S. 30.

— (2012a), *Die Zukunft der Verfassung II. Auswirkungen von Europäisierung und Globalisierung*, Berlin.

— (2012b), *Das Öffentliche Recht vor der Frage nach seiner Identität*, Tübingen.

— (2012c), Diskussionsbeitrag, in: *Veröffentlichungen der Vereinigung der Deutschen Staatsrechtslehrer*, Bd. 71, S. 84–85.

Grimmel, Andreas (2012), Judicial Interpretation or Judicial Activism? The Legacy of Rationalism in the Studies of the European Court of Justice, *European Law Journal*, Jg. 18, S. 518–535.

Groß, Thomas (2011a), Postnationale Demokratie. Gibt es ein Menschenrecht auf transnationale Selbstbestimmung?, *Rechtswissenschaft*, Jg. 2, S. 125–153.

— (2011b), Stuttgart 21: Folgerungen für Demokratie und Verwaltungsverfahren, *Die Öffentliche Verwaltung*, Jg. 64, S. 510–515.

— (2012), Unabhängige EU-Agenturen – eine Gefahr für die Demokratie?, *Juristen-Zeitung*, Jg. 67, S. 1087–1093.

Grzeszick, Bernd (2012), Rationalitätsanforderungen an die parlamentarische Rechtsetzung im demokratischen Rechtsstaat, *Veröffentlichungen der Vereinigung der Deutschen Staatsrechtslehrer*, Bd. 71, S. 49–81.

Günther, Frieder (2004), *Denken vom Staat her. Die bundesdeutsche Staatsrechtslehre zwischen Dezision und Integration 1949–1970*, München.

Günther, Klaus (2001), »Rechtspluralismus und universaler Code der Legalität: Globalisierung als rechtstheoretisches Problem«, in: ders./Lutz Wingert (Hg.), *Die Öffentlichkeit der Vernunft und die Vernunft der Öffentlichkeit*, Berlin, S. 539–567.

Gundel, Jörg (2012), *Die europarechtlichen Instrumente zur Überwindung der Finanzkrise*, Greifswalder Beiträge zum Recht, Heft 14, S. 69–79.

Gusy, Christoph (2007), Brauchen wir eine juristische Staatslehre?, *Jahrbuch des Öffentlichen Rechts*, Bd. 55, S. 41–71.

Habermas, Jürgen (1994), »Über den internen Zusammenhang von Rechtsstaat und Demokratie«, in: Ulrich K. Preuß (Hg.), *Zum Begriff der Verfassung*, Frankfurt am Main, S. 83–94.

— (1996), *Die Einbeziehung des Anderen*, Berlin.

— (2005), Eine politische Verfassung für die pluralistische Weltgesellschaft?, *Kritische Justiz*, Jg. 38, S. 221–247.

— (2009), »Der demokratische Rechtsstaat – eine paradoxe Verbindung widersprüchlicher Prinzipien?«, in: ders., *Philosophische Texte*, Bd. 4, Berlin, S. 154–175.

— (2011), »Die Krise der Europäischen Union im Lichte einer Konstitutionalisierung des Völkerrechts«, in: ders., *Zur Verfassung Europas*, Berlin, S. 39–96.

Häberle, Peter (2002), *Europäische Verfassungslehre*, 2. Aufl. Baden-Baden.

Hailbronner, Kay/Thym, Daniel (2011), Ruiz Zambrano – Die Entdeckung des Kernbereichs der Unionsbürgerschaft, *Neue Juristische Wochenschrift*, Jg. 64, S. 2008–2014.

— (2012), Vertrauen im europäischen Asylsystem, *Neue Zeitschrift für Verwaltungsrecht*, Jg. 31, S. 406–409.

Halberstam, Daniel (2008), »Constitutionalism and Pluralism in Marbury and van Gend«, in: Miguel Poiares Maduro/Luc Azoulai (Hg.), *The Past and the Future of EU Law: Revisiting the Classics of the 50th Anniversary of the Rome Treaty*, Oxford, S. 26–36.

— (2009), »Constitutional Heterarchy. The Centrality of Conflict in the European Union and the United States«, in: Jeffrey L. Dunoff/Joel P. Trachtman (Hg.), *Ruling the World? Constitutionalism, International Law, and Global Governance*, Cambridge, S. 326–355.

— /Stein, Eric (2009), The United Nations, the European Union, and the King of Sweden: Economic Sanctions and Individual Rights in a Plural World Order, *Common Market Law Review*, Jg. 46, S. 13–72.

Halfmann, Jost (2008), Nationalstaat und Recht der Weltgesellschaft, *Rechtstheorie*, Jg. 39, S. 279–300.

Haller, Gret (2010), Individualisierung der Menschenrechte? Die kollektive – demokratische – Dimension der Menschenrechte und ihre Bedeutung für Integrationsprozesse, illustriert durch das Beispiel des State-Building in Bosnien und Herzegowina, *Zeitschrift für Rechtssoziologie*, Jg. 31, S. 123–144.

— (2011), »Einführung«, in: dies./Klaus Günther/Ulfrid Neumann (Hg.), *Menschenrechte und Volkssouveränität in Europa*, Frankfurt am Main, S. 13–42.

— (2012), *Menschenrechte ohne Demokratie? Der Weg der Versöhnung von Freiheit und Gleichheit*, Berlin.

Haltern, Ulrich (2003), Internationales Verfassungsrecht? Anmerkungen zu einer kopernikanischen Wende, *Archiv des öffentlichen Rechts*, Bd. 128, S. 511–557.

Handl, Günther/Zekoll, Joachim/Zumbansen, Peer (2012), *Beyond Territoriality. Transnational Legal Authority in an Age of Globalization*, Leiden.

Hanebeck, Alexander (2004), *Der demokratische Bundesstaat des Grundgesetzes*, Berlin.

Hanschmann, Felix (2008), *Der Begriff der Homogenität in der Verfassungslehre und der Europarechtswissenschaft*, Berlin.

— (2009), »Theorie transnationaler Rechtsprozesse«, in: Sonja Buckel/Ralph Christensen/Andreas Fischer-Lescano (Hg.), *Neue Theorien des Rechts*, 2. Aufl. Stuttgart, S. 375–399.

Hartmann, Moritz (2011), Globaler Klimawandel und Europäischer Rechtspluralismus, *Europarecht*, Jg. 46, S. 636–655.

Haus, Michael (2010), Governance-Theorien und Governance-Probleme: Diesseits und jenseits des Steuerungsparadigmas, *Politische Vierteljahresschrift*, Jg. 51, S. 457–479.

Heinig, Michael Hans (2012), Diskussionsbeitrag, in: *Veröffentlichungen der Vereinigung der Deutschen Staatsrechtslehrer*, Bd. 71, S. 88–89.

Held, David (1995), *Democracy and Global Order. From the Modern State to Cosmopolitan Governance*, Stanford.

— (2002), »Die Globalisisierung regulieren? Die Neuerfindung von Politik«, in: Matthias Lutz-Bachmann/James Bohman (Hg.), *Weltstaat oder Staatenwelt? Für und wider die Idee einer Weltrepublik*, Berlin, S. 104–124.

Hennis, Wilhelm (1962), »Amtsgedanke und Demokratie«, in: Konrad Hesse/Siegfried Reicke/Ulrich Scheuner (Hg.), *Staatsverfassung und Kirchenordnung. Festschrift für Rudolf Smend*, Tübingen, S. 55–70.

Hentschelmann, Kai (2011), Finanzhilfen im Lichte der no-bail-out-Klausel. Eigenverantwortung und Solidarität in der Währungsunion, *Europarecht*, Jg. 46, S. 282–312.

Herbst, Tobias (2003), *Legitimität durch Verfassunggebung*, Baden-Baden.

— (2012), Die These der einzig richtigen Entscheidung, *Juristen-Zeitung*, Jg. 67, S. 891–900.

Herrmann, Christoph (2010), Griechische Tragödie – der währungsverfassungsrechtliche Rahmen für die Rettung, den Austritt oder den Ausschluss von überschuldeten Staaten aus der Eurozone, *Europäische Zeitschrift für Wirtschaftsrecht*, Jg. 21, S. 413–418.

Herzmann, Karsten (2010), *Konsultationen. Eine Untersuchung von Prozessen kooperativer Maßstabskonkretisierung in der Energieregulierung*, Tübingen.

Hesse, Konrad (1999), *Grundzüge des Verfassungsrechts der Bundesrepublik Deutschland*, 20. Aufl. Heidelberg.

Hettlage, Robert/Deger, Petra (2007), »United States of Europe? Ein Ausblick«, in: dies. (Hg.), *Der europäische Raum. Die Konstruktion europäischer Grenzen*, Wiesbaden, S. 307–322.

Heun, Werner (2012), *Die Verfassungsordnung der Bundesrepublik Deutschland*, Tübingen.

Heuschling, Luc (2008), »Wissenschaft vom Verfassungsrecht: Frankreich«, in: Armin v. Bogdandy/Peter M. Huber/Pedro Cruz-Villalón (Hg.), *Handbuch Ius Publicum Europaeum*, Bd. 2, Heidelberg, § 28.

Hitzel-Cassagnes, Tanja (2010), Die Inklusion von Betroffenenperspektiven bei der Anerkennung von Menschenrechten, *Kritische Justiz*, Jg. 43, S. 4–12.

Höffe, Otfried (2002), »Globalität statt Globalismus. Über eine subsidiäre und föderale Weltrepublik«, in: Matthias Lutz-Bachmann/James Bohman (Hg.), *Weltstaat oder Staatenwelt? Für und wider die Idee einer Weltrepublik*, Berlin, S. 8–31.

Höreth, Markus (1999), *Die Europäische Union im Legitimationstrilemma*, Baden-Baden.

Hoffmann-Riem, Wolfgang (1990), Reform des Allgemeinen Verwaltungsrechts als Aufgabe, *Archiv des öffentlichen Rechts*, Bd. 115, S. 400–447.

— (2006), Kontrolldichte und Kontrollfolgen beim nationalen und europäischen Schutz von Freiheitsrechten in mehrpoligen Rechtsverhältnissen, *Europäische Grundrechte-Zeitschrift*, Jg. 33, S. 492–499.

— (2008), »Kohärenzvorsorge hinsichtlich verfassungsrechtlicher Maßstäbe für die Verwaltung in Europa«, in: Hans-Heinrich Trute/Thomas Groß/Hans Christian Röhl/Christoph Möllers (Hg.), *Allgemeines Verwaltungsrecht – zur Tragfähigkeit eines Konzepts*, Tübingen, S. 749–768.

— (2012), »Rechtsformen, Handlungsformen, Bewirkungsformen«, in: ders./ Eberhard Schmidt-Aßmann/Andreas Voßkuhle (Hg.), *Grundlagen des Verwaltungsrechts*, Bd. 2, 2. Aufl. München, § 33.

Hofmann, Hans/Konow, Christian (2012), Die neue Stabilitätsarchitektur der Europäischen Union, *Zeitschrift für Gesetzgebung*, Jg. 27, S. 138–163.

Hofmann, Hasso (1999), Von der Staatssoziologie zur Soziologie der Verfassung?, *Juristen-Zeitung*, Jg. 54, S. 1065–1074.

— (2001), Demokratie und Menschenrechte, *Juristen-Zeitung*, Jg. 56, S. 1–8.

— (2002), Vom Wesen der Verfassung, *Jahrbuch des Öffentlichen Rechts*, Bd. 52, S. 3–20.

— (2005), »Souverän ist, wer über den Ausnahmezustand entscheidet«, in: *Der Staat*, Jg. 44, S. 171–186.

Hofmann, Herwig (2009), Legislation, Delegation and Implementation under the Treaty of Lisbon: Typology Meets Reality, *European Law Journal*, Jg. 15, S. 482–505.

Hofmann, Jens (2004), *Rechtsschutz und Haftung im Europäischen Verwaltungsverbund*, Tübingen.

Holznagel, Bernd/Schumacher, Pascal (2012), Regulierung ohne Regierung? Zur Vereinbarkeit unabhängiger Regulierungsbehörden mit dem Demokratieprinzip, *JURA*, Jg. 35, S. 501–506.

Hong, Mathias (2012), Subjektive Rechte und Schutznormtheorie im europäischen Verwaltungsrechtsraum, *Juristen-Zeitung*, Jg. 67, S. 380–387.

Hwang, Shu-Perng (2012), Beurteilungsspielraum zugunsten außerrechtlicher Bewertung? Kritische Bemerkungen zur Einräumung behördlicher Beurteilungsspielräume im Umwelt- und im Telekommunikationsrecht, *Verwaltungs-Archiv*, Bd 103, S. 356–378.

Isensee, Josef (1981), Die polare Legitimation des Grundgesetzes, *Der Staat*, Bd. 20, S. 161–176.

— (1987), »Staat und Verfassung«, in: ders./Paul Kirchhof (Hg.), *Handbuch des Staatsrechts*, Bd. 1, Heidelberg, § 13.

— (1992), »Verfassungsrecht als ›politisches Recht‹«, in: ders./Paul Kirchhof (Hg.), *Handbuch des Staatsrechts*, Bd. 7, Heidelberg, § 162.

— (1995), *Am Ende der Demokratie – oder am Anfang*, Berlin.

Jesch, Dietrich (1961), *Gesetz und Verwaltung. Eine Problemstudie zum Wandel des Gesetzmäßigkeitsprinzips*, Tübingen.

Jessup, Philip C. (1956), *Transnational Law*, New Haven.

Jestaedt, Matthias (2006), *Das mag in der Theorie richtig sein ... Vom Nutzen der Rechtstheorie für die Rechtspraxis*, Tübingen.

— (2008), »Konkurrenz von Rechtsdeutungen statt Koexistenz von Rechtsordnungen«, in: Hauke Brunkhorst/Rüdiger Voigt (Hg.), *Rechts-Staat. Staat, Internationale Gemeinschaft und Völkerrecht bei Hans Kelsen*, Baden-Baden, S. 233–248.

— (2009a), Besprechung, *Archiv des öffentlichen Rechts*, Bd. 134, S. 120–124.

— (2009b), Warum in die Ferne schweifen, wenn der Maßstab liegt so nah, *Der Staat*, Jg. 48, S. 497–516.

— (2011), »Zur Kopplung von Politik und Recht in der Verfassungsgerichtsbarkeit«, in: Thomas Vesting/Stefan Korioth (Hg.), *Der Eigenwert des Verfassungsrechts*, Tübingen, S. 317–332.

— (2012), Die deutsche Staatsrechtslehre im europäisierten Rechtswissenschaftsdiskurs, *Juristen-Zeitung*, Jg. 67, S. 1–10.

— /Lepsius, Oliver/Möllers, Christoph/Schönberger, Christoph (2011), *Das entgrenzte Gericht. Eine kritische Bilanz nach sechzig Jahren Bundesverfassungsgericht*, Berlin.

Joerges, Christian (2007), »Europarecht als ein Kollisionsrecht neuen Typs: Wie eine europäische unitas in pluralitate verfasst werden kann«, in: Martin Führ/Rainer Wahl/Peter v. Wilmowsky (Hg.), *Umweltrecht und Umweltwissenschaft. Festschrift für Eckard Rehbinder*, Berlin, S. 719–747.

— (2008), »Integration durch Entrechtlichung?«, in: Gunnar Folke Schuppert/Michael Zürn (Hg.), *Governance in einer sich wandelnden Welt*, Politische Vierteljahresschrift-Sonderheft 41, S. 213–237.

— (2009), »Integration durch supranationales Kollisionsrecht: Zur Verteidigung des europäischen Projekts durch eine alternative Konzeptualisierung seiner Rechtsverfassung«, in: Andreas Fischer-Lescano/Florian Rödl/Christoph U.

Schmid (Hg.), *Europäische Gesellschaftsverfassung. Zur Konstitutionalisierung sozialer Demokratie in Europa*, Baden-Baden, S. 373–394.

— /Mény, Ives/Weiler, Joseph (2002), Mountain or Molehill? A Critical Appraisal of the Commission's White Paper on Governance, Jean Monnet Working Paper No. 6/01.

— /Rödl, Florian (2009), Informal Politics, Formalised Law and the »Social Deficit« of European Integration: Reflections after the Judgments of the ECJ in Viking and Laval, *European Law Journal*, Jg. 15, S. 1–19.

— /Weimer, Maria (2013), »A Crisis of Executive Managerialism in the EU: No Alternative?«, in: Gráinne de Búrca/Claire Kilpatrick/Joanne Scott (Hg.), *Liber Amicorum for David M. Trubek*, Oxford, im Erscheinen.

Kadelbach, Stefan (1998), »Einheit der Rechtsordnung als Verfassungsprinzip der Europäischen Union?«, in: Armin v. Bogdandy/Claus Dieter Ehlermann (Hg.), Konsolidierung und Kohärenz des Primärrechts nach Amsterdam, *Europarecht*, Beiheft 2, S. 51–66.

— (2010), »Grundrechtedemokratie als Vorbild?«, in: Claudio Franzius/Franz C. Mayer/Jürgen Neyer (Hg.), *Strukturfragen der Europäischen Union*, Baden-Baden, S. 259–273.

— /Günther, Klaus (2011), »Recht ohne Staat?«, in: dies. (Hg.), *Recht ohne Staat? Zur Normativität nichtstaatlicher Rechtsetzung*, Frankfurt am Main, S. 9–48.

Kaiser, Karl (1971), »Transnational Relations as a Threat to the Democratic Process«, in: Robert O. Keohane/Joseph S. Nye (Hg.), *Transnational Relations and World Politics*, Cambridge, S. 356–370.

Kalmo, Hent/Skinner, Quentin (2010), *Sovereignty in Fragments: The Past, Present and Future of a Contested Concept*, Cambridge.

Kaufhold, Ann-Katrin (2012), Gegenseitiges Vertrauen. Wirksamkeitsbedingung und Rechtsprinzip der justiziellen Zusammenarbeit im Raum der Freiheit, der Sicherheit und des Rechts, *Europarecht*, Jg. 47, S. 408–432.

Kelsen, Hans (1920), *Das Problem der Souveränität und die Theorie des Völkerrechts*, Tübingen.

— (1929), Wesen und Entwicklung der Staatsgerichtsbarkeit, *Veröffentlichungen der Vereinigung der Deutschen Staatsrechtslehrer*, Bd. 5, S. 30–88.

— (1934), *Reine Rechtslehre. Einleitung in die rechtswissenschaftliche Problematik*, Wien.

— (1963), *Vom Wesen und Wert der Demokratie*, 2. Aufl. Aalen.

— /Ehrlich, Eugen (2003), *Rechtssoziologie und Rechtswissenschaft. Eine Kontroverse (1915/17)*, hrsg. von Klaus Lüderssen, Baden-Baden.

Kemmerer, Alexandra (2010), »Legitimationssubjekte: Staatsbürger und Unionsbürger«, in: Claudio Franzius/Franz C. Mayer/Jürgen Neyer (Hg.), *Strukturfragen der Europäischen Union*, Baden-Baden, S. 204–217.

Kersten, Jens (2010), Herstellung von Wettbewerb als Verwaltungsaufgabe, *Veröffentlichungen der Vereinigung der Deutschen Staatsrechtslehrer*, Bd. 69, S. 288–334.

Kingreen, Thorsten (2009), Governance im Gesundheitsrecht, *Die Verwaltung*, Jg. 43, S. 339–375.

— (2010), Grundfreiheiten und Grundrechte, in: Claudio Franzius/Franz C. Mayer/Jürgen Neyer (Hg.), *Strukturfragen der Europäischen Union*, Baden-Baden, S. 218–230.

— (2013), Die Grundrechte des Grundgesetzes im europäischen Grundrechtsföderalismus, *Juristen-Zeitung*, Jg. 68, S. 801–811.

Kingsbury, Benedict/Krisch, Nico/Stewart, Richard B. (2005), The Emergence of Global Administrative Law, *Law & Contemporary Problems*, Jg. 68, S. 15–61.

Kleingeld, Pauline (2011), *Kant and Cosmopolitanism: The Philosophical Ideal of World Citizenship*, Cambridge.

Kleinlein, Thomas (2012), *Konstitutionalisierung im Völkerrecht. Konstruktion und Elemente einer idealistischen Völkerrechtslehre*, Heidelberg.

Kloepfer, Michael (2002), *Technik und Recht im wechselseitigen Werden*, Berlin.

— (2003), Instrumente des Technikrechts«, in: Martin Schulte (Hg.), *Handbuch zum Technikrecht*, 1. Aufl. Berlin, S. 111–153.

Kment, Martin (2010), *Grenzüberschreitendes Verwaltungshandeln*, Tübingen.

— (2012), Europarechtswidrigkeit des § 4 I UmwRG?, *Neue Zeitschrift für Verwaltungsrecht*, Jg. 31, S. 481–483.

Knauff, Matthias (2007), Regulierungsverwaltungsrechtlicher Rechtsschutz, *Verwaltungs-Archiv*, Bd. 96, S. 382–409.

Koh, Harold Hangju (1996), Transnational Legal Process, *Nebraska Law Review*, Jg. 75, S. 181–207.

— (2005), Why Transnational Law Matters, *Penn State International Law Review*, Jg. 23, S. 745–753.

Komárek, Jan (2012), Czech Constitutional Court. Playing with Matches: The Czech Constitutional Court Declares Judgement of the Court of Justice of the EU Ultra Vires; Judgement of 31 January 2012, Pl. ÚS 5/12, Slovak Pensions XVII, *European Constitutional Law Review*, Jg. 8, S. 323–337.

Koschorke, Albrecht u.a. (2007), *Der fiktive Staat. Konstruktionen des politischen Körpers in der Geschichte Europas*, Frankfurt am Main.

Koskenniemi, Martti (2002), *The Gentle Civilizer of Nations. The Rise and Fall of International Law 1870–1960*, Cambridge.

— (2008), »Formalisierung, Fragmentierung, Freiheit«, in: Regina Kreide/Andreas Niederberger (Hg.), *Transnationale Verrechtlichung*, Frankfurt am Main, S. 65–89.

— /Leino, Päivi (2002), Fragmentation of International Law? Postmodern Anxieties, *Leiden Journal of International Law*, Jg. 15, S. 553–579.

Kottmann, Matthias/Wohlfahrt, Christian (2009), Der gespaltene Wächter? Demokratie, Verfassungsidentität und Integrationsverantwortung im Lissabon-Urteil, *Zeitschrift für ausländisches öffentliches Recht und Völkerrecht*, Jg. 69, S. 443–470.

Kotzur, Markus (2005), »Die Demokratiedebatte in der deutschen Verfassungsrechtslehre«, in: Hartmut Bauer/Peter M. Huber/Karl-Peter Sommermann (Hg.), *Demokratie in Europa*, Tübingen, S. 351–388.

— (2006), Eine Bewährungsprobe für die Europäische Grundrechtsgemeinschaft. Zur Entscheidung des EuG in der Rs. Yusuf u.a. gegen den Rat, *Europäische Grundrechte-Zeitschrift*, Jg. 33, S. 19–26.

— (2010), Demokratie als Wettbewerbsordnung, *Veröffentlichungen der Vereinigung der Deutschen Staatsrechtslehrer*, Bd. 69, S. 173–226.

— (2013), »Constitutional Moments« in globaler Perspektive – eine völkerrechtliche Spurensuche, Hamburger Antrittsvorlesung v. 24.1.2013, im Erscheinen.

Krajewski, Markus (2009), »Zur Demokratisierung von Global Economic Governance«, in: Hauke Brunkhorst (Hg.), *Demokratie in der Weltgesellschaft*, Soziale Welt, Sonderband 18, S. 215–230.

Krämer, Gregor (2008), *Die Bekämpfung von Geldwäsche und Terrorismusfinanzierung. Die Tätigkeit der FATF als internationale Standardsetzung*, Baden-Baden.

Kreide, Regina/Niederberger, Andreas (2008), *Transnationale Verrechtlichung. Nationale Demokratien im Kontext globaler Politik*, Frankfurt am Main.

Krisch, Nico (2006), The Pluralism of Global Administrative Law, *European Journal of International Law*, Jg. 17, S. 247–278.

— (2010), *Beyond Constitutionalism. The Pluralist Structure of Postnational Law*, Oxford.

— (2012), »The Case of Pluralism in Postnational Law«, in: Gráinne de Búrca/Joseph Weiler (Hg.), *The Worlds of European Constiutionalism*, Cambridge, S. 203–261.

Kühling, Jürgen (2012a), Regulierungskonzepte nach § 15a TKG-E – ein neuer Baustein im Regulierungsverwaltungsrecht?, *Juristen-Zeitung*, Jg. 67, S. 341–349.

— (2012b), »Telekommunikationsrecht«, in: Matthias Ruffert (Hg.), *Europäisches Sektorales Wirtschaftsrecht*, Enzyklopädie Europarecht Bd. 5, Baden-Baden, § 4.

Kumm, Mattias (2005), The Jurisprudence of Constitutional Conflict: Constitutional Supremacy in Europe before and after the Constitutional Treaty, *European Law Journal*, Jg. 11, S. 262–307.

— (2012), Ein Signal für Europa, *Frankfurter Allgemeine Zeitung* v. 9.8.2012, S. 6.

— (2012b), An Integrative Theory of Global Public Law: Cosmopolitan, Pluralist, Public reason oriented, Manuskript.

Kuo, Ming-Sung (2009), From Myth to Fiction: Why a Legalist-Constructitivist Rescue of European Constitutional Ordering fails, *Oxford Journal of Legal Studies*, Jg. 29, S. 579–602.

Kymlicka, Will (2006), Staatsgrenzen, *Deutsche Zeitschrift für Philosophie*, Jg. 54, S. 549–575.

Ladeur, Karl-Heinz (1990), »Selbstorganisation sozialer Systeme und Prozeduralisierung des Rechts«, in: Dieter Grimm (Hg.), *Wachsende Staatsaufgaben, sinkende Steuerungsfähigkeit des Rechts*, Baden-Baden, S. 187–216.

— (2004), *Kritik der Abwägung in der Grundrechtsdogmatik. Plädoyer für eine Erneuerung der liberalen Grundrechtsdogmatik*, Tübingen.

— (2006), *Der Staat gegen die Gesellschaft. Zur Verteidigung der Rationalität der ›Privatrechtsgesellschaft‹*, Tübingen.

— (2012a), Die Herausbildung des globalen Verwaltungsrechts und seine Verknüpfung mit dem innerstaatlichen Recht, *Die Öffentliche Verwaltung*, Jg. 65, S. 369–378.

— (2012b), Die Evolution des Rechts und die Möglichkeit eines »globalen Rechts« jenseits des Staates – zugleich eine Kritik der »Selbstkonstitutionalisierungsthese«, *Ancilla Juris*, S. 220–255.

— /Möllers, Christoph (2005), Der europäische Regulierungsverbund der Telekommunikation im deutschen Verwaltungsrecht, *Deutsches Verwaltungsblatt*, Jg. 120, S. 525–535.

— /Viellechner, Lars (2008), Die transnationale Expansion staatlicher Grundrechte, *Archiv des Völkerrechts*, Bd. 46, S. 42–73.

Landau, Herbet/Trésoret, Michael (2012), Menschenrechtsschutz im Europäischen Mehrebenensystem, *Deutsches Verwaltungsblatt*, Jg. 127, S. 1329–1338.

Laski, Harold J. (1921), *The Foundations of Sovereignty and Other Essays*, New York.

Lefort, Claude (1990), »Menschenrechte und Politik«, in: Ulrich Rödel (Hg.), *Autonome Gesellschaft und libertäre Demokratie*, Berlin, S. 239–280.

— (2007a), »Démocracy et avènement d'un lieu vide«, in: *Le temps present. Écrits 1945–2005*, Paris, S. 461–469.

— (2007b), »La Dissolution des repères et l'enjeu démocratique«, in: *Le temps présent. Écrits 1945–2005*, Paris, S. 551–568.

Leibfried, Stephan/Gaines, Susan M./Frisina, Lorraine, Through the Funhouse Looking Glass: Europe's Ship of States, *German Law Journal*, Jg. 10, S. 311–333.

— /Zürn, Michael (2006), *Transformationen des Staates*, Berlin.

Lembke, Ulrike (2009), *Einheit aus Erkenntnis? Zur Unzulässigkeit der verfassungskonformen Gesetzesauslegung als Methode der Normkompatibilisierung durch Interpretation*, Berlin.

Lenaerts, Koen (2007), The Rule of Law and the Coherenz of the Judical System of the European Union, *Common Market Law Review*, Jg. 44, S. 1625–1659.

Lepsius, Oliver (1999), »Die erkenntnistheoretische Notwendigkeit des Parlamentarismus«, in: Martin Bertschi u.a. (Hg.), *Demokratie und Freiheit*, Stuttgart, S. 123–180.

— (2004), Braucht das Verfassungsrecht eine Theorie des Staates?, *Europäische Grundrechte-Zeitschrift*, Jg. 31, S. 370–381.

— (2008a), »Themen einer Rechtswissenschaftstheorie«, in: Matthias Jestaedt/Oliver Lepsius (Hg.), *Rechtswissenschaftstheorie*, Tübingen, S. 1–49.

— (2008b), »Zwischen Volkssouveränität und Selbstbestimmung. Zu Kelsens demokratietheoretischer Begründung einer sozialen Ordnung aus der individuellen Freiheit«, in: Hauke Brunkhorst/Rüdiger Voigt (Hg.), *Rechts-Staat. Staat, Internationale Gemeinschaft und Völkerrecht bei Hans Kelsen*, Baden-Baden, S. 15–37.

— (2010a), »Hat die Europäisierung des Verwaltungsrechts Methode? Oder: Die zwei Phasen der Europäisierung des Verwaltungsrechts«, in: Peter Axer u.a. (Hg.), *Das Europäische Verwaltungsrecht in der Konsolidierungsphase*, Die Verwaltung, Beiheft 10, S. 179–204.

— (2010b), »Verfassungsrechtlicher Rahmen der Regulierung«, in: Michael Fehling/Matthias Ruffert (Hg.), *Regulierungsrecht*, Tübingen, § 4.

— (2012a), »Kritik der Dogmatik«, in: Gregor Kirchhof/Stefan Magen/Karsten Schneider (Hg.), *Was weiß Dogmatik? Was leistet und wie steuert die Dogmatik des Öffentlichen Rechts?*, Tübingen, S. 39–62.

— (2012b), ESM-Vertrag, Fiskalpakt und das BVerfG, *Europäische Zeitschrift für Wirtschaftsrecht*, Jg. 23, S. 761–762.

— (2013a), Rechtswissenschaft in der Demokratie, *Der Staat*, Jg. 52, S. 157–186.

— (2013b), »Funktion und Wandel von Staatsverständnissen«, in: Andreas Voßkuhle/Christian Bumke/Florian Meinel (Hg.), *Verabschiedung und Wiederentdeckung des Staates im Spannungsfeld der Disziplinen*, Der Staat, Beiheft 21, S. 37–58.

Lerche, Peter (1964), Föderalismus als nationales und internationales Ordnungsprinzip, *Veröffentlichungen der Vereinigung der Deutschen Staatsrechtslehrer*, Bd. 21, S. 66–100.

— (2002), Rechtswissenschaft und Verfassungsgerichtsbarkeit, *Bayerische Verwaltungsblätter*, Jg. 133, S. 649–652.

Ley, Isabelle (2009a), Kant versus Locke: Europarechtlicher und völkerrechtlicher Konstitutionalismus im Vergleich, *Zeitschrift für ausländisches öffentliches Recht und Völkerrecht*, Jg. 69, S. 317–345.

— (2009b), »Verfassung ohne Grenzen?«, in: Ingolf Pernice/Benjamin v. Engelhardt/Sarah H. Krieg/Isabelle Ley/Osvaldo Saldias (Hg.), *Europa jenseits seiner Grenzen*, Baden-Baden, S. 91–126.

— (2010), Brünn betreibt die Parlamentarisierung des Primärrechts, *Juristen-Zeitung*, Jg. 65, S. 165–173.

— (2012a), Zur Politisierung des Völkerrechts: Parlamentarische Versammlungen im Außenverhältnis, *Archiv des Völkerrechts*, Bd. 50, S. 191–217.

— (2012b), *Opposition im Völkerrecht. Ein Beitrag zu den legitimationstheoretischen Grundlagen internationaler Rechtserzeugung und ihrer Anwendung*, Diss. Berlin.

— (2013), »Die fehlende Opposition«, in: Claudio Franzius/Franz C. Mayer/Jürgen Neyer (Hg.), *Grenzen der europäischen Integration*, Baden-Baden, S. 197–210.

Lhotta, Roland/Ketelhut, Jörn (2009), Integrationsverantwortung und parlamentarische Demokratie: Das Bundesverfassungsgericht als Agent des »verfassten politischen Primärraums«?, *Zeitschrift für Parlamentsfragen*, Jg. 40, S. 864–888.

Lindahl, Hans (2007), »Constituent Power and Reflexive Identity: Towards an Ontology of Collective Selfhood«, in: Neil Walker/Martin Loughlin (Hg.), *The Paradox of Constitutionalism*, Oxford, S. 9–24.

— (2011), Boundaries and the Concept of Legal Order, *Jurisprudence*, Jg. 2, S. 73–97.

Lorz, Alexander/Sauer, Heiko (2012), Ersatzunionsrecht und Grundgesetz, *Die Öffentliche Verwaltung*, Jg. 65, S. 573–582.

Loughlin, Martin (2009), In Defence of Staatslehre, *Der Staat*, Bd. 48, S. 1–27.

— (2010), »What is Constitutionalisation?«, in: Petra Dobner/ders. (Hg.), *The Twilight of Constitutionalism?*, Oxford, S. 47–69.

Ludwigs, Markus (2011a), Die Bundesnetzagentur auf dem Weg zur Independent Agency? Europarechtliche Anstöße und verfassungsrechtliche Grenzen, *Die Verwaltung*, Jg. 44, S. 41–74.

— (2011b), Das veränderte Machtgefüge der Institutionenen nach dem Dritten EU-Binnenmarktpaket, *Deutsches Verwaltungsblatt*, Jg. 126, S. 61–69.

Lübbe-Wolff, Gertrude (2001), Europäisches und nationales Verfassungsrecht, *Veröffentlichungen der Vereinigung der Deutschen Staatsrechtslehrer*, Bd. 60, S. 246–289.

— (2010), »Der Grundrechtsschutz nach der EMRK bei konfligierenden Individualrechten. Plädoyer für eine Korridorlösung«, in: Martin Hochhuth (Hg.), *Nachdenken über Staat und Recht. Kolloquium zum 60. Geburtstag von Dietrich Murswiek*, Berlin, S. 193–209.

— (2011), Who has the Last Word? National and Transnational Courts – Conflict and Cooperation, *Yearbook of European Law*, Bd. 30, S. 86–99.

Luhmann, Niklas (1968), *Vertrauen. Ein Mechanismus zur Reduktion sozialer Komplexität*, Stuttgart.

— (1973), Politische Verfassungen im Kontext des Gesellschaftssystems, *Der Staat*, Jg. 12, S. 165–182.

— (1990), Verfassung als evolutionäre Errungenschaft, *Rechtshistorisches Journal*, Jg. 9, S. 175–220.

— (1993), *Das Recht der Gesellschaft*, Berlin.

— (2005), *Soziologische Aufklärung – Beiträge zur funktionalen Differenzierung der Gesellschaft*, 3. Aufl. Wiesbaden.

Maduro, Miguel Poiares (2003), »Contrapunctual Law: Europe's Constitutional Pluralism in Action«, in: Neil Walker (Hg.), *Sovereignty in Transition*, Oxford, S. 501–537.

— (2007), So close and yet so far: the paradoxes of mutual recognition, *Journal of European Public Policy*, Jg. 14, S. 813–825.

— (2010), »Interpreting European Law – On Why and How Law and Policy Meet at the European Court of Justice«, in: Henning Koch u.a. (Hg.), *Europe. The New Legal Realism, Essays in Honour of Hjalte Rasmussen*, Kopenhagen, S. 457–478.

— /De Witte, Bruno/Kumm, Mattias (2012), *The Euro Crisis and the Democratic Governance of the Euro: Legal and Political Issues of a Fiscal Crisis*, EUI-Policy Report.

MacCormick, Neil (1993), Beyond the Sovereign State, *Modern Law Review*, Jg. 56, S. 1–18.

Mancini, Federico (1998), The Case of Statehood, *European Law Journal*, Jg. 4, S. 29–42.

Manthey, Leslie/Unseld, Christopher (2011), Grundrechte vs. »effet utile« – Vom Umgang des EuGH mit seiner Doppelrolle als Fach- und Verfassungsgericht, *Zeitschrift für Europarechtliche Studien*, Jg. 13, S. 323–929.

Marchart, Oliver (2010), *Die politische Differenz. Zum Denken des Politischen bei Nancy, Lefort, Badiou, Laclau und Agamben*, Berlin.

Masing, Johannes (2006), *Soll das Recht der Regulierungsverwaltung übergreifend geregelt werden?*, Gutachten D zum 66. Deutschen Juristentag, München.

— (2008), »Organisationsdifferenzierung im Zentralstaat – unabhängige Verwaltungsbehörden in Frankreich«, in: Hans-Heinrich Trute/Thomas Groß/Hans Christian Röhl/Christoph Möllers (Hg.), *Allgemeines Verwaltungsrecht – zur Tragfähigkeit eines Konzepts*, Tübingen, S. 399–429.

— (2010), »Unabhängige Behörden und ihr Aufgabenprofil«, in: ders./Gérad Marcou (Hg.), *Unabhängige Regulierungsbehörden*, Tübingen, S. 181–219.

— /Marcou, Gérad (2010), *Unabhängige Regulierungsbehörden. Organisationsrechtliche Herausforderungen in Frankreich und Deutschland*, Tübingen.

Martinez, Jenny S. (2003), Towards an International Judicial System, *Stanford Law Review*. Jg. 56, S. 429–529.

Massey, Doreen (2005), *For Space*, Los Angeles.

Maurer, Andreas/Renner, Moritz (2010), *Kollisionsrechtliches Denken in der Rechtstheorie*, Archiv für Rechts- und Sozialphilosophie, Beiheft 125, S. 207–223.

Maus, Ingeborg (2011), *Über Volkssouveränität. Elemente einer Demokratietheorie*, Berlin.

Mayer, Franz C. (2000), *Kompetenzüberschreitung und Letztentscheidung*, München.

— (2004), Europarecht als französisches Verfassungsrecht, *Europarecht*, Jg. 39, S. 925–936.

— (2005a), »Europa als Rechtsgemeinschaft«, in: Gunnar Folke Schuppert/Ingolf Pernice/Ulrich Haltern (Hg.), *Europawissenschaft*, Baden-Baden, S. 429–487.

— (2005b), Supremacy – Lost?, *German Law Journal*, Jg. 6, S. 1497–1505.

— (2009), »Verfassungsgerichtsbarkeit«, in: Armin v. Bogdandy/Jürgen Bast (Hg.), *Europäisches Verfassungsrecht*, 2. Aufl. Berlin, S. 559–607.

— (2011), »L'identité constitutionnelle dans la jurisprudence constitutionnelle allemande«, in: Laurence Burgorgue-Larsen (Hg.), *L'identité constitutionnelle saisie par les juges en Europe*, 63, Paris, S. 63–84.

— (2012a), Die EZB vor Gericht, www.verfassungsblog.de (10.9.2012).

— (2012b), Stellungnahme im Rahmen der öffentlichen Anhörung des Ausschusses für die Angelegenheiten der Europäischen Union zur Zukunft der Europäischen Union, insbesondere zu dem Bericht »Auf dem Weg zu einer echten Wirtschafts- und Währungsunion« am 10.12.2012, Ausschuss für die Angelegenheiten der Europäischen Union, Ausschussdrucksache 17 (21), 1376.

— (2013), Es wird keinen großen Wurf und keinen großen Knall geben, www.verfassungsblog.de (21.1.2013).

— (2014), Rebels without a Cause? A Critical Analysis of the German Constitutional Court's OMT Reference, *German Law Journal*, Jg. 15, S. 111–146.

— /Heidfeld, Christian (2011), Europarechtliche Aspekte der Finanztransaktionsteuer, *Europäische Zeitschrift für Wirtschaftsrecht*, Jg. 21, S. 373–378.

— /— (2012), Verfassungs- und europarechtliche Aspekte der Einführung von Eurobonds, *Neue Juristische Wochenschrift*, Jg. 65, S. 422–427.

— /Wendel, Mattias (2012), »Multilevel Constitutionalism and Constitutional Pluralism«, in: Matej Avbelj/Jan Komárek (Hg.), *Constitutional Pluralism in the European Union and Beyond*, Oxford, S. 127–151.

Mayntz, Renate (2005), »Governance als Fortentwicklung der Steuerungstheorie«, in: Gunnar Folke Schuppert (Hg.), *Governance-Forschung*, Baden-Baden, S. 11–20.

— (2009), »Governancetheorie: Erkenntnisinteresse und offene Fragen«, in: Edgar Grande/Stefan May (Hg.), *Perspektiven der Governance-Forschung*, Baden-Baden, S. 9–19.

McGrew, Anthony (1998), »Demokratie ohne Grenzen? Globalisierung und die demokratische Theorie und Politik«, in: Ulrich Beck (Hg.), *Politik der Globalisierung*, Berlin, S. 374–422.

McGuinness, Margaret E. (2008), Three Narratives of Medellín v. Texas, *Suffolk Transnational Law Review*, Jg. 31, S. 227–246.

Melissaris, Emmanuel (2009), *Ubiquitous Law: Legal Theory and the Space for Legal Pluralism*, Burlington (Ashgate).

Menéndez, Agustín José/Fossum, John Eric (2008), The Post-Sovereign Constellation: Law and Democracy in Neil MacCormick's Legal and Political Theory, ARENA Report 4/08.

Menke, Christoph/Pollmann, Arnd (2008), *Philosophie der Menschenrechte zur Einführung*, Hamburg.

Merli, Franz (2007), Rechtsprechungskonkurrenz zwischen nationalen Verfassungsgerichten, Europäischem Gerichtshof und Europäischem Gerichtshof für Menschenrechte, *Veröffentlichungen der Vereinigung der Deutschen Staatsrechtslehrer*, Bd. 66, S. 392–422.

Merry, Sally Engle (1988), Legal Pluralism, *Law and Society Review*, Jg. 22, S. 869–896.

— (2008), International Law and sociolegal scholarship: toward a spatial global legal pluralism, Studies in Law, *Politics & Society*, Jg. 41, S. 149–168.

Meyer, Georg/Anschütz, Gerhard (1919/2005), *Lehrbuch des Deutschen Staatsrechts*, 8. Aufl. Berlin.

Michael, Lothar (2012), Grenzen einer verschärften Vorlagekontrolle des Art. 267 Abs. 3 AEUV durch das BVerfG, *Juristen-Zeitung*, Jg. 67, S. 870–880.

— /Morlok, Martin (2012), *Grundrechte*, 3. Aufl. Baden-Baden.

Michaels, Ralf (2009), Global Legal Pluralism, *Annual Review of Law & Social Science*, Jg. 5, S. 243–262.

Möllers, Christoph (2001), »Globalisierte Jurisprudenz: Einflüsse relativierter Nationalstaatlichkeit auf das Konzept des Rechts und die Funktion seiner Theorie«, in: Michael Anderheiden/Stefan Huster/Stephan Kirste (Hg.), *Globalisierung als Problem von Gerechtigkeit und Steuerungsfähigkeit des Rechts*, Archiv für Rechts- und Sozialphilosophie, Beiheft 79, S. 41–60.

— (2004), »The politics of law and the law of politics. Two constitutional traditions in Europe«, in: Erik O. Eriksen/John E. Fossum/Augustín José Menéndez (Hg.), *Developing a Constitution for Europe*, Abingdon Oxon, S. 129–139.

— (2005a), *Gewaltengliederung. Legitimation und Dogmatik im nationalen und internationalen Rechtsvergleich*, Tübingen.
— (2005b), Transnationale Behördenkooperation. Verfassungs- und völkerrechtliche Probleme transnationaler administrativer Standardsetzung, *Zeitschrift für ausländisches öffentliches Recht und Völkerrecht*, Jg. 65, S. 351–389.
— (2006), »Staatslehre«, in: Werner Heun u.a. (Hg.), *Evangelisches Staatslexikon*, Stuttgart, Sp. 2318–2321.
— (2008a), »Materielles Recht – Verfahrensrecht – Organisationsrecht«, in: Hans-Heinrich Trute/Thomas Groß/Hans Christian Röhl/ders. (Hg.), *Allgemeines Verwaltungsrecht – zur Tragfähigkeit eines Konzepts*, Tübingen, S. 489–512.
— (2008b), *Der vermisste Leviathan. Staatstheorie in der Bundesrepublik*, Berlin.
— (2008c), »Expressive versus repräsentative Demokratie«, in: Regina Kreide/Andreas Niederberger (Hg.), *Transnationale Verrechtlichung*, Frankfurt am Main, S. 160–182.
— (2009a), »Verfassunggebende Gewalt – Verfassung – Konstitutionalisierung«, in: Armin v. Bogdandy/Jürgen Bast (Hg.), *Europäisches Verfassungsrecht*, 2. Aufl. Berlin, S. 227–277.
— (2009b), Religiöse Freiheit als Gefahr?, *Veröffentlichungen der Vereinigung der Deutschen Staatsrechtslehrer*, Bd. 68, S. 47–93.
— (2010), »Fragmentierung als Demokratieproblem«, in: Claudio Franzius/Franz C. Mayer/Jürgen Neyer (Hg.), *Strukturfragen der Europäischen Union*, Baden-Baden, S. 150–170.
— (2011a), »Legalität, Legitimität und Legitimation des Bundesverfassungsgerichts«, in: Matthias Jestaedt/Oliver Lepsius/Christoph Möllers/Christoph Schönberger (Hg.), *Das entgrenzte Gericht. Eine kritische Bilanz nach sechzig Jahren Bundesverfassungsgericht*, Berlin, S. 281–422.
— (2011b), »Demokratische Ebenengliederung«, in: Ivo Appel/Georg Hermes/Christoph Schönberger (Hg.), *Öffentliches Recht im offenen Staat. Festschrift für Rainer Wahl*, Berlin, S. 759–778.
— (2011c), *Staat als Argument*, 2. Aufl. Tübingen.
— (2012a), »Individuelle Legitimation: Wie rechtfertigen sich Gerichte?«, in: Anna Geis/Frank Nullmeier/Christopher Daase (Hg.), *Der Aufstieg der Legitimitätspolitik*, Leviathan Sonderband 27, S. 398–415
— (2013), »Politik und Verwaltungsrecht«, in: Armin v. Bogdandy/Sabino Cassese/Peter M. Huber (Hg.), *Handbuch Ius Publicum Europaeum*, Bd. 5, Heidelberg, § 94 (im Erscheinen).
Möslein, Florian (2010), Contract Governance und Corporate Governance im Zusammenspiel. Lehren aus der globalen Finanzkrise, *Juristen-Zeitung*, Jg. 65, S. 72–80.
Mouffe, Chantal (2005), *Über das Politische. Wider die kosmopolitische Illusion*, Berlin.
Müller, Harald (2008), »Parlamentarisierung der Weltpolitik. Ein skeptischer Warnruf«, in: Regina Kreide/Andreas Niederberger (Hg.), *Transnationale Verrechtlichung*, Frankfurt am Main, S. 137–159.

Nanz, Patrizia/Steffek, Jens (2007), »Zivilgesellschaftliche Partizipation und die Demokratisierung internationalen Regierens«, in: Peter Niesen/Benjamin Herborth (Hg.), *Anarchie und kommunikative Freiheit*, Berlin, S. 87–110.

Nettesheim, Martin (2005), »Demokratisierung der Europäischen Union und Europäisierung der Demokratietheorie – Wechselwirkungen bei der Herausbildung eines europäischen Demokratieprinzips«, in: Hartmut Bauer/Peter M. Huber/Karl-Peter Sommermann (Hg.), *Demokratie in Europa*, Tübingen, S. 143–189.

— (2009), Ein Individualrecht auf Staatlichkeit? Die Lissabon-Entscheidung des BVerfG, *Neue Juristische Wochenschrift*, Jg. 65, S. 2867–2869.

— (2011a), Der Kernbereich der Unionsbürgerschaft – vom Schutz der Mobilität zur Gewährleistung eines Lebensumfelds, *Juristen-Zeitung*, Jg. 66, S. 1030–1037.

— (2011b), »Euro-Rettung« und Gundgesetz. Verfassungsgerichtliche Vorgaben für den Umbau der Währungsunion, *Europarecht*, Jg. 46, S. 765–784.

— (2012a), »Der Umbau der europäischen Währungsunion: Politische Aktion und rechtliche Grenzen«, in: Stefan Kadelbach (Hg.), *Nach der Finanzkrise: Politische und rechtliche Rahmenbedingungen einer neuen Ordnung*, Baden-Baden, zit. nach Manuskript.

— (2012b), Verfassungsrecht und Politik in der Staatsschuldenkrise, *Neue Juristische Wochenschrift*, Jg. 65, S. 1409–1413.

— (2012c), Wo »endet« das Grundgesetz? – Verfassunggebung als grenzüberschreitender Prozess, *Der Staat*, Bd. 51, S. 313–355.

— (2012d), »Integrationsverantwortung – Verfassungsrechtliche Verklammerung politischer Räume«, in: Matthias Pechstein (Hrsg.), *Integrationsverantwortung*, Baden-Baden, S. 11–52.

— (2013), Europarechtskonformität des Europäischen Stabilitätsmechanismus, *Neue Juristische Wochenschrift*, Jg. 69, S. 14–16.

Neves, Marcelo (2007), Grenzen der Autonomie des Rechts in einer asymmetrischen Weltgesellschaft: Von Luhmann zu Kelsen, *Archiv für Rechts- und Sozialphilosophie*, Jg. 93, S. 363–395.

Neumeyer, Karl (1936), *Internationales Verwaltungsrecht*, Bd. 4, München.

Neyer, Jürgen (2010), Justice, Not Democracy: Legitimacy in the European Union, *Journal of Common Market Studies*, Jg. 48, S. 903–921.

— (2011a), Wider die Vereinigten Staaten von Europa. Europas demokratische Rechtfertigung, *Leviathan*, Jg. 39, S. 479–498.

— (2011b), What Role for National Parliaments? European Integration and the Prospects of Parliamentary Democracy, Manuskript.

Niederberger, Andreas (2009), *Demokratie unter Bedingungen der Weltgesellschaft? Normative Grundlagen legitimer Herrschaft in einer globalen politischen Ordnung*, Berlin.

Niesen, Peter (2008), »Deliberation ohne Demokratie? Zur Konstruktion von Legitimität jenseits des Nationalstaats«, in: Regina Kreide/Andreas Niederberger (Hg.), *Transnationale Verrechtlichung. Nationale Demokratien im Kontext globaler Politik*, Frankfurt am Main, S. 240–259.

Nijman, Janne/Nollkaemper, André (2007), *New Perspectives in the Divide Between International Law and National Law*, Oxford.

Nolte, Georg (2013), »Grenzen der Politik – am Beispiel der Menschenrechte«, in: Claudio Franzius/Franz C. Mayer/Jürgen Neyer (Hg.), *Grenzen der europäischen Integration*, Baden-Baden, S. 145–148.

Nullmeier, Frank/Pritzlaff, Tanja (2010), The Great Chain of Legitimacy. Justifying transnational Democracy, TranState Working Papers No. 123, Sonderforschungsbereich Staatlichkeit im Wandel, Universität Bremen.

Oeter, Stefan (2007a), Rechtsprechungskonkurrenz zwischen nationalen Verfassungsgerichten, Europäischem Gerichtshof und Europäischem Gerichtshof für Menschenrechte, in: *Veröffentlichungen der Vereinigung der Deutschen Staatsrechtslehrer*, Bd. 66, S. 361–390.

— (2007b), Vielfalt der Gerichte – Einheit des Prozessrechts, in: *Berichte der Deutschen Gesellschaft für Völkerrecht*, Bd. 42, S. 149–176.

— (2007c), Zur Zukunft der Völkerrechtswissenschaft in Deutschland, *Zeitschrift für ausländisches öffentliches Recht und Völkerrecht*, Jg. 67, S. 675–693.

— (2008), »Souveränität und Staat bei Kelsen«, in: Hauke Brunkhorst/Rüdiger Voigt (Hg.), *Rechts-Staat. Staat, Internationale Gemeinschaft und Völkerrecht bei Hans Kelsen*, Baden-Baden, S. 283–298.

— (2009), »Föderalismus und Demokratie«, in: Armin v. Bogdandy/Jürgen Bast (Hg.), *Europäisches Verfassungsrecht*, 2. Aufl. Berlin, S. 73–120.

— (2010), »Verkoppelung von Recht und Politik im europäischen Verfassungsdenken«, in: Claudio Franzius/Franz C. Mayer/Jürgen Neyer (Hg.), *Strukturfragen der Europäischen Union*, Baden-Baden, S. 67–83.

— (2013), »Europäische Außengrenzen: Relative Offenheit der Grenzen«, in: Claudio Franzius/Franz C. Mayer/Jürgen Neyer (Hg.), *Grenzen der europäischen Integration*, Baden-Baden, S. 265–281.

Ohler, Christoph (2006), »Internationales Verwaltungsrecht – ein Kollisionsrecht eigener Art?«, in: Stefan Leible/Matthias Ruffert (Hg.), *Völkerrecht und IPR*, Jena, S. 131–151.

Offe, Claus (1998), »Demokratie und Wohlfahrtsstaat: Eine europäische Regimeform unter dem Stress der europäischen Integration«, in: Wolfgang Streeck (Hg.), *Internationale Wirtschaft, nationale Demokratie. Herausforderungen für die Demokratietheorie*, Frankfurt am Main, S. 99–136.

— (2013), Europa in der Falle, *Blätter für deutsche und internationale Politik*, Jg. 58/1, S. 67–80.

Onuma, Yasuaki (2009), A Transcivilizational Perspective on International Law: Questioning Prevalent Cognitive Frameworks in the Emerging Multi-Polar and Multi-Civilizational World of the Twenty-First Century, *Recueil des Cours*, Bd. 342, S. 77–418

van Ooyen, Robert Chr. (2011), Mit ›Mangold‹ zurück zu ›Solange II‹? Das Bundesverfassungsgericht nach ›Lissabon‹, *Der Staat*, Jg. 50, S. 45–59.

Oppermann, Thomas (2011), »Euro-Stabilisierung durch EU-Notrecht«, in: Stefan Bechtold/Joachim Jickeli/Mathias Rohe (Hg.), *Recht, Ordnung und Wettbewerb. Festschrift für Wernhard Möschel*, Baden-Baden, S. 909–922.

Owen, David (2012), Constituting the polity, constituting the demos: on the place of the all affected interests principle in democratic theory and in resolving the democratic boundary problem, *Ethics & Global Politics*, Jg. 5, S. 129–152.

Papier, Hans-Jürgen (2010), »Rechtsschutzgarantie gegen die öffentliche Gewalt«, in: Josef Isensee/Paul Kirchhof (Hg.), *Handbuch des Staatsrechts*, Bd. 8, 3. Aufl. Heidelberg, § 177.

Paulus, Andreas L. (2001), *Die internationale Gemeinschaft im Völkerrecht. Eine Untersuchung zur Entwicklung des Völkerrechts im Zeitalter der Globalisierung*, München.

— (2007), Zur Zukunft der Völkerrechtswissenschaft in Deutschland: Zwischen Konstitutionalisierung und Fragmentierung, *Zeitschrift für ausländisches öffentliches Recht und Völkerrecht*, Bd. 67, S. 695–719.

— (2010), »From dualism to pluralism: the relationship between international law, European law and domestic law«, in: Pieter H. F. Bekker/Rudolf Dolzer/Michael Waibel (Hg.), *Making Transnational Law Work in the Global Economy*, Cambridge, S. 132–153.

— (2013), »Fragmentierung und Segmentierung der internationalen Ordnung als Herausforderung prozeduraler Gemeinwohlorientierung«, in: Hans Michael Heinig/Jörg Philipp Terhechte (Hg.), *Postnationale Demokratie, Postdemokratie, Neoetatismus – Wandel klassischer Demokratievorstellungen in der Rechtswissenschaft*, Tübingen, im Erscheinen.

Pauly, Walter (2011), »Wissenschaft vom Verwaltungsrecht: Deutschland«, in: Armin v. Bogdandy/Sabino Cassese/Peter M. Huber (Hg.), *Handbuch Ius Publicum Europaeum*, Bd. 4, Heidelberg, § 58.

Payandeh, Mehrdad/Sauer, Heiko (2012), Menschenrechtskonforme Auslegung als Verfassungsmehrwert: Konvergenzen von Grundgesetz und EMRK im Urteil des Bundesverfassungsgerichts zur Sicherungsverwahrung, *JURA*, Jg. 35, S. 289–298.

Peters, Anne (2001), *Elemene einer Theorie der Verfassung Europas*, Berlin.

— (2006), Compensatory Constitutionalism: The Function and Potential of Fundamental International Norms and Structures, *Leiden Journal of International Law*, Jg. 19, S. 579–610.

— (2009), »Dual Democracy«, in: Jan Klabbers/Anne Peters/Geir Ulfstein (Hg.), *The Constitutionalization of International Law*, Oxford, S. 263–341

— (2010a), Rechtsordnungen und Konstitutionalisierung: Zur Neubestimmung ihrer Verhältnisse, *Zeitschrift für Öffentliches Recht*, Jg. 65, S. 3–63.

— (2010b), Die Anwendbarkeit der EMRK in Zeiten komplexer Hoheitsgewalt und das Prinzip der Grundrechtstoleranz, *Archiv des Völkerrechts*, Bd. 48, S. 1–57.

Pernice, Ingolf (2005), »Zur Finalität Europas«, in: Gunnar Folke Schuppert/ders./Ulrich Haltern (Hg.), *Europawissenschaft*, Baden-Baden, S. 743–792.

— (2006), *Das Verhältnis europäischer zu nationalen Gerichten im europäischen Verfassungsverbund*, Berlin.

— (2011), Der Schutz nationaler Identität in der Europäischen Union, *Archiv des öffentlichen Rechts*, Bd. 136, S. 185–221.

— /Wendel, Mattias/Bettge, Kristin/Mlynarski, Martin/Otto, Lars/Schwarz, Michael (2012), *Die Krise demokratisch überwinden. Reformmodell einer demokratisch fundierten Wirtschafts- und Finanzverfassung Europas*, Baden-Baden.

Pettit, Philip (1997), *Republicanism – A Theory of Freedom and Government*, Oxford.

Peuker, Enrico (2011); *Bürokratie und Demokratie in Europa*, Tübingen.

— (2013), Die demokratische Auslegung des Völkerrechts – Das Urteil des Bundesverfassungsgerichts zu ESM-Vertrag und Fiskalpakt vom 12. September 2012, *Europarecht*, Jg. 48, S. 75–86.

Pilniok, Arne (2011), *Governance im europäischen Forschungsförderverbund*, Tübingen.

— /Westermann, Eike (2012), Strukturwandel im Verwaltungsverbund? Eine Analyse des neuen Rechtsrahmens der unionalen Komitologieausschüsse, *Verwaltungs-Archiv*, Bd. 103, S. 379–397.

Piris, Jean-Claude (2012), *The Future of Europe: Towards a Two-Speed EU?* Cambridge.

Pöcker, Markus (2008), Unabhängige Regulierungsbehörden und die Fortentwicklung des Demokratieprinzips, *Verwaltungs-Archiv*, Bd. 99, S. 380–400.

Pötters, Stephan/Christensen, Ralph (2011), Richtlinienkonforme Rechtsfortbildung und Wortlautgrenze, *Juristen-Zeitung*, Jg. 66, S. 387–394.

Posner, Eric A./Sunstein, Cass R. (2007), On Learning from Others, *Stanford Law Review*, Jg. 59, S. 1309–1314.

Pospíšil, Leopold (1982), *Anthropologie des Rechts. Recht und Gesellschaft in archaischen und modernen Kulturen*, München.

Post, Robert C. (2010), Theorizing Disagreement: Reconceiving the Relationship between Law and Politics, *California Law Review*, Jg. 98, S. 1319–1350.

Poscher, Ralf (2007), Das Verfassungsrecht vor den Herausforderungen der Globalisierung, *Veröffentlichungen der Vereinigung Deutscher Staatsrechtslehrer*, Bd. 67, S. 160–200.

— (2011), »Geteilte Missverständnisse. Theorien der Rechtsanwendung und des Beurteilungsspielraums der Verwaltung – zugleich eine Kritik an der normativen Ermächtigungslehre«, in: Ivo Appel/Georg Hermes/Christoph Schönberger (Hg.), *Öffentliches Recht im offenen Staat. Festschrift für Rainer Wahl*, Berlin, S. 527–551.

— (2013), Wozu Juristen streiten. Eine agonistische Theorie juristischer Meinungsverschiedenheiten, *Juristen-Zeitung*, Jg. 68, S. 1–11.

Preuß, Ulrich K. (1993), Plebiszite als Formen der Bürgerbeteiligung, *Zeitschrift für Rechtspolitik*, Jg. 26, S. 131–138.

— (2004), Der politische Charakter der Menschenrechte, *Europäische Grundrechte-Zeitschrift*, Jg. 31, S. 611–620.

— (2005), »Europa als politische Gemeinschaft«, in: Gunnar Folke Schuppert/Ingolf Pernice/Ulrich Haltern (Hg.), *Europawissenschaft*, Baden-Baden, S. 489–539.

— (2010a), »Das Politische im Europarecht«, in: Claudio Franzius/Franz C. Mayer/Jürgen Neyer (Hg.), *Strukturfragen der Europäischen Union*, Baden-Baden, S. 325–339.

— (2010b), »Disconnecting Constitutions from Statehood: Is Global Constitutionalism a Viable Concept?«, in: Petra Dobner/Martin Loughlin (Hg.), *The Twilight of Constitutionalism?*, Oxford, S. 23–46.

— (2011), Rechtspluralismus in einer globalisierten Welt, Vortrag im Rahmen des interdisziplinären Forums Franken an der Universität Bayreuth v. 28.1.2010, Manuskript.

— (2012), »The Guarantee of Rights: Horizontal Rights«, in: Michel Troper/ Dominique Chagnollaud (Hg.), Traité International de Droit Constitutionnel, Bd. 3, Paris, im Erscheinen.

— (2013), »Der Staat – weiterhin der zentrale Ort des Politischen?«, in: Andreas Voßkuhle/Christian Bumke/Florian Meinel (Hg.), *Verabschiedung und Wiederentdeckung des Staates im Spannungsfeld der Disziplinen*, Der Staat, Beiheft 21, S. 317–337.

Proelß, Alexander (2005), »Abschied von der Territorialität?«, in: Michaela Ott/ Elke Uhl (Hg.), *Denken des Raums in Zeiten der Globalisierung*, Münster, S. 89–105.

— (2011), »Die verfassungsrechtliche Berücksichtigungspflicht im Lichte des ›respectful consideration‹-Erfordernisses des U.S. Supreme Court«, in: Thomas Giegerich (Hg.), *Der »offene Verfassungsstaat« des Grundgesetzes nach 60 Jahren. Anspruch und Wirklichkeit einer großen Errungenschaft*, Berlin, S. 179–193.

Puttler, Adelheid (2011), »Kommentierung zu Art. 4 EUV«, in: Christian Calliess/Matthias Ruffert (Hg.), *EUV/AEUV*, 4. Aufl. München.

Rabenschlag, David (2009), *Leitbilder der Unionsbürgerschaft. Die Auslegung der Unionsbürgerschaft durch den EuGH im Spiegel umstrittener Konzeptionen eines europäischen Bürgerrechts*, Baden-Baden.

Rancière, Jacques (2002), *Das Unvernehmen. Politik und Philosophie*, Berlin.

Rathke, Hannes (2012), ›Umgekehrte Abstimmung‹ in der Fiskalunion: neue Stabilitätskultur oder halbautomatischer Vertragsbruch?, *Die Öffentliche Verwaltung*, Jg. 65, S. 751–759.

Raustiala, Kal (2002), The Architecture of International Cooperation: Transgovernmental Networks and the Future of International Law, *Virginia Journal of International Law*, Jg. 43, S. 1–92.

Reding, Viviane (2012), Europa, das Recht und die deutschen Juristen: ein luxemburgischer Zwischenruf, Rede anläßlich des 69. Deutschen Juristentags in München am 18.9.2012, http://europa.eu/rapid/press-release_SPEECH-12-614_en.htm.

Reinhardt, Jörn (2012), »Reiterativer Universalismus«, in: Carsten Bäcker/Matthias Klatt/Sabrina Zucca-Soest (Hg.), *Sprache – Recht – Gesellschaft*, Tübingen, S. 291–308.

Reisman, Michael (1997), Designing and Managing the Future of the State, *European Journal of International Law*, Jg. 3, S. 409–420.

Renner, Moritz (2011), *Zwingendes transnationales Recht. Zur Struktur der Wirtschaftsverfassung jenseits des Staates*, Baden-Baden.

Rennert, Klaus (2008), Effektivität des Rechtsschutzes in Vorabentscheidungsverfahren, *Europäische Grundrechte-Zeitschrift*, Jg. 35, S. 385–390.

Ress, Georg (2007), »Horizontale Grundrechtskollisionen. Zur Bedeutung von Artikel 53 der Europäischen Menschenrechtskonvention«, in: Eckart Klein/ Stefan Ulrich Pieper/ders. (Hg.), *Rechtsstaatliche Ordnung Europas, Gedächnisschrift für Albert Bleckmann*, Köln, S. 313–324.

Richers, Dominik (2007), Postmoderne Theorie in der Rechtsvergleichung?, *Zeitschrift für ausländisches öffentlichen Recht und Völkerrecht*, Jg. 67, S. 509–540.

Riecken, Jörg (2003), *Verfassungsgerichtsbarkeit in der Demokratie*, Berlin.

Rieckhoff, Henning (2007), *Der Vorbehalt des Gesetzes im Europarecht*, Tübingen.

Robertson, David (2010), *The Judge as Political Theorist. Contemporary Constitutional Review*, Princeton.

Röhl, Hans Christian (2000), *Akkreditierung und Zertifizierung im Produktsicherheitsrecht*, Berlin.

— (2006), Verantwortung und Effizienz in der Mehrebenenverwaltung, *Deutsches Verwaltungsblatt*, Jg. 121, S. 1070–1079.

— (2012), »Ausgewählte Verfahren«, in: Wolfgang Hoffmann-Riem/Eberhard Schmidt-Aßmann/Andreas Voßkuhle (Hg.), *Grundlagen des Verwaltungsrechts*, Bd. 2, 2. Aufl. München, § 30.

Rorty, Richard (1988), Der Vorrang der Demokratie vor der Philosophie, *Zeitschrift für philosophische Forschung*, Jg. 42, S. 3–17.

— (1992), *Kontingenz, Ironie und Solidarität*, Frankfurt am Main.

Rosanvallon, Pierre (2006), *La contre-démocratie – La politique à l'âge de la défiance*, Paris.

— (2010), *Demokratische Legitimität. Unparteilichkeit – Reflexivität – Nähe*, Hamburg.

Rosenfeld, Michel (2008), Rethinking Constitutional Ordering in an Era of Legal and Ideological Pluralism, Cardozo School of Law, Working Paper 242.

Rossen-Stadtfeld, Helge (1999), Wissen – Vertrauen – Recht. Das Wissen der »Wissensgesellschaft«, *Kritische Vierteljahresschrift für Gesetzgebung und Rechtswissenschaft*, Jg. 82, S. 223–238.

Ruffert, Matthias (2007), »Perspektiven des Internationalen Verwaltungsrechts«, in: Christoph Möllers/Christian Walter/Andreas Voßkuhle (Hg.), *Internationales Verwaltungsrecht*, Tübingen, S. 395–419.

— (2008), »Verselbständigte Verwaltungseinheiten: Ein europäischer Megatrend im Vergleich«, in: Hans-Heinrich Trute/Thomas Groß/Hans Christian Röhl/ Christoph Möllers (Hg.), *Allgemeines Verwaltungsrecht – Zur Tragfähigkeit eines Konzepts*, Tübingen, S. 431–457.

— (2009), An den Grenzen des Integrationsverfassungsrechts: Das Urteil des Bundesverfassungsgerichts zum Vertrag von Lissabon, *Deutsches Verwaltungsblatt*, Jg. 124, S. 1197–1208.

— (2010a), »Aufgaben europarechtlicher Theoriebildung nach Lissabon«, in: Armin Hatje/Jörg Philipp Terhechte (Hg.), *Grundgesetz und europäische Integration*, Europarecht, Beiheft 1, S. 83–99

— (2010b), »Kohärente Europäisierung: Anforderungen an Verfassungs- und Verwaltungsverbund«, in: Wolfgang Hoffmann-Riem (Hg.), *Offene Rechtswissenschaft*, Tübingen, S. 1397–1415.

— (2012a), Der rechtliche Rahmen für die gegenseitige Nothilfe innerhalb des Euro-Raumes, in: *Bitburger Gespräche*, Jahrbuch 2011/I, München, S. 15–29.

— (2012b), »Rechtsquellen und Rechtsschichten des Verwaltungsrechts«, in: Wolfgang Hoffmann-Riem/Eberhard Schmidt-Aßmann/Andreas Voßkuhle (Hg.), *Grundlagen des Verwaltungsrechts*, Bd. 1, 2. Aufl. München, § 17.

Sachs, Michael/Jasper, Christian (2012), Regulierungsermessen und Beurteilungsspielräume – Verfassungsrechtliche Grundlagen, *Neue Zeitschrift für Verwaltungsrecht*, Jg. 31, S. 649–653.

Sadurski, Wojciech (2008), Solange, chapter 3: Constitutional Courts in Central Europe - Democracy - European Union, *European Law Journal*, Jg. 14, S. 1–35.

Sajó, András/Uitz, Renáta (2005), *The Constitution in Private Relations: Expanding Constitutionalism*, Utrecht.

Santos, Boaventura de Sousa (1987), Law: a map of misreading. Toward a postmodern conception of law, *Journal of Law and Society*, Jg. 14, S. 279–302.

— (2002), *Toward a New Legal Common Sense: Law, Globalization and Emancipation*, 2. Aufl. Cambridge.

Sassen, Saskia (2008), *Das Paradox des Nationalen. Territorium, Autorität und Rechte im globalen Zeitalter*, Berlin.

Sauer, Heiko (2008), *Jurisdiktionskonflikte in Mehrebenensystemen. Die Entwicklung eines Modells zur Lösung von Konflikten zwischen Gerichten unterschiedlicher Ebenen in vernetzten Rechtsordnungen*, Berlin.

— (2011a), Bausteine eines Grundrechtskollisionsrechts für das europäische Mehrebenensystem, *Europäische Grundrechte-Zeitschrift*, Jg. 38, S. 195–199.

— (2011b), »Von Weimar nach Lissabon? Zur Aktualität des Methoden- und Richtungsstreits der Weimarer Staatsrechtslehre bei der Bewältigung von Europäisierung und Internationalisierung des öffentlichen Rechts«, in: Ulrich Jan Schröder/Antje v. Ungern-Sternberg (Hg.), *Zur Aktualität der Weimarer Staatsrechtslehre*, Tübingen, S. 237–260.

Scelle, Georges (1932/2008), *Précis de droit des gens – Principes et Systématique*, Bd. I: *Introduction – Le milieu intersocial*, Paris.

Sciulli, David (1992), *Theory of Societal Constitutionalism; Foundations of a Non-Marxist Critical Theory*, Cambridge.

Schäfer, Armin (2005), *Die neue Unverbindlichkeit. Wirtschaftspolitische Koordinierung in Europa*, Frankfurt am Main.

Scharpf, Fritz (2008), Der einzige Weg ist, dem EuGH nicht zu folgen, *Mitbestimmung 7+8*, http://www.mpifg.de/service/pressestelle/Pressespiegel/2008%5C08-07-24_Scharpf_Mitbestimmung.pdf.

Schlacke, Sabine (2008), *Überindividueller Rechtsschutz. Phänomenologie und Systematik überindividueller Klagebefugnisse im Verwaltungs- und Gemeinschaftsrecht, insbesondere am Beispiel des Umweltrechts*, Tübingen.

Schmalz-Bruns, Rainer (2002), »Demokratisierung der Europäischen Union – oder: Europäisierung der Demokratie?«, in: Matthias Lutz-Bachmann/James Bohman (Hg.), *Weltstaat oder Staatenwelt? Für und wider die Idee einer Weltrepublik*, Berlin, S. 260–307.

Schmidt, Reiner (2008), »Die Rechtsgarantie gerichtlicher Kontrolle in einer globalisierten Wirtschaft«, in: Hans-Heinrich Trute/Thomas Groß/Hans Christian Röhl/Christoph Möllers (Hg.), *Allgemeines Verwaltungsrecht – zur Tragfähigkeit eines Konzepts*, Tübingen, S. 529–542.

Schmidt, Susanne K. (2008), *Mutual Recognition as a New Mode of Governance*, Abingdon Oxon.

Schmidt-Aßmann, Eberhard (1976), Verwaltungsverantwortung und Verwaltungsgerichtsbarkeit, *Veröffentlichungen der Vereinigung der Deutschen Staatsrechtslehrer*, Bd. 34, S. 221–274

— (2004), *Das Allgemeine Verwaltungsrecht als Ordnungsidee*, 2. Aufl. Berlin.

— (2010), »Perspektiven der Europäisierung des Verwaltungsrechts«, in: Peter Axer u.a. (Hg.), *Das Europäische Verwaltungsrecht in der Konsolidierungsphase*, Die Verwaltung, Beiheft 10, S. 263–283.

— (2011a), »Kommentierung zu Art. 19 Abs. 4 GG«, in: Theodor Maunz/Günter Dürig (Hg.), *Grundgesetz-Kommentar*, Bd. 3, München.

— (2011b), Kohärenz und Konsistenz des verwaltungsgerichtlichen Rechtsschutzes, *Die Verwaltung*, Jg. 44, S. 105–123.

— (2012a), »Verfassungsprinzipien für den Europäischen Verwaltungsverbund«, in: Wolfgang Hoffmann-Riem/ders./Andreas Voßkuhle (Hg.), *Grundlagen des Verwaltungsrechts*, Bd. 1, 2. Aufl. München, § 5.

— (2012b), »Der Verfahrensgedanke im deutschen und europäischen Verwaltungsrecht«, in: Wolfgang Hoffmann-Riem/ders./Andreas Voßkuhle (Hg.), *Grundlagen des Verwaltungsrechts*, Bd. 2, 2. Aufl. München, § 27.

— /Dimitropoulos, Georgios (2011), »Vertrauen in und durch Recht«, in: Markus Weingardt (Hg.), *Vertrauen in der Krise*, Baden-Baden, S. 129–149.

Schmidt-Preuß, Matthias (1997), Verwaltung und Verwaltungsrecht zwischen gesellschaftlicher Selbstregulierung und staatlicher Steuerung, *Veröffentlichungen der Vereinigung der Deutschen Staatsrechtslehrer*, Bd. 56, S. 160–234.

Schmitt, Carl (1928), *Verfassungslehre*, Berlin.

Schneider, Hans-Peter (2012), Das Volk überzeugen, *Frankfurter Allgemeine Zeitung* v. 9.8.2012, S. 6.

Schneider, Jens-Peter (2010), »Rechtsschutz im Regulierungsverwaltungsrecht«, in: Michael Fehling/Matthias Ruffert (Hg.), *Regulierungsrecht*, Tübingen, § 22.

— (2012), »Strukturen und Typen von Verwaltungsverfahren«, in: Wolfgang Hoffmann-Riem/Eberhard Schmidt-Aßmann/Andreas Voßkuhle (Hg.), *Grundlagen des Verwaltungsrechts*, Bd. 2, 2. Aufl. München, § 28.

Schoch, Friedrich (2013), »Gerichtliche Verwaltungskontrollen«, in: Wolfgang Hoffmann-Riem/Eberhard Schmidt-Aßmann/Andreas Voßkuhle (Hg.), *Grundlagen des Verwaltungsrechts*, Bd. 3, 2. Aufl. München, § 50.

Schönberger, Christoph (1999), »Der ›Staat‹ in der allgemeinen Staatslehre: Anmerkungen zu einer eigenwilligen Disziplin im Vergleich zu Frankreich«, in: Olivier Beaud/Erk Volkmar Heyen (Hg.), *Eine deutsch-französische Rechtswissenschaft? Une science juridique franco-allemand?*, Baden-Baden, S. 111–137

— (2004), Die Europäische Union als Bund, *Archiv des öffentlichen Rechts*, Bd. 129, S. 81–120.

— (2006), »Verwaltungsrecht als konkretisiertes Verfassungsrecht«, in: Michael Stolleis (Hg.), *Das Bonner Grundgesetz. Altes Recht und neue Verfassung in den ersten Jahrzehnten der Bundesrepublik Deutschland (1949–1969)*, Berlin, S. 53–84.

— (2009), Die Europäische Union zwischen »Demokratiedefizit« und Bundesstaatsverbot, *Der Staat*, Jg. 48, S. 535–558.

— (2010), Der introvertierte Rechtsstaat als Krönung der Demokratie? – Zur Entgrenzung von Art. 38 GG im Europaverfassungsrecht, *Juristen-Zeitung*, Jg. 65, S. 1160–1164.

— (2011a), »Der Aufstieg der Verfassung: Zweifel an einer geläufigen Triumphgeschichte«, in: Thomas Vesting/Stefan Korioth (Hg.), *Der Eigenwert der Verfassung*, Tübingen, S. 7–22.

— (2011b), »Verwaltungsrechtsvergleichung«, in: Armin v. Bogdandy/Sabino Cassese/Peter M. Huber (Hg.), *Handbuch Ius Publicum Europeum*, Bd. 4, Heidelberg, § 71.

— (2012), Hegemon wider Willen. Zur Stellung Deutschlands in der Europäischen Union, *Merkur*, Jg. 66, S. 1–8.

Schöndorf-Haubold, Bettina (2007), »Netzwerke in der deutschen und europäischen Sicherheitsarchitektur«, in: Sigrid Boysen u.a. (Hg.), *Netzwerke*, Baden-Baden, S. 149–171.

Scholz, Rupert (2013), »Europapolitik zwischen Exekutive und Legislative«, in: Claudio Franzius u.a. (Hg.), *Beharren. Bewegen. Festschrift für Michael Kloepfer zum 70. Geburtstag*, Berlin, S. 217–232.

Schorkopf, Frank (2000), *Homogenität in der Europäischen Union: Ausgestaltung und Gewährleistung durch Art. 6 Abs. 1 und Art. 7 EUV*, Berlin.

— (2008), Regulierung nach den Grundsätzen des Rechtsstaates, *Juristen-Zeitung*, Jg. 63, S. 20–29.

— (2012), Finanzkrisen als Herausforderung der internationalen, europäischen und nationalen Rechtsetzung, *Veröffentlichungen der Vereinigung der Deutschen Staatsrechtslehrer*, Bd. 71, S. 183–219.

Schuler-Harms, Margarete (2013), Elemente direkter Demokratie als Entwicklungsperspektive, *Veröffentlichungen der Vereinigung der Deutschen Staatsrechtslehrer*, Bd. 72, S. 417–470.

Schulz, Wolfgang (2012), Beurteilungsspielräume als Wissensproblem – am Beispiel der Regulierungsverwaltung, *Rechtswissenschaft*, Jg. 3, S. 330–350.

Schulze-Fielitz, Helmuth (2007), »Staatsrechtslehre als Wissenschaft: Dimensionen einer nur scheinbar akademischen Fragestellung«, in: ders. (Hg.), *Staatsrechtslehre als Wissenschaft*, Die Verwaltung, Beiheft 7, S. 11–47.

— (2008), »Einheitsbildung durch Gesetz oder Pluralisierung durch Vollzug?«, in: Hans-Heinrich Trute/Thomas Groß/Hans Christian Röhl/Christoph Möllers (Hg.), *Allgemeines Verwaltungsrecht – Zur Tragfähigkeit eines Konzepts*, Tübingen, S. 135–160.

Schuppert, Gunnar Folke (1981), *Die Erfüllung von Verwaltungsaufgaben durch verselbständigte Verwaltungseinheiten*, Göttingen.

— (2011), *Governance und Rechtsetzung. Grundfragen einer modernen Regelungswissenschaft*, Baden-Baden.

— /Bumke, Christian (2000), *Die Konstitutionalisierung der Rechtsordnung. Überlegungen zum Verhältnis von verfassungsrechtlicher Ausstrahlungswirkung und Eigenständigkeit des einfachen Rechts*, Baden-Baden.

Schutte, Camilo B. (2005), Spain. Tribunal Constitucional on the European Constitution. Declaration of 13 December 2004, *European Constitutional Law Review* Jg. 1, S. 281–292.

Schwöbel, Christine (2010), *Global Constitutionalism in International Legal Perspective*, Dordrecht.

Senn, Myriam (2013), »Transnationales Recht und öffentliches Recht zwischen Konvergenz und Divergenz«, in: Gralf-Peter Calliess (Hg.), *Transnationalisierung des Rechts*, Tübingen, im Erscheinen.

Scott, Craig (2009), Transnational Law as Proto-Concept: Three Conceptions, *German Law Journal*, Jg. 10, S. 859–876.

Shaffer, Gregory (2012), A Transnational Take on Krisch's Pluralist Postnational Law, *European Journal of International* Law, Jg. 23, S. 565–582.

Siegel, Thorsten (2009), *Entscheidungsfindung im Verwaltungsverbund*, Tübingen.

Simma, Bruno/Pulkowski, Dirk (2006), Of Planets and the Universe: Self-contained Regimes in International Law, *European Journal of International Law*, Jg. 17, S. 483–529.

Skouris, Vassilios (2008), Stellung und Bedeutung des Vorabentscheidungsverfahrens im europäischen Rechtsschutzsystem, *Europäische Grundrechte-Zeitschrift*, Jg. 35, S. 343–348.

Slaughter, Anne-Marie (2003), A Global Community of Courts, *Harvard Journal of International Law*, Jg. 44, S. 191–219.

— (2004), *A New World Order*, Princeton.

Smith, Stephan (2010), *Konfliktlösung im demokratischen Bundesstaat*, Berlin.

Somek, Alexander (2005), Staatenloses Recht: Kelsens Konzeption und ihre Grenzen, *Archiv für Rechts- und Sozialphilosphie*, Jg. 91, S. 61–82.

— (2009), »Konstitution ohne Emanzipation. Bemerkungen zum europäischen Verfassungsproblem«, in: Andreas Fischer-Lescano/Florian Rödl/Christoph U. Schmid (Hg.), *Europäische Gesellschaftsverfassung. Zur Konstitutionalisierung sozialer Demokratie in Europa*, Baden-Baden, S. 11–30.

Spiecker gen. Döhmann, Indra (2010), Anmerkung, *Juristen-Zeitung*, Jg. 65, S. 787–792.

von Staden, Andreas (2012), Democratic Legitimacy of Judicial Review beyond the State: Normative Subsidiarity and Judicial Standards of Review, *International Journal of Constituional Law*, Jg. 10, S. 1023–1049.

Steiger, Heinhard (1966), *Staatlichkeit und Überstaatlichkeit*, Berlin.

— (2012), Mehr Demokratie in der EU – aber wie?, *Zeitschrift für Rechtspolitik*, Jg. 37, S. 13–16.

Stein, Tine/Offe, Claus/Buchstein, Hubertus (2007), *Souveränität, Recht, Moral. Die Grundlagen politischer Gemeinschaft*, Frankfurt am Main.

Stelkens, Ulrich (2012), Rechtsetzungen der europäischen und nationalen Verwaltungen, *Veröffentlichungen der Vereinigung der Deutschen Staatsrechtslehrer*, Bd. 71, S. 369–417.

Stichweh, Rudolf (2007), »Dimensionen des Weltstaats im System der Weltpolitik«, in: Mathias Albert/ders. (Hg.), *Weltstaat und Weltstaatlichkeit. Beobachtungen globaler politischer Strukturbildung*, Wiesbaden, S. 25–36.

Stolleis, Michael (2004), »Was kommt nach dem Nationalstaat? Und was kann die Rechtsgeschichte dazu sagen?«, in: Adrienne Hèritier/ders./Fritz Scharpf (Hg.), *European and International Regulation after the Nation State. Different Scopes and Multiple Levels*, Baden-Baden, S. 17–30.

— (2012), *Geschichte des öffentlichen Rechts in Deutschland*, Bd. IV: *Staats- und Verwaltungsrechtswissenschaft in West und Ost 1945–1990*, München.

Stone Sweet, Alec (2012), A cosmopolitan legal order: Constitutional Pluralism and rights adjucation in Europe, *Global Constitutionalism*, Jg. 1, S. 53–90.

Süßmann, Johannes (2007), Die Wurzeln des Wohlfahrtsstaates – Souveränität oder Gute Policey?, *Historische Zeitschrift*, Jg. 258, S. 19–47.

Sydow, Gernot (2004), *Verwaltungskooperation in der Europäischen Union. Zur horizontalen und vertikalen Zusammenarbeit der europäischen Verwaltungen am Beispiel des Produktzulassungsrechts*, Tübingen.

Talmon, Stefan (2005), The Security Council as World Legislature, *The American Journal of International Law*, Jg. 99, S. 175–193.

Tamanaha, Brian Z. (2008), Understanding Legal Pluralism: Past to Present, Local to Global, *Sydney Law Review*, Jg. 30, S. 375–411.

Terhechte, Jörg Philipp (2011), *Konstitutionalisierung und Normativität der europäischen Grundrechte*, Tübingen.

Teubner, Gunther (1982), Reflexives Recht. Entwicklungsmodelle des Rechts in vergleichender Perspektive, *Archiv für Rechts- und Sozialphilosophie*, Jg. 68, S. 13–59.

— 1996), Globale Bukowina. Zur Emergenz eines transnationalen Rechtspluralismus, *Rechtshistorisches Journal*, Jg. 15, S. 255–290.

— (1997), *Global law without a state*, Aldershot (Dartmouth).

— (2003), Globale Zivilverfassungen: Alternativen zur staatszentrierten Verfassungstheorie, *Zeitschrift für ausländisches öffentliches Recht und Völkerrecht*, Jg. 63, S. 1–28.

— (2006), Die anonyme Matrix: Zu Menschenrechtsverletzungen durch »private« transnationale Akteure, *Der Staat*, Jg. 45, S. 161–187.

— (2012), *Verfassungsfragmente: Gesellschaftlicher Konstitutionalismus in der Globalisierung*, Berlin.

Thiel, Torsten (2011), *Republikanismus und die Europäische Union. Eine Neubestimmung des Diskurses um die Legitimität europäischen Regierens*, Baden-Baden.

Thornhill, Christopher (2011), Politische Macht und Verfasung jenseits des Nationalstaats, *Zeitschrift für Rechtssoziologie*, Jg. 32, S. 205–219.

Thym, Daniel (2012), Des Kaisers neue Kleider, www.verfassungsblog.de (13.9.2012).

Tietje, Christian (2003), Recht ohne Rechtsquellen? *Zeitschrift für Rechtssoziologie*, Jg. 24, S. 27–42.

— (2007), Autonomie und Bindung der Rechtsetzung in gestuften Rechtsordnungen, *Veröffentlichungen der Vereinigung der Deutschen Staatsrechtslehrer*, Bd. 66, S. 45–77.

Tönnies, Sibylle (2002), *Cosmopolis Now. Auf dem Weg zum Weltstaat*, Hamburg.

Tomuschat, Christian (1996), Asylrecht in der Schieflage, *Europäische Grundrechte-Zeitschrift*, Jg. 23, S. 381–386.

— (1999), International Law: Ensuring the Survival of Mankind on the Eve of New Century, *Recueil des Cours*, Bd. 281, S. 25–436

Troper, Michel (2003), The Logic of Justification of Judicial Review, *International Journal of Constitutional Law*, Jg. 1, S. 99–121.

Trute, Hans-Heinrich (1996), Die Verwaltung und das Verwaltungsrecht zwischen gesellschaftlicher Selbstregulierung und staatlicher Steuerung, *Deutsches Verwaltungsblatt*, Jg. 111, S. 950–964.

— (2004), »Der europäische Regulierungsverbund in der Telekommunikation – ein neues Modell europäisierter Verwaltung«, in: Lerke Osterloh/Karsten Schmidt/Hermann Weber (Hg.), *Staat, Wirtschaft, Finanzverfassung. Festschrift für Peter Selmer*, Berlin, S. 565–586.

— (2008), »Die konstitutive Rolle der Rechtsanwendung«, in: ders./Thomas Groß/Hans Christian Röhl/Christoph Möllers (Hg.), *Allgemeines Verwaltungsrecht – Zur Tragfähigkeit eines Konzepts*, Tübingen, S. 211–232.

— (2010), »Wissen. Einleitende Bemerkungen«, in: Hans Christian Röhl (Hg.), *Wissen – Zur kognitiven Dimension des Rechts*, Die Verwaltung, Beiheft 9, S. 11–38.

— (2012), »Die demokratische Legitimation der Verwaltung«, in: Wolfgang Hoffmann-Riem/Eberhard Schmidt-Aßmann/Andreas Voßkuhle (Hg.), *Grundlagen des Verwaltungsrechts*, Bd. 1, 2. Aufl. München, § 6.

— /Kühlers, Doris/Pilniok, Arne (2007), »Rechtswissenschaftliche Perspektiven«, in: Arthur Benz/Susanne Lütz/Uwe Schimank/Georg Simonis (Hg.), *Handbuch Governance. Theoretische Grundlagen und empirische Anwendungsfelder*, Wiesbaden, S. 240–252.

— /— /— (2008), »Governance als verwaltungsrechtswissenschaftliches Analysekonzept«, in: Gunnar Folke Schuppert/Michael Zürn (Hg.), *Governance in einer sich wandelnden Welt*, Politische Vierteljahresschrift-Sonderheft 41, S. 173–189.

— /Pilniok, Arne (2011), »Governance und Verwaltungs(rechts)wissenschaft«, in: Veith Mehde/Ulrich Ramsauer/Margrit Seckelmann (Hg.), *Staat, Verwaltung, Information. Festschrift für Hans Peter Bull*, Berlin, S. 849–877.

Turori, Kaarlo (2011), »Kombination aus theoretischer ex ante- und konkreter ex post-Prüfung: Das finnische Modell«, in: Gret Haller/Klaus Günther/Ulfrid Neumann (Hg.), *Menschenrechte und Volkssouveränität in Europa*, Frankfurt am Main, S. 279–289.

Twining, William (2009), *General Jurisprudence: Understanding Law from a Global Perspective*, Cambridge.

Vesting, Thomas (2004), Die Staatsrechtslehre und die Veränderung ihres Gegenstandes: Konsequenzen von Europäisierung und Internationalisierung, *Veröffentlichungen der Vereinigung der Deutschen Staatsrechtslehrer*, Bd. 63, S. 41–70.

— (2009), »Politische Verfassung? Der moderne (liberale), Verfassungsbegriff und seine systemtheoretische Rekonstruktion«, in: Gralff-Peter Calliess/Andreas Fischer-Lescano/Dan Wielsch/Peer Zumbansen (Hg.), *Soziologische Jurisprudenz. Festschrift für Gunther Teubner*, Berlin, S. 609–626.

— (2011), »Ende der Verfassung? Zur Notwendigkeit der Neubewertung der symbolischen Dimension der Verfassung in der Postmoderne«, in: ders./Stefan Korioth (Hg.), *Der Eigenwert der Verfassung*, Tübingen, S. 71–93.

— (2012), »Die Bedeutung von Information und Kommunikation für die verwaltungsrechtliche Systembildung«, in: Wolfgang Hoffmann-Riem/Eberhard Schmidt-Aßmann/Andreas Voßkuhle (Hg.), *Grundlagen des Verwaltungsrechts*, Bd. 2, 2. Aufl. München, § 20.

Viellechner, Lars (2007), »Können Netzwerke die Demokratie ersetzen? Zur Legitimation der Regelbildung im Globalisierungsprozess«, in: Sigrid Boysen u.a. (Hg.), *Netzwerke*, Baden-Baden, S. 36–57.

— (2012a), »Berücksichtigungspflicht als Kollisionsregel«, in: Nele Matz-Lück/Mathias Hong (Hg.), *Grundrechte und Grundfreiheiten im Mehrebenensystem – Konkurrenzen und Interferenzen*, Berlin, S. 109–159.

— (2012b), *Transnationalisierung des Rechts*, Diss. Berlin.

— (2012c), Responsiver Rechtspluralismus, *Der Staat*, Jg. 51, S. 559–580.

Vilain, Yoan (2010), »Demokratische Legitimität und Verfassungsmäßigkeit unabhängiger Regulierungsbehörden: Von den ursprünglichen Bedenken bis zur richterlichen Eingliederung in das französische Verwaltungssystem«, in: Johannes Masing/Gérad Marcou (Hg.), *Unabhängige Regulierungsbehörden*, Tübingen, S. 9–38.

Vincze, Attila (2013), Der EuGH als Hüter der ungarischen Verfassung. Anmerkung zum Urteil des EuGH v. 6.12.2012 (Kommission/Ungarn), *Europarecht*, Jg. 48, S. 323–333.

Vogel, Klaus (1965), *Der räumliche Anwendungsbereich der Verwaltungsrechtsnorm*, Frankfurt am Main.

Volk, Christian (2010), *Die Ordnung der Freiheit – Recht und Politik im Denken Hannah Arendts*, Baden-Baden.

Volkmann, Uwe (2002), Setzt Demokratie den Staat voraus?, *Archiv des öffentlichen Rechts*, Bd. 127, S. 575–611.

— (2007), Verfassungsrecht zwischen normativem Anspruch und politischer Wirklichkeit, *Veröffentlichungen der Vereinigung der Deutschen Staatsrechtslehrer*, Bd. 67, S. 57–93.

— (2010), »Die zwei Begriffe der Demokratie – Von der Übertragbarkeit staatsbezogener Demokratievorstellungen in überstaatliche Räume«, in: Klaus Hofmann/Kolja Naumann (Hg.), *Europäische Demokratie in guter Verfassung?*, Baden-Baden, S. 14–32.

— (2011), »Der Aufstieg der Verfassung«, in: Thomas Vesting/Stefan Korioth (Hg.), *Der Eigenwert des Verfassungsrechts*, Tübingen, S. 23–39.

— (2013), »Bausteine zu einer demokratischen Theorie der Verfassungsgerichtsbarkeit«, in: Michael Bäuerle, Philipp Dann, Astrid Wallrabenstein (Hg.), *Demokratie-Perspektiven. Festschrift für Brun-Otto Bryde zum 70. Geburtstag*, Tübingen, S. 119–138.

Voßkuhle, Andreas (2003), Die Beteiligung Privater an der Erfüllung öffentlicher Aufgaben und staatliche Verantwortung, *Veröffentlichungen der Vereinigung der Deutschen Staatsrechtslehrer*, Bd. 62, S. 268–335.

— (2010a), Der europäische Verfassungsgerichtsverbund, *Neue Zeitschrift für Verwaltungsrecht*, Jg. 29, S. 1–8.

— (2010b), »Die Integrationsverantwortung des Bundesverfassungsgerichts«, in: Peter Axer u.a. (Hg.), *Das Europäische Verwaltungsrecht in der Konsolidierungsphase*, Die Verwaltung, Beiheft 10, S. 229–240.

— (2012a), »Neue Verwaltungsrechtswissenschaft«, in: Wolfgang Hoffmann-Riem/Eberhard Schmidt-Aßmann/Andreas Voßkuhle (Hg.), *Grundlagen des Verwaltungsrechts*, Bd. 1, 2. Aufl. München, § 1.

— (2012b), Über die Demokratie in Europa, *Aus Politik und Zeitgeschichte*, Jg. 62, 13/2012, S. 3–9.

— (2012c), »Menschenrechte im europäischen Verfassungsgerichtsverbund«, in: Andreas Kellerhals (Hg.), *Europe at the Crossroads*, Zürich, S. 11–32.

— (2013), »Die Staatstheorie des Bundesverfassungsgerichts«, in: ders./Christian Bumke/Florian Meinel (Hg.), *Verabschiedung und Wiederentdeckung des Staates im Spannungsfeld der Disziplinen*, Der Staat, Beiheft 21, S. 371–383.

Waechter, Kay (2013), Großvorhaben als Herausforderung für den demokratischen Rechtsstaat? *Veröffentlichungen der Vereinigung der Deutschen Staatsrechtslehrer*, Bd. 72, S. 499–543.

Wahl, Rainer (1993), »Die Aufgabenabhängigkeit von Verwaltung und Verwaltungsrecht«, in: Wolfgang Hoffmann-Riem/Eberhard Schmidt-Aßmann/Gunnar Folke Schuppert (Hg.), *Reform des Allgemeinen Verwaltungsrechts*, Baden-Baden, S. 184–218.

— (2002), »Der einzelne in der Welt jenseits des Staates«, in: ders./Joachim Wieland (Hg.), *Das Recht des Menschen in der Welt, Kolloquium für Ernst-Wolfgang Böckenförde*, Berlin, S. 59–109.

— (2004), »Die objektiv-rechtliche Dimension der Grundrechte im internationalen Vergleich«, in: Detlef Merten/Hans-Jürgen Papier (Hg.), *Handbuch der Grundrechte in Deutschland und Europa*, Bd. 1, Heidelberg, § 19.

— (2005), Erklären staatstheoretische Leitbegriffe die Europäische Union?, *Juristen-Zeitung*, Jg. 60, S. 916–925.

— (2006), *Das Öffentliche Recht der letzten fünf Jahrzehnte*, Berlin.

— (2009), »Klagebefugnis und Kontrolldichte: Änderungen in der Konzeption des verwaltungsgerichtlichen Rechtsschutzes?«, in: Winfried Kluth/Klaus Rennert (Hg.), *Entwicklungen im Verwaltungsprozessrecht*, Halle-Wittenberg, S. 53–82.

— (2011), »Die Rolle staatlicher Verfassungen angesichts der Europäisierung und Internationalisierung«, in: Thomas Vesting/Stefan Korioth (Hg.), *Der Eigenwert des Verfassungsrechts*, Tübingen, S. 355–378.

— (2012), Die Rechtsbildung in Europa als Entwicklungsmotor, *Juristen-Zeitung*, Jg. 67, S. 861–870.

Waldron, Jeremy (2006), The Core of the Case Against Judicial Review, *The Yale Law Journal*, Jg. 115, S. 1346–1406.

Walker, Rob B. J. (1992), *Inside/Outside: International Relations as Political Theory*, Cambridge.

Walker, Neil (2002), The Idea of Constitutional Pluralism, *The Modern Law Review*, Jg. 65, S. 317–359.

— (2006), »EU Constitutionalism and New Governance«, in: Gráinne de Búrca/Joanne Scott (Hg.), *Law and New Governance in the European Union and the United States*, Oxford, S. 15–36.

— (2008), Beyond Boundary Dispute and Basic Grids: Mapping the Global Disorder of Normative Orders, *International Journal of Constitutional Law*, Jg. 6, S. 373–396.

Wallrabenstein, Astrid (2013), »21, 18, Ruiz Zambrano – Zum Wesensgehalt der Unionsbürgerrechte«, in: Claudio Franzius/Franz C. Mayer/Jürgen Neyer (Hg.), *Grenzen der europäischen Integration*, Baden-Baden, S. 313–325.

Walter, Christian (2004), »(Inter)national Governance in verfassungsrechtlicher Perspektive: Überlegungen zu Möglichkeiten und Grenzen der Entwicklung eines ›Internationalen Verfassungsrechts‹«, in: Adrienne Hèritier/Michael Stolleis/Fritz Scharpf (Hg.), *European and International Regulation after the Nation State. Different Scopes and Multiple Levels*, Baden-Baden, S. 31–64.

— (2005), Internationalisierung des deutschen und Europäischen Verwaltungsverfahrens- und Verwaltungsprozessrechts – am Beispiel der Århus-Konvention, *Europarecht*, Jg. 40, S. 302–338.

Walter, Maja (2012), Integrationsgrenze Verfassungsidentität – Konzept und Kontrolle aus europäischer, deutscher und französischer Perspektive, *Zeitschrift für ausländisches öffentliches Recht und Völkerrecht*, Jg. 72, S. 177–200.

Walzer, Michael (2007), »Nation and Universe«, in: ders., *Thinking Politically: Essays in Political Theory*, New Haven, S. 183–218.

Wegener, Bernhard W. (2008), Rechtsschutz im europäischen (Umwelt) Recht: Sekundärrechtliche und richterrechtliche Bausteine einer gemeinschaftlichen Dogmatik, *Umwelt- und Technikrecht*, Bd. 98, S. 319–352.

Weiler, Joseph H. H. (1997), The European Union Belongs to its Citizens: Three Immodest Proposals, *European Law Review*, Jg. 22, S. 150–156.

— (1999), *The Constitution of Europe*, Cambridge.

— (2003), »In Defence of the Status Quo: Europe's Constitutional Sonderweg«, in: ders./Marlene Wind (Hg.), *European Constitutionalism Beyond the State*, Cambridge, S. 7–24.

— (2004), The Geology of International Law – Governance, Democracy and Legimimacy, *Zeitschrift für ausländisches öffentliches Recht und Völkerrecht*, Jg. 64, S. 547–562.

— (2012): »Prologue: Global and Pluralist Constitutionalism – Some Doubts«, in: Gráinne de Búrca/ders. (Hg.), *The Worlds of European Constitutionalism*, Cambridge, S. 8–18.

Wellmer, Albrecht (1998), »Menschenrechte und Demokratie«, in: Stefan Gosepath/Georg Lohmann (Hg.). *Philosophie der Menschenrechte*, Berlin, S. 265–291.

Wendel, Mattias (2011a), *Permeabilität im europäischen Verfassungsrecht*, Tübingen.

— (2011b), Lisbon Before the Courts: Comparative Perspectives, *European Constitutional Law Review*, Jg. 7, S. 96–137.

Werner, Fritz (1959), Verwaltungsrecht als konkretisiertes Verfassungsrecht, *Deutsches Verwaltungsblatt*, Jg. 74, S. 527–533.

de Wet, Erika/Kalla, Carsten (2013), »Europas (begrenzte), Offenheit in der Welt: Die staatliche Souveränität als Ausgangspunkt der Integration«, in: Claudio Franzius/Franz C. Mayer/Jürgen Neyer (Hg.), *Grenzen der europäischen Integration*, Baden-Baden, S. 345–358.

Wiener, Antje (2004), Contested Compliance: Interventions on the Normative Structure of World Politics, *European Journal of International Relations*, Jg. 10, S. 189–234.

— (2007), »Demokratischer Konstitutionalismus jenseits des Staates? Perspektiven auf die Umstrittenheit von Normen«, in: Peter Niesen/Benjamin Herborth (Hg.), *Anarchie und kommunikative Freiheit*, Berlin, S. 173–198.

— (2008), *The Invisible Constitution of Politics: Contested Norms and International Encounters*, Cambridge.

Zamboni, Mauro (2008), *Law and Politics. A Dilemma for Contemporary Legal Theory*, Berlin.

Zangl, Bernhard (2006), *Die Internationalisierung der Rechtsstaatlichkeit. Streitbeilegung in GATT und WTO*, Wiesbaden.

Ziekow, Jan (2012), *Neue Formen der Bürgerbeteiligung? Planung und Zulassung von Projekten in der parlamentarischen Demokratie*, Gutachten D zum 69. Deutschen Juristentag, München.

Ziller, Jacques (2012), »Relire Van Gend en Loos«, in: Jürgen Schwarze (Hg.), *Das Verhältnis von nationalem Recht und Europarecht im Wandel der Zeit*, Baden-Baden, S. 37–46.

Zürn, Michael (1998), *Regieren jenseits des Nationalstaates*, Berlin.

— (2011a), Vier Modelle einer globalen Ordnung in kosmopolitischer Absicht, *Politische Vierteljahresschrift*, Jg. 52, S. 78–118.

— (2011b), Perspektiven des demokratischen Regierens und die Rolle der Politikwissenschaft im 21. Jahrhundert, *Politische Vierteljahresschrift*, Jg. 52, S. 603–635.

— /Binder, Martin/Ecker-Ehrhardt, Matthias (2012), International Authority and Its Politicization, *International Theory*, Jg. 4, S. 69–106.

Zumbansen, Peer (2001), »Spiegelungen von Staat und Gesellschaft: Governance-Erfahrungen in der Globalisierungsdebatte«, in: Michael Anderheiden/Stephan Kirste/Stefan Huster (Hg.), *Globalisierung als Problem von Gerechtigkeit und Steuerungsfähigkeit des Rechts*, Archiv für Rechts- und Sozialphilosophie, Beiheft 79, S. 13–40.

— (2010), Transnational Legal Pluralism, *Transnational Legal Theory*, Jg. 1, S. 141–189.

Staatlichkeit im Wandel

Sonderforschungsbereich der Universität Bremen

Lena Laube
Grenzkontrollen jenseits nationaler Territorien
Die Praktiken liberaler Staaten zur Steuerung globaler Mobilität
2013. 343 Seiten. Band 20
ISBN 978-3-593-39983-6

Patrick Pfister
Regimekomplexe
Neue Kooperationsformen zur Regulierung globaler Risiken
2012. 389 Seiten. Band 19
ISBN 978-3-593-39576-0

Andreas Anter, Wilhelm Bleek
Staatskonzepte
Die Theorien der bundesdeutschen Politikwissenschaft
2013. 149 Seiten. Band 18
ISBN 978-3-593-39895-2

Andreas Fischer-Lescano, Peter Mayer (Hg.)
Recht und Politik globaler Sicherheit
Bestandsaufnahme und Erklärungsansätze
2013. 401 Seiten. Band 17
ISBN 978-3-593-39334-6

Philipp Knodel, Kerstin Martens, Daniel de Olano, Marie Popp (Hg.)
Das PISA-Echo
Internationale Reaktionen auf die Bildungsstudie
2010. 326 Seiten. Band 16
ISBN 978-3-593-39327-8

Thorsten Hüller
Demokratie und Sozialregulierung in Europa
Die Online-Konsultationen der EU-Kommission
2010. 268 Seiten. Band 15
ISBN 978-3-593-39173-1

Frank Nullmeier, Dominika Biegon, Jennifer Gronau, Martin Nonhoff, Henning Schmidtke, Steffen Schneider
Prekäre Legitimitäten
Rechtfertigung von Herrschaft in der postnationalen Konstellation
2010. 269 Seiten. Band 14
ISBN 978-3-593-39211-0

campus
Frankfurt. New York

Staatlichkeit im Wandel

Sonderforschungsbereich der Universität Bremen

Gunnar Folke Schuppert
Staat als Prozess
Eine staatstheoretische Skizze in sieben Aufzügen
2010. 190 Seiten. Band 13
ISBN 978-3-593-39189-2

Alexander-Kenneth Nagel
Politiknetzwerke und politische Steuerung
Institutioneller Wandel am Beispiel des Bologna-Prozesses
2009. 326 Seiten. Band 12
ISBN 978-3-593-39039-0

Nicole Deitelhoff, Jens Steffek (Hg.)
Was bleibt vom Staat?
Demokratie, Recht und Verfassung im globalen Zeitalter
2009. 336 Seiten. Band 11
ISBN 978-3-593-39017-8

Bernhard Zangl (Hg.)
Auf dem Weg zu internationaler Rechtsherrschaft?
Streitbeilegung zwischen Politik und Recht
2009. 328 Seiten. Band 10
ISBN 978-3-593-38915-8

Alexandra Lindenthal
Leadership im Klimaschutz
Die Rolle der Europäischen Union in der internationalen Umweltpolitik
2009. 303 Seiten. Band 9
ISBN 978-3-593-38886-1

Sebastian Mayer
Europäische Sicherheitspolitik jenseits des Nationalstaats
Die Internationalisierung von Präventions- und Interventionsmaßnahmen in NATO und EU
2009. 310 Seiten. Band 8
ISBN 978-3-593-38890-8

Achim Hurrelmann, Stephan Leibfried, Kerstin Martens, Peter Mayer (Hg.)
Zerfasert der Nationalstaat?
Die Internationalisierung politischer Verantwortung
2008. 359 Seiten. Band 7
ISBN 978-3-593-38742-0

campus
Frankfurt. New York